TOPOGRAPHICA

STUDIEN UND TEXTE ZU KULTURELLEN RÄUMEN
IN EUROPA

HERAUSGEGEBEN VON
JAVIER GÓMEZ-MONTERO UND RUDOLF JAWORSKI

BAND 1

Der Jakobsweg und Santiago de Compostela in den Hansestädten und im Ostseeraum

Akten des Symposiums an der Universität Kiel
[23.–25.4.2007]

Herausgegeben von
JAVIER GÓMEZ-MONTERO

Ludwig

Diese Publikation wurde gefördert aus den Mitteln der Consellería de Cultura e Turismo der Xunta de Galicia; sie wurde realisiert mit Unterstützung des Centro de Estudos Galegos am Romanischen Seminar der Christian-Albrechts-Universität zu Kiel (www.uni-kiel.de/ceg) sowie des Dekanats der Philosophischen Fakultät der Christian-Albrechts-Universität zu Kiel

XACOBEO 2010 Galicia

XUNTA DE GALICIA
CONSELLERÍA DE CULTURA E TURISMO

CENTRO DE ESTUDOS GALEGOS
galicienzentrum Romanisches Seminar der Universität Kiel

BOTSCHAFT VON SPANIEN

Bibliografische Information Der Deutschen Bibliothek

Die Deutsche Bibliothek verzeichnet diese Publikation in der Deutschen Nationalbibliografie; detaillierte bibliografische Daten sind im Internet über http://dnb.ddb.de abrufbar.

Holtenauer Straße 141
24118 Kiel
Tel.: 0431-85464
Fax: 0431-8058305
info@verlag-ludwig.de
www.verlag-ludwig.de

Umschlagmotive: Ausschnitt aus dem Gertrudenretabel in der Burgkirche. Reliefgruppe des linken Flügels mit Jakobus Maior als Kind (Vorderseite); Jakobus-Skulptur aus der Schiffergesellschaft Lübeck (Rückseite)

Satz & Layout: Daniela Zietemann

Gedruckt auf säurefreiem und alterungsbeständigem Papier
Printed in Germany

ISBN 978-3-937719-82-5

Inhaltsverzeichnis

Grußwort des Präsidenten der Christian-Albrechts-Universität zu Kiel, Gerhard Fouquet

Ursula Ganz-Blättler hat das kulturelle Phänomen ›mittelalterliche Wallfahrt‹ als »Sinnbild des Lebens« wie als »Referenzmodell« der Christenheit ›in peregrinatione‹ bezeichnet und das mit dem Wallfahren verbundene, in Reiseberichten und -rechnungen, in Testamenten und anderen Selbstzeugnissen, in Chroniken und diversen literarischen Genera, in Heilig-Grab-Kapellen, Bildern, Pilgerzeichen und Artefakten jeder Art gefasste Erleben gleichsam als Leben in der Retorte charakterisiert. Dieses Leben kann von den Geisteswissenschaften methodisch-analytisch nur in solcher Anordnung auf Spuren von alltäglichem Verhalten, Erfahrung und Wissen des Berichterstatters abgesucht werden. Derartig redende, absichtlich tradierte oder als Überrest erhalten gebliebene Überlieferungstrümmer der Kommunikationssituation ›Wallfahrt‹ sind allerdings seltene Glücksfälle. Denn häufig verlieren sich die Spuren von Fernwallfahrten in den Unwägbarkeiten der Archive – von dem noch schwerer zu greifenden ›Laufen‹ zu den zahlreichen lokalen und regionalen Verehrungsstätten ganz zu schweigen. So bezeugt zwar – ein Exempel von vielen – die Buchung eines Spesenkontos in den Gottorfer Hofrechnungen, dass im Frühjahr 1512 Mitglieder des Hofgesindes eine Wallfahrt nach Santiago de Compostela unternahmen, damit der Hl. Jakobus ihrer Herrin, Herzogin Anna von Brandenburg, in einer ihrer

Schwangerschaften beistehen möge. Aber – über das Unternehmen des schleswig-holsteinischen Herzogshofes selbst ist kein weiteres Wort, kein Artefakt überliefert. Das kleine Beispiel verweist indes wie die vielen anderen Zeugnisse, die der vorliegende Band in zwölf Beiträgen aus Geschichte, Literaturwissenschaft und Kunstgeschichte versammelt, auf die hohe Bedeutung der Jakobs-Verehrung in den sehr differenzierten Frömmigkeitsformen und kulturellen Prägungen einzelner Regionen des mittelalterlichen wie modernen Europas, insbesondere – in reizvollem Vergleich – Galiciens mit der Stadt Santiago de Compostela, Nordelbiens und Skandinaviens. Zugleich legen die Akten der am 23. und 24. April 2007 vom Romanischen Seminar der Christian-Albrechts-Universität zu Kiel in Zusammenarbeit mit dem Historischen Seminar und dem Kunsthistorischen Institut veranstalteten Tagung Zeugnis von den vielfältigen Austauschvorgängen ab, die sich entlang der Pilgerwege nach Santiago de Compostela und zum Cabo Fisterra entfalteten.

Herrn Prof. Dr. Javier Gómez-Montero, Direktor des Romanischen Seminars zu Kiel, sei gedankt für die Organisation der Tagung und die Last der Herausgeberschaft des Bandes, Herrn Prof. Dr. Rubén Lois, damaliger delegierter Vorsitzender der ›S.A. de Xestión do Plan Xacobeo‹, und dem jetzigen Conselleiro de Cultura e Turismo der Xunta de Galicia, Don Roberto Varela Fariña, sage ich Dank für die großzügige finanzielle Unterstützung.

Ultreia, ultreia. E sus eia. Deus, adjuva nos.

Javier Gómez-Montero
Christian-Albrechts-Universität
zu Kiel

Zur Projektion der Stadt Santiago de Compostela und des Jakobsweges in den Hansestädten und im Nordseeraum

Es war ein Samstag, der 10. Februar 2006. Eine Gruppe von fünfundzwanzig Kieler Studierenden der Kunstgeschichte, Hispanistik und Geschichte befand sich auf einer Exkursion nach Santiago de Compostela und rastete um die Mittagszeit in El Ganso, einem verfallenden Dorf auf dem Weg von Astorga nach Rabanal del Camino. Der Ort gehört zu den im *Codex Calixtinus* bezeichneten Stationen des institutionalisierten Itinerariums in den Bergen von León, kurz vor dem höchsten Punkt des Jakobsweges, dem *portus montis Iraci*, heute Foncebadón, der am späten Nachmittag erreicht werden sollte. Mir ging vor allem der Jakobus-Altar in der leider geschlossenen Kapelle durch den Kopf – der bemerkenswerterweise ca. 250 km vom Meer entfernt die Ankunft des Apostel-Leichnams an der galicischen Küste zeigt –, als mich ein junges dänisches Paar auf die zahlreichen großen und kleineren Kieselsteine auf den umliegenden Äckern und Feldwegen ansprach. Ich wußte zu berichten, dass die Unmengen an *cantos rodados* aus der Vorzeit stammen, als die Gegend um La Maragatería und El Bierzo – jenes weitläufige Becken zwischen dem Monte Teleno, dem Ancares-Gebirge und den östlichen Bergketten Asturiens – nichts anderes war als der Grund eines großen Binnensees. Der Kopenhagener Lehrer hielt diese Erklärung offensichtlich für ausreichend und widmete sich nach einigen freundlichen Worten wieder dem lädierten Fuß seiner Begleiterin.

Als unsere Gruppe drei Tage später vom Präsidenten des *Consello da Cultura Galega*, des Rates für galicische Kultur, in Santiago de Compostela empfangen wurde und dort ein Tageskolloquium abhielt, regten meine Kollegen Heinrich Dormeier und Ulrich Kuder an, nach unserer Rückkehr in Kiel ein kleines wissenschaftliches Symposium zu veranstalten. Die belanglose Anekdote um das dänische Paar kam mir in den Sinn, überlagerte sich mit den Erträgen der studentischen Reise, und schnell nahm ein Projekt Konturen an. Um die Projektion des Mythos und der Stadt Santiago de Compostela in Kunst und Literatur im skandinavischen Raum und in den Städten der Hanse sollte es vorzugsweise gehen, wobei mir vorschwebte, die historische Perspektive mit einem Gegenwartsbezug zu verschränken. Einerseits bot es sich an, die grundlegenden Arbeiten von Marie-Luise Favreau-Lilie[1] und Víctor Almazán[2] zu vertiefen und an die Beiträge im 15. Band der Jakobus-Studien[3] anzuschließen, den Hedwig Röckelein herausgegeben hat. Andererseits sollten natürlich auch Aspekte berücksichtigt werden, die in den einschlägigen Studien noch nicht genügend Beachtung gefunden hatten. Dazu gehören beispielsweise die literarische Rezeption des Themas sowie eine Reihe offener Fragen zur Jakobus-Ikonographie in Schleswig-Holstein. Einige Beiträge dieses Bandes sind daher als Mosaiksteine zum Gesamttableau zu verstehen, das im letzten Jahrzehnt immer weiter ausgeführt wurde.[4] Diese Forschungsarbeiten haben unsere Kenntnisse über die mittelalterlichen Pilgerströme zu Wasser und zu Land wie auch über die Jakobsverehrung an Nord- und Ostsee bzw. in den Hansestädten – zunächst Bremen, Hamburg, und Lübeck, aber auch Wismar, Rostock, Stralsund, Greifswald und nicht zuletzt Danzig und Reval – entscheidend vermehrt. Folgende Entwicklungsstufen sind dabei festgehalten worden:

Ein erster Pilgerschub im 12. Jahrhundert, der durch einzelne Erwähnungen und aufgefundene Pilgerabzeichen, insbesondere Muscheln, belegt ist, dann das beginnende Aufkommen von Kirchenpatrozinien, Spitälern und Herbergen im nordeuropäischen Raum im letzten Drittel des 13. Jahrhunderts, ferner die durch Testamente, städtische Beschlüsse oder gerichtliche Entscheidungen gut dokumentierten Wallfahrten, sei es um des eigenen Seelenheils willen – wobei man durchaus auch Stellvertreter auf den Weg schickte –, sei es aufgrund der gängigen Praxis der Straf- und Bußwallfahrten, oder sei es durch kombinierte Geschäfts- und Pilgerreisen vor allem seit der zweiten Hälfte des 14. Jahrhunderts, und schließlich die hohe Reputation der Pilgerfahrt in Händler-, Schiffer- und Bürgerkreisen etwa seit dieser Zeit bis zur Reformation, die sich in Jakobsbruderschaften, Schenkungen und Stiftungen sowie in Reiseberichten niederschlägt (einschließlich darin enthaltener Anspielungen auf Havarien, Überfälle und Dankesbekundungen).

Die Beiträge dieses Bandes – der einer zunehmenden Regionalisierung der Jakobsstudien durchaus Rechnung trägt[5] – bestätigen weitgehend das in der historischen Forschung des letzten Jahrzehnts herausgearbeitete Gesamtbild. Dies gilt sowohl hinsichtlich der Quellen als auch im Blick auf sozialgeschichtliche Konstellationen, finanzielle Erfordernisse, religiöse und weltliche Motive etc. Hier ist insbesondere auf die profunde Studie Heinrich Dormeiers hinzuweisen, der äußerst anschaulich und detailliert die Bedeutung des Testaments eines Lübecker

Kaufmanns namens Jakob von Melle vor Augen führt. Thomas Riis ist in den Quellen Angaben zu Reisewegen nachgegangen und kann bislang unbekannte Aspekte der Routenführung zu Wasser von Skandinavien nach Santiago de Compostela präzisieren.

Ulrich Kuders umfangreiche Arbeit gibt der Erforschung der Jakobus-Verehrung im Norden Deutschlands und Europas vielfältige Impulse – nicht nur wegen des hier zum ersten Mal im Zusammenhang bearbeiteten vielschichtigen Materials, sondern auch aufgrund des innovativen Charakters der vertretenen Thesen. Die Untersuchung der Verbreitung des Kirchenpatroziniums des Jakobus stellt eine historisch differenzierte Kartographie der Ausstrahlung des Heiligen an Nord- und Ostsee insbesondere im 13. und 14. Jahrhundert dar; dabei entwickelt der Kieler Emeritus überzeugende Thesen zum topographischen Verhältnis (z.B. im Rahmen von Stadterweiterungen) und zur zeitlichen Hierarchisierung der Jakobi-Kirchen im Vergleich zu den Patrozinien des Heiligen Petrus, des Heiligen Nikolaus und der Gottesmutter. Aus diesen Nachweisen können zudem wertvolle Schlüsse im Blick auf politische und soziale Faktoren gezogen werden, die für die Verbreitung des Jakobus-Kultes im Norden Europas vor allem in handeltreibenden bürgerlichen Kreisen ausschlaggebend waren. Schließlich sind Ulrich Kuders Beobachtungen zu Pilgermuschelfunden auch vor dem Hintergrund bisheriger Forschungen und im Kontext eines umstrittenen Alleinvertriebsanspruchs der Compostelanischen Metropolitankirche überaus ergiebig.

Doch der Band wartet mit weiteren bemerkenswerten Ergebnissen auf, die vor allem kommunikative Strukturen, Pilgerwege und die Wege der Kunst betreffen. So gelingt es Enno Bünz, seine Studien zum Jakobskult im Hochmittelalter und zu Dittmarschener sowie Schleswiger Wallfahrern[6] um eine eindrucksvolle Seite zu erweitern, die kulturhistorische Zusammenhänge der Jakobus- und Ägidius-Verehrung in den Gebieten nördlich der Elbe betrifft. Horst Bredekamp wiederum führt eine fesselnde Untersuchung zu einer »unerhörten« Art des Pilgerns durch, wenn im frühen Mittelalter romanische Skulpturen auf Steinkapitellen, Marmorsarkophagen und bronzenen Türen sowie Reliquiare aus wertvollem Metall oder Kruzifixe aus Elfenbein den Weg von Hildesheim nach León oder von Deutschland nach Jaca am Fuße der Pyrenäen, nach Frómista in der nordkastilischen Ebene und in andere Orte am *Camino francés* gefunden haben.

Die Zirkulation von Menschen und Kunstwerken, der Austausch von Brauchtum und Frömmigkeitspraktiken machen nur einige Aspekte der jahrhundertelangen Projektion des Jakobskultes in Nordelbien und Skandinavien aus. Heute stellt sich darüberhinaus die Frage nach der Wiederbelebung solcher kulturwissenschaftlich relevanten Phänomene aus dem Mittelalter. Wege der Wiederbelebung konnte das Symposium in einer doppelten Perspektive exemplarisch nachvollziehen. Auf der einen Seite wurden Paradigmen literarischer Konstruktion des kulturellen Imaginariums der Stadt Santiago de Compostela aufgezeigt, in dem der Jakobsweg und das Jakobsgrab in der Kathedrale den selbstverständlichen Mittelpunkt bilden. Dabei wurden vorrangig Schriftsteller und Gelehrte aus Santiago selbst befragt, die ein Bild der Geschichte und der symbolischen Strukturen der Stadt entwarfen, das herkömmliche, in Europa festgefügte Vorstellungen ergänzt, korrigiert und bisweilen von einer vernachlässigten Seite beleuchtet. In diesem Sinne sind die Aufsätze der Lite-

1 Retabel in der Sankt Severin-Kirche in Keitum auf Sylt (Foto: Iris Peters)

raturwissenschaftlerinnen Carmen Becerra und Dolores Vilavedra zur Stadtdarstellung bei einschlägigen galicischen Schriftstellern wie Gonzalo Torrente Ballester, Alfonso Rodriguez Castelao oder Ramón Otero Pedrayo zu verstehen. Diese Autoren vermitteln ein differenziertes Bild der symbolischen Sprache der Jakobsmythen im kulturellen Selbstverständnis der Jakobsstadt. Sie schlagen aber auch die Brücke zum galicischen Nationalbewußtsein.

Nur wenigen dürfte hierzulande bekannt sein, dass der Heilige Jakobus als *Patronus Gallaeciae* eine feste Größe im kollektiven Imaginarium Galiciens ist. Schon Erzbischof Gelmírez legte Wert darauf, seinen Chronisten in der *Historia Compostellana* und den Verfasser des *Codex Calixtinus* an exponierten Stellen – wie zu Beginn des zweiten Buches (»Incipit liber secundus Sancti Iacobi Zebedei Patroni Gallecie de XXII miraculis eius«)[7] – eine besondere Verbindung zwi-

2 Ausschnitt der Jakobus-Skulptur (Keitum/Sylt, Foto: Iris Peters)

3 Holzskulptur des Heiligen Jakobus aus dem Hauptaltar des Bergener Doms (aus der zweiten Hälfte des 15. Jahrhunderts, Foto: Ole Petras)

schen Jakobus und Galicien festschreiben zu lassen. Die häufige Wiederkehr solcher Formeln im *Codex*[8] läßt eine programmatische Absicht erkennen, so daß die spätere Funktionalisierung des Heiligen als *Santiago de Galicia* im Rahmen nationaler Identitätsdiskurse hier ihre Legitimation hat. In diesem Zusammenhang sind die pointierten Ausführungen Dolores Vilavedras zu den Diskursen einer nationalen Kultur Galiciens und zum politischen wie symbolischen Potential eines Gelehrten wie Manuel Murguía im ausgehenden 19. Jahrhundert und anderer galicischer Denker des 20. Jahrhunderts zu sehen.

Dem dokumentarischen Anliegen des Bandes ist nicht nur die Übertragung der spanischsprachigen Beiträge ins Deutsche durch die Übersetzerwerkstatt *Taller de Traducción Literaria* der CAU geschuldet, sondern auch die Aufnahme zweier weiterer Beiträge: Die einmalige Zusammenstellung von Graphiken mit Jakobspilger-Motiven durch den Hamburger Kunsthistoriker Johannes Hartau und das Aperçu des galicischen Architekten und Romanautors Arturo Franco Taboada zur Entwicklung der *loca sancta* in Santiago (zur Baugeschichte der Kathedrale vgl. neuerdings auch Nuñez Rodriguez 2000)[9] sind dieser Intention verpflichtet. Sowohl für diese als auch für andere Beiträge – das gilt insbesondere für die kunsthistorischen Studien Horst Bredekamps, Hans-Walter Storks, Uwe Albrechts und Ulrich Kuders –, die ganz neues Bildmaterial präsentieren, konnte erfreulicherweise eine Reproduktion von bemerkenswerter Qualität erzielt werden. Ermöglicht wurde dies durch eine großzügige Finanzierung des Bandes aus Mitteln des Programms *Plan Xacobeo*, wofür an dieser Stelle noch einmal gedankt sei. Nicht zuletzt gilt mein

4 Holzskulptur des Heiligen Jakobus als Kind, vom Altar der Heiligen Sippe aus einer Brüsseler Werkstatt (um 1500)

Dank auch dem Nestor der Jakobsweg-Studien in Deutschland, Klaus Herbers, der der Kieler Zusammenkunft eine Ehre erwies, indem er der Einladung zum Eröffnungsvortrag folgte.[10]

Die Publikation des Bandes fällt sinnigerweise mit dem Abschluß der Markierung einer *Via Jutlandica* vom Süden Dänemarks über Schleswig-Holstein nach Hamburg zusammen. Dabei kamen Teile des Ochsenweges, einer alten Transportroute, wieder zur Geltung. Aber auch auf unseren Wegen lauerte manche Überraschung, wie die folgende Entdeckung zeigt. Im friesischen Keitum auf Sylt kündet das Retabel der 1240 erstmals erwähnten St. Severin-Kirche von der Präsenz unseres Themas, der Jakobus-

Rezeption im Nord- und Ostseeraum, denn die Seitenflügel des dortigen spätgotischen Altaraufsatzes aus der Zeit um 1450 zeigen die zwölf Apostel, darunter an prominenter Stelle rechts oben Jakobus, wie selbstverständlich mit den Pilgerattributen Hut, Muschel, Stab, Schuhe, Umhang und Tasche (Abb. 1, 2).[11] Die Seitenflügel und die Darstellung des Jakobus sind der Arbeit jenes anonymen Meisters, der das Altarbild des romanischen Domes zu Bergen angefertigt hat, übrigens auffallend ähnlich (Abb. 3).

Eine Ausstrahlung dieser Ikonographie ist bis nach Tallinn in Estland, dem ehemaligen Reval, zu verfolgen. In der dortigen Nikolaikirche finden sich gleich mehrere Jakobus-Abbildungen. Im 1490–1500 in Brüssel entstandenen Retabel der Heiligen Sippe ist der Apostel als Kind dargestellt; er kniet zu Füßen seiner Mutter Maria Salome, während er unter den Augen von Petrus, Andreas und weiterer Männer in ein Buch zu schauen versucht, das die Mutter in Händen hält (Abb. 4). Zudem befindet sich im Hauptaltar eine Holzskulptur aus der Werkstatt des Lübecker Malers Hermen Rode, die Jakobus als Pilger darstellt und zwischen 1478 und 1481 entstanden ist (Abb. 6); und schließlich besitzt das Kirchenmuseum mit einem Gemälde, das Jakobus an der Seite Mariens mit dem Kind zeigt, noch eine weitere Kostbarkeit. Das Werk ist wohl dem Talliner Künstler Michel Sittow (1469–1525/ 1526) zuzuschreiben und befindet sich auf dem linken Außenflügel eines Passionsaltars (Abb. 7).[12] Dieser sogenannte Antonius-Altar entstand um 1510–1515 in der Werkstatt des Brügger Meisters Adrian Isenbrandt.

Eine erste vergleichende Annährung an die Altarbildgestaltung von St. Severin in Keitum auf Sylt, der Nikolaikirche in Tallin und des Bergener Domes zeigt für die erste Hälfte des 15. Jahrhunderts sowohl die festen Umrisse einer ikonographischen Tradition im Nord- und Ostseeraum, die Jakobus als Pilger darstellt[13], als auch die hohe Stellung des Apostels als Mitglied der erweiterten Heiligen Sippe. Weitere Belege verzeichnet der Beitrag von Uwe Albrecht, der erste Ansätze zur Systematisierung und Weiterführung solcher Beobachtungen zur Jakobus-Ikonographie am Beispiel Lübecks bietet. Bezeichnend ist zudem die Position der Figur im oberen Mittelteil des Talliner Altars von Hermen Rode in unmittelbarer Nähe der Marienkrönungsszene. Links und rechts der Mutter Gottes befinden sich Petrus und Paulus; ihnen folgen Johannes und Jakobus. Dadurch wird Jakobus sozusagen in die erste Reihe der Apostel erhoben. Vielsagend in dieser Hinsicht ist auch, dass der Dom zu Riga an einer Stelle errichtet wurde, die der Gründer der Stadt, Bischof Albert, am Jakobstag des Jahres 1211 geweiht hatte. Den Dom stellte er dann allerdings unter das Patrozinium der Apostelfürsten Petrus und Paulus. Bemerkenswert ist weiterhin die offenkundige Nähe von Johannes und Jakobus, denn beide sind Mitglieder der Heiligen Sippe, die um jene Zeit häufig gemeinsam mit dem Jesuskind dargestellt wurde – insbesondere in unserem nördlichen Untersuchungsraum am *Mare Lutheranum*. Die Tatsache, dass wir in Lübeck, Kopenhagen und Tallin Belege für die Darstellung des Jakobus als Kind gefunden haben (vgl. die Abbildung auf dem Umschlag), mag mit dieser Vorliebe für die Familiendarstellung zusammenhängen und auf einen spezifischen spätmittelalterlichen Modus der Jakobsverehrung im Norden hinweisen. Im Süden und Westen Europas sind solche Darstellungen seltener anzutreffen; hier wirkt sich offenbar das Verbot der erweiterten Konfiguration der Heiligen Familie durch das Trienter Konzil (1545–1563) aus.

Schließlich läßt sich auch eine Verbindung hinsichtlich der Lokalisierung der Jakobus-Kirchen in einigen Hansestädten herstellen.[14] Auffällig ist zum Beispiel der Standort der Jakobikirche in Riga, der heutigen katholischen Bischofskirche, am ehemaligen Stadtrand und in Sichtweite des Meeres, so dass die Kirche mit ihrem hohen Turm wiederum vom Hafen aus gut zu erkennen war. In Lübeck finden wir eine ganz ähnliche Lage der Jakobikirche, was auch für Riga den Schluß zuläßt, dass das Gotteshaus als erste Anlaufstelle und als Herberge für Schiffsreisende diente.[15] Indes sind die Beobachtungen kein Einzelfall; dahinter stehen spannende Fragen, deren Hintergründe und Zusammenhänge der differenzierte Beitrag Ulrich Kuders erhellt.

Solche Koinzidenzen in der Kulturtopographie am *Mare Lutheranum* bestätigen Kiel als Austragungsort der Tagung, zumal sich an der Christian-Albrechts-Universität seit jener Santiago-Exkursion ein bescheidener interdisziplinärer Studienkreis etabliert hat, der sich in weiterführenden Lehrveranstaltungen, Vorträgen und Publikationen die Untersuchung der Konstruktion und Ausprägung des kulturellen Imaginariums Santiago de Compostelas und anderer europäischer Städte zur Aufgabe gemacht hat – nicht zuletzt auch im Kontext des Projektes URBES EUROPAEAE, das von der EU gefördert wurde (2006–2009), und im Rahmen der Projektgruppe LITES mit Unterstützung des 2008 am Romanischen Seminar eingerichteten *Centro de Estudos Galegos* (Zentrum für Galicische Studien). In unmittelbarer Nähe zu Kiel, aber auch im Nachbarland Dänemark gibt es zudem viel zu entdecken: die spätgotischen Gewölbemalereien der Johanniskirche in Flensburg, die Jakobus-Statue im Stammhaus der Lübecker Schiffergesellschaft (Abb. 5), die zahlreichen Jakobspilger-Bilder und -Statuen im Kopenhagener Nationalmuseum, die Legende vom fliegenden Pilger Andreas von Slagelse in Dänemark, die Strafpilgerfahrt der Mörder des Marquard von Westensee im Jahr 1354 oder schließlich die mir bislang wenig bekannte Tatsache, dass eine schwere Hanse-Kogge 1518 neun Wochen für die Überfahrt von Stralsund nach A Coruña benötigte, während dänische Pilger auf Wikingerschiffen eine ähnliche Strecke inklusive Zwischenstopps in sechs Tagen zurücklegten – günstige Winde natürlich vorausgesetzt.

5 Jakobus-Skulptur (Schiffergesellschaft Lübeck, Foto: Steve Ludwig)

6 Holzskulptur aus dem Hauptaltar der Nikolaikirche (*Niguliste kiriku*) aus der Lübecker Werkstatt Hermen Rodes (1478/79–1481)

7 Gemälde auf dem Außenflügel des Hauptaltars vom Talliner Künstler Michel Sittow (1469–1525/1526)

Aus heutiger Sicht mag ein aus dem Jahr 1970 stammender Zeitungsartikel von Álvaro Cunqueiro geradezu paradox klingen. Der galicische Schriftsteller und Meister der phantastischen Literatur, der dem spanischen Teil des Weges 1962 und 1964 eine Reihe von Reisechroniken gewidmet hatte,[16] musste sich damals selbst Mut zusprechen, war doch der Pilgerweg in den sechziger und siebziger Jahren des vergangenen Jahrhunderts nahezu in Vergessenheit geraten. Ausgerechnet die Beobachtung einiger versprengter Touristen aus Dänemark in Santiago und die Erinnerung an jene Jakobsmuscheln, die mittelalterliche Pilger als Insignien ihrer Pilgerfahrt mit nach Dänemark gebracht hatten und die sich heute im Kopenhagener Nationalmuseum befinden, ließen Cunqueiro ins Grübeln geraten, doch er war sich keineswegs sicher, daß der Weg nach Compostela jemals wiederbelebt werden könnte. Vierzig Jahre später erstaunt uns die Volte der Geschichte und lässt uns mit dem Wunsch schließen, der vorliegende Band möge über die gegenwärtige Hausse hinweg zu einem vertieften Verständnis des Pilgerweges nach Santiago de Compostela als Ausdruck einer gemeinsamen europäischen Kultur beitragen.

Anmerkungen

1 FAVREAU-LILIE 1999, 93–130.

2 ALMAZÁN 1986 u. ALMAZÁN 1998.

3 Vgl. RÖCKELEIN 2005, 3–25.

4 Etwa seit der Publikation des Bandes *Pilgerwege*, den Paolo Caucci von Sauken herausgab, und dem darin abgedruckten Aufsatz von Christian Krötzl. Vgl. KRÖTZL 1995, 361–367.

5 Vgl. HERBERS, BÜNZ 2007, 1–24.

6 Vgl. BÜNZ 2006, 151–163, sowie BÜNZ 2000, 35–56.

7 HERBERS 1998, 159.

8 »Letemur in magnum Iacobus apostolus, Gallaeciae patronus [...] Yspanos et Gallecianos suo corporali adventu perlustravit« (hier: 85, zu Beginn des berühmten siebzehnten *Sermo* »*Veneranda dies*« im ersten Buch des *Codex*).

9 Zu erwähnen ist in diesem Zusammenhang auch das Projekt zur Baugeschichte der Kathedrale unter Leitung von Klaus Rheidt an der Brandenburgischen Technischen Universität Cottbus.

10 In seinem Beitrag ging es um die Sionpilgrin des Felix Fabri (vgl. Klaus HERBERS 2005).

11 Für Zeugnisse weiterer Jakobus-Darstellungen

vgl. den dritten Band des *Corpus der mittelalterlichen Holzskulptur und Tafelmalerei in Schleswig-Holstein*, den der Kieler Kunsthistoriker Uwe Albrecht zur Zeit vorbereitet.

12 Für diesen Hinweis bin ich meinem Freund und Kollegen Prof. Jüri Talvet von der Universität Tartu zu Dank verpflichtet. Er ließ zudem die digitalen Bilder anfertigen, die Katharina Annus vor Ort recherchierte und die wir hier erstmals abdrucken.

13 Für die Präsenz des Heiligen im nordeuropäischen Raum vgl. auch die von KRÖTZL 1995 gesammelten Belege aus Norwegen und Finnland.

14 Im Umfeld dieser Kirchen erinnern noch heute Straßen wie die *Jēkaba iela* in Riga an den Apostel.

15 Das Patrozinium weist im übrigen auf den Status der Lübecker Jakobikirche als Bürgerkirche hin – anders als der Dom, der Bischofssitz war – und stellt damit einen Zusammenhang zur innerstädtischen Marienkirche als Kirche der Kaufmannschaft her. Vgl. ZIEGLER 1997, 220 ff.

16 CUNQUEIRO 2004, 163ff.

Bibliographie

ALBRECHT, U. (Hrsg.), *Corpus der mittelalterlichen Holzskulptur und Tafelmalerei in Schleswig-Holstein*, Bd. 1: Kiel [2]2009, Bd. 2: in Vorbereitung.

ALMAZÁN, V., *Gallaecia scandinavica: introducción ó estudio das relacións galaico-escandinavas durante a Idade Media*, Vigo 1986.

ALMAZÁN, V., *Dinamarca jacobea: historia, arte y literatura*, Santiago de Compostela 1998.

BÜNZ, E, »Santiagopilger und Jakobusverehrung zwischen Nord- und Ostsee im 12. Jahrhundert«, in: *Hansische Geschichtsblätter 118* (2000), 35–56.

BÜNZ, E., »›... umme vorbeteringe sines levendes...‹. Wilsnack-Pilger aus Dithmarschen«, in: ESCHER, F. / KÜHNE, H. (Hrsg.), *Die Wilsnack-Fahrt. Ein Wallfahrts- und Kommunikationszentrum Nord- und Mitteleuropas im Spätmittelalter*, (Europäische Wallfahrtsstudien 2), Frankfurt a.M. usw. 2006, 151–163.

CUNQUEIRO, Á., »A la lejana Jacobusland«, in: CUNQUEIRO, Á., *Por el camino de las peregrinaciones y otros textos jacobeos*, Barcelona 2004, 163–165.

FAVREAU-LILIE, M.-L., »Von Nord- und Ostsee ans ›Ende der Welt‹: Jakobspilger aus dem Hanseraum«, in: *Hansische Geschichtsblätter 117* (1999), 93–130.

HERBERS, K., *Liber Sancti Jacobi. Codex Calixtinus*, Santiago de Compostela 1998.

HERBERS, K., »Felix Fabris ›Sionpilgrin‹ – Reiseschilderung und ältester Kirchenführer Ulms. Ein Beitrag der Reichsstadt Ulm zur Pilgerliteratur des 15. Jahrhunderts«, in: HERBERS, K. (Hrsg.), *Die oberdeutschen Reichsstädte und ihre Heiligenkulte. Traditionen und Ausprägungen zwischen Stadt, Ritterorden und Reich*, Tübingen 2005, 195–216.

HERBERS, K., BÜNZ, E., »Zur Einführung: Jakobsverehrung in europäischer und regionaler Perspektive«, in: HERBERS, K. / BÜNZ, E. (Hrsg.), *Der Jakobskult in Sachsen*, Tübingen 2007, 1–24.

KRÖTZL, CH., »Von der Ostsee bis nach Santiago de Compostela. Pilgerfahrten und kulturelle Einflüsse«, in: CAUCCI VON SAUCKEN, P., *Santiago de Compostela. Pilgerwege*, Augsburg 1995, 361–367.

NUÑEZ RODRIGUEZ, M. (Hrsg.), *Santiago, la catedral y la memoria del arte*, Santiago 2000.

RÖCKELEIN, H., »Die Verehrung des Apostels Jakobus d.Ä. in den norddeutschen Hansestädten. Eine Einführung«, in: *Der Kult des Apostels Jakobus d.Ä. in norddeutschen Hansestädten*, (Jakobus-Studien 15), Tübingen 2005, 3–25.

ZIEGLER, U., *Die Hanse. Aufstieg, Blütezeit und Niedergang der ersten europäischen Wirtschaftsgemeinschaft*, München 1997.

Abb. 4, 6, 7 wurden vom Museum der Nikolaikirche in Tallinn zur Verfügung gestellt.

Heinrich Dormeier
Christian-Albrechts-Universität
zu Kiel

Jakobuskult und Santiago-Pilgerfahrten in Lübeck im späten Mittelalter

Lübeck als Hochburg des Wallfahrtswesens im späten Mittelalter

Mittelalterliche Pilgerfahrten und Jakobuskult im heutigen Stadtbild

Lübeck war nicht nur das Haupt der Hanse, sondern auch eine Hochburg des spätmittelalterlichen Wallfahrtswesens in Deutschland. Das ist bis heute an den noch sichtbaren Baudenkmälern wie auch an der Überlieferung ablesbar. Bis heute hat die Stadt ihre beeindruckende Silhouette mit den prägnanten Kirchtürmen im Prinzip so bewahrt, wie sie etwa auf der Ansicht der Schedelschen Weltchronik von 1493 oder auch auf dem bekannten Lübeck-Holzschnitt von 1551/52 zu sehen ist (Abb. 1). Zu den dominierenden Kirchen gehört von jeher auch die Kirche des großen Pilgerheiligen Jakobus, die auf dieser Ostansicht nördlich von St. Marien emporragt und zumindest indirekt auch an Santiago de Compostela gemahnt. Das Gotteshaus, das 1227 erstmals erwähnt und im heutigen Zustand im wesentlichen gegen Mitte des 14. Jahrhunderts fertiggestellt wurde, war eine der fünf Pfarrkirchen der Stadt.[1]

An einem Pfeiler der Nordseite von St. Jakobi werden wir heute noch an ein anderes großes Fernwallfahrtsziel erinnert. Denn hier hat man gemäß der letztwilligen Verfügung des Lübecker Kaufmanns und Rats-

1 Die Jakobikirche auf dem Holzschnitt von Lübeck, um 1551/52 (aus BKHL III, 316) oder: St. Jakobi heute

herrn Hinrich Constin, der 1468 von der Pilgerfahrt nach Jerusalem zurückgekehrt war, nach dessen Tod (1482) ein Kalksteinrelief anbringen lassen. Man erkennt darauf Christus vor Pilatus, der sich die Hände in Unschuld wäscht. Die Inschrift darunter lautet: »Hir begin(n)et de crucedracht Christi bute(n) de(m) borchdare to Jherusale(m).« Hier begann also der Kreuzweg, und in derselben Entfernung des Gerichtshauses von Golgotha, die er in Jerusalem ausgemessen hatte, wurde spätestens 1493 vor dem Burgtor ein Hügel aufgeworfen und ein steinernes Kreuz errichtet.

In der nur handschriftlich überlieferten Chronik des Heinrich Rehbein (+1629) vom Anfang des 17. Jahrhunderts in der Lübecker Stadtbibliothek sind die übrigen (sieben) Zwischenstationen noch angedeutet und beschrieben. Diese Stationen des Leidensweges, der zunächst bis mitten in die Stadt und dann hinaus führte, sind längst verschwunden. Aber wenn man die Innenstadt durch das Burgtor verlässt, so gelangt man an der nach dem Stifter benannten »Constinstraße« vorbei zum »Jerusalemsberg« und kann dieses einzigartige Denkmal der Fernwallfahrten des späten Mittelalters noch heute bewundern. Das große Relief zeigt zwischen Maria und Johannes den gekreuzigten Christus, dessen Blut von vier schwebenden Engeln aufgefangen wird. Unten am Kreuzesstamm befindet sich der Schild mit dem Wappen des Stifters Hinrich Constin (im schlichten Felde eine aus drei Quaderschichten gebildete schrägrechte Mauer).[2]

Wie die Jakobskirche und der Jerusalemsberg als Monumente der spätmittelalterlichen Fernwallfahrten gelten können, so hat Lübeck auch ein außergewöhnliches Denkmal zu bieten, das buchstäblich auf die beliebteste Regionalwallfahrt des späten Mittelalters in Norddeutschland verweist und ebenso wie der Jerusalemsberg weitab von den Touristenstrecken liegt: das Wegkreuz in der Roeckstraße. Gestiftet hat es der Lübecker Bürger Johann von der Heide, der in seinem Testament von 1436 bestimmte: »Item so will ik, dat men scal setten en cruce van 10 marken uppe de wegescheydinghe, also men gheyt to der Wilsnacke, dar syk de Wysmarsche wech anhevet.«[3]

Das Kreuz markiert also den Beginn der alten Pilgerstrasse zum »Hl. Blut« nach Wilsnack in der Mark Brandenburg. Am Ende des linken Kreuzarmes sind noch drei

2 Resealtar

Nietlöcher für den Zeiger auszumachen. Nur noch schwach sind die drei Bluthostien zu erkennen, die 1383 beim Brand der Dorfkirche wunderbarerweise vom Feuer verschont geblieben sein sollen und diese populäre Wallfahrt ausgelöst haben. Wie die Nachahmung des Wilsnacker Pilgerzeichens, so ist auch die Bitte des Stifters auf dem Schaft des Kreuzes nur noch mühsam zu entziffern: »Biddet got vor den ghever des wizers na der Wilsnacke(n).«

Zurück zur Jakobusverehrung in Lübeck: Wie prominent der Hl. Jakobus in Lübeck war, zeigt sich nicht nur am Patrozinium der erwähnten Jakobikirche, sondern auch an anderen und weniger auffälligen Relikten seines Kultes. So begegnet uns der Heilige im Innern der Kirche selbst an verschiedenen Punkten, unter anderem auch auf dem prächtigen Altar, den der Bürgermeister Heinrich Brömse um 1515 durch den Bild- und Steinhauer Hinrich Brabender herstellen ließ.[4] Auf der Außenseite der Flügel erkennt man den Pilgerheiligen Jakobus gemeinsam mit dem Hl. Nikolaus, der drei Täuflinge segnet. Einst stand auch der Altar der Valentinsbruderschaft zum Rosenkranz in der Jakobikirche. Auf der Schreinsrückwand finden wir unseren Heiligen gemeinsam mit dem Hl. Christophorus (und wohl dem Hl. Valentin) (Abb. auf S. 183).[5]

Außerdem ist der Hl. Jakobus noch auf anderen Altären der Lübecker Kirchen dargestellt, sei es als einer der 12 Apostel, innerhalb der Wurzel Jesse-Gruppe oder auch als Einzelbild oder Einzelskulptur in Verbin-

3 Der Hl. Jakobus in der Predella des sog. Rosenkranzaltars aus dem Heiligen-Geist-Hospital, jetzt Museum für Kunst- und Kulturgeschichte der Stadt Lübeck (Annenmuseum)

dung mit anderen Heiligendarstellungen. Die Jakobusfigur hat sich etwa auf dem so genannten Resealtar erhalten (Abb. 2). Dieser an sich nicht besonders ansehnliche Altar aus der Marienkirche geht auf eine Stiftung des Bergenfahrers Johann Rese zurück und gehörte zu einer Vikarie, die der Bischof Dietrich Arndes am 17. Dezember 1499 bestätigte und zwar »zu Ehren des allmächtigen Gottes und der glorreichen Jungfrau Maria sowie des Heiligen Apostels Jakobus des Älteren, des Märtyrers Christophorus, der Jungfrauen Sunnive und Gertrud«. Jakobus der Ältere erscheint hier also gemeinsam mit weiteren Patronen der Seefahrer. Auch im Hl. Geist-Spital war Jakobus einst nicht zu übersehen. Auf dem Rosenkranzaltar aus der Zeit um 1525 hat er rechts unten in der Predella seinen Platz gefunden, wie immer mit seinen traditionellen Attributen und hier zusätzlich mit einem Rosenkranz gemäß dem Hauptthema des Altars (Abb. 3; vgl. auch Abb. 13 auf S. 190).[6] Weniger auffällig, aber nicht minder präsent als auf Altären und Tafelbildern war der Heilige auch in den Frühdrucken der produktiven Lübecker Offizinen. Er begegnet in verschiedenen niederdeutschen Gebetbüchern, in den Legendensammlungen und in liturgischen Drucken.[7]

Diese vielfältigen Zeugnisse des Jakobuskults sowie die übrigen Denkmäler der Fern- und Regionalwallfahrten des späten Mittelalters belegen eindrucksvoll, wie präsent der Gedanke an die Pilgerfahrten in Lübeck im späten Mittelalter gewesen sein muss. Lübeck selbst war zweifellos ein Knotenpunkt im Pilgerverkehr und eine Durchgangsstation für Pilger aus Skandinavien und aus den östlichen Handelsgebieten, und für diese Fremden waren seit dem Ende des 14. Jahrhunderts einige Gasthäuser oder Pilgerherbergen eingerichtet worden. Mehr noch: Lübeck wurde selbst zum Wallfahrtsziel. Zumindest werden in Flandern, vereinzelt auch in Brabant und in Holland Strafwallfahrten nach Lübeck auferlegt, ohne dass wir die dort genannten Kapellen oder Altäre genau identifizieren können.[8]

Die exzeptionelle (testamentarische) Überlieferung und frühe Bestandsaufnahme

Doch dies ist eher ein interessanter und vernachlässigter Nebenaspekt. Wenn man Lübeck mit einigem Recht als Hochburg des

Wallfahrtswesens bezeichnen kann, dann abgesehen von den außergewöhnlichen Denkmälern, Kirchen und Spuren des Jakobuskults vielmehr wegen der Masse und der Vielfalt der Quellen, die uns über die Pilgerfahrten Lübecker Bürger im späten Mittelalter Auskunft geben. Wir besitzen aus dem 14. und 15. Jahrhundert einige außergewöhnliche Zeugnisse wie zum Beispiel die Wallfahrtsbestätigung für einen Lübecker Pilger (Stange) in Santiago, die Entscheidung des Rats über ein Moratorium von acht Monaten für einen Schuldner, der zunächst noch eine Wallfahrt zum Hl. Jakob nach Galicien machen durfte;[9] ferner eine Art Pilgerausweis eines Lübecker Domherrn, der Anfang April 1442 zwei Lübecker Kaufleuten und Mitgliedern seiner Gemeinde bescheinigt, auf Grund eines Gelübdes gleich zu mehreren Pilgerzielen, darunter auch Santiago, unterwegs zu sein;[10] gelegentlich erhalten wir aus zufällig erhaltenen Briefen Kunde von einer Wallfahrt.[11] Bei schweren Straftaten wurden bisweilen Buß- und Sühnewallfahrten unter anderem nach Santiago angeordnet.[12] Schiedssprüche der Hansekontore (Bergen) verpflichteten die Gesetzesübertreter auch schon bei Handelsvergehen zuweilen zu Bußwallfahrten.[13]

Die mit Abstand ergiebigsten Quellen sind aber die Testamente, die von den Testatoren unmittelbar vor dem eigenen Aufbruch zu einer risikoreichen Pilgerfahrt erstellt wurden oder die – und dies geschieht weit häufiger – unter den Legaten *ad pias causas* Beträge für Dritte aussetzen, die für das Seelenheil des Erblassers eine Wallfahrt unternehmen sollen. Nirgendwo im Bereich der Hanse, wenn nicht in Deutschland überhaupt, ist die Überlieferung dieser bürgerlichen Testamente so exzeptionell wie in Lübeck. In der Travestadt sind aus dem 14. Jahrhundert viermal so viele Testamente wie

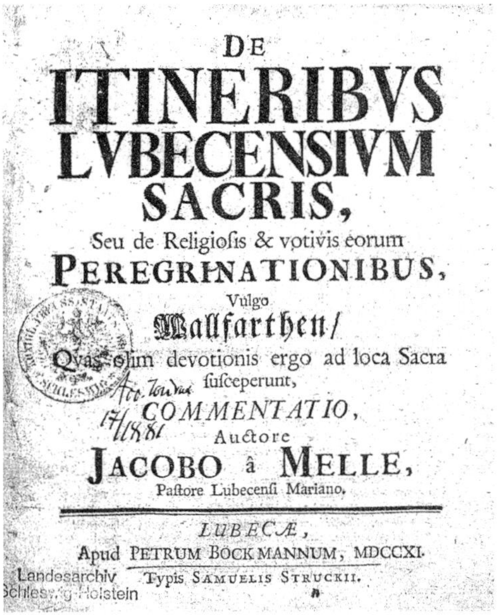
DE
ITINERIBVS
LVBECENSIVM
SACRIS,
Seu de Religiosis & votivis eorum
PEREGRINATIONIBUS,
Vulgo
Wallfarthen/
Quas olim devotionis ergo ad loca Sacra
susceperunt,
COMMENTATIO,
Auctore
JACOBO à MELLE,
Pastore Lubecensi Mariano.
LUBECÆ,
Apud PETRUM BÖCKMANNUM, MDCCXI.
Typis SAMUELIS STRUCKII.

4 VON MELLE 1711 (Titelblatt)

in Stralsund und 13mal so viele wie in Hamburg erhalten, und in den Jahrzehnten nach 1500 weist Lübeck immer noch fast dreimal so viel Testamente auf wie Hamburg.[14]

Und diese aussagekräftige Quellengattung der Testamente ist in der Forschung nirgendwo so früh und so umfassend im Hinblick auf die darin erwähnten Wallfahrten untersucht worden wie in Lübeck. Das frühe, bis heute unverzichtbare Fundament der Wallfahrtsforschung legte der Polyhistor Jacob von Melle (1659–1743).[15] Dieser »Vater der Lübeckischen Geschichtsschreibung« war nach dem Studium der Theologie, Philosophie, Philologie, Geschichte und der Naturwissenschaften und nach einer Bildungsreise durch die Niederlande, England, Frankreich und die Gegend am Oberrhein 1684 Prediger und 1706 Pastor an der Lübecker Marienkirche geworden und hat während seiner Amtszeit unschätzbare historische, sprachwissenschaftliche, genealogische und numismatische Arbeiten zur Geschichte Lübecks verfasst und dazu noch eine erstaunliche Münzsammlung und eine Art »Museum« zusammengebracht. 1711 veröffentlichte er seine *Commentatio* über die »heiligen Reisen der Lübecker und über ihre frommen und in Gelübden versprochenen Wallfahrten, die sie um der Devotion willen einst zu heiligen Stätten unternommen haben« (Abb. 4). Darin unterrichtet er über Motive, die Formen und die näheren Umstände und stellt die einschlägigen Belege, das heißt überwiegend testamentarische Bestimmungen, für 704 Besuche von Lübeckern an insgesamt 43 Wallfahrtsorten zusammen, die er in alphabetischer Reihenfolge aufführt. Allein für Santiago de Compostela listet er von 1358 bis 1483 insgesamt 45 Lübecker auf, die in ihren Testamenten Auftragspilger für Santiago bestimmten oder in ganz wenigen Fällen auch selbst losgezogen sind. Bis die Lübecker Testamente nicht vollständig aufgearbeitet sind, bleibt sein Werk bis heute unverzichtbar.

Die Pilgerfahrten Lübecker Bürger, speziell nach Santiago de Compostela
Die Popularität der Wallfahrtsziele vom 14.–16. Jh.

Die Zusammenstellung von Melles kann hier und da erweitert und ergänzt werden, aber im Prinzip lassen sich bereits auf der Grundlage seiner Untersuchung die wichtigsten Aussagen darüber machen, wie häufig überhaupt Wallfahrten in den Lübecker Testamenten unter Legaten zu frommen Zwecken auftauchen, zu welchen Zielen die Lübecker vornehmlich entweder selbst aufgebrochen sind oder – in der Regel – in ihren Testamenten Dritte mit der Erfüllung eines Gelübdes beauftragt haben. Die entsprechenden Zahlen haben Hartmut Bettin und Dietmar Volksdorf mit dem Befund aus Stralsund in Beziehung gesetzt.[16]

Diese tabellarische Übersicht ist in verschiedener Hinsicht zu korrigieren, aber einige grundsätzliche Erkenntnisse sind eindeutig:

Pilgerfahrten, seien es eigene oder auch Auftragswallfahrten, spielen in den Stralsunder und in den Lübecker Testamenten seit der Mitte des 14. Jahrhunderts zunehmend eine Rolle. Die weitaus meisten Nennungen registriert man in Lübeck in der ersten Hälfte des 15. Jahrhunderts. Besonders für die zweite Hälfte des 15. Jahrhunderts und die Jahrzehnte vor der Reformation ist die Tabelle zu korrigieren, aber sicher ist, dass in Stralsund und mehr noch in Lübeck die Wallfahrten seit ungefähr 1460 immer seltener als eigenes Motiv für die Erstellung des Testaments oder unter den Legaten *ad pias causas* erwähnt werden. Die wichtigsten Wallfahrtsziele der Lübecker im 14. und 15. Jahrhundert waren die regionalen Pilgerziele, und vornehmlich aus diesen Orten stammten auch die Pilgerzeichen, die man auch im Lübecker Raum gefunden hat.[17]

Weitaus am häufigsten hat man von Lübeck aus Aachen und Wilsnack in der Mark Brandenburg aufgesucht. Dicht dahinter folgten Einsiedeln und St. Theobald in Thann im Elsass, das immerhin 700 Kilometer von Lübeck entfernt war. Im 15. Jahrhundert nahmen nicht nur die Auftragspilgerfahrten stark zu, sondern zunehmend suchte man gleich mehrere »heilige« Orte auf einer Pilgertour zu kombinieren. So bot sich etwa eine Art Rundwanderung über Wilsnack nach Einsiedeln in der Schweiz und zurück über Thann im Elsass und Aachen an. Erstaunlich selten kommen Köln und Trier in den Lübecker Testamenten vor.

Unter den drei Fernwallfahrtzielen wurde erwartungsgemäß Rom am häufigsten gewählt, dann folgten Santiago und schließlich die kostspielige Wallfahrt zum Hl. Grab nach Jerusalem.[18] Im 14. Jahrhundert rangierte in Lübeck unter den drei Fernwallfahrtszielen Rom (72 Belege) eindeutig vor Santiago (45), und erst dann folgte mit großem Abstand Jerusalem (12). Die größte Dichte der Wallfahrten nach Santiago ist in den Jahrzehnten von 1340–1380 und dann wieder in der ersten Hälfte des 15. Jahrhunderts zu verzeichnen. Erneut ist in der Tabelle auch der starke Rückgang der Fernwallfahrten seit der zweiten Hälfte des 15. Jahrhunderts abzulesen. An diesem Befund gibt es auch nichts zu deuteln.

Doch diese Tabelle von 2003, die nach 1480 lediglich zwei Lübecker Auftragswallfahrten nach Santiago verzeichnet, beruht noch auf den Angaben von Norbert Ohler von 1983, und dieser wiederum zählte lediglich die Angaben von Melles aus dem Jahr 1711 aus. Nach der Durchsicht von Hunderten von Originaltestamenten im Stadtarchiv Lübeck kann ich die Angaben gerade für die neuralgischen Jahrzehnte vor der Reformation leicht korrigieren und ergänzen. Demnach wird in den Jahrzehnten von 1470 bis 1530 Jerusalem zweimal, Rom ebenfalls zweimal, Santiago aber immerhin noch 14mal als Wallfahrtsziel genannt. Es lohnt sich also bei Zahlenvergleichen dieser Art, für die Jahrzehnte vor und nach 1500 auf die Originalüberlieferung zurückzugreifen.

Jakobuskult und Santiagofahrt: Forschungsansätze und -desiderate

Seit ungefähr 1980 sind das Pilgerwesen und der Jakobuskult in Lübeck und in anderen norddeutschen Hansestädten mehrfach unter verschiedenen Fragestellungen untersucht worden – wobei namentlich die Beiträge meiner früheren Kieler Kollegin, Marie-Luise Favreau-Lilie hervorzuheben sind. Die Experten haben sich nicht nur mit der wechselnden Attraktivität der Wallfahrtsorte beschäftigt, sondern weitere Aspekte dieser frommen Massenbewegung untersucht: die Reiserouten, das heißt die Nutzung von Land- und Seeweg und die Kombination dieser beiden Möglichkeiten, die Fristen und Termine für den Aufbruch zu Pilgerfahrten, die Gewährleistung von Pilgerschutz und freiem Geleit, die Gefahren und Risiken einer Reise und die Rechtshilfe der Heimatstädte bei Straßenraub und anderen Gewalttaten, die Praxis der Sühnewallfahrt und der Bußfahrten, die, wie schon erwähnt, vor allem in Flandern sogar bei Verletzung von Handelsgeboten verhängt wurden; sodann rechtliche Gesichtspunkte der langen Abwesenheit von der Heimatstadt (Wallfahrtsbescheinigung, Schutzbriefe) oder auch die Gründe für den relativ geringen Anteil der Frauen unter den Pilgern. Immer wieder wurden auch Kosten der Auftragswallfahrten und die Motive der Pilger diskutiert, etwa die Attraktivität von Ablässen und Jubiläumsjahren oder die individuellen Wallfahrtsgelübde besonders in Seenot, aber auch die geradezu persönliche Zuneigung mancher Bürger zum Heiligen Jakobus, die in einigen Testamenten erkennbar wird.

So verlangt etwa Dietrich Wedege von Wartenberch in seinem letzten Willen im Juni 1461, dass unmittelbar nach seinem Tode je ein frommer Auftragspilger nach folgenden Wallfahrtsorten aufbrechen solle: nach Jerusalem, Santiago de Compostela, Einsiedeln, St. Theobald in Thann, Aachen und Wilsnack (»wullen unde barvot to ghande!«) sowie nach Gollenberg (»to dem Golme«). Ferner stellt er der Jakobskirche in Lübeck 150 Mark für ein neues Bleidach zur Verfügung, mit der bezeichnenden Begründung: »to eren myneme apostele sunte Jacope.«[19]

Auf den ersten Blick scheint das Thema der Pilgerfahrten und der Jakobusverehrung in den norddeutschen Städten, dem zuletzt 2005 ein eigener Tagungsband gewidmet war,[20] erschöpfend behandelt worden zu sein. In vielen Beiträgen werden inzwischen immer wieder dieselben Quellen zitiert, ohne dass substantiell etwas Neues gesagt würde. Doch schaut man genauer hin, so fällt auf, dass manche Äußerungen etwa zur Jakobusverehrung oder auch zu den Santiagowallfahrten zu wenig zeitlich und regional differenzieren. Der Jakobuskult um 1500 konnte durchaus andere Formen annehmen als die Verehrung des Apostels im 14. Jahrhundert. Und die Fixierung auf Jakobus in einigen Bruderschaften sah in Bremen oder Hamburg wieder anders aus als etwa in Lübeck. Die meisten Arbeiten sind zudem zu sehr auf ihren Spezialgegegenstand fixiert. Jerusalemreisen, der Trubel um das brandenburgische Wilsnack, aber auch Jakobuskult und Santiago-Pilgerfahrten sind nicht isoliert zu sehen, sondern im Zusammenhang sowohl des gesamten Wallfahrtswesens als auch der ergänzenden und konkurrierenden Frömmigkeitsformen des späten Mittelalters überhaupt zu bewerten. Insbesondere die Frage nach dem auffälligen Rückgang der Wallfahrtsvorhaben oder -aufträge, sofern sie in den Testamenten geäußert werden, ist bei weitem noch nicht mit der nötigen quellenkritischen Intensität diskutiert, geschweige denn geklärt worden. Nicht nur in diesem Punkt böte die Lübecker Überlieferung noch manche Aufschlüsse. Aber es geht nicht nur um stärkere Differenzierung und die Lösung offener Fragen. Vielmehr gäbe es durchaus noch manches Neue zu entdecken – wie die Kontrolle der noch unveröffentlichten Lübecker Testamente in den Jahrzehnten vor der Reformation gezeigt hat. Kurz gesagt: wer als Historiker weiterkommen will, dem verspricht der Weg ins Archiv nach wie vor reichen Gewinn.

Die Pilgerfahrt des Lübecker Krämers Hinrich Dunkelgud nach Santiago (1479)

Wenn man Glück hat, dann kann man auf diese Weise in Lübeck sogar ansatzweise ein Bild von einigen derjenigen Personen gewinnen, die zuweilen gleich mehrere Auftragspilger losziehen lassen wollten oder die selbst die beschwerliche Reise auf sich nahmen. Einen Paradepilger, dem ich durch archivarische Studien näher gekommen bin, möchte ich Ihnen etwas näher vorstellen: den Krämer Hinrich Dunkelgud, der 1479 zu einer Pilgerfahrt nach Santiago aufgebrochen ist. Dies wusste man schon lange aus Einträgen seines Geheimbuches, die Wilhelm Mantels bereits 1866 (und erneut 1881) mitgeteilt hat.[21] Wer auch immer sich mit den Pilgerfahrten in den Hansestädten beschäftigte, hat auf das Beispiel des Lübecker Krämers verwiesen, aber niemand ist bislang auf die Idee gekommen, sich einmal nach dem Verbleib der aussagekräftigen Quelle zu erkundigen. Denn dieses interessante private Memorialbuch existiert noch, und es wird heute (wieder) in der Lübecker Stadtbibliothek aufbewahrt. Die außergewöhnliche Handschrift ist in wenigstens dreifacher Hinsicht bemerkenswert: Erstens ist es in seiner Art ein ausgesprochen seltenes Buch. Zwar weisen die Lübecker Kaufleute in ihren letztwilligen Verfügungen immer wieder auf ihre Geschäftsbücher hin, in denen weitere Legate oder Korrekturen des offiziellen Testaments vermerkt seien, aber kaum eines dieser privaten Rechnungsbücher ist erhalten geblieben. Da stellt dieser Memorial eine absolute Ausnahme dar. Zweitens erkennt man bei der Durchsicht der Einträge sofort, dass Hinrich Dunkelgud dieses Buch unmittelbar beim Aufbruch zur Wallfahrt nach Santiago, ja eben zu diesem Zweck angelegt hat, wie wir gleich sehen werden. So gesehen könnte man diese eher unscheinbare Handschrift geradezu als eine Ikone der Santiagowallfahrt in Lübeck bezeichnen. Drittens ist natürlich auch der weitgefächerte Inhalt dieses Buches höchst aufschlussreich: Nach allem, was wir dort erfahren, war Dunkelgud nicht etwa der Inhaber eines Tante-Emma-Ladens, sondern eher eine gute Adresse für Feinkost und Luxuswaren. Unter anderem hatte er Hermelinfelle und Pelzwerk aller Art, aber auch feines Öl und andere Lebensmittel im Angebot. Seine Geschäftsbeziehungen reichten nach Schweden, Bergen, Reval, Danzig und Flandern.

Vor der Abreise nach Santiago regelte Dunkelgud zu Lichtmess (2. Februar) 1479 seine geschäftlichen und privaten Angelegenheiten: »Anno Domini up Lychtmyssen, also ik van Lubeke reyse na dem guden heren sunte Jacob, late ik stan up myner werdes sale (im Zimmer oder Saal seines Hauswirts) in myner kisten unde kontor (Schreibtisch) my tobehorende up 70 rinsche gulden bilde an louwent gemalet (Bilder auf Leinwand gemalt), unde dar inne myne kleder unde myne bocke (Geschäftsbücher). Noch late ik dar ene klene kiste, dar inne allerley eventur ruch unde rap [sonst: rup unde rap = allerlei Gerät durcheinander].« – Gegenüber in der rechten Spalte hat Dunkelgud dann jeweils vermerkt, was aus dem wurde, was er abgestellt, ausgelagert oder sonstwie ausgeliehen hatte; in diesem Fall ging bekanntlich alles glücklich aus: »Item entfink ich wedder de kisten unde it ander in al.«

Das meiste lässt er also in Lübeck bei seinem Hauswirt, anderes nimmt er mit, um daraus während der Reise Geld zu machen. So heißt es gleich unten auf derselben Seite: »Item so neme ik mede 1 suben (Schaube) myt sabele (Zobel) foder. Vorkope ik en nicht to Hamborch, so bevele ik ene Gosswin van dem Mor [in Hamburg]. – Gegenüber: Item desse suben hevt Clawes Werneken to Brugge to mynem besten, he steit my 40 m lub. Später: Item schryft Claus Werneken in sinem breve, dat he den suben heft vorkoft vor 4 lb groten unde 8 ß groten [= 30 m 13 s].«

Dunkelgud bekam also für seinen kostbaren Zobel gefütterten Ausgehmantel nicht so viel, wie er dachte, und der Geschäftsfreund Claus Werneke in Brügge hat ihm das 1482 auch brieflich mitgeteilt.[22]

Bevor er aufbrach, machte der junge Krämer dann noch Lichtmess 1479 (2. Febr.) vorsichtshalber sein Testament.[23] Darin empfahl er sich angesichts der »reyse na dem groten heren sunte Jacob« der Hl. Dreifaltigkeit, St. Anna mit der Hl. Sippe und erkor sich zu Testamentsvollstreckern seinen »Wirt« Clawes van Calven, den Krämer Hans Meyer und dessen Tochter Kunneke, Peter Schutte in Travemünde und Tytken Tolner vor dem Holstentor. Dass auch die Tochter des Hauswirts und mutmaßlichen Lehrherrn Dunkelguds unter den Testamentsvollstreckern genannt wird, hatte seine guten Gründe. Dann folgen die Legate an etliche Verwandte, darunter aber auch (gleich oben) »Clawes Werneke de hasenfelle, de ik to Brügge sende.« – Und das Testament endet mit den Worten: »Hyr mede bevele ik my der hilghen Drefaldycheyt unde der hachlaveden juncfrouwen

Marien unde sunte Annen myt alle ere slechte unde deme groten heren sunte Jacob. De hebbe unser wolt« (»der habe unser Walt«, das heißt, in dessen Schutz begebe ich mich und die Meinen).

Aber Dunkelgud vertraute nicht allein auf den Schutz Gottes, Marias, der Hl. Anna und des Apostels Jakobus, sondern versicherte sich noch auf eine andere Weise: »Anno Domini 1479 up Lichtmissen (2. Febr.), do gaf ok Hans Roekelosen 7 m lüb. Dar schal he my wedder vor geven, wen ik en wyf neme, 11 m lüb. – He entfink van Bertelt Rikman van myner wegen 6 m 4 s, unde ik gaf em 12 s« (Ebd., fol. 10r). Rokelosen hat also ganz offensichtlich mit seinem Freund Dunkelgud bei einem Einsatz von elf Mark gegen die ihm geliehenen sieben Mark darum gewettet, dass derselbe sich nicht verheiraten werde. Diese Wette erinnert an vergleichbare Wetten, die vor allem Kaufleute vor Antritt einer Pilgerfahrt untereinander abgeschlossen haben.[24] Wie man auf derselben Seite des Geheimbuchs in der rechten Spalte sehen kann, hat Rokelosen dann 1480 die Absprachen auch eingehalten und Dunkelgud den versprochenen Betrag in Form von zwei Tonnen »orre« überantwortet.

Dunkelgud trat dann also im Februar 1479 seine Reise an, die ihn zunächst über Hamburg und vermutlich Hannover nach Brügge führte. Er reiste nicht allein, sondern sein Geschäftspartner Hans Sledorn begleitete ihn. Auch Sledorn setzte vorsichtshalber sein Testament auf, bevor er sich auf den Weg machte, und begründete darin diese Vorsichtsmaßnahme: »weret sake, dat ik in desser reyse na sunte Iacopp in Gallicien hen un(de) her, storve, sette ik myn testament unde latesten wyllen – hyr mede geve ik my in de walt godes, myt suntheit unde salicheyt, und Marien unde sunte Iacopp.«[25]

Mitte März waren Dunkelgud und Sledorn in Brügge und trafen dort den mehrfach genannten Geschäftspartner Claus Wernecke; und in Sluis (oder besser Sluys), dem Hafen von Brügge, schifften sie sich nach Galicien ein. Welche Kosten für die Schiffsreise fällig waren, wie es dann weiterging und welche Ausgaben unsere Lübecker am Ziel ihrer Reise tätigten, erfahren wir aus Dunkelguds Memorial nicht. Doch im April dürften unsere Lübecker Wallfahrer die Kathedrale des Apostels in Santiago betreten haben und staunend vor dem Pórtico de la Gloria gestanden haben.

Die Rückfahrt führte vermutlich wieder auf dem Seeweg nach Flandern und von dort nach Lübeck. Im Juli 1479 waren Dunkelgud und sein Reisegefährte Sledorn wieder zu Haus. Schon im Oktober desselben Jahres heiratete Dunkelgud, inzwischen auch Vollbürger der Stadt, die obengenannte Kunneke, die Tochter seines Lehrherrn. Damit hatte er nebenbei auch die Wette mit seinem Freund Rokelosen gewonnen, die sie vor der Pilgerfahrt abgeschlossen hatten. Er feierte eine rauschende Hochzeit – die Ausgaben für die Kleidung, den Schmuck und das Festmahl hat er minutiös festgehalten – unter anderem ließ er sich sechs in Silber gefasste Steinchen und eine Muschel für eine Kette oder einen Rosenkranz anfertigen (fol. 14r). Der Aufwand oder die unerlaubte Zahl von Gästen brachte ihm ein Strafgeld der Behörden ein. Der Schwiegervater überließ der Tochter und seinem Schwiegersohn sein Wohnhaus und seinen Kramladen. Drei Töchter gingen aus der Ehe hervor.

Auch die Geschäfte liefen gut. Dunkelgud kaufte noch zwei weitere Buden am Markt hinzu und vereinigte diese zu einem stattlichen Geschäftskomplex. Noch besser konnte er nun seinen Handel mit Fellen und anderen Luxusgütern ausbauen und wurde mit der Zeit ein reicher Mann. 1489 kaufte er eine Bude unmittelbar vor der Holstenbrücke, das so genannte Heringhaus hinzu, das wohl zur Verarbeitung und zum Vertrieb der Heringe diente. Nach der Jahrhundertwende erwarb er einen Hof in Ruppersdorf, den er aber vor seinem Tod wieder verkaufte.[26]

Ebenfalls noch 1479 trat er auch in die Berufsgenossenschaft, die Krämerkompanie ein – die recht hohe Eintrittsgebühr von 6 m hat er gleich am Anfang seines Memorials notiert (fol. 1r). Am 12. März 1480 war er als Schaffer in dieser Genossenschaft tätig (fol. 1r), die ihr religiöses Zentrum in der Annenkapelle am Chor der Peterskirche hatte. Die entsprechenden Angaben im Memorial lassen sich überprüfen.

Denn das so genannte »Denkelbok«, das Hauptbuch der Vorsteher der Krämerkompanie, hat sich im Stadtarchiv Lübeck erhalten. Der in starkem Pergament eingebundene Band mit den Metallschließen enthält Urkundenabschriften und Abrechnungen.[27] Dort sind dann tatsächlich, wie vermutet, nicht nur die Eintrittsgebühr und die Schaffertätigkeit Dunkelguds vermerkt, sondern auch sein sonstiges jahrelanges Engagement im Dienst der Kompanie und der Krämerbruderschaft. Zeitweise war er auch Vorsteher der Berufsgenossenschaft und hat in dieser Zeit selbst diese Aufzeichnungen fortgeführt. Wie bereits im persönlichen Memorial, so lernen wir Dunkelgud auch in diesem Buch nicht nur als Krämer und Geschäftsmann, sondern auch als Mann mit ausgeprägten religiösen Vorlieben und als Wohltäter gegenüber Kirchen und Klöstern kennen. Vielleicht noch unter dem Eindruck der Santiago-Pilgerfahrt war Dunkelgud im November 1479 gemeinsam mit seiner jungen Frau gegen die hohe Gebühr von einem rheinischen Gulden der Hl. Leichnams-Bruderschaft in der Jakobskirche beigetreten.[28] Im März 1480 richtete er sich im Stuhl der Annen-Bruderschaft der Krämer in St. Peter einen eigenen Kirchensitz ein.[29] Wiederholt wurden im Buch der Vorsteher Ausgaben für diese Bruderschaftskapelle notiert. Nicht umsonst gab es auch den Ablassbrief des Kardinals Raimundus Peraudi, der 1503 auch der St. Annen-Bruderschaft der Krämer in St. Peter einen Ablass ausstellte.[30] Die Finanzmittel der Bruderschaft und der Berufsgenossenschaft insgesamt müssen beträchtlich gewesen sein, wenn die Krämer 1510 der Marienkirche stolze 580 m für das Geläut stiften konnten.[31] Hinrich Dunkelgud hat sich bei diesen Spenden für fromme Zwecke nicht zurückgehalten.

Aber sozusagen im Alleingang finanzierte er über Jahre hinweg aufwendige Stiftungen für das Birgittenkloster Marienwohld vor den Toren Möllns. Seine diesbezüglichen Ausgaben hat er wieder gewissenhaft in seinem privaten Geheimbuch festgehalten. Schon 1496 ließ er auf dem Kirchhof des Klosters eine »krusedracht« (Kreuztragung) anlegen, also einen Kreuzweg, wie ihn in großem Stil auch Hinrich Constin von der Jakobikirche zum Jerusalemsberg angeregt hatte. In der Kirche selbst sorgte er (seit 1509) für ein neues Kruzifix, einen neuen Altar mit dem Bild der Opferung bzw. Präsentatio Mariens im Tempel (Fest am 11. Nov.) nebst Altargerät, Priesterornat und Antependium, Altarvorhängen, einer Räucherpfanne und einem Messbuch. Auf dem Altartisch ließ er in Messingbuchstaben seinen eigenen Namen zum ewigen Gedenken anbringen.[32] Vor diesem Altar sollten die (Priester-)Brüder des Klosters täglich eine Messe lesen, im Sommer um fünf Uhr, im

Winter um sechs Uhr. Dafür stellte er die Summe von 700 m lüb. zur Verfügung. Beim Aussterben des eigenen Geschlechtes sollten die Vorsteher der Krämer für diese Gedenkmessen sorgen, so wie sie auch schon in der Kapelle in der Lübecker Jakobikirche in der Kapelle der Krämer (»in Tylinges capellen«) unter dem Turm die Marientiden organisierten.

Die beste und letzte Gelegenheit der Vorsorge für das ewige Leben waren auch für Hinrich Dunkelgud entsprechende testamentarische Verfügungen. Noch als junger Mann setzte er, wie oben ausgeführt, vor Antritt der Pilgerfahrt nach Santiago sein erstes Testament auf. Und dieses Testament hat der Krämer in regelmäßigen Abständen erweitert, korrigiert und erneuert. Gleich mehrere Testamentsentwürfe hat der erfolgreiche Geschäftsmann, der sich gleichwohl offenbar immer der Nähe und der Ungewissheit des Todes bewusst war, danach abgefasst. Das zweite 1484,[33] das dritte 1487[34] mit Ergänzungen 1488,[35] das vierte 1492, das fünfte 1502,[36] das sechste 1507[37] und das siebte 1509 (11. Nov),[38] das er dann 1519 noch einmal erneuerte. All diese Testamente sind nur im Geheimbuch überliefert, unter den Ausstellern der Lübecker Originaltestamente sucht man seinen Namen vergeblich. In all diesen Entwürfen macht Dunkelgud Kirchen, Klöstern und Bruderschaften ausgesprochen weitgestreute und hohe Zuwendungen: So gehen laut dem letzten Testament von 1509 / 17 abgestufte Geldbeträge an die Kirchen in Ratekau, St. Peter in Lübeck, Gelschendorf, Süsel und Travemünde, ferner eine Tonne Travensalz an verschiedene Klöster in Schweden, in deren Gebetsverbrüderung Dunkelgud aufgenommen worden war, und zwar an das Dominikanerkloster in Stockholm, an die schwedischen Klöster Eskilstuna und Juleta; die gleiche Menge erhält der Antoniushof beziehungsweise das Kloster Tempzin bei Warin; je ein Goldgulden lässt er der Marienbruderschaft auf dem Friedhof zum Dom und der Hl. Leichnams-Bruderschaft in der Jakobikirche (»wert se holden«) und 3 m der St. Annen-Bruderschaft der Krämer zu St. Petri zukommen; bedacht werden ferner die Nonnen in Neustadt und Plön (je 3 m und nach Plön zusätzlich eine Last Roggen), dafür dass sie den Stifter in ihr Anniversarbuch aufnehmen.

Wer nur die knappen Zitate der Pilgerreise des Hinrich Dunkelgud nach Santiago zur Kenntnis nimmt, der könnte meinen, dass hier ein hartgesottener Geschäftsmann in einer beliebten Kombination von Geschäfts- und Pilgerreise das berufliche Interesse mit einer veräußerlichten, vermeintlich typisch vorreformatorischen Werkgerechtigkeit verbunden habe. Wer aber aufmerksam das Geheimbuch dieses Mannes und das Amtsbuch der Krämerkompanie studiert, der wird diesen Kleinhändler mit anderen Augen sehen. Wie repräsentativ Frömmigkeitsformen und Stifterverhalten Dunkelguds für andere vermögende Pilger sind, das wissen wir nicht. Aber mit Sicherheit ist dieses Memorial- oder Geheimbuch Hinrich Dunkelguds eines der aufschlussreichsten und der sympathischsten Symbole der Verbindung zwischen Lübeck und Santiago de Compostela.

Anhang

Das Testament des Hinrich Dunkelgud vor seinem Aufbruch nach Santiago de Compostela, 1479, Febr. 2 (»Lychtmissen«)

Überlieferung: Stadtbibliothek Lübeck, Ms. Lüb. 2° 733 (Memoriale des Hinrick

Dunckelgud), fol. 11v–12r; bereits auszugsweise ediert von Wilhelm Mantels, Aus dem Memorial oder Geheim-Buche des Lübecker Krämers Hinrich Dunkelgud, Lübeck 1866, S. 12f., in: Ders., Beiträge zur Lübisch-Hansischen Geschichte. Ausgewählte historische Arbeiten, Jena 1881, S. 354f.

Anno domino(!) XIIII^c LXIX [»1469« statt 1479!] up lychtmissen. In deme namen der hilgen drefaldycheyt un(de) sunte Annen myt al erme slechte so make ik Hinrik Dunkelgut myn testemente un(de) reyse na deme groten heren sunte Jacob(us) – got vorlene beholden reise. Item eft my got esschende worde un(de) myner to kort worde dat ik nicht wedder queme, so kese ik to vormunder desse nascrevenen: int erste myn wert Clawes van Calven un(de) Hans Meyer den kremer und sine dochter Kunneken, Peter Schutten to Tramunde un(de) Tytken Tolner vor de(m) Holstendore un(de) bin begerende dat se vorfullen also ik hyr naschrivende werde:

Item geve ik to wege un(de) stede to beterende 5 m.

Item noch geve ik to Ratkouwe [Ratekau] in de kerken 20 m.

Item noch geve ik tom Holme [Stockholm] to buwende to sunte Annen koer in de bue kerke 12 m.

Item noch geve ik in de kerke to Susel [Süsel] mede to beterende 10 m.

Item noch geve ik in de kerke to Glesschendorpe [Gleschendorf] to beterende 5 m.

Item noch geve ik to sunte Byrgeten vor Mollen [St. Birgittenkloster »Marienwohld« vor Mölln] 10 m.

Item so geve ik mynes fader suster 20 m.

Item so geve ik Lutke Dunkelgudes kinderen mynes fader broder son synen kinderen geve ik 30 m.

Item so geve ik Hinrik Dunkelguden kinderen to Tymmendrope(!) [Timmendorf] 30 m.

Item so geve ik Clawes Emeken kinderen un(de) sinem wyfe 20 m.

Item noch geve ik den anderen kinderen Hornemann kinderen mynes fader suster kinderen to hope 30 m.

Item so geve ik Hans Degeners kinder(en) tom Holmen 30 m, eft ik er fadergut wes to unrechte noten [genossen] hadden dat se et wedderkrigen.

Item geve ik Tyle Busman myt syner vrowen 20 m.

Item geve ik myner half suster kinder 30 m.

Item geve ik Clawes Werneke de hasenfelle de ik to Bruge [Brügge] sende.

Item geve ik Hans Mouwer 20 m.

Item geve ik mynen werde [Hauswirt] Claus van Calven 20 m.

Item geve ik Hans Meyer dochter Koneken 20 m.

Item geve ik Peter Schutte 10 m.

Item geve ik Tytken Sluter 10 m.

Item so geve ik vort myner leven moder al wes ik mer nalate van gude alse myne boke wol utwysen un(de) begere van iuw vormunderen, dat gy er io nene not [lyden] laten. Beholdet it testamente by juw, dewile dat se levet, dat se io nene not en lyde. Unde weret sake, dat erer to kort worde un(de) myner ok [im Falle des Todes], so bevele ik iuw vorschreven vormunderen, dat gy dyt so holden also ik iuw to love [gelobe], unde keret et in de hende der armen frunt unde ander arme lude unde in Gadeshuse etc.

Hyr mede bevele ik my der hilghen Drefaldycheyt unde der hachlaveden juncfrouwen Marien unde sunte Annen myt alle ere slechte unde deme groten heren sunte Jacob. De hebbe unser wolt [»der habe unser Gewalt«, das heißt, unter dessen Schutz stelle ich mich und meine Angehörigen] etc.

Anmerkungen

1 Zur Jakobikirche vgl. BALTZER / BRUNS 1920, 305–449.

2 Vgl. BALTZER / BRUNS / RAHTGENS 1928, 623–627; vgl. auch KRÜGER 1999, 756–757; zur Person des Ratsherrn und Zirkelbruders Hinrich Constin vgl. DÜNNEBEIL 1996, 250–253.

3 VON MELLE 1711, 125; das Testament selbst ist nicht erhalten; zum Wegkreuz vgl. WARNCKE 1913, 7–8; BALTZER / BRUNS / RAHTGENS 1928, 617–618 (mit älterer Abbildung).

4 BALTZER / BRUNS / RAHTGENS 1920, 351–360.

5 ALBRECHT 2005, 301.

6 ALBRECHT 2005, 474–482, Nr. 166.

7 Vgl. dazu HONEMANN 2005, 137–158, hier vor allem 141–144: Jakobusgebet im Bedebok, Lübeck 1478 (Lucas Brandis), 1480 (Johann Snell), 1496 (Steffen Arndes); ferner Legende im niederdeutschen Prosapassional mit Jakobusmirakeln und Bittgebet (144–148), Plenar; anhangweise zwei niederdeutsche Gebete zum Apostel Jakobus d.Ä. aus dem *Speygel der dogende* (Lübeck: Bartholomäus Gothan, 1485), 154–156.

8 VAN HERWAARDEN 1978, 633, Nr. 106, 639, Nr. 263, 696; PARAVICINI 1992, 136–137.

9 UB Lübeck X, Nr. 374 (1463, Juli 25); vgl. dazu FAVREAU-LILIE 1994, 321–350, hier 341.

10 DEUS 1962, 16–17. Der »Reisepaß« aus dem Soester Stadtarchiv war ausgestellt für die Lübecker Kaufleute Claus Dene und Merten Gravetop; dabei handelt es sich um ein Pergamentblatt von 28 × 14 cm, einst mit Siegel beglaubigt, zusammengefaltet und in der Tasche getragen. Auf dem Hottenberg bei Freienwalde, der sonst nicht als Lübecker Wallfahrtsziel bezeugt ist, wirkte zu Beginn des 15. Jahrhunderts eine angebliche Wundertäterin im Namen Jesu und der Jungfrau Maria. Die Warnungen des Bischofs Henning von Brandenburg vor deren Umtrieben (um 1410) haben anscheinend unsere Lübecker Kaufleute nicht erreicht und nicht von ihrem Vorsatz abgehalten; vgl.: RIEDEL 1838–69, 388, bzw. DEUS 1962, 17, Anm. 2.

11 So etwa von der Santiagowallfahrt des Hinrik Warmböken, eines Urahnen des Pastors Jakob von Melle, im Jahre 1483, VON MELLE 1711, 15–16, 47.

12 Vgl. etwa die Sühnepilgerfahrt im Auftrag des Johannes Stange nach Santiago, die mit hohen Kosten verbunden war: LUB 6 Nr. 617, 640.

13 Hanserezesse II 7 Nr. 388.

14 Vgl. die Angaben und eine tabellarische Übersicht bei FAVREAU-LILIE 2005, 27–48, hier 29–30; in Stralsund sind von 1309–1530 insgesamt 1017 Testamente überliefert; vgl. BETTIN / VOLKSDORF 2003, 231–258, hier 231, Anm. 1.

15 MELLE 1860, 10–21; SPIES 1982, 183–184; vgl. auch VON MELLE, Handschriftliche Auszüge aus Lübecker Testamenten, 1738 (AHL Hs. 771).

16 BETTIN / VOLKSDORF 2003, 240 (für die Zeit von 1320–1530).

17 Pilgerzeichen aus dem Annenmuseum; u.a. Sternberg (links oben) und Einsiedeln (links unten); vgl. Führer des Annenmuseums; vgl. auch die Karte der Wallfahrtsziele von Stralsund aus; BETTIN / VOLKSDORF 2003, 246.

18 Vgl. die Tabelle bei BETTIN / VOLKSDORF 2003, Stralsunder Bürgertestamente (wie Anm. 13), 242–243 (Rom und Santiago im Vergleich).

19 AHL 1461 Juni 26; vgl. umfangreiche Literatur in der Datei: Lüb_Pilgerfahrten.

20 HERBERS / BAUER 2003; dort auch weitere Literatur mit den Beiträgen von FAVREAU-LILIE und weiterer Autoren.

21 MANTELS 1881, 341–369.

22 Brief des Klaus Werneke an H. Dunkelgud im Memorial, fol. 71a–b; Aufschrift: »Dem ersamen Hinrik Dunkelgud to Lubeke sal desse breff.« – Brief: »Minen wilgen denst tovorn. Hinrik, ersame gude vrunt.......« – Und am Schluss: »Gescreven to Amdorpe [Antwerpen], desz mandages na des hilgen lichames dag (10. Juni), anno 82. Claus Werneke.«

23 Memorial Dunkelguds, fol. 11v–12r; unten Anhang.

24 LUB 7 (1885), 204 Nr. 221: Wette des Ratsherrn Johannes Luneborg vor Antritt einer Jerusalemreise

mit dem Bürger Hinrich Krumvot um einen Ballen Tuch, der bei glücklicher Rückkehr fällig wurde; dazu FAVREAU-LILIE 1994, 346 (eine »Frühform einer Art Risiko-Lebensversicherung für die Familie des Ratsherrn«).

25 Testament von 1479, inzwischen verschollen; zitiert nach VON MELLE 1711, Beschreibung (1739), 787.

26 Memorial fol. xy; MANTELS 1881, 9.

27 AHL: Krämerkompanie Nr. 1: Älterleute Denkel-(Memorial)buch, 1472–1585.

28 Memorial fol. 1r.

29 Memorial fol. 1r. Vgl. MANTELS 1881 9, 16.

30 AHL Sacra A[2] 73a (1503 Mai 6).

31 AHL Sacra A[1] 54b (1510 März 10).

32 Memorial fol. 193r, 194v.

33 Memorial fol. 232r.

34 Memorial fol. 231v.

35 Memorial 67v.

36 Memorial fol. 228r.

37 Memorial fol. 227r.

38 Memorial fol. 225–226v.

Bibliographie

ALBRECHT, U. (Hrsg.), *Corpus der mittelalterlichen Holzskulptur und Tafelmalerei in Schleswig-Holstein*, Band 1: Hansestadt Lübeck, St. Annen-Museum, Kiel 2005, 299–305.

BALTZER, J. / BRUNS, F., *Bau- und Kunstdenkmäler der Stadt Lübeck* (BKHL), Lübeck 1920, 305–449.

BALTZER, J. / BRUNS, F. / RAHTGENS, H.; *Bau- und Kunstdenkmäler der Stadt Lübeck* (BKHL), Lübeck 1928, Band IV, 623–627.

BETTIN, H. / VOLKSDORF, D., »Pilgerfahrten in den Stralsunder Bürgertestamenten als Spiegel bürgerlicher Religiosität«, in: HERBERS, K. / BAUER, D. R., *Der Jakobuskult in Ostmitteleuropa*, (Jakobus-Studien 12), Tübingen 2003, 231–258.

DEUS, W.-H., »Ein Reisepaß für Wallfahrer 1442 April 8«, in: *Soester Zeitschrift* 76 (1962), 16–17.

DÜNNEBEIL, S., *Die Lübecker Zirkel-Gesellschaft: Formen der Selbstdarstellung einer städtischen Oberschicht*, (Veröffentlichungen zur Geschichte der Hansestadt Lübeck: Reihe B, 27), Lübeck 1996, 250–253.

FAVREAU-LILIE, M. L., »›Civis peregrinus‹. Soziale und rechtliche Aspekte der bürgerlichen Wallfahrt im späten Mittelalter«, in: *Archiv für Kulturgeschichte* 76 (1994), 321–350.

FAVREAU-LILIE, M.-L., »Pilgerfahrt nach Santiago de Compostela: Perspektiven hansestädtischer Testamente«, in: RÖCKELEIN, H. (Hrsg.), *Der Kult des Apostels Jakobus d.Ä. in norddeutschen Hansestädten*, (Jakobus-Studien 15), Tübingen 2005, 27–48.

HERBERS, K. / BAUER, D. R. (Hrsg.), *Der Jakobskult in Ostmitteleuropa*, (Jakobus-Studien 12), Tübingen 2003.

HONEMANN, V., »Der Apostel Jakobus der Ältere in der niederdeutschen Literatur des Mittelalters«, in: RÖCKELEIN, H. (Hrsg.), *Der Kult des Apostels Jakobus d. Ä. in norddeutschen Hansestädten*, (Jakobus-Studien 15), Tübingen 2005, 137–158.

Hanserezesse II 7 Nr. 388.

KRÜGER, K., *Corpus der mittelalterlichen Grabdenkmäler in Lübeck, Schleswig, Holstein und Lauenburg (1100–1600)*, (Kieler historische Studien 40), Stuttgart 1999, 756–757.

LUB 6 Nr. 617, 640.

MELLE, J. C. J., »M. Jacob von Melle«, in: *Zeitschrift des Vereins für Lübeckische Geschichte und Altertumskunde* (ZVLGA) 1 (1860), 10–21.

MANTELS, W., »Aus dem Memorial oder Geheim-Buche des Lübecker Krämers Hinrich Dunkelgud (1866)«, in: MANTELS, W., *Beiträge zur Lübisch-Hansischen Geschichte. Ausgewählte historische Arbeiten*, Jena 1881, 341–369.

PARAVICINI, W., »Lübeck und Brügge. Bedeutung und erste Ergebnisse eines Kieler Forschungsprojekts«, in: MENKE, H. (Hrsg.), *Die Niederlande und der europäische Nordosten. Ein Jahrtausend weiträumiger Beziehungen (700–1700)*, Neumünster 1992, 91–166.

RIEDEL, A. F., (Hrsg.), *Codex diplomaticus Brandenburgensis: Sammlung der Urkunden, Chroniken und sonstigen Quellenschriften für die Geschichte der Mark Brandenburg und ihrer Regenten*, Bd. VIII, Berlin 1838–69.

SPIES, H.-B., »Jakob von Melle«, in: *Biographisches Lexikon für Schleswig-Holstein und Lübeck* 6, Neumünster 1982, 183–184.

VAN HERWAARDEN, J., *Opgelegde bedevaarten: een studie over de praktijk van opleggen van bedevaarten (met name in de stedelijke rechtspraak) in de Nederlanden gedurende de late middeleeuwen (ca. 1300–ca. 1550)*, Assen u.a. 1978.

VON MELLE, J., *De itineribus Lubecensium sacris, seu de religiosis et votivis eorum peregrinationibus, vulgo Wallfahrthen, auas olim dvotionis ergo ad loca sacra susceperunt, commentatio*, Lübeck 1711.

WARNCKE, J., »Das Wilsnacker Pilgerzeichen auf einem Wegekreuz«, in: *Die Denkmalpflege* 15 (1913), 7–8; BKHL, Bd. IV, 617–618 (mit älterer Abb.).

Enno Bünz
Universität Leipzig

Nordelbien – St-Gilles – Santiago. Pilger im Süden und Patrozinien im Norden

Die mittelalterlichen Pilger, die nach Santiago de Compostela gezogen sind, haben vielfältige Spuren in der Quellenüberlieferung ihrer Heimat hinterlassen. Wie bei den meisten Wallfahrtsorten läßt sich auch die Bedeutung der Santiago-Wallfahrt nur anhand der regionalen und lokalen Überlieferung abschätzen, die insgesamt noch kaum ausgeschöpft ist.[1] Die meisten Pilgerberichte von Deutschen, die das Jakobusgrab aufgesucht haben, dürften mittlerweile bekannt sein.[2] Die Durchsicht der regionalen Quellen, vor allem der ungedruckten Archiv- und Bibliotheksbestände des späten Mittelalters, wird hingegen noch manche Überraschung zu Tage fördern.[3]

Der Anteil Norddeutschlands hat durch neuere Forschungen schärfere Konturen gewonnen. Vor einigen Jahren hat Marie-Luise Favreau-Lilie in einer umfangreichen Studie Jakobspilger aus dem Hanseraum systematisch behandelt, wobei es der Verfasserin vornehmlich aufgrund der dichten spätmittelalterlichen Überlieferung der Hansestädte an Nord- und Ostsee gelungen ist, ein anschauliches Bild von den Reisewegen, den Risiken der Pilgerfahrt, von den Pilgern und Pilgerinnen selbst sowie den Kosten und den Motiven der Wallfahrten nach Santiago vom 14. bis frühen 16. Jahrhundert zu zeichnen.[4] Weiterführend sind auch mehrere Beiträge der 2002 veranstalteten Jahrestagung der Deutschen St. Jakobus-Gesellschaft über Jakobuskult und Santiagopilgerfahrt in den norddeutschen Hansestädten des späten Mittelalters.[5] Unsere Kieler Tagung kann daran anknüpfen.

Die Frühzeit der Santiagofahrten scheint, sofern sie von Norddeutschland und Skandinavien aus unternommen wurden, in fast undurchdringliches Dunkel gehüllt. Wenige dürftige historiographische Notizen zeigen, dass »Schiffer und Seeleute aus späteren Hansestädten« wie Köln und vielleicht auch aus Bremen und Lübeck »bereits im 12. Jahrhundert, seit dem zweiten Kreuzzug, auf ihren Fahrten ins Mittelmeer die Küsten der Iberischen Halbinsel kennengelernt und dabei auch Abstecher zum Apostelgrab in Compostela gemacht« haben.[6] Von Stralsund aus beispielsweise sind bereits seit 1280 Pilgerfahrten nach Santiago unternommen worden.[7] Bis zum 14. Jahrhundert bleiben Nachrichten über solche aus frommen Motiven unternommenen Reisen im norddeutschen Raum aber selten. Deshalb ist jedes einzelne Quellenzeugnis von Bedeutung, das den Rang der Pilgerfahrt ans »Ende der Welt« verdeutlicht, zumal persönliche Reiseberichte von Santiagopilgern, die es gestatten, ein dichteres Bild von den Wallfahrten zu zeichnen, erst um 1400 einsetzen.[8] Sieht man einmal von den Aufzeichnungen des Stralsunder Bürgers Franz Wessel ab, der 1508 mit einer Pilgergruppe nach Santiago gepilgert ist, fehlen solche Aufzeichnungen übrigens aus dem spätmittelalterlichen Norddeutschland.[9]

Überlieferungsbedingt erscheint die spätmittelalterliche Jakobusverehrung als ein vornehmlich städtisches Phänomen. In den norddeutschen Hansestädten sind vor allem die Serien der Testamente aussagekräftig, die belegen, welche Wallfahrtsorte Ziel frommer Bürger waren.[10] Durchmustert man die Mirakelbücher spätmittelalterlicher Wallfahrtsorte, stellt man jedoch fest, dass hier vor allem Bauern und Tagelöhner aus dem ländlichen Milieu auftauchen. Ich verweise exemplarisch nur auf die jüngst edierten Mirakelbücher von Maria im Elende bei Nordhausen und von Grimmenthal in Südthüringen.[11] Sucht man an den Herkunftsorten der Pilger nach weiteren Belegen, wird es zumeist schwierig. In Nordelbien sind Quellen aus dem dörflichen Bereich kaum erhalten. Aus dem spätmittelalterlichen Dithmarschen habe ich kürzlich einige wenige Nachweise von Pilgern des 15. Jahrhunderts publizieren können, die zum Heiligen Blut nach Wilsnack gezogen sind.[12] Man mag den Mangel an mittelalterlichen Quellen im Norden beklagen, doch muss auch einmal ausgesprochen werden, dass es nördlich der Elbe lange Zeit vor allem am wissenschaftlichen Interesse für die mittelalterliche Wallfahrts- und Frömmigkeitsgeschichte gefehlt hat.[13]

Schon aus dem 11. und 12. Jahrhundert liegen für den deutschsprachigen Raum zahlreiche Nachrichten über Santiagopilger vor. Es kann deshalb nicht weiter überraschen, dass sich auch in Nordelbien – ich bezeichne damit der Kürze halber die Landschaften Holstein, Stormarn und Dithmarschen – Menschen auf den Weg nach Santiago gemacht haben. Die Nachricht, die ich im Folgenden vorstelle, ist schon seit geraumer Zeit ediert, aber bis zu meinem 2000 erschienenen Aufsatz über »Santiagopilger und Jakobusverehrung zwischen Nord- und Ostsee im 12. Jahrhundert« nicht beachtet worden.[14] Wieder einmal bestätigt sich das Diktum Walter Schlesingers: »Man muß nur Quellen lesen, und man wird immer Neues finden.«

Die Vision des holsteinischen Bauern Gottschalk von 1189 ist in zwei Fassungen unter dem Titel »Godeschalcus« bzw. »Visio Godeschalci« überliefert. Beide Texte wurden wohl noch 1190 aufgezeichnet.[15] Der Bauer Gottschalk hat zur Zeit Heinrichs des Löwen gar nicht weit von hier, im Dorf Großharrie zwischen Neumünster und Kiel gelebt.[16] Wir betreten damit den nördlichen Ausläufer des Kolonisationsgebietes der »Germania Slavica«. Die Jenseitswanderung dieses einfachen Mannes gehört zu den faszinierendsten Quellen des 12. Jahrhunderts, nicht nur im quellenarmen Schleswig-Holstein.

Auf seiner Wanderung durch das Jenseits begegnet der Bauer Gottschalk im Fegefeuer unter anderem einem neunjährigen Jungen, der zum Mörder seines zwei Jahre jüngeren Spielkameraden geworden ist. In beiden Aufzeichnungen der Vision Gottschalks findet sich der erschütternde Bericht über diese Untat und ihre grausame Bestrafung, doch wird der Fall nur im »Godeschalcus« mit allen Einzelheiten dargestellt, die im Folgenden von Interesse sind. Die »Visio Godeschalci« erwähnt den Kriminalfall zwar, übergeht jedoch die Gewissensnöte des Henkers mit Schweigen und damit das entscheidende Motiv, das schließlich zur Santiagowallfahrt geführt hat.[17]

Die tragischen Ereignisse haben sich im Gebiet des weitläufigen Kirchspiels Nortorf westlich von Kiel abgespielt. Die Tat geschah in der Nähe von Bünsdorf nördlich der Eider. Von den Eltern des Ermordeten heißt es, sie lebten in Emkendorf (*parentes autem pueruli Imekenthorp habitabant*), das zur Pfarrei Nortorf gehörte.[18] Dort scheint auch dessen Onkel ansässig gewesen zu sein, der den Täter faßt, dem Gericht ausliefert und schließlich das Urteil vollstreckt. Emkendorf lag hart am Rande des holsteinischen Altsiedellandes. Jenseits des Westensees erstreckte sich im Nordosten um 1200 noch der fast undurchdringliche Waldbezirk des Isarnho. Das Lotdingverfahren, das mit dem Todesurteil endet, dürfte in Nortorf stattgefunden haben. Der Bauer Gottschalk ist Augenzeuge der Verhandlung und der Hinrichtung.[19] Der genaue Zeitpunkt dieser Vorgänge lässt sich nicht mehr bestimmen. Bei der Aufzeichnung der Vision lagen sie schon geraume Zeit zurück, weshalb Walther Lammers an den Anfang oder die Mitte der 80er Jahre dachte, während sich Erwin Assmann entschieden, aber ohne wirklich durchschlagende Argumente für die 1170er Jahre ausgesprochen hat.[20]

Das Kirchspielsgericht (Lotding) verurteilt den Jungen zum Tode durch das Rad, eine grausame Strafe, die freilich noch vom Sachsenspiegel für Mörder generell vorgesehen wurde. Der Verfasser des »Godeschalcus« erzählt: Als der Onkel des Ermordeten – ganz vom Rachegedanken erfüllt – den Täter ergriff, um ihn hinzurichten, »bekamen alle Mitleid mit dem Jungen, den ein so grausiger Tod treffen sollte, und sie gaben sich rechte Mühe, ihn seinen Händen zu entreißen – selbst die Eltern des Erschlagenen; und so wäre es auch gekommen, hätten sich nicht der Oheim des Toten und der Priester der Kirche [in Nortorf] auf seinen Tod versteift.« Der Pfarrer meint nämlich, von der Tat könne man auf das weitere Leben des Jungen schließen und deshalb würde alle, die ihn jetzt schonten, »die Mitschuld an seinen für später zu erwartenden Verbrechen treffen.«[21] Detailliert und nicht ohne Anteilnahme schildert der Verfasser des »Godeschalcus« die grausigen Einzelheiten der Hinrichtung.[22] In diesem Verfahren stieß, wie Walther Lammers erkannt hat, die altertümliche rechtliche Ordnung Nordelbiens mit der dort noch jungen christlichen Sittenlehre zusammen.[23]

Der Visionsbericht des »Godeschalcus« lässt keinen Zweifel daran, dass Winido von Rachedurst getrieben wurde,[24] wobei es wohl weniger das Todesurteil an sich, sondern die Grausamkeit der Vollstreckung war, die ihn später nicht mehr zur Ruhe kommen lassen sollte. Der Verfasser des »Godeschalcus« schildert dies im Kapitel 27 mit folgenden Worten: »Als Winido aber später wieder zu sich kam, plagte ihn sein Gewissen, dass er den Jungen, mochte er auch durch Richterspruch nach dem Gesetz zum Tode verurteilt worden sein, nicht im Eifer um Gerechtigkeit, sondern in der Wut der Rache so bösartig zugerichtet habe. Deshalb entschloss er sich, aus eigenem Antrieb eine passende Buße zu leisten. Schon vor langer Zeit hatte er sich zur Sühne seiner Schuld sogar einer Pilgerfahrt nach Jerusalem unterzogen (*peregrinationem Iherosolimitanam pro expiacione huiusmodi reatus sui iam dudum persolvit*);[25] und jetzt hat er ein Gelübde abgelegt, mit seiner Frau zur Schwelle des Heiligen Jakobus zu ziehen (*et nunc cum uxore ad limina beati Iacobi perrecturum se vovit*).«[26] Unverkennbar lehnt sich die Bezeichnung der Wallfahrt *ad limina* an die Romwallfahrt zum Petrusgrab an.[27]

Wie dem Bericht zu entnehmen ist, hatte Winido die Pilgerfahrt nach Santiago de Compostela erst kurz vor Aufzeichnung der Vision (*nunc*) gelobt, also 1190, während er die Jerusalemfahrt schon vor längerer Zeit (*iam dudum*), im Anschluß an die Hinrichtung des Jungen in den 1170er oder 1180er Jahren unternommen hatte.[28] Das Wallfahrtsmotiv Winidos wird klar ausgesprochen: er unternahm eine Bußwallfahrt, weil er den Täter »nicht im Eifer um Gerechtigkeit, sondern in der Wut der Rache so bösartig zugerichtet« hatte; »deshalb entschloß er sich, aus eigenem Antrieb eine passende Buße zu leisten (*condignam satisfactionem ultro agere statuens*).«[29] Allerdings brachte ihm die Wallfahrt nach Jerusalem keine dauerhafte Erleichterung seines Gewissens, weshalb er sich viele Jahre später entschloß, eine weitere Wallfahrt zu geloben (*vovit*), diesmal nach Santiago de Compostela. Als Gottschalk seiner staunenden Umwelt die Einzelheiten seiner Jenseitswanderung berichtete, hatte Winido seine zweite Pilgerfahrt offenbar noch nicht angetreten. Im »Godeschalcus« heißt es: »Wo er jetzt auch von dem gegenwärtigen Befinden des von ihm hingerichteten Jungen gehört hat, ist er glücklich und freut sich, dass seine wahnsinnige Wut, mochte sie im Blick auf ihn selbst auch verdammenswert bleiben, für den Jungen doch der Grund für eine mildere Bestrafung und größere Herrlichkeit geworden ist.«[30] Seine zweite Bußwallfahrt mag Winido deshalb leichteren Herzens angetreten haben.

Die Nachricht der »Visio Godeschalci« zeigt, dass das Apostelgrab in Santiago de Compostela bereits im späten 12. Jahrhundert auch für die bäuerliche Führungsschicht Holsteins ein erstrebenswertes Wallfahrtsziel war. Winido entstammte der Schicht der holsteinischen *optimates terre*, die wohl entsprechend begütert waren, um solche Wallfahrten finanzieren zu können.[31] Dabei muß freilich offen bleiben, ob und wann Winido sein Gelübde tatsächlich eingelöst hat, und auf welchen Weg er mit seiner Frau zum Hl. Jakobus gereist ist. Allein die Nachricht des »Godeschalcus« über das gemilderte Schicksal des Hingerichteten im Jenseits dürfte Winidos Gewissen nicht erleichtert haben, so dass ihm die Pilgerreise schwerlich überflüssig erschienen sein dürfte. Außerdem ließ sich ein solches Gelöbnis nicht leichthin rückgängig machen, denn vom Wallfahrtsgelübde zu den drei großen Pilgerstätten Jerusalem, Rom und Santiago konnte nur der Papst dispensieren, indem er die Umwandlung in ein anderes gutes Werk gestattete.[32]

Wie Winido dürften sich auch manche andere Menschen aus Nordelbien auf den Weg nach Santiago gemacht haben, ohne dass sich dies freilich in irgendwelchen Aufzeichnungen niedergeschlagen hat. Für den ländlichen Bereich lässt sich erst aus vorreformatorischer Zeit ein weiteres aufschlussreiches Beispiel anführen: Peter Swyn aus Dithmarschen, Angehöriger der politischen Führungsschicht der Bauernrepublik, hat 1522 mit dem eigenen Schiff eine Wallfahrt nach Santiago unternommen. Der Dithmarscher Chronist Johannes Adolfi gen. Neocorus berichtet: *Volgendeß Jahres thoch Peter Schwyn uth Lunden mit sinem Schepe nha St. Jacob in Hispanien, ahne Twiffel Afflatth dar tho halen.*[33] Peter Swyn war 1508 an der Tötung eines Geistlichen beteiligt gewesen,[34] doch verbietet es wohl schon der zeitliche Abstand, die Santiagofahrt von 1522 deshalb als Sühnewallfahrt zu bezeichnen.

Wie die Quellen erkennen lassen, waren Pilgerreisen aus Norddeutschland an weit entfernte Wallfahrtsorte der Christenheit schon im 12. Jahrhundert nichts Ungewöhnliches mehr. Von den Kultorten, die auf dem Weg nach Santiago aufgesucht wurden, dürfte das südfranzösische Benediktinerkloster St-Gilles du Gard von besonderer Bedeutung gewesen sein. Das Kloster St-Gilles lag an einem der wichtigsten Jakobswege, der von Arles, wo sich Fernstraßen aus dem Norden (rhoneabwärts) und Süden (Italien) vereinigten, nach Santiago de Compostela führte, – eine als Pilgerweg und Handelsverbindung gleichermaßen bedeutende Fernstraße zwischen Italien, Frankreich und Spanien.[35] Der »Liber sancti Jacobi«, ein um 1140 verfaßter Führer für Santiagopilger, machte den Wallfahrern geradezu zur Pflicht, auch das Grab des Hl. Ägidius zu besuchen: »Nach den Propheten und Aposteln ist keiner unter den übrigen Heiligen würdiger, heiliger oder glorreicher als er, niemand gewährt seine Hilfe schneller. Wenn Bedürftige, Bedrängte und Beängstigte ihn anrufen, steht er ihnen gewöhnlich vor allen anderen Heiligen am schnellsten bei«, heißt es in diesem Pilgerführer.[36]

Die Heilkraft der Hl. Ägidius belegen die »Miracula beati Egidii«, die von dem Benediktiner Petrus Guilhelmus zwischen 1121 und 1124 aufgezeichnet worden sind.[37] Wie einem dieser Wunderberichte zu entnehmen ist, hat irgendwann zwischen 1118 und 1120 der Fernhändler Alwig (*Alloicus*) aus Schleswig-Haithabu am Grab des Hl. Ägidius gebetet und dem dortigen Benediktinerabt[38] einige Zobelfelle überlassen. Es ist das Verdienst Erwin Assmanns, bereits vor einem halben Jahrhundert auf die Bedeutung dieser Quellenstelle für die Geschichte Schleswigs, das im Laufe des 11. Jahrhunderts das frühmittelalterliche Haithabu am südlichen Schleiufer abgelöst hat,[39] aufmerksam gemacht zu haben,[40] Dieser Mirakelbericht bietet ein recht anschauliches Bild von der Wallfahrtskirche und dem Treiben der hilfesuchenden Pilger, wie es ganz ähnlich wenige Jahrzehnte später Winido am Jakobusgrab in Compostela gewonnen haben dürfte. Die Aufzeichnungen aus St-Gilles machen deutlich, welche Strapazen Kranke damals auf sich nahmen, um durch die Fürbitte bestimmter Heiliger von ihren Leiden befreit zu werden.

Der Fernhändler Alwig, gesellschaftlich wohl von hohem Rang, war ein gottesfürchtiger Mann, der in seinem Hause *pro Dei timore et spe aeterne retributionis* einen gewissen Askot aufgenommen hatte, dessen Beine gelähmt waren. Nach der Rückkehr aus St-Gilles ermunterte er Askot, den Hl. Ägidius aufzusuchen und um Heilung zu bitten, hatte Alwig doch am Grab des Heiligen »auch zahlreiche Weihegaben von Lahmen gesehen, denen er wieder zur Gesundheit verhalf (*signa quoque claudorum, quos sanitati restituit, plurima vidi*).« So machte sich der Lahme im nächsten Jahr auf den Weg und erreichte mit seinen *socii*, vielleicht ebenfalls Fernhändler aus Schleswig, in 90 Tagen den Wallfahrtsort. Während sich seine Reisegefährten in der Herberge erholten, begab sich Askot sofort zum Grab des Hl. Ägidius, zu dessen Ehren übrigens gerade wenige Jahre zuvor mit einem großartigen Neubau der Klosterkirche begonnen worden war.[41] Nach einem Tag und einer Nacht, die er ununterbrochen in der Kirche verharrt hatte, »in der dritten Stunde, als er sich neben der Säule, die auf ihrer Höhe den Altar des Heiligen Kreuzes trägt, müde hingestreckt hatte und unverwandten Blickes auf das Heiligengrab schaute, da gaben seine seit langem gelähmten Sehnen plötzlich einen lauten Ton. Er aber sah und fühlte die Kraft des Wunders: die beiden Stöcke, mit deren Hilfe er bis hierher gekommen war, weit von sich werfend, sprang er allsogleich hoch, und angesichts aller Männer und Frauen, die zum Gebet dort standen, lief er unter Freudentränen zum Altar, um seinen Dank zu sagen, und rührte alle Anwesenden durch seine gleichzeitigen Freuden- und Jammerausbrüche zu Tränen. Es kommt alsbald zu einem Auflauf des ganzen Volkes in der Kirche, Gott und dem frommen Egidius bringen sie alle zusammen für ein solches Wunder ihren Lobpreis dar, und zum Zeugnis dieses Vorgangs und zum Gedächtnis der Nachwelt werden die beiden Stöcke dort aufgehängt (*in testimonium huius rei ad posterorum memoriam baculi utrique suspenduntur*).«

St. Ägidius war ein außerordentlich volkstümlicher Heiliger, »von dem man in den unterschiedlichsten Nöten des Leibes und der Seele Hilfe erwartete«, weshalb sein Kult sich im spätmittelalterlichen Deutschland im Kreise der Vierzehn Nothelfer schnell etabliert hat.[42] Durch Santiagopilger und Fernhändler, die in St-Gilles Station machten, verbreitete sich der Ruf dieses Heiligen auch in Deutschland; von den 30 erhaltenen Berichten des zitierten Mirakelbuches aus St-Gilles beziehen sich allein 15 auf Deutsche.[43] Bei den Ausgrabungen in der Altstadt von Schleswig wurde ein Pilgerzeichen des 14. Jahrhunderts aus St-Gilles gefunden, das belegt, dass auch im späten Mittelalter Schleswiger nach Südfrankreich gepilgert sind.[44] Über die ständische Qualität des Schleswiger Fernhändlers Alwig sind keine sicheren Angaben möglich. Immerhin ist bemerkenswert, dass er im Mirakelbericht aus St-Gilles als *vir nobilis* bezeichnet wird. Der französische Mönch, der diese Formulierung wählte, dürfte schwerlich über den Stand Alwigs genau unterrichtet gewesen sein, und man wird diese Bezeichnung nicht als Beweis seiner adeligen Herkunft auffassen dürfen. Aber Alwig könnte, wie andere Fernhändler seiner Zeit, die keine ständisch homogene Gruppe bildeten, über familiäre Verbindungen zum nordelbischen Volksadel verfügt und durch sein Auftreten in jedem Fall den Eindruck eines *vir nobilis* erweckt haben.[45]

Wie viele Pilger im Mittelalter über St-Gilles oder auf anderen Routen den Weg von Norddeutschland nach Spanien gefunden haben, lässt sich natürlich nicht mehr feststellen, doch »auch wenn genaue Zahlen fehlen, so waren es doch zweifellos nicht wenige Menschen, die seit der zweiten Hälfte des 13. Jahrhunderts die Pilgerfahrt nach Santiago de Compostela antraten.«[46] Aufgrund der beiden Quellenzeugnisse des »Godeschalcus« und der »Miracula beati Egidii«, steht aber außer Frage, dass die Jakobswege von Holstein aus gesehen schon im 12. Jahrhundert nicht mehr ferne lagen, auch wenn die Distanz nach Santiago auf dem Land- wie auf dem Seeweg sehr weit war und praktisch von der Nordgrenze des christlichen Europa zum äußersten Süden des »orbis christianus« führte. Man darf nicht vergessen, dass Pilgerfahrten im frühen und hohen Mittelalter fast immer Fernreisen mit vielen Risiken und Unwägbarkeiten waren, die aber auch den Wagemut und das tiefe religiöse Bedürfnis der Wallfahrer ahnen lassen. Auf dem Wege zu den drei großen Pilgerstätten besuchten die Gläubigen, wie deutlich wurde, auch andere Wallfahrtsorte wie z.B. St-Gilles oder Vézélay mit den Reliquien der Hl. Maria Magdalena. Erst im späten Mittelalter kamen die zahlreichen Lokalwallfahrten mit der Vielzahl von Spezialpatronen auf, die man für alle erdenklichen Leiden um Hilfe bitten konnte.[47]

Tiefere Einblicke in die Santiagowallfahrt bieten die referierten Zeugnisse aus dem hochmittelalterlichen Holstein und dem spätmittelalterlichen Dithmarschen leider nicht. Lediglich durch den Mirakelbericht aus St-Gilles erfahren wir etwas von dem alltäglichen Treiben am Wallfahrtsort. Die Vorbereitungen der Wallfahrt gingen mit einem feierlichen Zeremoniell einher, das schon im hohen Mittelalter nachweisbar ist: Sein Wallfahrtsgelübde wird Winido 1190 oder wenig früher in seiner Pfarrkirche in Nortorf feierlich abgelegt haben.[48] Für Peter Swyn war der Pfarrer in Lunden zuständig. Laien bedurften der Genehmigung ihres Pfarrers, um eine Wallfahrt unternehmen zu können.[49] Schon seit dem 11. Jahrhundert war es außerdem üblich, dass der Pfarrer den Pilger vor der Abreise einsegnete.[50] Womöglich fanden auch Fürbittmessen statt, in denen der Apostel um einen glücklichen Verlauf der Pilgerreise gebeten wurde, wie es aus dem spätmittelalterlichen Hamburg bekannt ist.[51] Pilgerbriefe, die im späten Mittelalter von den Pfarrern ausgestellt wurden, sind als Alltagsschriftgut natürlich nur sehr selten erhalten. Das einzige Beispiel aus dem nordelbischen Raum ist der Pilgerbrief, den der Pfarrer von St. Marien in Lübeck für zwei Lübecker ausgestellt hat, die Wallfahrten nach Freienwalde an der Oder, Thann im Elsaß, Einsiedeln und Santiago de Compostela unternehmen wollten.[52]

Welche Spuren haben die Wallfahrten nach Santiago und St-Gilles in den Herkunftslandschaften der Pilger hinterlassen? Untrügliches Zeichen solcher Pilgerreisen sind als dingliche Überreste die sogenannten Jakobusmuscheln und ihre Nachbildungen, welche seit dem 12. Jahrhundert »zu dem Abzeichen des Santiagopilgers schlechthin« wurden.[53] Der Dichter Gottfried von Straßburg wird Santiagopilger vor Augen gehabt haben, wenn er im »Tristan« die beiden alten Pilger beschreibt, die *uzen an ir waete / mermuschelen genaete / und vremder zeichen genuoc* trugen.[54] Pilgerzeichen waren bereits damals allgemein üblich, denn sie waren als Devotionalien nicht nur fromme Erinnerungsstücke, sondern machten auch – neben Pilgerstab, -tasche und -hut – den Wallfahrer kenntlich, der unter besonderem Rechtsschutz stand.[55] In der St. Nikolaikirche von Mölln (Kreis Herzogtum Lauenburg) haben sich an der nördlichen Langhauswand spätromanische Fresken erhalten, welche die Pilgerkrönung durch den Hl. Jakobus zeigen: zwei männliche Pilger, durch Stab, Tasche und Muschel gekennzeichnet, werden von Jakobus gekrönt, während sich weitere Wallfahrer dem Heiligen nähern.[56]

Die Nachrichten der Schriftquellen lassen sich durch die Realienüberlieferung ergänzen. Zahlreiche Ausgrabungen haben Jakobsmuscheln zu Tage gefördert. Die Fundplätze liegen in Südfrankreich und im südlichen Skandinavien konzentriert, während zwischen Loire und Elbe bislang nur vereinzelte Funde zu verzeichnen sind. Dreiviertel der Jakobsmuscheln stammen aus Gräbern und sind ein sicheres Indiz, dass ihre Träger eine Wallfahrt nach Compostela unternommen haben.[57] Zu den frühesten Funden gehören Pilgermuscheln aus Trondheim, die aus Siedlungsschichten der Mitte und des späten 11. Jahrhunderts stammen.[58] Kaum wesentlich jünger dürfte eine Pilgermuschel sein, die bereits 1852 in der Kirche des Burgwalls Alt-Lübeck gefunden worden ist und wohl zu einem der dort nachgewiesenen Gräber gehört haben dürfte.[59] Der Fund in der Burgkirche von Alt-Lübeck läßt darauf schließen, dass schon vor der Mitte des 12. Jahrhunderts aus dem nordwestslavischen Herrschaftsraum Pilger nach Santiago aufgebrochen sind. Da die Kirche der abodritischen Fürstenfamilie der Nakoniden als Grablege diente und namentlich Heinrich (1093–1127), den die Quellen auch als *rex* bezeichnen, in Alt-Lübeck residierte und das Christentum in seinem Herrschaftsbereich förderte, ist der Muschelfund von besonderer Bedeutung. Alt-Lübeck ist 1138 von den Ranen zerstört worden und hat dadurch seine zentrale Funktion als Residenzort, kirchlicher Mittelpunkt und Handelsort verloren.[60] Die zeitliche Stellung und der Zusammenhang der Jakobsmuschel mit einem der (fürstlichen) Kirchengräber läßt sich nicht mehr nachweisen. Trotzdem wird man zumindest fragen müssen, ob dieser Fund nicht ein Indiz dafür ist, dass im frühen 12. Jahrhundert ein Angehöriger der Nakonidenfürsten nach Santiago gepilgert ist. Bei den umfangreichen Ausgrabungen in Schleswig sind mehrere dieser Pilgerzeichen geborgen worden. Aufgrund der Fundzusammenhänge gehören sieben Jakobsmuscheln dem Zeitraum vom ausgehenden 11. bis späten 12. Jahrhundert an.[61] Zeitlich korrespondieren diese Funde übrigens mit dem behandelten Mirakelbericht aus St-Gilles.

Während Pilgerzeichen eindeutige Belege für unternommene Wallfahrten sind, ist die Aussagekraft der Kirchen- und Altarpatrozinien weniger eindeutig. Mehrere Zeugnisse über die Jakobsverehrung im nordelbischen Raum reichen in die Zeit vor 1200 zurück.[62] Die älteste Spur führt in die Diözese Schleswig: bereits 1196 ist am Bischofssitz Schleswig eine *parochia sancti Jacobi* nachweisbar, die vermutlich bald nach der Mitte des 12. Jahrhunderts gegründet worden war und die im frühen 13. Jahrhundert im St. Johanniskloster aufgegangen sein könnte.[63] Schleswig bietet somit neben Stettin, wo schon 1187 eine Jakobskirche genannt wird, »bei weitem den ältesten Beleg« in Norddeutschland und Südskandinavien.[64] Im Bistum Lübeck scheint es lediglich eine Pfarrkirche gegeben zu haben, die dem Apostel geweiht war: St. Jakobi in Lübeck, die 1227 erstmals belegt ist, damals aber schon einige Zeit bestanden hat.[65] Im nordelbischen Teil der Diözese Hamburg-Bremen sind mehrere Jakobus-Patrozinien nachweisbar. Vor allem ist die Pfarrei St. Jakobi in Hamburg zu nennen, die 1255 urkundlich erwähnt wird, doch einige Jahre älter sein dürfte.[66] Die Jakobus-Verehrung war aber keineswegs ein rein städtisches Phänomen: Im Bistum Schleswig ist auf die Pfarrkirchen in Hamm (untergegangen, ehem. Alt-Nordstrand), Schwabstedt und Süderbrarup (Angeln) zu verweisen, die dem Hl. Jacobus maior geweiht waren.[67] In Dithmarschen (Erzbistum Hamburg-Bremen) werden die Pfarrkirchen in Brunsbüttel und in Neuenkirchen schon Ende des 13. bzw. im frühen 14. Jahrhundert mit einem Jakobspatrozinium genannt.[68] In den Dörfern des holsteinischen Teils der Erzdiözese konnte bislang hingegen kein Jakobspatrozinium festgestellt werden.[69] Im

Bistum Ratzeburg reicht die Jakobuspfarrei Lütau (n Lauenburg) noch in das 12. Jahrhundert und Sandesneben (bei Lüchow nw Mölln) zumindest in das 13. Jahrhundert zurück, während sich für Hamwarde (nö Geesthacht) nicht mehr sicher feststellen läßt, wann diese mittelalterliche Pfarrei entstanden ist (in der dortigen Kirche ist eine spätmittelalterliche Jakobusfigur erhalten).[70] Vor allem in Holstein und Stormarn mögen noch weitere Jakobskirchen bestanden haben; zwar sind die meisten, doch nicht alle mittelalterlichen Pfarrpatrozinien bekannt.[71] Die relativ große Anzahl der bislang festgestellten Jakobuspatrozinien zwischen Nord- und Ostsee läßt aber schon den hohen Rang der Verehrung dieses Heiligen erkennen. Bezüglich der Ägidius-Verehrung ist dagegen festzustellen, dass sie sich kaum in Patrozinien niedergeschlagen hat, sieht man einmal von der Pfarrei St. Ägidien in Lübeck ab, die vor 1227 entstanden ist.[72]

Die Frage, auf welchen Wegen und durch wen die Patrozinien vermittelt wurden, läßt sich nur selten beantworten. Neben dem Pilgerverkehr wird man insbesondere auch an die direkte Übermittlung von Reliquien (derer man für Altarweihen auf den Titel des Heiligen ohnehin bedurfte)[73] und an Kontakte durch Gebetsverbrüderungen von Stiften und Klöstern mit dem Domkapitel in Santiago de Compostela zu denken haben. Für St. Jakob in Stettin hat Jürgen Petersohn sehr wahrscheinlich machen können, dass Patrozinium (und Reliquien) von Bamberg vermittelt wurden.[74] Wie aber gelangte der Hl. Jakobus in die Diözesen Hamburg-Bremen, Lübeck und Schleswig? Erzbischof Adalbero von Hamburg-Bremen hat 1046 / 47 bekanntlich Reliquien aus Italien nach Bremen mitgebracht, darunter eine Hand des Hl. Jakobus (*manus sancti Iacobi apostoli*). Aus seinem Nachlaß ist diese 1072 in den Besitz Kaiser Heinrichs IV. gelangt;[75] die Jakobushand bildete »eines der größten Heiligtümer des Reichs«, wurde gleichwohl von Mathilde, der Witwe König Heinrichs V., 1126 nach England verbracht und der Abtei Reading übergeben.[76] Ob von dieser Reliquie, die sich nur wenige Jahrzehnte in Bremen befunden hat, in der Erzdiözese tatsächlich »eine große kultische Ausstrahlungskraft« ausgegangen ist,[77] erscheint allerdings fraglich, bieten doch weder die nördlich der Elbe nachweisbaren Reliquienbestände noch die Kirchenpatrozinien dafür überzeugende Anhaltspunkte. Immerhin wird man annehmen dürfen, dass Erzbischof Adalbert von Hamburg-Bremen in seiner Stiftsgründung auf dem Süllberg in Hamburg-Blankenese neben dem Haupt des Hl. Secundus, das er ebenfalls in Italien beschafft hatte, auch Reliquien des Apostels Jakobus deponiert hat, werden doch 1059 *Jacobus*, *Secundus* und *Thebaei martyres* als Patrozinien der Süllberger Kirche genannt.[78] Die Stiftskirche ist allerdings wenig später wieder zerstört worden.[79] Obwohl sich die Hand des Hl. Jakobus seit 1072 im Besitz des Königs befand und in Bremen bestenfalls wenige Partikel verblieben sind, verwahrte man noch im spätmittelalterlichen Dom zu Hamburg einen Arm des Hl. Jakobus (*brachium beati Iacobi in magno cymbario argenteo deaurato*).[80] Das Benediktinerkloster Cismar (Bistum Lübeck) besaß Ende des 15. Jahrhunderts neben zahlreichen anderen Reliquien übrigens solche *de sancto Jacobo et eius sanguine*.[81] Aufgrund der Nennung einer Blutreliquie ist ein Zusammenhang mit dem Bremer Handreliquiar aber wenig wahrscheinlich.

Da die Landschaften Dithmarschen und Holstein zum Archidiakonatsbezirk des Hamburger Dompropstes gehörten und dort auch fast alle Pfarrkirchen seinem Patronatsrecht unterstanden,[82] mag es durchaus denkbar sein, dass bei der Weihe der Jakobuskirchen in Hamburg, Brunsbüttel und Neuenkirchen Partikel des Jakobusreliquiars aus dem Hamburger Dom verwendet wurden. Gleichwohl kann nicht übersehen werden, dass wir über die Motive, die zur Wahl eines bestimmten Kirchen- oder Altarpatroziniums geführt haben, zumeist nichts wissen, sofern keine Stiftungsurkunden vorhanden sind, die darüber Auskunft geben.[83] Dass sich in den Kirchenpatrozinien aber die allgemeinen Trends der mittelalterlichen Heiligenverehrung niedergeschlagen haben, steht außer Frage. Deshalb wird man die dem Hl. Jakobus geweihten Kirchen in Nordelbien, die im späten 12., im 13. und frühen 14. Jahrhundert entstanden sind, als Zeugnisse der Jakobusverehrung deuten können, auch wenn sich in keinem einzigen Fall ein direkter Zusammenhang zwischen Santiagowallfahrt und Patrozinienwahl nachweisen läßt.

Die Überlieferung begünstigt die Mächtigen und Reichen ihrer Zeit, denen es auch keine Schwierigkeiten bereitete, ein Reise nach Santiago zu finanzieren, aber daneben gab es »die zahlreichen namenlosen Pilger, die anonyme, turbulente und vielschichtige Masse von Leuten, die aus allen Regionen des ›orbis Christianus‹ nach Compostela kamen, um Erlösung von den Sünden, Heilung von Gebrechen, zu erhalten oder um ein Gelübde einzulösen, oder auch um der Unfreiheit ihrer Lebensverhältnisse zu entfliehen.«[84] Sicherlich haben schon im hohen Mittelalter viel mehr Pilger aus dem deutschsprachigen Raum den Weg nach Santiago de Compostela gefunden, als die spärlichen Quellen erkennen lassen. Wie der Visionsbericht des holsteinischen Bauern Gottschalk oder das Heilungswunder des Schleswigers Askot in St-Gilles zeigen, geben die hochmittelalterlichen Quellen nur zufällig, am Rande anderer Ereignisse, die Namen und das Schicksal der Wallfahrer preis. Diese frühen Zeugnisse sind aller Aufmerksamkeit wert, auch wenn erst die dichtere städtische Überlieferung des späten Mittelalters es ermöglicht, ein schärfer konturiertes Bild der Jakobusverehrung zu zeichnen.[85]

Anmerkungen

1 Sehr anschaulich nun die Regionalstudie von Klaus Herbers: HERBERS 2002.

2 Siehe GANZ-BLÄTTLER 1991. – HERBERS / PLÖTZ 1996, mit umfangreicher Bibliographie 347–380. – PARAVICINI, Teil 1 ²2000; Teil 2 1999; Teil 3 2000; siehe dazu BÜNZ 2003, 353–361.

3 Vgl. beispielsweise die Beiträge in: HERBERS / BÜNZ 2007.

4 Vgl. FAVREAU-LILIE 1999, die ebd. 95 beklagt, dass sich die Forschung bislang »für den Norden und Nordosten des Reiches und die angrenzenden Gebiete überhaupt nicht interessiert« hat.

5 RÖCKELEIN 2005.

6 FAVREAU-LILIE 1999, 105–106.

7 FAVREAU-LILIE 1999, 102.

8 HERBERS / PLÖTZ 1996, 24 und 49, die eine kommentierte Auswahl solcher Berichte bieten.

9 FAVREAU-LILIE 1999, 27–28.

10 Dazu nun eingehend FAVREAU-LILIE 1999, 27–48. Vgl. die Tabelle S. 30, wonach Lübeck über die zeitlich breiteste und zahlenmäßig umfangreichste Testamentsüberlieferung verfügt, mit deutlichem Abstand gefolgt von Stralsund, Hamburg, Bremen und Wismar. Anstelle weiterer Angaben sei auf den Beitrag von Heinrich Dormeier im vorliegenden Band verwiesen.

11 SIGNORI 2006, das Wunderbuch, S. 41–167, mit Gebetserhörungen vor allem aus der ersten Hälfte des 15. Jahrhunderts. – MÖTSCH 2004, das

Mirakelbuch, S. 341–384, mit 131 Wunderberichten aus den Jahren 1512 bis 1524.

12 BÜNZ 2006, 151–163.

13 Zur Kultgeschichte vgl. die Überblicksdarstellung von ZENDER 1974. – Die Frömmigkeitsgeschichte der Landschaften zwischen Nord- und Ostsee ist ein noch weitgehend unbearbeitetes Feld. Belanglos ist, was SCHMIDT 1978, hier: 228–232, über Heiligenverehrung und Wallfahrten mitteilt. Vgl. nun die Beiträge in BÜNZ / LORENZEN-SCHMIDT 2006.

14 BÜNZ 2000, 35–56.

15 Vgl. BÜNZ 1995, 77–111. – BÜNZ 1997, Sp. 404–408. – Braunschweig 2003, 8–43. – Das im Folgenden behandelte Kapitel des »Godeschalcus« wird lediglich in der Literatur als Beispiel einer Sühnewallfahrt unkommentiert zitiert von ANGENENDT 1994, 136. Der ebd. Anm. 83 angeführte Aufsatz von Peter Dinzelbacher geht auf diesen Abschnitt nicht ein.

16 BÜNZ [2]2006, 214–215.

17 ASSMANN 1979, 93–103, cap. 26 (Godeschalcus), und 177–179, cap. 12 (Visio Godeschalci). – In diesem Zusammenhang sei darauf hingewiesen, dass bis zur Edition Assmanns der »Godeschalcus« als »Visio Godeschalci« bezeichnet wurde, während die nun mit diesem Titel versehene kürzere Aufzeichnung bis dahin unbekannt gewesen ist.

18 ASSMANN 1979, 96 / 97. – Eine Karte des Raumes bei LAMMERS 1981, 77. Zur Pfarrei Nortorf bes. GAASCH 1953, 10–12.

19 ASSMANN 1979, 100 / 101 mit Anm. 187. – Es sind vor allem rechts- und verfassungsgeschichtliche Fragen, die diesem Bericht bereits mehrfach die Aufmerksamkeit der Forschung gesichert haben, siehe zuletzt LAMMERS 1981, 74–81 mit weiteren Nachweisen, und die Hinweise bei ASSMANN 1979, 94, Anm. 169.

20 LAMMERS 1981, 78. – ASSMANN 1979, 95, Anm. 172.

21 ASSMANN 1979, 100 / 101.

22 ASSMANN 1979, 102 / 103.

23 LAMMERS 1981, 80.

24 Bereits als der Täter dingfest gemacht wird, heißt es, der Onkel habe sich vorgenommen, »das ihm und seiner Sippe angetane Leid unwiderruflich zu rächen (*irrevocabiliter ulcisci*)«: ASSMANN 1979, 100 / 101. – Dass der Verfasser der »Visio Godeschalci« in dieser Hinsicht eine andere Auffassung vertritt, hat m.E. ASSMANN 1979, 39 überzeugend damit begründet, dass es sich bei diesem Autor um den Pfarrer von Nortorf handelt, der – wie wir aus dem »Godeschalcus« wissen – für die Hinrichtung des Jungen eingetreten war.

25 Obschon das Sühnemotiv für Winido eine Rolle spielte, hat er eine Bußwallfahrt, keineswegs aber eine Sühnewallfahrt im rechtlichen Sinne unternommen, weil letztere als Sühneleistung nach einem Gerichts- oder Schiedsverfahren auferlegt wurden, vgl. CARLEN 1987, 78.

26 ASSMANN 1979, 103–105.

27 Dies könnte wie andere Maßnahmen den Zweck gehabt haben, den apostolischen Rang des Bischofssitzes von Compostela zu betonen, siehe dazu VONES 1980, 269 und 519–521.

28 ASSMANN 1979, 95, Anm. 172 und 104, Anm. 195.

29 ASSMANN 1979, 102 / 103.

30 ASSMANN 1979, 104 / 105.

31 ASSMANN 1979, 103–104, Anm. 194 hat wahrscheinlich machen können, dass der Geldbedarf eines friedlichen Pilgers für eine Santiagowallfahrt nicht gering war. – Ebd. auch der Hinweis auf FAVREAU-LILIE 1975, 31–45, woraus die erheblichen Kosten für eine Jerusalemwallfahrt hervorgehen.

32 Bereits Papst Alexander III. (1159 – 1181) hatte bestimmt, dass ein *votum peregrinationis etiam redimi posse vel in aliud commutari*, eine Entscheidung, die dann mit weiteren Bestimmungen Papst Innocenz' III. (1198 – 1216) in den Liber extra aufgenommen worden ist (C. 2, C. 7 und C. 9, × h. t. III, 34). Neben der Pilgerfahrt bzw. dem Kreuzzug ins Heilige Land dürften hierbei auch Pilgerreisen nach Rom und Santiago gemeint gewesen sein; ausdrücklich erwähnt wird die Santiagofahrt in diesem Zusammenhang aber erst in einer Konstitution Papst Sixtus' IV. von 1478 (C. 5, Extrav. comm. de sent. excomm.

V, 9). Vgl. auch SÄGMÜLLER 1914, 289; CARLEN 1987, 26–27. – Exemplarisch anhand entsprechender Dispense der päpstlichen Pönitentiarie zuletzt SCHMUGGE / HERSPERGER / WIGGENHAUSER 1996, 157.

33 DAHLMANN 1827, Bd. 1, 548. – Vgl. auch STOOB 1959, 182, der weitere Quellen nennt.

34 BOLTEN 1781–1788, hier Bd. 3, 197–198.

35 HERBERS [6]1998, 123, Anm. 109. – HERBERS / PLÖTZ 1996, 35 und Karte 36–37.

36 HERBERS / PLÖTZ 1996, 126.

37 Er ist Bibliothekar des Klosters gewesen, vgl. WINZER 1988, 288–289.

38 Wohl Abt Hugo, 1106–1124, vgl. WINZER 1988, 237–242.

39 ASSMANN 1954, 286. – RADTKE 1983, 17 meint sogar noch entschiedener, die Schleswiger Fahrergenossenschaft habe sich »auf dem Wege nach Santiago de Compostela« befunden.

40 ASSMANN 1954, 284–288, der den Wunderbericht 284–285 nach MGH SS 12, Hannover 1856, 320 abdruckt und übersetzt. Der gleiche Bericht ist übrigens in einer zweiten, umfangreicheren Handschrift enthalten (»Liber miraculorum sancti Aegidii«), die dem Editor der MGH-Ausgabe noch nicht bekannt war. Leider wurde bei der Edition dieser Handschrift in den Analecta Bollandiana 9 (1890), 393–422, auf den nochmaligen Abdruck der schon bekannten Mirakel verzichtet, weshalb der Schleswig-Bericht dort S. 394 Nr. 8 lediglich verzeichnet wird. – Vgl. zu diesem Mirakelbericht nun auch KÖSTER 1983, 95–96. – Wann die Siedlung am Südufer der Schlei am Haddebyer Noor durch die Siedlung am Nordufer der Schlei abgelöst worden ist, konnte bislang nicht sicher geklärt werden, siehe die Forschungsbilanz von RADTKE 1999, 363–381, hier Sp. 368.

41 Mit dem Neubau, der in Teilen noch erhalten ist, wurde unter Abt Hugo 1116 begonnen, siehe WINZER 1988, 2 und 238 mit weiteren Hinweisen. – Leider ist dem Mirakelbericht nichts über den Stand der Bauarbeiten zu entnehmen. Eine ausführliche Beschreibung des (heute verlorenen) Ägidius-Schreins, vor dem Askot gebetet hat, bietet der »Liber sancti Iacobi«, siehe HERBERS [6]1998, 128–130.

42 KÖSTER 1983, 90–91.

43 Ebenso wie für den Hl. Jakobus Ap. fehlt für den Hl. Ägidius eine fundierte Kultgeschichte; für den Hanseraum ganz knapp ZENDER 1974, 9, der auf die Bedeutung der Wallfahrt nach St-Gilles für die Kultverbreitung verweist. – Einige deutsche Pilger, die über St-Gilles nach Santiago reisten, nennt KÖSTER 1983, 92–94. – AMMANN 1965 geht trotz des Titels nur kursorisch auf die deutschen Pilger ein.

44 KÖSTER 1983, 99 mit Abb.

45 Als mögliche Parallele sei etwa auf den Fernhändler Hugo von Hildesheim verwiesen, der mit den holsteinischen Overboden verschwägert war, vgl. dazu BÜNZ 1995 und BÜNZ 2008, 123–127. Zum sozialen Rang der Fernhändler dieser Zeit jüngst auch HAMMEL-KIESOW 1998, hier S. 65–73, und HAMMEL-KIESOW 2000, bes. S. 41 f. zu Hugo von Hildesheim.

46 FAVREAU-LILIE 1999, 104.

47 SCHMUGGE 1984, hier S. 2, unterscheidet Fernpilgerfahrten, überregionale Pilgerfahrten, die vielfach »Anschlusspilgerfahrten« zu den drei *peregrinationes maiores* waren (wie etwa St-Gilles), und lokale Wallfahrten.

48 Dass der damalige Pfarrer von Nortorf wahrscheinlich übrigens Verfasser der »Visio Godeschalci« gewesen ist, sei hier nur am Rande vermerkt, siehe zuletzt BÜNZ 1995, Sp. 407.

49 ASSMANN 1979, 102, Anm. 193a. – CARLEN 1987, 122–123. – CARLEN 1984, 87–100. – CARLEN 1998, Sp. 1126–1128. – PETKE 2006, hier 367–386.

50 CARLEN 1987, 120–121.

51 Vgl. das Formular *de missa pro navigatoribus ad Compostellam tendentibus de s. Jacobo decantanda* aus der Hamburger Jakobikirche, auf das FAVREAU-LILIE 1999, 114 mit Anm. 66 aufmerksam macht. – Von Hamburg aus brach jährlich im März ein Pilgerschiff nach Santiago auf, siehe STÜBEN 2005, 85–107, hier 96. – Dass Pilgerreisen nach Santiago, Jerusalem und Rom als Gruppenreisen organisiert wurden, zeigt der als Einblattdruck veröffentlichte Werbezettel eines Antwerpener Schiffseigners von 1513, sie-

he KÜHNE 2008, 382 f. und 385 mit Abbildung und Transkription.

52 PETKE 2006, 388, Nr. 8.

53 FAVREAU-LILIE 1999, 101. – Natürliche und nachgebildete Jakobusmuscheln als Pilgerzeichen in: *Santiago de Compostela. 1000 ans de Pèlerinage Européen*, (Ausstellungskatalog), 291–296. – Zur zoologisch präzisen Bezeichnung der Jakobsmuscheln siehe KÖSTER 1985, 121. Warum ausgerechnet die Muschel zum Signum der Santiagopilger wurde, ist ungeklärt (siehe: KÖSTER 1985, 142).

54 Zitiert nach KÖSTER 1985, 204.

55 Zur Einführung siehe KÖSTER 1985, 203–223. – KÖSTER, »Lex coquilles et enseignes de pèlerinage de Saint-Jacques de Compostelle et des routes de Saint-Jacques en occident«, in: Ausstellungskatalog *Santiago de Compostela* (wie Anm. 53), S. 85–95. – Zur Kleidung der Pilger, die schon im 12. Jahrhundert die oben genannten Utensilien umfasste, CARLEN 1987, 120, Anm. 35 und SCHMUGGE 1984, 63 (Santiago).

56 PLÖTZ 1984 und PLÖTZ 2004, 108–109 mit Abb. Siehe nun auch den Beitrag von Hans-Walter Stork im vorliegenden Band.

57 Die jüngste Übersicht bietet MÜLLER-WILLE 1996, 37–39 mit Verbreitungskarte. – Siehe auch die Karte bei RÖCKELEIN 2005, 6 mit Erläuterung 24–25. – Einige weitere Funde in: KÜHNE / LAMBACHER / VANJA 2008, 80–82, 90 f. (aus Stralsund) u.ö. (siehe im Register).

58 MÜLLER-WILLE 1996, 39.

59 MÜLLER-WILLE 1996, 37–39 mit Abb. 29.

60 MÜLLER-WILLE 1996, 42–43.

61 Vgl. nun eingehend KÖSTER 1983, bes. 122–124. – Die grundlegenden Forschungen von Kurt Köster (1912–1986) werden nun fortgeführt durch das Projekt »Wallfahrt und Pilgerzeichen«, ein Projekt des Lehrstuhls für Christliche Archäologie, Denkmalkunde und Kulturgeschichte an der Theologischen Fakultät der Humboldt-Universität Berlin in Zusammenarbeit mit dem Fachgebiet Mittelalterliche Geschichte am Institut für Geschichte und Kunstgeschichte der TU Berlin und dem Museum Europäischer Kulturen – Staatliche Museen zu Berlin / Stiftung Preußischer Kulturbesitz, für das Dr. Hartmut Kühne (Berlin) maßgeblich verantwortlich zeichnet, siehe im Internet die Homepage http://www.pilgerzeichen.de und die Beiträge in: KÜHNE / LAMBACHER / VANJA 2008.

62 Ein patrozinienkundliches Werk über Schleswig-Holstein fehlt, weshalb man noch immer zur Zusammenstellung der Patrozinien von HAUPT 1927 greifen muß. Zahlreiche Einzelnachweise für Dithmarschen, Holstein und Stormarn enthält GAASCH 1953. WEIMAR 1951 widmet den Kirchenheiligen 165–168 auch einige zusammenfassende Betrachtungen. Einige Nachrichten zum Jakobuskult bis 1200 finden sich schließlich bei RADTKE 1985, 11. – KILSTRØM 1962 geht auf Fragen der Patrozinienkunde und der Wallfahrtsgeschichte nicht ein. Leider berücksichtigt auch das seit 1933 erscheinende Inventarwerk »Danmarks kirker« die Kirchen- und Altarpatrozinien nicht systematisch. Über den Bearbeitungsstand und die bisher erschienenen Bände siehe: http://www.danmarkskirker.dk und BØGGILD JOHANNSEN 2008, 349–367.

63 Zur Urkunde von 1196 siehe RADTKE 1985, 6 (mit weiteren Nachweisen) und 11, zum Zusammenhang von St. Jakob und St. Johannes RADTKE 1985, 211–212.

64 RADTKE 1985, 11. – Über Stettin eingehend PETERSOHN 1979, 457–460; das dortige Jakobuspatrozinium dürfte – anders als bei den übrigen oben angesprochenen Orten – auf Bamberger Kulteinfluß beruhen, den PETERSOHN 1979, 459–460, sehr wahrscheinlich gemacht hat. Seine Angaben PETERSOHN 1979, 459, Anm. 16 zur Ersterwähnung von Jakobuspatrozinien in Lübeck und Hamburg lassen sich mittlerweile präzisieren.

65 HAMMEL 1988, 57. – WEIMAR 1951, 167, nennt als Erstbeleg noch 1263. – Nach STOOB 1984 soll die Kirche bereits vor 1201 bestanden haben.

66 GAASCH 1953, 58. – VOLLMERS 2005.

67 HAUPT 1927, 314. – JØRGENSEN 1909, 141. – HAUPT 1927 nennt außerdem die Kirche in Genner (Dänemark, n Apenrade), deren Alter aber un-

bekannt ist. In den bischöflichen Registern des 15. und frühen 16. Jahrhunderts begegnet Genner nicht als Pfarrei, siehe HANSEN / JESSEN 1904; vgl. außerdem HANSEN / JESSEN, 382, zur Lage der Wüstung Hamm, und MOLTKE u.a. 1959, 1763 ff. – Zu Süderbrarup bes. KUHLMANN 1958, 199–200, der aber in die Irre geht, wenn er ein in der Nähe der Kirche nachweisbares vorchristliches Quellenheiligtum mit der Patrozinienwahl in Verbindung bringt.

68 GAASCH 1953, 74 mit Anm. 74 über Brunsbüttel (die Pfarrei 1286 genannt, das Kirchensiegel mit St. Jakobus 1316) und 76 über Neuenkirchen (1323 genannt). Die Vermutung von HAUPT 1927, 314, das Patrozinium in Brunsbüttel sei karolingerzeitlich, ist abwegig.

69 Dies gilt etwa für die alten Pfarrkirchen des Raumes, aus dem der Santiagopilger Winido stammte, vgl. GAASCH 1953, 10–12, 23–36 und 47 (Karte).

70 HAUPT 1927, 314. – Einzelnachweise bei PRANGE 1960, 63 und 66–67 (Lütau); 70 (Sandesneben) und 72 (Hamwarde). Die Patrozinien sind übrigens durchweg erst im späten 16. Jahrhundert belegt. – Zu Hamwarde auch STÜBEN 2005, 91.

71 Die Einschränkung gilt vor allem für die spätmittelalterlichen Vikariestiftungen, die bislang nicht systematisch erfasst worden sind. Für den nordelbischen Teil des Erzbistums Hamburg-Bremen bietet die beste Zusammenstellung JENSEN 1934, 122–149, wo Jakobusvikarien in Wesselburen (S. 131) und Hohenaspe (S. 133) genannt werden. – Für das Bistum Lübeck ist das Verzeichnis des Bistums außerhalb der Stadt Lübeck von 1524 nützlich, abgedruckt in: PRANGE 1996, 257–265, Nr. 2406. Dort werden Vikarien mit Jakobuspatrozinium in Oldenburg und Plön (S. 259) genannt. Beide Übersichten nennen allerdings nicht alle Patrozinien.

72 HAUPT 1927, 312. – HAMMEL 1988, 57.

73 Dazu allgemein ANGENENDT 1994, 168–169.

74 PETERSOHN 1979, 459–460.

75 SCHMEIDLER 1917, 214, cap. III, 67.

76 HERBERS / PLÖTZ 1996, 28. – Friedrich Barbarossa bemühte sich 1157 vergebens, diese Reliquie zurückzuerhalten. Vgl. MAYER 1966, 265–278, wiederabgedruckt in: WOLF 1975, 184–207, und LEYSER 1975, 481–506, wiederabgedruckt in: LEYSER 1982, 215–240, zum Weg der Reliquie nach England bes. S. 225 mit allen Nachweisen.

77 Was jüngst RADTKE 1985, 11 vermutet hat.

78 PETERSOHN 1979, 179, Anm. 83. – Das Kollegiatstift auf dem Süllberg wird in der Literatur gelegentlich auch als Propstei bezeichnet.

79 Zumeist wird dies mit dem Wendenaufstand 1066 in Verbindung gebracht, siehe WENDEHORST / BENZ [2]1997, 80 mit weiteren Literaturangaben, doch hat LAMMERS 1981, 187–189, zu Bedenken gegeben, ob dahinter nicht Kräfte aus den nordelbischen Gauen standen.

80 STÜBEN 2005, 90 mit weiteren Hinweisen.

81 SCRIPTORES MINORES RERUM SLESVICO-HOLTSATENSIUM 1875, 268.

82 GAASCH 1954, 22–41.

83 RÖCKELEIN 2005, 17, behauptet entschieden: »Die Wahl des Jakobus als Schutzpatron von Kirchen und Altären geht aber nich auf die Initiative der Kaufleute und Bürger zurück. Denn als Laien hatten sie keinen Einfluß auf die Patrozinienwahl. Die für die Weihe erforderlichen Reliquien besorgten die Geistlichen.«

84 PLÖTZ 1988, 19–20.

85 Dass auch diese einseitig ist, betont FAVREAU-LILIE 1999, 47. Vgl. den Beitrag von Ulrich Kuder in diesem Band.

Bibliographie

AMMANN, H., »Die Deutschen in Saint-Gilles im 12. Jahrhundert«, in: BRUNNER, O. (Hrsg.), *Festschrift Hermann Aubin zum 80. Geburtstag*, Bd. 1, Wiesbaden 1965, 185–220.

ANGENENDT, A., *Heilige und Reliquien. Die Geschichte ihres Kultes vom frühen Christentum bis zur Gegenwart*, München 1994.

ASSMANN, E., »Schleswig-Haithabu und Südosteuropa«, in: *Zeitschrift der Gesellschaft für Schleswig-Holsteinische Geschichte 78* (1954), 284–288.

ASSMANN, E. (Hrsg., mit deutscher Übersetzung), *Godeschalcus und Visio Godeschalci*, (Quellen und Forschungen zur Geschichte Schleswig-Holsteins 74), Neumünster 1979.

BØGGILD JOHANNSEN, B., »Epigraphik im dänischen Inventar *Danmarks Kirker* – Paradigmen, Potentiale und Perspektiven – Mit einem Exkurs über das frühe neulateinische Epitaph in Dänemark«, in: MAGIN, CH. / SCHINDEL, U. / WULF, CH. (Hrsg.), *Traditionen, Zäsuren, Umbrüche. Inschriften des späten Mittelalters und der frühen Neuzeit im historischen Kontext. Beiträge zur 11. Internationalen Fachtagung für Epigraphik vom 9. bis 12. Mai 2007 in Greifswald*, Wiesbaden 2008, 349–367.

BOLTEN, J. A., *Ditmarsische Geschichte*, 4 Bde, Flensburg usw. 1781–1788 (unveränderter Nachdruck, Leer 1979).

BRAUNSCHWEIG, H., »Bauer Gottschalk und seine Vision im Wirkungsfeld der Augustiner von Neumünster. Beobachtungen zu einer Wechselwirkung«, in: *Zeitschrift der Gesellschaft für Schleswig-Holsteinische Geschichte 128* (2003), 8–43.

BÜNZ, E., »Hugo von Hildesheim – ein frühhansischer Fernhändler im Ostseeraum und der holsteinische Volksadel um 1200«, in: *Hansische Geschichtsblätter 113* (1995), 7–25.

BÜNZ, E, »Neue Forschungen zur Vision des Bauern Gottschalk (1189)«, in: *Zeitschrift der Gesellschaft für Schleswig-Holsteinische Geschichte 120* (1995), 77–111.

BÜNZ, E, Art. »Visio Godeschalci« / »Godeschalcus«, in: WACHINGER, B. (Hrsg.), *Die deutsche Literatur des Mittelalters. Verfasserlexikon*, Bd. 10, Lfg. 2, Berlin usw. 1997, Sp. 404–408.

BÜNZ, E, »Santiagopilger und Jakobusverehrung zwischen Nord- und Ostsee im 12. Jahrhundert«, in: *Hansische Geschichtsblätter 118* (2000), 35–56.

BÜNZ, E., »Reiseberichte – Reisegruppen – Reisewege. Bemerkungen zur neuen analytischen Bibliographie ›Europäische Reiseberichte des späten Mittelalters‹«, in: *Würzburger Diözesangeschichtsblätter 65* (2003), 353–361.

BÜNZ, E. / LORENZEN-SCHMIDT, K.-J., *Klerus, Kirche und Frömmigkeit im spätmittelalterlichen Schleswig-Holstein*, (Studien zur Wirtschafts- und Sozialgeschichte Schleswig-Holsteins 41), Neumünster 2006.

BÜNZ, E., »›... umme vorbeteringe sines levendes...‹. Wilsnack-Pilger aus Dithmarschen«, in: ESCHER, F. / KÜHNE, H. (Hrsg.), *Die Wilsnack-Fahrt. Ein Wallfahrts- und Kommunikationszentrum Nord- und Mitteleuropas im Spätmittelalter*, (Europäische Wallfahrtsstudien 2), Frankfurt / Main usw. 2006, 151–163.

BÜNZ, E, Art. »Gottschalk«, in: LORENZEN-SCHMIDT, K.J. / PELC, O., *Schleswig-Holstein Lexikon*, Neumünster 2000, 185; ²2006, 214–215.

BÜNZ, E., »Hildesheim um 1200 – der Horizont einer Stadt«, in: BRANDT, M. (Hrsg.), *Bild und Bestie. Hildesheimer Bronzen der Stauferzeit, (Katalog der Ausstellung des Dom-Museums Hildesheim)*, Regensburg 2008, 115–130.

CARLEN, L., »Wallfahrt und Recht«, in: KRISS-RETTENBECK, L. / MÖHLER, G. (Hrsg.), *Wallfahrt kennt keine Grenzen. Themen zu einer Ausstellung des Bayerischen Nationalmuseums und des Adalbert Stifter Vereins, München*, München usw. 1984, 87–100.

CARLEN, L., *Wallfahrt und Recht im Abendland*, (Freiburger Veröffentlichungen aus dem Gebiet von Kirche und Staat 23), Freiburg i. Ü. 1987.

CARLEN, L., Artikel »Wallfahrt«, in: *Handwörterbuch zur deutschen Rechtsgeschichte* 5, Berlin 1998, Sp. 1126–1128.

DAHLMANN, F. C. (Hrsg.), *Johann Adolfi genannt Neocorus: Chronik des Landes Dithmarschen*, 2 Bde, Kiel 1827 (Nachdruck, Leer 1978).

FAVREAU-LILIE, M.-L., »Zur Pilgerfahrt des Grafen Rudolf von Pfullendorf. Ein unbeachteter Originalbrief aus dem Jahre 1180«, in: *Zeitschrift für Geschichte des Oberrheins 123* (1975), 31–45.

FAVREAU-LILIE, M.-L., »Von Nord- und Ostsee ans ›Ende der Welt‹: Jakobspilger aus dem Hanseraum«, in: *Hansische Geschichtsblätter 117* (1999), 93–130.

FAVREAU-LILIE, M.-L, »Die Pilgerfahrt nach Santiago de Compostela: Perspektiven hansestädtischer Testamente«, in: RÖCKELEIN, H. (Hrsg.), *Der Kult des Apostels Jakobus d.Ä. in norddeutschen Hansestädten,* (Jakobus-Studien 15), Tübingen 2005, 27–48.

GAASCH, K. H., »Die mittelalterliche Pfarrorganisation in Dithmarschen, Holstein und Stormarn«, 3 Teile, in: *Zeitschrift der Gesellschaft für Schleswig-Holsteinische Geschichte 76* (1952), 39–81, 77 (1953), 1–96, 78 (1954), 22–49.

GANZ-BLÄTTLER, U., *Andacht und Abenteuer. Berichte europäischer Jerusalem- und Santiago-Pilger (1320 – 1520),* (Jakobus-Studien 4), Tübingen ²1991.

HAMMEL, R., »Räumliche Entwicklung und Berufstopographie Lübecks bis zum Ende des 14. Jahrhunderts«, in: GRASSMANN, A., *Lübeckische Geschichte,* Lübeck 1988, 50–76.

HAMMEL-KIESOW, R., »Neue Aspekte zur Geschichte Lübecks: von der Jahrtausendwende bis zum Ende der Hansezeit. Die Lübecker Stadtgeschichtsforschung der letzten Jahre (1988–1997)«, in: *Zeitschrift des Vereins für Lübeckische Geschichte und Altertumskunde 78* (1998), 47–114.

HAMMEL-KIESOW, R., *Die Hanse,* München 2000.

HANSEN, R. / WILLERS J. (Hrsg.), *Quellen zur Geschichte des Bistums Schleswig,* (Quellensammlung der Gesellschaft für Schleswig-Holsteinische Geschichte 6), Kiel 1904.

HAUPT, R., »Beitrag aus der Nordmark zur Patrozinienforschung«, in: *Schriften des Vereins für Schleswig-Holsteinische Kirchengeschichte,* 2. Reihe, 8,3 (1927), 305–343.

HERBERS, K. / PLÖTZ, R., *Nach Santiago zogen sie. Berichte von Pilgerfahrten ans »Ende der Welt«,* München 1996, 347–380 (mit umfangreicher Bibliographie).

HERBERS, K. (Ausgewählt, eingeleitet, übersetzt und kommentiert), *Der Jakobsweg. Mit einem mittelalterlichen Pilgerführer unterwegs nach Santiago de Compostela,* Tübingen ⁶1998.

HERBERS, K., *»Wol auf sant Jacobs straßen!«. Pilgerfahrten und Zeugnisse des Jakobskults in Süddeutschland,* Ostfildern 2002.

HERBERS, K. / BÜNZ, E. (Hrsg.), *Der Jakobskult in Sachsen,* (Jakobus-Studien 17), Tübingen 2007.

JENSEN, W., »Register der Einkünfte der hamburgischen Dompropstei aus Holstein, Dithmarschen und Stormarn (um 1540)«, in: *Schriften des Vereins für Schleswig-Holsteinische Kirchengeschichte,* Reihe 1, 18 (1934), 122–149.

JØRGENSEN, E., *Helgendyrkelse i Danmark. Studier over kirkekultur og kirkeligt liv fra det 11te aarhundreden midte til reformationen,* Kopenhagen 1909.

KILSTRØM, B. I., Artikel »Jakob«, in: *Kulturhistorisk leksikon for nordisk middelalder 7,* Köbenhavn 1962, Sp. 529–531.

KÖSTER, K., *Pilgerzeichen und Pilgermuscheln von mittelalterlichen Santiagostraßen. Saint-Léonard, Rocamadour, Saint-Gilles, Santiago de Compostela. Schleswiger Funde und Gesamtüberlieferung,* (Ausgrabungen in Schleswig. Berichte und Studien 2), Neumünster 1983.

KÖSTER, K., »Lex coquilles et enseignes de pèlerinage de Saint-Jacques de Compostelle et des routes de Saint-Jacques en occident«, in: *Santiago de Compostela. 1000 ans de Pèlerinage Européen,* (Ausstellungskatalog), Gent 1985, 85–95.

KÜHNE, H., »Ablassfrömmigkeit und Ablasspraxis um 1500«, in: MELLER, H. (Hrsg.), *Fundsache Luther. Archäologen auf den Spuren des Reformators. Begleitband zur Landesausstellung »Fundsache Luther – Archäologen auf den Spuren des Reformators«,* Halle / Stuttgart 2008, 36–47.

KÜHNE, H. / LAMBACHER, L. / VANJA, K. (Hrsg.), *Das Zeichen am Hut. Europäische Reisemarkierungen. Symposium in memoriam Kurt Köster (1912–1986) und Katalog der Pilgerzeichen im Kunstgewerbemuseum und im Museum für Byzantinische Kunst der Staatlichen Museen zu Berlin,* (Europäische Wallfahrtsstudien 4 = Schriftenreihe Museum Europäischer Kulturen 5), Frankfurt a. M. 2008.

KUHLMANN, H. J., *Besiedlung und Kirchspielorganisation der Landschaft Angeln im Mittelalter*, (Quellen und Forschungen zur Geschichte Schleswig-Holsteins 36), Neumünster 1958.

LAMMERS, W., *Das Hochmittelalter bis zur Schlacht von Bornhöved*, (Geschichte Schleswig-Holsteins 4,1), Neumünster 1981, 77.

MAYER, H., E., »Staufische Weltherrschaft? Zum Brief Heinrichs II. von England an Friedrich Barbarossa von 1157«, in: *Festschrift für Karl Pivec*, (Innsbrucker Beiträge zur Kulturwissenschaft 12), Innsbruck 1966, 265–278, wiederabgedruckt in: WOLF, G., *Friedrich Barbarossa*, (Wege der Forschung 390), Darmstadt 1975, 184–207, und LEYSER, K. J., »Frederick Barbarossa, Henry II and the Hand of St. James«, in: *English Historical Review 90* (1975), 481–506, wiederabgedruckt in: ders., *Medieval Germany and Its Neighbours 900–1250*, London 1982, 215–240.

MÖTSCH, J., *Die Wallfahrt zu Grimmenthal. Urkunden, Rechnungen, Mirakelbuch*, (Veröffentlichungen der Historischen Kommission für Thüringen. Große Reihe 10), Köln usw. 2004.

MOLTKE, E. u.a., *Danmarks Kirker*, Teil 22: Sønderjylland. Åbenrå amt, Kopenhagen 1959.

MÜLLER-WILLE, M., *Mittelalterliche Grabfunde aus der Kirche des slawischen Burgwalles von Alt Lübeck. Zu dynastischen Grablegen in polnischen und abodritischen Herrschaftsgebieten*, (Akademie der Wissenschaften und der Literatur. Abhandlungen der geistes- und sozialwissenschaftlichen Klasse, Jahrgang 1996, Nr. 6), Stuttgart 1996, 37–39.

PARAVICINI, W. (Hrsg.), *Europäische Reiseberichte des späten Mittelalters. Eine analytische Bibliographie, Teil 1: Deutsche Reiseberichte*. Bearb. von HALM, C. (Kieler Werkstücke, Reihe D, 5), Frankfurt a. M. usw. ²2000; *Teil 2: Französische Reiseberichte*. Bearb. von WETTLAUFER, J. in Zusammenabeit mit PAVIOT, J. (Kieler Werkstücke, Reihe D, 12), Frankfurt am Main 1999; *Teil 3: Niederländische Reiseberichte*. Nach Vorarbeiten von KRAACK, D. bearbeitet von HIRSCHBIEGEL, J. (Kieler Werkstücke, Reihe D, 14), Frankfurt a. M. usw. 2000.

PETKE, W., »Der rechte Pilger – Pilgersegen und Pilgerbrief im späten Mittelalter«, in: AUFGEBAUER, P., *Herrschaftspraxis und soziale Ordnungen im Mittelalter und in der frühen Neuzeit. Ernst Schubert zum Gedenken*, (Veröffentlichungen der Historischen Kommission für Niedersachsen und Bremen 232), Hannover 2006, 361–390.

PLÖTZ, R., »Imago beati Iacobi. Beiträge zur Ikonographie des Hl. Jacobus Maior im Hochmittelalter«, in: KRISS-RETTENBECK, L. / MÖHLER, G. (Hrsg.), *Wallfahrt kennt keine Grenzen. Themen zu einer Ausstellung des Bayerischen Nationalmuseums und des Adalbert Stifter Vereins, München*, München usw. 1984, 248–264.

PLÖTZ, R., »Deutsche Pilger nach Santiago de Compostela bis zur Neuzeit«, in: HERBERS, K., *Deutsche Jakobspilger und ihre Berichte*, (Jakobus-Studien 1), Tübingen 1988, 1–27.

PLÖTZ, R., »Volviendo al Tema: La Coronatio. Investigación y revisión (De Padrón a Mölln)«, in: ALMAZÁN, V., *Padrón, Iria y las tradiciones Jacobeas*, La Coruña 2004, 101–122.

PRANGE, W., *Siedlungsgeschichte des Landes Lauenburg im Mittelalter*, (Quellen und Forschungen zur Geschichte Schleswig-Holsteins 41), Neumünster 1960.

PRANGE, W., (Hrsg. und Bearbeiter), *Schleswig-Holsteinische Regesten und Urkunden 15: Urkundenbuch des Bistums Lübeck 4: Urkunden 1510–1530 und andere Texte*, (Veröffentlichungen des Schleswig-Holsteinischen Landesarchivs 46), Neumünster 1996, 257–265, Nr. 2406.

RADTKE, C., *Zur Geschichte der Stadt Schleswig in vorhansischer Zeit*, in: Hansische Geschichtsblätter 101 (1983), 15–27.

RADTKE, C., »Kirchengeschichtlicher Überblick. Mittelalter«, in: LAFRENZ, D. (bearb.), *Die Kunstdenkmäler der Stadt Schleswig 3: Kirchen, Klöster und Hospitäler*, München 1985.

RADTKE, C., »Haithabu (§ 2–7)«, in: *Reallexikon der Germanischen Altertumskunde* 13, Berlin usw. 1999, 363–381.

RÖCKELEIN, H. (Hrsg.), *Der Kult des Apostels Jakobus d.Ä. in norddeutschen Hansestädten,* (Jakobus-Studien 15), Tübingen 2005.

Santiago de Compostela. 1000 ans de Pèlerinage Européen (Ausstellungskatalog), Gent 1985.

SÄGMÜLLER, J. B., *Lehrbuch des katholischen Kirchenrechts* 2, Freiburg i. Br. [3]1914.

SCHMEIDLER, B. (Hrsg.), *Magistri Adam Bremensis Gesta Hammaburgensis Ecclesiae Pontificum,* (MGH SS rer. Germ. 2), Hannover usw. 1917.

SCHMIDT, J., »Frömmigkeit und Theologie in Schleswig-Holstein von den Anfängen der Christianisierung bis zum Vorabend der Reformation«, in: *Schleswig-Holsteinische Kirchengeschichte 2: Anfänge und Ausbau 2,* (Schriften des Vereins für Schleswig-Holsteinische Kirchengeschichte, Reihe 1,27), Neumünster 1978, 189–242.

SCHMUGGE, L., *Die Anfänge des organisierten Pilgerverkehrs im Mittelalter,* in: Quellen und Forschungen aus italienischen Archiven und Bibliotheken 64 (1984), 1–83.

SCHMUGGE, L. / HERSPERGER, P. / WIGGENHAUSER, B., *Die Supplikenregister der päpstlichen Pönitentiarie aus der Zeit Pius' II. (1458–1464),* (Bibliothek des Deutschen Historischen Instituts in Rom 84), Tübingen 1996.

SIGNORI, G. (Hrsg., Mitarbeit von HRDINA, J. / MÜLLER, T. T. / MÜNTZ, M.), *Das Wunderbuch Unserer Lieben Frau im thüringischen Elende (1419–1517),* (Veröffentlichungen der Historischen Kommission für Thüringen. Große Reihe 12), Köln usw. 2006, »Das Wunderbuch«, 41–167.

STOOB, H., *Geschichte Dithmarschens im Regentenzeitalter,* Heide 1959.

STOOB, H., »Lübeck«, in: *Deutscher Städteatlas,* Lieferung III, 6, Altenbeken 1984.

STÜBEN, J., »Wallfahrt und Seelenheil. Nordelbischer Jakobuskult und nordelbische Santiagopilger«, in: RÖCKELEIN, H. (Hrsg.), *Der Kult des Apostels Jakobus d.Ä. in norddeutschen Hansestädten,* (Jakobus-Studien 15), Tübingen 2005, 85–107.

Scriptores minores rerum Slesvico-Holtsatensium 1, (Quellensammlung der Gesellschaft für Schleswig-Holst.-Lauenb. Geschichte 4), Kiel 1875, 268.

VOLLMERS, P., »*Pro divini cultus augmento...* Seelsorge und Benefizialwesen an der Hamburger St.-Jakobi-Kirche im Mittelalter«, in: RÖCKELEIN, H. (Hrsg.), *Der Kult des Apostels Jakobus d.Ä. in norddeutschen Hansestädten,* (Jakobus-Studien 15), Tübingen 2005, 49–68.

VONES, L., *Die »Historia Compostellana« und die Kirchenpolitik des nordwestspanischen Raumes 1070–1130. Ein Beitrag zur Geschichte der Beziehungen zwischen Spanien und dem Papsttum zu Beginn des 12. Jahrhunderts,* (Kölner Historische Abhandlungen 29), Köln usw. 1980.

WEIMAR, W., »Der Aufbau der Pfarrorganisation im Bistum Lübeck während des Mittelalters. Ein Beitrag zur Kirchengeschichte des Koloniallandes«, in: *Zeitschrift der Gesellschaft für Schleswig-Holsteinische Geschichte 74/75* (1951), 95–243.

WENDEHORST, A.; BENZ, S., *Verzeichnis der Säkularkanonikerstifte der Reichskirche,* (Schriften des Zentralinstituts für fränkische Landeskunde und allgemeine Regionalforschung an der Universität Erlangen-Nürnberg 35), Neustadt / Aisch [2]1997.

WINZER, U., *S. Gilles. Studien zum Rechtsstatus und Beziehungsnetz einer Abtei im Spiegel ihrer Memorialüberlieferung,* (Münstersche Mittelalter-Schriften 59), München 1988.

ZENDER, M., *Heiligenverehrung im Hanseraum,* in: Hansische Geschichtsblätter 92 (1974), 1–15.

http://www.danmarkskirker.dk

http://www.pilgerzeichen.de

Thomas Riis
Christian-Albrechts-Universität
zu Kiel

Skandinavische Wallfahrten nach Santiago de Compostela

Direkte schriftliche Zeugnisse von Santiagofahrten sind recht selten, jedoch wissen wir, dass Johann Rantzau, der spätere Feldherr und Freund des Reformationskönigs Christian III., in den Jahren 1516–1517 eine große Wallfahrt unternahm, die ihn zunächst nach Santiago und später nach Jerusalem führte. Um die selbe Zeit eroberten die Türken Syrien und Palästina, und Johann Rantzau hielt es für klüger, den Heimweg nicht über Land anzutreten, sondern nach Neapel zu segeln und von dort durch Frankreich nach Hause zu fahren.[1]

Aber welche Bedeutung hatte für einen mittelalterlichen Skandinavier die Wallfahrt nach Santiago – waren Rom als Hauptstadt der Kirche oder Jerusalem mit der Grabeskirche nicht wichtiger? Selbstverständlich sind mehr Personen nach Rom gefahren, auch weil sie dort Geschäfte zu erledigen hatten; vielleicht waren sie im Auftrag ihrer Regierung oder ihres Bischofs unterwegs. Selbst wenn der Anlass rein geschäftlich war, schließt dies keineswegs aus, dass der Reisende auch einige der Wallfahrtskirchen betrat. Anders verhielt es sich mit Santiago oder Jerusalem, die man vor allem als Pilger besuchte, obwohl zahlreiche junge Adelige die Wallfahrt auch als Kavalierstour betrachteten.[2]

Wer nach Rom gepilgert war, bezeugte dies mit einem Palmzweig, während die Pilgerzeichen Jerusalems und Santiagos jeweils das Jerusalemskreuz und die Pilgermuschel waren. Anders als der Palmzweig bestanden beide aus dauerhaftem Material, und deshalb findet man sie in Gräbern. Auch wenn Rom aus diesem Grund als Pilgerziel unterrepräsentiert ist, dürfen wir doch die relative Stärke der beiden anderen Wallfahrtsorte annehmen.

Vor einigen Jahren war Santiago mit mehr als zwanzig Funden von Pilgermuscheln bei weitem der am häufigsten vertretene Wallfahrtsort in dänischen archäologischen Quellen;[3] dazu kommen in den letzten Jahren etwa zehn weitere Pilgermuscheln aus Gräbern um den Odenser Dom.[4] Überhaupt scheint die Santiagoreise in Skandinavien beliebter gewesen zu sein als z.B. in Deutschland, wo wir keine mit Skandinavien vergleichbare Konzentration von Pilgermuscheln finden.[5] Unter den Skandinaviern fuhren vor allem die Dänen nach Spanien, denn neunzig Prozent der skandinavischen Pilgermuscheln wurden in Dänemark gefunden.[6] Die ältesten Funde von Pilgermuscheln stammen (nach dem archäologischen Kontext zu urteilen) aus der Zeit zwischen dem späten 11. und dem ausgehenden 12. Jahrhundert.[7]

Aber wie fand die Reise statt, und welchen Weg wählte man? Schon Adam von Bremen, der seine Hamburgische Kirchengeschichte spätestens um 1080 beendete, erwähnt Aalborg und Schleswig als die beiden Endstationen des Weges durch Jütland; ihm zufolge dauerte die direkte Reise fünf oder sieben Tage.[8] Der isländische Abt Nicolaus Bogsson, der in den 1150er Jahren mehrere wichtige Pilgerwege beschrieb,[9] gibt uns ausführlichere Nachrichten. Aus Norwegen segelte man nach Aalborg, von dort wurde in zwei Tagen Viborg erreicht, während man zwischen Viborg und Schleswig eine Woche unterwegs war. Die weitere Reise führte durch das Danewerk nach Itzehoe und von dort weiter nach Stade.[10] Kein Zweifel, dass der Weg zwischen Viborg und Schleswig der bekannte Ochsenweg war, der zum Teil auf der Wasserscheide verläuft und so die ostjütischen Hafenstädte nicht verbindet.

Mehrere Jakobskirchen sind auf dieser Strecke nachweisbar, beispielsweise in Viborg, wo die Kirche der Reformation zum Opfer fiel und wo die Trasse des Ochsenweges in der Stadt Sct. Ibsgade (St. Jakobs Straße) heißt.[11] Aber auch neben dem Ochsenweg bei Genner, etwa 10 km von Apenrade, gab es eine heute verschwundene Jakobskapelle.[12] Eine Konzentration von spätromanischen Jakobskirchen[13] in der Landschaft Angeln könnte auf eine alternative Route für Santiagopilger hinweisen, die zwischen Flensburg und Schleswig über Ülsby und Moldenit oder über Ülsby, Süderbrarup und Moldenit verlief. Wir wissen nicht, ob solche Kirchen fahrende Pilger beherbergen konnten, wie es bei der Église St. Jacques im Pariser Quartier Latin der Fall war. Die Entfernungen betragen: Flensburg-Ülsby ca. 20 km, Ülsby-Süderbrarup ca. 11 km und Süderbrarup-Moldenit ca. 14 km. Rechnet man für eine Tagesreise zu Fuß etwa 20 bis 30 km, würde die erste Etappe von Flensburg nach Ülsby führen, während unser Pilger am folgenden Tag zunächst nach Süderbrarup und von dort nach Moldenit gehen würde, insgesamt um die 25 km. In Flensburg war übrigens die Gertrudsgilde verpflichtet, den durchfahrenden Pilgern zu helfen, und weiter nördlich, in Hadersleben, befand sich eine Pilgerherberge neben der Gertrudskapelle.[14]

Es gab neben dem mittleren Ochsenweg von Viborg in Richtung Süden eine östliche Nebenstrecke von Aalborg über Kolding nach Schleswig. Hier finden wir in Horsens eine mittelalterliche Jakobikirche,[15] wie wir auch auf der westlichen Nebenstrecke Holstebro-Ripen in Varde eine Jakobikirche aus dem Mittelalter haben. Ferner geht die Tympanoninschrift über dem Südtor des Ripener Domes auf eine Inschrift im spanischen Kloster Santo Domingo de Silos zurück.[16] Ripen war ja, wie wir sehen werden, Abreisehafen für diejenigen, die mit dem Schiff nach Santiago fuhren. Dafür scheinen die Jakobikirchen in Neuenkirchen und Brunsbüttel (beide Dithmarschen)[17] außerhalb des westlichen Ochsenweges gelegen zu haben.

Bildeten so die Ochsenwege den Jakobsweg durch Jütland, der Deutschland mit West-Dänemark und Norwegen verband, zeigt die große Konzentration von verstorbenen Santiagofahrern in Odense, dass diese aus dem östlichen Dänemark, wahrscheinlich auch aus Schweden gekommen waren oder sich auf dem Rückweg befanden. In diesem Zusammenhang muss die Existenz einer romanischen Jakobskirche in Allerup, 4 km von Odense, erwähnt werden.[18]

Der von Osten nach Westen verlaufende Weg über Seeland und Fünen ist entweder in der Region um Kolding (bei einer nördlichen Überfahrtsstelle) oder bei Haderslében (bei der Überfahrt von Assens) auf den Ochsenweg gestoßen, dem man dann gen Süden folgte.

Es ist wohlbekannt, z.B. aus den Reiseberichten der frühen Neuzeit, dass der Transitweg durch Seeland nicht notwendigerweise über Kopenhagen führte, sondern Roskilde direkt mit Helsingør verband.[19] Ausgerechnet hier finden wir eine Konzentration von Jakobskirchen: Roskilde, wohl kurz nach 1100,[20] Maaløv, wahrscheinlich aus dem 12. Jahrhundert,[21] Ballerup (romanisch)[22] und Gurre, wohl aus dem 14. Jahrhundert.[23]

Der isländische Abt Nicolaus erwähnt mehrere alternative Routen nach Rom. Obwohl das Endziel ein anderes war, sind diese Wege jedoch von Interesse, weil man ihnen folgen konnte, bis sie einen Jakobsweg kreuzten. Zwei Routen verbanden Stade mit Mainz, die westliche verlief über Verden, Nienburg, Minden und Paderborn, die östliche über Harsefeld, Walsrode, Hannover, Hildesheim und Fritzlar.[24] Die beiden Routen sind annähernd gleich lang – nach modernen Wegberechnungen knapp 600 km, die etwa 20 Tagesreisen entsprechen.[25] Abt Nicolaus zufolge zogen einige Norweger es vor, nach den Niederlanden zu segeln und die Reise nach Rom in Deventer oder Utrecht zu beginnen. Von Köln ging es rheinaufwärts über Mainz, Speyer und Straßburg nach Basel. Von dort durch die Schweiz über Solothurn und Avenches in das Rhônetal und über den Großen St. Bernhard-Pass nach Italien. Unsere Rompilger sind hier die Rhône aufwärts bis Martigny gegangen. Folgt man dem Rhônetal aber in die andere Richtung, erreicht man Lyon, und von dort kann man nach Südwesten fahren, bis man spätestens in Rocamadour in der Auvergne auf einen der französischen Jakobswege trifft.

Die starke Fundkonzentration von Pilgermuscheln in Dänemark weist im Vergleich mit den wenigen deutschen Funden darauf hin, dass man aus Dänemark vor allem über das Meer nach Santiago gefahren ist. Marie-Luise Favreau-Lilie ist jedoch der Auffassung, dass der Seeverkehr zwischen Ostsee und Atlantik, der schon im 12. Jahrhundert in einzelnen Fällen nachweisbar ist, erst in der zweiten Hälfte des 14. Jahrhunderts intensiviert wurde;[26] Hedwig Röckelein akzeptiert dieses Ergebnis, indem sie seine Gültigkeit auf die Nordsee ausdehnt.[27] Die Frage muss aber gestellt werden, ob diese Chronologie nicht mit den von Frau Favreau-Lilie ausgewerteten Quellen (vor allem Testamente und Chroniken aus dem Hanseraum)[28] zusammenhängt, denn die stammen fast alle aus dem Spätmittelalter. Aus diesem Grund ist es erstaunlich, dass sie die Verbreitung der Jakobsmuscheln (seit dem 12. Jahrhundert Zeichen der Santiagopilger) für weniger relevant hält.[29] Das Gegenteil ist der Fall: Die Muscheln, die man in Gräbern gefunden hat, sind sichere Zeugnisse einer Pilgerfahrt. Das gilt nicht notwendigerweise auch für ein Testament, welches ja höchstens die Absicht einer Pilgerfahrt dokumentieren kann, nicht aber, ob diese auch tatsächlich stattfand.

Die Berücksichtigung der skandinavischen Quellen[30] erlaubt, die hanseatische Dokumentation für das Früh- und Hochmittelalter zu ergänzen; hierdurch entsteht ein anderes Bild, auch hinsichtlich der Reisezeiten.[31] Es ist in diesem Zusammenhang wichtig, daran zu erinnern, dass die Skandinavier bis zur Mitte des 13. Jahrhunderts dominierend zur See waren, sowohl in der Nordsee als auch in der Ostsee. Erst danach wurde diese Rolle von den Hansestädten übernommen. Schon zur Zeit der Wikinger (etwa 800 bis Mitte des 11. Jahrhunderts) fuhren Skandinavier nach der Iberischen Halbinsel, um dort Beute zu machen;[32] erst nach der Christianisierung der Skandinavier hörten diese Raubfahrten auf. Dafür haben wir seit dem 12. Jahrhundert mehrere Nachrichten von Pilgerfahrten nach Santiago de Compostela, sei es, dass man das Apostelgrab nun auf dem Weg nach Palästina besuchte, sei es, dass es das einzige Reiseziel war. Der norwegische König Sigurd Jorsalfarer (»Jerusalemfahrer«) war von 1107 bis 1110 unterwegs und besuchte im Jahre 1108 auch Santiago; man segelte nach Palästina und von dort nach Konstantinopel, wo Sigurd Kaiser Alexios I. die Schiffe schenkte; der Rückweg führte über Bulgarien, Ungarn und Deutschland nach Norwegen.[33]

Von den damals norwegischen Orkney-Inseln segelte im Jahre 1152 eine Flotte nach Palästina; unterwegs verbrachte man das Weihnachtsfest in Santiago de Compostela.[34] Weitere Nachrichten über Schiffsreisen liegen erst wieder für die Jahrzehnte um 1200 vor. Im Jahre 1189 stach an der Wesermündung eine Flotte mit Kurs Palästina in See; an Bord waren Rheinländer, Flamen, Friesen und Dänen; wahrscheinlich muss diese Fahrt im Zusammenhang mit dem dritten Kreuzzug gesehen werden. Nach neun Tagen erreichte man am 18. Juni den Hafen von Gozón und besuchte am 19. Juni Oviedo. Am 24. Juni liefen die Schiffe in die Ría de Muros ein, und am 25. begaben sich die Reisenden nach Santiago de Compostela; am 1. Juli ging es dann weiter.[35]

Eine andere Flotte von insgesamt 55 Schiffen aus dem Rheinland, den Niederlanden und Dänemark verließ den südenglischen Hafen Dartmouth am 27. Februar 1189 und kam zehn Tage später im Land des Apostels an. Auch diese Fahrt, an der ein Mitglied des dänischen Königshauses teilnahm, müssen wir wohl in Zusammenhang mit dem dritten Kreuzzug sehen.[36] Im Jahre 1217 segelte eine Flotte von 212 Schiffen unter den Grafen von Holland und von Wied nach Palästina. Am 31. Mai brach man auf, um Dartmouth am 3. Juni zu erreichen. Von dort ging es weiter nach der Bretagne, und mit gutem Wind konnte man am 16. Juni den Hafen von A Coruña erreichen. Die Pilger benötigten einen Tag und eine Nacht, um die sechzig Kilometer nach Santiago zurückzulegen; sie wurden einige Tage von widrigen Winden im Hafen von A Coruña aufgehalten, bevor sie weiter fahren konnten.[37] Die erwähnten, tatsächlich durchgeführten Fahrten verzeichnen folgende Reisezeiten:

1189, 9.–25. Juni: Wesermündung bis Santiago – 16 Tage.

1189, 27. Februar bis 9. März: Dartmouth bis Galicien – 10 Tage.

1217, 3.–18. Juni: Dartmouth bis Santiago – 15 Tage.

Mit diesem Wissen können wir jetzt das Itinerar betrachten, das wir als Scholion bei Adam von Bremen finden, das aber wohl erst aus den Jahren zwischen 1200 und 1230 stammt.[38] Hier haben wir die folgende Routenbeschreibung mit Ausgangspunkt in Ripen in Südwestjütland: Von Ripen segelte man zwei Tage und zwei Nächte, um nach Flandern zu gelangen. Wegen der zahlreichen Untiefen war es eine gefährliche Fahrt, und aus diesem Grund wurde schon Anfang des 14. Jahrhunderts auf der Insel Neuwerk ein Turm auf Kosten Hamburgs errichtet,[39] der als Landmarke dienen sollte. Eine ähnliche Funktion hatte der in den Jahrzehnten um 1300 erbaute Turm des Ripener Domes.[40]

Von Flandern fuhr man zwei Tage und eine Nacht, um Prawle an der Südküste Englands am westlichen Eingang des Ärmelkanals zu erreichen. Auch diese Strecke war gefährlich, vor allem wegen des großen Tidenhubs im Kanal und der dadurch entstehenden starken Strömungen. Aus diesem Grund gibt das spätmittelalterliche hanseatische Seebuch die Richtungen von Ebbe und Flut an. So heißt es in der Beschreibung der engsten Stellen zwischen Boulogne und Cap Gris Nez, dass die Flut von Norden kommt und die Ebbe von Süden,[41] dass sich in der Mitte der Strasse von Calais die Richtung aber ein wenig nach Osten bzw. entsprechend nach Westen verlagert.[42] Es war durchaus notwendig, die Strömungen zu kennen, um mit ihnen fahren zu können. An bestimmten Orten kann der Gezeitenstrom ganze zehn Knoten pro Stunde erreichen, und in diesem Fall wären die wenigsten mittelalterlichen Schiffe im Stande gewesen, gegen die Strömung zu segeln. So forderte die Passage des Ärmelkanals einen erfahrenen Schiffer, der die Landmarken und die Gezeitenverhältnisse gut kannte. Von Prawle östlich von Dartmouth fuhr man im Laufe eines Tages nach St. Matthieu in der Bretagne. Die westfranzösische Küste ist in hohem Maße vom Einfluss des Meeres abhängig und wechselt daher häufig ihren Verlauf – ein Phänomen, das wir von der Nordseeküste kennen. Es ist auch eine oftmals stürmische Küste, und deshalb empfiehlt das spätmittelalterliche Seebuch, während der Fahrt von Bordeaux nach der Bretagne ständig zu loten.[43] Als weitere Sicherheitsmaßnahme sollten die Seeleute auf die Beschaffenheit des Meeresbodens achten. Weil die Küste so gefährlich war, blieben die Schiffe ihr in respektvollem Abstand fern. Vor Poitou sollte so ein Schiff eine Tiefe von über 70 Faden oder etwa 140 Metern vorfinden, wenn es 18 Meilen von der Küste entfernt war.[44]

Aus guten Gründen blieben unsere Pilger auf See und scheinen direkt nach Ferrol in der Nähe Santiagos gefahren zu sein. Diese Strecke, etwa 600 km, beanspruchte drei Tage und drei Nächte. Man konnte die Untiefen vor der Küste und auch die Strömungen in der Bucht von Biskaya vermeiden, wenn man einen sicheren Abstand zur Küste hielt. Rechnet man mit einer Fahrt von etwa fünf Knoten pro Stunde oder knapp zehn Kilometern, beträgt der Zeitaufwand ca. 60 Stunden oder drei Tage und zwei Nächte. Da man nicht immer günstige Winde hatte, scheint eine Schätzung, die von drei Tagen und drei Nächten ausgeht, zutreffend zu sein. Da der Winter keine Reisezeit war, konnte man während des größten Teiles der Saison den Vorteil der längeren Tage nutzen, allerdings waren auch dann Nachtfahrten notwendig. Solche Fahrten waren in Nordeuropa gang und gäbe, beispielsweise zwischen Norwegen und Island oder zwischen Schottland und Norwegen.

Das als Scholion überlieferte Itinerar rechnet also acht Tage und sechs Nächte für die Strecke von Ripen nach Galicien, was etwas schneller ist als die tatsächlich zurückgelegten Fahrten in den Jahren 1189 und 1217. Wir müssen davon ausgehen, dass es sich im Scholion um Idealzeiten bei günstigem Wind handelt. Wir sehen aber auch, dass die Fahrtzeiten viel kürzer waren, als man annehmen könnte, wenn man z.B. nur die Fahrtzeit zwischen Stralsund und Santiago im Jahre 1518 berücksichtigen würde. Wir müssen also damit rechnen, dass schon seit dem 12. Jahrhundert die große Mehrheit der nordischen Santiagofahrer mit dem Schiff nach Spanien fuhr. In Jütland benutzte man die drei Ochsenwege, im Westen (Varde, Ripen), im Osten (Horsens) oder in der Mitte des Landes. Auf Fünen verlief der Weg zwischen Nyborg und dem Kleinen Belt unweit von Odense (Allerup), vielleicht war Assens die Überfahrtsstelle auf der fünischen Seite. Auf Seeland weist eine Konzentration von Jakobskirchen im Nordosten auf einen Wegeverlauf zwischen Roskilde und Helsingør unter Umgehung von Kopenhagen hin.

Erlauben Sie mir schließlich noch einen Blick in die Zukunft. Die Santiagowallfahrt ist eine Manifestation gemeinsamer europäischer Kultur, und die Identifikation der Jakobswege kann nur durch eine interdisziplinäre Zusammenarbeit stattfinden, an der sich Kunsthistoriker, Historiker, Archäologen und Literaturhistoriker beteiligen sollten. Es wäre zu begrüßen, würden sich regionale bzw. nationale Arbeitsgruppen bilden, die die Jakobswege in den jeweiligen Regionen identifizieren und die Ergebnisse auf regelmäßig stattfindenden Tagungen vorstellen. Das wäre eine Aufgabe für eine internationale Zusammenarbeit!

Anmerkungen

1 ALMAZÁN 1995, 47. Ich bin meinem Freund und Kieler Kollegen Prof. Dr. Javier Gomez-Montero für diesen Hinweis sehr dankbar.

2 Siehe die Kritik Felix FABRIS Ende des 15. Jahrhunderts, vgl. KRAACK 1997, 343–353.

3 RIIS 2001, 239.

4 Freundliche Mitteilung von Prof. Dr. Harry HAUE, Vorsitzender des Gemeinderates des Odenser Domes, April 2007.

5 Siehe die Karte in MÜLLER-WILLE 1995, 74.

6 ALMAZÁN 1995, 91.

7 BÜNZ 2000, 44–45.

8 BREMENSIS 1977, IV 1, 227.

9 ALMAZÁN 1995, 33.

10 KÅLUND 1908, 13.

11 ALMAZÁN 1995, 71–72.

12 ALMAZÁN 1995, 76; NATIONALMUSEET 1959, 1763.

13 ALMAZÁN 1995, 68 und 70.

14 BECKER-CHRISTENSEN 1981, 50.

15 BECKER-CHRISTENSEN 1981, 63; ALMAZÁN 1995, 66.

16 BECKER-CHRISTENSEN 1981, 63; MØLLER 1979, 218–222; ALMAZÁN 1995, 65 und 80.

17 BÜNZ 2000, 51–52.

18 ALMAZÁN 1995, 73–74.

19 ILSØE 1963, xxxvi-xxxvii.

20 ALMAZÁN 1995, 62–63; MOLTKE / MØLLER / SCHULTZ 1944, 47–57; LANGBERG 1969, 229.

21 ALMAZÁN 1995, 67; MOLTKE / MØLLER / SCHULTZ 1944, 620–631; LANGBERG 1968.

22 ALMAZÁN 1995, 69; MOLTKE / MØLLER / SCHULTZ 1944, 603–619.

23 ALMAZÁN 1995, 74; MOLTKE / MØLLER 1967, 721–723.

24 KÅLUND 1908, 13–14.

25 Zu den Jakobusstraßen in Nordwestdeutschland siehe WILKE 2005, 237–246.

26 FAVREAU-LILIE 1999, 105–109.

27 RÖCKELEIN 2005, 11–13.

28 FAVREAU-LILIE 1999, 96–104.

29 FAVREAU-LILIE 1999, 101.

30 Siehe die nützliche Übersicht von FERREIRO ALEMPARTE 1999.

31 Im Jahre 1518 soll ein Stralsunder Schiff die Fahrt nach Santiago und zurück in neun Wochen bewältigt haben, siehe FAVREAU-LILIE 1999, 102–103.

32 Diskussion der Angriffe bei FERREIRO ALEMPARTE 1999, 25–60.

33 FERREIRO ALEMPARTE 1999, 62–65.

34 FERREIRO ALEMPARTE 1999, 67–69.

35 FERREIRO ALEMPARTE 1999, 80–82 und 138–139.

36 FERREIRO ALEMPARTE 1999, 139–140.

37 FERREIRO ALEMPARTE 1999, 109–144 (lateinischer Text des Reiseberichtes mit Kommentar).

38 SCHMEIDLER 1977, Scholion 99 (96), 228–229; FERREIRO ALEMPARTE 1999, 62, datiert es an den Anfang des 12. Jahrhunderts; wir finden die Datierung SCHMEIDLERS in das erste Drittel des 13. Jahrhunderts überzeugend. Eine andere Routenbeschreibung, vielleicht aus der Zeit um 1270, findet man in LANGEBEK 1783, 622.

39 Der Turm wurde mitunter vom Hamburger Rat an Einzelpersonen verpachtet, die sich verpflichteten, als Befehlshaber für eine ständige Besetzung mit zehn Männern zu sorgen. Diese sollten gegebenenfalls gegen Seeräuber vorgehen, siehe HAGEDORN 1911–39, Nr. 222, 258, 300, 360, 445 und 518 aus den Jahren [1310], 1312, 1314, 1316, 1319 und 1321.

40 MØLLER 1979, 152 (Bauzeit des Turmes ca. 1283–1333).

41 WISE 1998, 80, §19.

42 WISE 1998, 81, §22.

43 Vgl. WISE 1998, 109, §§32 und 39–40.

44 WISE 1998, 113, §4.

Bibliographie

ALMAZÁN, V., *Dinamarca Jacobea. Historia, Arte y Literatura*, Santiago de Compostela 1995.

BECKER-CHRISTENSEN, H., *Hærvejen i Sønderjylland*, Aabenraa 1981.

BÜNZ, E., »Santiagopilger und Jakobusverehrung zwischen Nord- und Ostsee im 12. Jahrhundert«, in: *Hansische Geschichtsblätter* CXVIII, Trier 2000, 35–56.

FAVREAU-LILIE, M. L., »Von Nord- und Ostsee ans ›Ende der Welt‹: Jakobspilger aus dem Hanseraum«, in: *Hansische Geschichtsblätter* CXVII, Trier 1999, 105–109.

FERREIRO ALEMPARTE, J., *Arribadas de Normandos y Cruzados a las Costas de la Península ibérica*, Madrid 1999.

HAGEDORN, A. (Hrsg.), *Hamburgisches Urkundenbuch*, Bd. 2: 1301–1336, Hamburg 1911–1939.

ILSØE, H., *Udlændinges rejser i Danmark indtil år 1700*, Kopenhagen 1963.

KÅLUND, KR., *Alfræði Íslenzk: Islandsk encyclopædisk Litteratur* I, Kopenhagen 1908.

KRAACK, D., *Monumentale Zeugnisse der spätmittelalterlichen Adelsreise. Inschriften und Graffiti des 14.–16. Jahrhunderts*, (Abhandlungen der Akademie der Wissenschaften in Göttingen, Philologisch-Historische Klasse), Folge 3, Nr. 224, Göttingen 1997.

LANGBERG, H., *Hvem byggede hvad: gamle og nye bygninger i Danmark*, Bd. I: København, Kopenhagen 1968.

LANGBERG, H., *Hvem byggede hvad: gamle og nye bygninger i Danmark*, Bd. II: Øerne, Kopenhagen 1969.

LANGEBEK, J. (Hrsg.), *Scriptores Rerum Danicarum Medii Ævi V*, Kopenhagen 1983.

MØLLER, E. (Hrsg.), *Danmarks Kirker*, Bd. XIX: Ribe Amt 1, Hernig 1979.

MOLTKE, E. / MØLLER, E. / SCHULTZ, C. G. (Hrsg.), *Danmarks Kirker*, Bd. III: Københavns Amt 1, Kopenhagen 1944.

MOLTKE, E. / MØLLER, E. (Hrsg.), *Danmarks Kirker*, Band II: Frederiksborg Amt 2, Kopenhagen 1967.

MÜLLER-WILLE, M., »Mittelalterliche dynastische Gräber in Kirchen. Funde und Befunde auf westslawischem Gebiet«, in: MÜLLER-WILLE, M. (Hrsg.), *Slawen und Deutsche im südlichen Ostseeraum vom 11. bis zum 16. Jahrhundert*, (Archäologische, historische und sprachwissenschaftliche Beispiele aus Schleswig-Holstein, Mecklenburg und Pommern, Landesforschung II), Neumünster 1995, 59–77.

NATIONALMUSEET (Hrsg.), *Danmarks Kirker*, Band XXII: Sønderjylland: Åbenrå Amt, Kopenhagen 1959.

RIIS, TH., »Die religiöse Mentalität im spätmittelalterlichen Dänemark«, in: BISGAARD, L. (Hrsg.), *Medieval Spirituality in Scandinavia and Europe. A Collection of Essays in Honour of Tore Nyberg*, Odense 2001, 233–244.

RÖCKELEIN, H., »Die Verehrung des Apostels Jakobus d.Ä. in den norddeutschen Hansestädten. Eine Einführung«, in: RÖCKELEIN, H. (Hrsg.), *Der Kult des Apostels Jakobus d.Ä. in norddeutschen Hansestädten*, (Jakobus-Studien 15), Tübingen 2005, 11–13.

SCHMEIDLER, B. (Hrsg.), *Hamburgische Kirchengeschichte / Adam von Bremen*, unveränderter Nachdruck der Ausgabe Hannover-Leipzig 1917, Hannover [3]1977.

WISE, A., *Das Seebuch der Hanse*, Kiel 1998.

WILKE, J., »Gab es ›Jakobusstraßen‹ in Nordwestdeutschland? Beobachtungen zur Verbreitung der Verehrung des heiligen Jakobus des Älteren in Nordwestdeutschland«, in: RÖCKELEIN, H. (Hrsg.), *Der Kult des Apostels Jakobus d.Ä. in norddeutschen Hansestädten*, (Jakobus-Studien 15), Tübingen 2005, 237–246.

Horst Bredekamp
Humboldt-Universität zu Berlin

Spanien als Pilgerland der Formen

Hildesheim und León

Krieg und Wallfahrt haben Spanien zum Gegenmodell jener betulichen Vorstellung gemacht, die im Mittelalter eine behütete Überschaubarkeit des Horizontes erkannte.[1] Nachdem um das Jahr 1000 die arabischen Heere des Almanzur ein letztes Mal die christlichen Reiche bedrängt und selbst Santiago de Compostela eingenommen hatten, begannen die Könige Nordspaniens aus ihrer Verteidigungslage heraus in die Offensive zu gehen und die Reconquista einzuleiten, die nach fast fünfhundert Jahren mit der Vertreibung auch der letzten Araber beendet war.[2] Die Wallfahrt nach Santiago de Compostela bot die nicht oder nicht unmittelbar militärische Komponente dieser Wiedererrichtung eines christlichen Riesenreiches. Sie machte Nordspanien zu einem Zielort kontinuierlicher Mobilität.

Aus dem Doppelspiel dieser Dynamik ereigneten sich alle Formen der Auseinandersetzung mit der islamischen Kultur: von der Abwertung bis zur Hochschätzung und von der Bekämpfung bis zur Integration.[3] Nicht weniger eindrucksvoll war die produktive Nutzung internationaler Standards, die sich auf das Deutsche Reich bezog. Die Wanderschaft der Formen im Medium des romanischen Spanien gehört zu den eindrucksvollsten Kapiteln der Kunstgeschichte des Mittelalters. Sie zeigen ein Zusammenspiel von Offenheit und Selbstschulung, für die es in dieser Dimension wohl keinen Vergleich gibt.

1 León, San Isidoro, Pantheon

2 León, San Isidoro, Reliquiar des Hl. Isidor, Gesamtansicht

3 Hildesheim, Bronzetüren, Sündenfall

4 León, San Isidoro, Reliquiar des Hl. Isidor, Sündenfall

5 Hildesheim, Bronzetüren, Zuführung Evas

6 León, San Isidoro, Reliquiar des Hl. Isidor, Vertreibung

Im Einklang mit der politischen und religionspolitischen Energie der Festigung Nordspaniens gingen neue künstlerische Formen von der Königsstadt León aus, die mit der am königlichen Palast gelegenen Kirche San Isidoro gleichsam eine Schulungsstätte der zeitgenössischen Bildhauer produzierte (Abb. 1). Im Jahre 1063 wurde das kostbare Reliquiar für den Staatsheiligen des neuen Reiches, den Heiligen Isidor, dessen Gebeine aus Sevilla überführt worden waren, gestiftet (Abb. 2).[4] Es befindet sich heute in der Schatzkammer von San Isidoro in León. Die seitlichen teilvergoldeten Reliefplatten aus Silber zeigen Szenen von der Erschaffung Adams bis zur Austreibung aus dem Paradies.[5]

Der Stil seiner Goldreliefs offenbart, dass die Kunst des elften Jahrhunderts in Spanien kaum ohne seine Beziehung nach Deutschland zu denken ist. Sie beruht auf dem Formentransfer von Hildesheim nach León als dem Zentrum des sich entwickelnden Imperiums auf spanischem Boden.[6] Die Goldreliefs der Staatsreliquie erinnern so stark an die bis 1016 geschaffenen Bronzetüren von St. Michael in Hildesheim, dass hier mit großer Wahrscheinlichkeit eine Werkstatt tätig war, deren Mitglieder in Deutschland ausgebildet wurden oder die doch zumindest die

7 Hildesheim, Bronzetüren, Erschaffung Adams

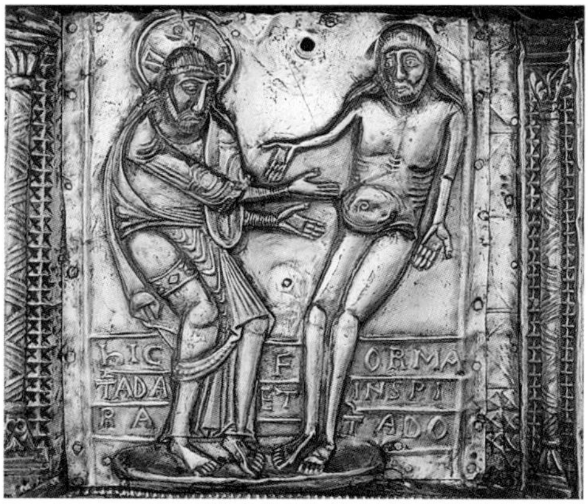

8 León, San Isidoro, Reliquiar des Hl. Isidor, Erschaffung Adams

Werke der deutschen Goldschmiedekunst im Rheinland und in Hildesheim studiert haben.[7]

So sind die Unterkörper von Adam und Eva in der Sündenfallszene (Abb. 3) mit den leicht ausgestellten Beinen Adams und den übergeschlagenen Beinen Evas vergleichbar (Abb. 4), und der rechte Arm Evas wirkt, als repräsentiere sie gegenüber der Hildesheimer Szene den folgenden Moment, in dem sie den Arm zu der am selben Ort lauernden Schlange führt. Die beiden rahmenden Bäume sind ebenfalls vorhanden, so dass das Leóneser Relief wirkt, als habe es das weite Hildesheimer Feld, das den Figuren erheblich mehr Entfaltungsraum bot, in den engen Raum des Reliquiarquadrates zusammengeschoben. Ein verwandter Figurenstil mit ähnlich ovalen, von psychologischer Spannung erfüllten Köpfen kommt hinzu.

Die Formen wurden offenbar über die ikonographischen Zuordnungen hinaus kompiliert: links die Schulterberührung Adams durch Gottvater bei der Zuführung Evas (Abb. 5), rechts in León die Vertreibung aus dem Paradies mit einer ähnlichen Berührungsgeste durch den Erzengel und den verwandt nach vorn gegabelten Armen Adams (Abb. 6). In gebeugter Haltung legt Gottvater sodann bei der Formung Adams letzte Hand an (Abb. 7). Die Schrittstellung Evas aus dem leóneser Sündenfallrelief (vgl. Abb. 4) scheint auf dessen überkreuzte Beinstellung zurückzugehen, wohingegen die Erschaffung Adams in León wirkt, als sei die Hildesheimer Figur schräg aufgerichtet worden, um die Gottebenbildlichkeit des ersten Menschen anzuzeigen (Abb. 8). Im Zuge dieser Aufrichtung vom Liegen in das Stehen sind die Beine, in Entsprechung zu denen Gottvaters, parallel geführt, und die pneumatische Beseelung durch Gottvater, von der die Reliquiarfeld-Inschrift in Kniehöhe spricht, wird in León durch Adams Öffnen der Arme beantwortet.

Der mit über einem halben Meter Höhe monumental zu nennende Elfenbeinkruzifix, den die Stifter des Reliquiars, König Fernando I. und seine Frau Sancha, ihrer Kirche im selben Jahr 1063 schenkten, zeigt verwandte Stilmerkmale (Abb. 9). Zu Füßen des Gekreuzigten erhebt sich mit großformatigen Füßen und Händen eine noch gebückte Figur, vermutlich Adam, der durch Christus gesühnt und wiedererweckt wird (Abb. 10).[8]

Die gespannte Rückwendung des Kopfes und die weit, fast exaltiert schwingenden Arme erinnern ebenfalls an die etwa fünf-

9 Madrid, Museo Arqueológico Nacional, Fernandokreuz (links)

10 Madrid, Museo Arqueológico Nacional, Fernandokreuz, Detail: Adam (oben)

11 Hildesheim, Bronzetüren, Kain und Abel

12 León, San Isidoro, Reliquiar des Hl. Isidor, Fernando I.

13 León, San Isidoro, Reliquiar des Hl. Isidor, Anklage

zig Jahre zuvor geschaffenen Hildesheimer Bronzetüren. So zeigt die Szene des Brudermordes Kains an Abel, zu welch unerhörter Dramatik der oder die Meister fähig waren (Abb. 11). Rechts schwingt der Übermantel noch weit aus; er zeugt vom Schwung des Keulenschlages, der auf Abel niedergegangen ist, der kopfüber, wie gefällt, mit ebenfalls wehendem Mantel zu Boden stürzt. Von ähnlichem Gestus scheint die federnde Spannung des mutmaßlichen Adam bestimmt.

Die Aufsockelung und das Prinzip der Migration der Formen

Das Sendungsbewusstsein, mit dem König Fernando I. offenbar Goldschmiede aus dem Deutschen Reich nach León und Kastilien gezogen hat, um sein eigenes, junges Reich mit dem avanciertesten Vermögen der Zeit zu schmücken, ist durch seine eigene Erscheinung am Reliquiar des Heiligen Isidor wie mit Händen zu greifen (Abb. 12). Aufgesockelt wie Gottvater, bildet er selbst den Anfang und das Ende des gesamten Zyklus.[9] Indem er mit dem Finger die Abfolge anzeigt, gewinnt er eine divinale Semantik, die seiner Selbstbezeichnung als »König von Gottes Gnaden« entspricht. Im Bild ist er mehr als nur ein göttlich begnadeter Amtsträger; vielmehr rückt er selbst in die Zone der Schöpfungsgeschichte ein, um sich, auf einer Plinthe aufgesockelt wie ein Denkmal, gleichsam selbst als Kreator darzustellen. Um ewig gesehen werden zu können, ist er von der Repräsentation einer lebenden Person in die Darstellung eines Denkmals seiner selbst mutiert.

Dasselbe gilt für die Erschaffung Adams wie auch für den Sündenfall. Wie bewusst diese Aufsockelung der Figuren vorgeführt worden ist, zeigt das Verhör der Anklage, bei dem Gottvater als Richter die Fundierung auf einer Plinthe beansprucht, während Adam und Eva als jammervoll Ertappte wie in der Luft zu hängen scheinen (Abb. 13).[10]

Diese Ostentation einer Person als Repräsentation ihrer selbst verdeutlicht das Prinzip der Migration der Formen. Das Reliquiar des Heiligen Isidor ist als Staatsschrein des Leóneser Reiches ein Zentrum der Verehrung, und jeder Besucher von San Isidoro war ein Pilger zum Heiligen dieses Reiches. Wenn sich auf den Reliefplatten seines Schreines nicht Darstellungen von Personen, sondern von Statuen dieser Gestalten zeigen, dann wollten und sollten diese Formen auch als kostbare Artefakte wahrgenommen werden. Die Pilgerschaft verband sich mit einer Reflexion von Formen, die ihrerseits eine lange Wanderung hinter sich hatten. Dies ist das Lehrstück des Isidor-Reliquiars: Mit der Verehrung des heiligen Stoffes verband sich die Aufforderung, die Form zu betrachten, als Gestalt zu memorieren und sie zu verbreiten. Mit dem Isidor-Schrein und seinen Figuren, die bereits ein Produkt der Migration von Formen darstellt, war die Botschaft verbunden, eine Wallfahrt zweiter Ordnung zu betreiben und Formen auf die Reise zu schicken.

Das Schulungspotential der Leóneser Stoffe

Tatsächlich wurde das Leóneser Reliquiar, von ausländischen oder im Ausland geschulten Goldschmieden geschaffen, als eine Anregungsquelle für einheimische Künstler genutzt. Dies galt insbesondere für die Formen und Bedeutungen der Stoffe.[11]

Die Kleidung des Königs bietet den Kontrast zum gegenüberliegenden Relief, auf dem Eva durch Gottvater überkleidet wird (Abb. 14). Die Szene zeigt nach Genesis 3,21, wie Adam und Eva kurz vor ihrer Vertreibung aus dem Paradies von Gott mit aus Haut gebildeten Kleidern bedeckt werden.[12] Der rechts an seiner größeren Gestalt erkennbare Adam befühlt bekümmert den sperrigen und ungewohnten Überzug, während Eva das Kleid als Konsequenz des Verlustes körperlicher Unschuld über den

14 León, San Isidoro, Reliquiar des Hl. Isidor, Überkleidung

Kopf gezogen wird. Es bedeutet das Kleid des irdischen Exils und des Todes, in das der Mensch hinabgestoßen wird.[13] Als wolle sie diese in letzter Konsequenz zum Tode führende »Neugeburt als Sterbliche« verhindern, sperrt Eva den linken Arm ab, um nicht mit dem Kopf durch die Enge der Halsöffnung treten zu müssen.

Umso stärker versucht sie, zum Hüftgewand Gottvaters zu greifen, das eine Anspielung auf das heilsbringende Lendentuch Christi bieten kann. Sie hält ein Ende dieses Tuches fest, wie um es zu sich herüberzuziehen und von diesem Stoff und nicht etwa von dem schweren Kleid, das Gottvater ihr überstreift, bekleidet zu werden. Durch ihr Umklammern des Lendentuches Gottes buchtet der obere Gewandsaum ein, so dass das lose über der Hüfte liegende Tuch den Ansatz einer Wellenform bildet.

Auf dieser Ebene liegt auch das Gewand König Fernandos. Kein stärkeres Argument konnte es für einen jungen Staat und seine Legitimationsnot gegen die scheinbar übermächtigen Araber geben, als sich in einer geschichtsträchtigen und heilsbringenden Überkleidung zu gerieren. Der Königsmantel verkörpert Anciennität, indem er wie eine antike Chlamys über der Schulter gefibelt ist. Und damit, dass er an den Rockschößen ebenso wie das Gewand Gottvaters in der Szene der Anklage (vgl. Abb. 13) mit Edelsteinen gesäumt ist, erscheint der König als Antipode zu Eva, die das Tuch des irdischen Todes übergestreift bekommt. Durch sein Gewand repräsentiert König Fernando I. sein Heilsversprechen.

Die Attraktion der Antike

Das um 1080 geschaffene Choreingangskapitell der Kirche San Martín in Frómista zeigt mit seiner Tuchinszenierung frappierend, wie sehr die Komplexität dieser Gewandikonographie gleichsam »gegriffen« hat (Abb. 15; vgl. Abb. 17). Die heute in der Kirche befindliche Fassung ist eine Kopie nach dem Original, das um 1900 in das Museum von Palencia überführt und dort später zum Teil zerstört wurde.

Die in der Mitte der Vorderfront postierte Person weist mit ihrer Linken auf einen Schlangenkörper, der ihr von rechts entgegengehalten wird, und am Boden ringelt sich eine zweite Schlange vor einer liegenden Person. Eine weitere Schlange wird von der linken Schmalseite her wie eine Lanze oder Trophäe gegen das mittlere Paar gerichtet, das sich vehement gegen die drei Schlangen zu wehren sucht. Während der Blick im mittleren Feld unverstellt auf das Paar geht, erscheinen die seitlichen Schlangenträger hinter weit ausschwingenden Stoffbahnen. Die beiden Hauptmotive, die Schlange und das Tuch des Todes, sind hier in eine suggestive Spannung gebracht.

15 Frómista, Choreingang, Husillos-Kapitell

Das Kapitell stellt eine einzige Irritation dar. Kaum vorstellbar erschien es, dass Figuren, die nicht etwa die Todesmacht des Fleisches oder die paradiesische Unschuld, sondern unverhohlen die nackte Heroik antikischer Athleten sowie die Verführung dämonischer Stoffe vorführen, ein romanisches Kapitell am Eingang zum Kirchenchor eroberten. Serafín Moralejo Álvarez, der einen antiken, späthadrianischen Sarkophag aus dem eine Tagesstrecke von Frómista entfernten Husillos als Vorbild erkannte, konnte das Rätsel lösen. Der Sarkophag war dort in der Klosterkirche von Santa María de Husillos zu sehen, er war nie unter der Erde und wird heute im Museo Arqueológico Nacional von Madrid bewahrt.[14]

Die Reliefplatte zeigt die Orestes-Geschichte (Abb. 16). Links schlafen drei Furien, rechts von ihnen wendet sich eine Gestalt entsetzt zurück, während der König Aigisthos rücklings zu Boden fällt; ihm zieht Pylades, der Freund des Orestes, das Gewand ab, so dass er zu einem Tuchhalter wird.[15] In der Mitte erscheint Orestes, und vor ihm liegt seine Mutter Klytaimnestra tödlich getroffen am Boden; von rechts hält ihm eine weitere Furie eine Schlange entgegen, gefolgt von einer Gefährtin, halb verdeckt von einem ausgespannten Tuch, vor dem ein Sklave trauert. Rechts am Boden

16 Madrid, Museo Arqueológico Nacional, Husillos-Sarkophag

schläft eine weitere Furie, während am Bildrand nochmals Orestes anlässlich seines Besuches in Delphi erscheint, der ihn von dem Makel des Muttermordes reinigen soll.

Der Skulpteur aus Frómista hat sowohl einzelne Gestalten wie auch Details der Draperie und der Gesten kopiert (Abb. 17). Die beiden Personen der rechten Schmalseite beziehen sich ihrer groben Anordnung nach auf die beiden Furien rechts neben Orestes. Die schlangenbewehrte Gestalt geht unmittelbar auf die vordere der Furien zurück, während die hinter ihr postierte, einen Arm über den Saum des durchhängenden Tuches streckende Gestalt die Figur links neben Orestes, Pylades, zitiert. Die vor dem Tuch am Boden liegende, halb überschnittene Gestalt übernimmt die Position des Sklaven vor dem Tuch der beiden Furien, ist aber vorgezogen, um den großformatig aufgespannten Stoff unverstellt sichtbar zu machen; daher musste die am Boden liegende Klytaimnestra entfallen. Die zentrale Gestalt Frómistas zitiert den antiken Orestes und übernimmt so auch die seltsam disparate Gestik, die den Kopf und die Rechte in unterschiedliche Richtungen gehen lässt. Da Pylades links neben Orestes in Frómista an das äußerste Ende der rechten Schmalseite gerückt ist, kann die entsetzt die Hände hebende Figur unmittelbar neben Orestes und wie dieser selbst vollständig nackt auftreten. Damit ergibt sich der Eindruck von Adam und Eva, die sich der Schlange nicht fügen, sondern erwehren.[16]

17 Frómista, Husillos-Kapitell, Schema

Moralejos Entdeckung einer Beziehung zwischen dem antiken Sarkophag und dem christlichen Kapitell erlaubt nicht nur, die Spezifik der künstlerischen Fähigkeiten von Künstlern, Schülern, Nachahmern oder Fälschern zu erschließen; vielmehr vermag dieses Verfahren noch eine Stufe tiefer anzusetzen und zu fragen, was sich bei den Künstlern abspielte, als sie in Vergleiche gezwungen wurden, die ihren Erfahrungsrahmen sprengten. Denn wegen seiner Andersartigkeit gegenüber allem, was an zeitgenössischer Skulptur bekannt war, wird der antike Sarkophag zweifelsohne als antik und damit als prinzipiell gefährlich erkannt worden

18 Frómista, Choreingang, Husillos-Kapitell, Tuchspeierbestie

sein. Dass er dennoch als Vorbild auftreten konnte, lag an seiner Kampfikonographie.

Das Tuch trat als Kleid einer satanischen Macht auf, gegen die der neue Adam ankämpft. Aus diesem Grund konnte dieser Sarkophag in seiner gesamten Ikonographie angenommen und als Vorbild erhöht werden. Aber es war die Verbindung des Kampfes eines nackten Heroen gegen die Schlange und gegen das rechts mit den Furien verbundene Tuch und des Gefährten Pylades gegen das Tuch des satyrhaften Aigisthos, das den ikonographischen Stoff zu legitimieren und damit auch den Stil als Vorbild zu akzeptieren vermochte.

Das Tuch, das auf dem Leóneser Staatsreliquiar das Kleid des Todes abgegeben hatte und das auf dem Sarkophag den Furien des Todes beigegeben war, hat der Bildhauer in Frómista auf den Seitenflächen den Schlangenträgern zugeordnet. Aus dem Maul einer Bestie kommend, ist es eindrucksvoll dämonisiert (Abb. 18). Die Szene zeigt, mit welch dämonischer Kraft die beiden Randfiguren nach vorn blicken, wie der Dämon das Tuch aus seinem Maul zu speien scheint und wie die vordere Figur mit der Rechten eine Schlange hält und mit der Linken jenes Tuch aufspannt, das dem Maul des Tierdämons entspringt. Durch diese Satanisierung des schwingenden Stoffes wird die Heroisierung der Nacktheit des Mittelpaares umso markanter. In der Mitte wird der Raum frei für eine Bühne, auf der sich die positiv gewendete Nacktheit unverstellt zu zeigen vermag.

Die Rezeption eines antiken Sarkophages hat damit zu einer der abgründigsten Bildformeln des Mittelalters geführt. Am Eingang zum Chorbereich einer spanischen Wallfahrtskirche, die von Doña Sancha, der Ahnherrin der nordspanischen Dynastie, gestiftet worden war, wacht ein Schlangenkämpferpaar, das sich in heroischer Pose nackter zeigt als es die Antike selbst gewagt hatte. Die Sensibilisierung für die Semantik der Stoffe war für die Neuformulierung der Beziehung von Gewand und Körper genutzt worden.

Der Tanz der Stoffe

In Jaca, der Bischofsstadt der westlichen Pyrenäen, lässt sich der produktive Schock des Husillos-Erlebnisses bis in feinste Verästelungen des Phantasiereservoirs nachvollziehen. Die Irritationen der aus dem Vergleich mit der Antike gewonnenen Kombinationskunst steigerten sich in der Bischofs-

20 Husillos-Sarkophag, Museo Arqueológico Nacional, Orestes

19 Jaca, San Pedro, Schleiertanzkapitell

kathedrale San Pedro de Jaca zur Formung eines der erregendsten Kapitelle der Romanik überhaupt.

Auf der linken Schmalseite ist in der Ecke ein Monsterwesen zu erkennen, das mit der Rechten zum Kopf eines beflügelten Musikanten greift, der eine Doppelflöte spielt (Abb. 19). Vor ihm bewegt sich auf der Stirnseite des Kapitells ein tanzendes, halbnacktes Paar. An der rechten Ecke musiziert ein zweiter, hockender Flötenspieler, während rechts in der Ecke ein weiteres Monstrum auftaucht, das nun deutlicher mit Raubtierkopf und bleckenden Zähnen versehen ist. Die Gestalten sind von wellenförmigen Stoffmassen umgeben.[17]

Der Bezug zur rechten Seite des Husillos-Sarkophages, auf dem sich Orestes in Delphi zu läutern versucht, liegt auf der Hand (Abb. 20). Der vor dem aufgespannten Tuch Kauernde ist nach rechts gerückt und erfährt eine Metamorphose in einen Doppelflötenspieler. Die sich nach links wendende, athletische Gestalt des Orestes ist im Gegenzug zur Kapitellmitte gewandert, um dort in einer weitaus grazileren Form in eine mit kleinen Brüsten versehene Frau zu mutieren.

Die Stoffinszenierungen des Sarkophages sind sodann, als sollte der arabische Schleiertanz inszeniert werden, auf unnachahmliche Weise motorisiert. Die Stoffbahnen bauschen sich auf und wehen wie flatternde Seide hoch. Der linken Gestalt weht ein leichter Umhang vor das Geschlecht; die Frau rechts trägt einen ähnlichen Umhang um die Hüfte, und vom Rücken des sitzenden Doppelflötenspielers rechts weht ein leichter Stoff bis über den Unterkörper der Frau. Das den Eindruck von Wogen erzeugende Tuch zu Füßen der Tänzer wird an der rechten Schmalseite von der Linken des Dämons gehalten, während die Rechte bereits zum Kopf des Musikanten greift.

Die Grazilität, in der sich das halbnackte Tänzerpaar in dieser antikisierenden bukolischen Szenerie bewegt, überrascht. Zunächst erinnerte das Tuch, mit dem sich Adam und Eva bedecken mussten, als sie aus dem Paradies vertrieben wurden, an die Ursünde, und dieser Sinngehalt wurde seit Augustinus immer wieder mit dem Motiv des todbringenden, weil die leiblichen Sinne anregenden

Tanzes verbunden.[18] Dies erklärt, warum die Tücher auf dem Kapitell in Frómista von Dämonen gehalten wurden und warum sich auf dem Kapitell Jacas ein bukolisches, mit wallenden Tüchern versehenes Tanzpaar bewegt, das vom Dämon belauert wird. In Frómista wie Jaca folgen auf zwei nackte Gestalten der Vorderseite nach rechts eine nur bis zur halben Höhe sich erhebende Figur und darüber das Gesicht eines Monsters. Ebenfalls kann kaum einer zufälligen Übereinstimmung entstammen, dass von beiden Dämonen Tücher gehalten werden.

Auf dem Kapitell in Frómista waren die antikischen Gestalten noch ganz dem Kampf der Schlangen gewidmet; schon das Kapitell des Tanzpaares in Jaca aber zeigt, dass die Nackten ihrerseits Opfer und Anreger der Verführung sind. Es ist die Kraft des von ihm ausgelösten, produktiven Vergleichens, das den Husillos-Sarkophag zu einer Art Akademie der spanischen Romanik gemacht hat. Der Vergleich mit der antiken Form war ein Movens der schöpferischen Phantasie. Dreihundert Jahre bevor nach landläufiger Meinung die Antikenrezeption beginnt, bot er nicht nur die Möglichkeit, sondern geradezu den Zwang, ihn nachzuahmen, obwohl seine Formen in ihrer Differenz zu allen bekannten Stilen ohne jede Frage als antik und damit im Prinzip als dämonisch erachtet worden sein müssen.

An einem zentralen Objekt der Wallfahrt wurde im Jahre 1063 dadurch, dass sich die entscheidende Figur als aufgesockeltes Denkmal darstellte, das Sehen und der Nachvollzug des Gesehenen zu einem Teil der Wallfahrt selbst. Dies trug dazu bei, dass sich Wallfahrt auch als Sehschule und als Transport von Formen ereignete. Es war eine der seltenen Fügungen der Kunstgeschichte, dass in dem Moment, in dem das Prinzip exponiert war, mit dem Husillos-Sarkophag ein Monument in das Blickfeld kam, das wie eine Kleinakademie der Bildhauerkunst wirken konnte. Es provozierte eine Transformation der Antike, welche die Formen zu den wahren Pilgern machten.

Anmerkungen

1 Gegen eine romantische Immobilitätsprojektion auf das Mittelalter vgl. SCHMUGGE 1979, 16–31, sowie SCHMUGGE 1991, 307–324.

2 FLETCHER 1987, 31–47.

3 BORGOLTE 2002, hier v.a. 149f.

4 Vgl. zum Folgenden BREDEKAMP / SEEHAUSEN 2005, 137–164.

5 Zur Rekonstruktion der ursprünglichen Anbringung GÓMEZ-MORENO 1932, 205–212, hier v.a. 207. Vgl. ASTORGA REDONDO 1990.

6 Die bisher einzige systematische Forschung zu einem möglichen ottonischen Einfluß auf die spanische Kunst setzt diesen eher als nachrangig hinter die südfranzösischen Werkstätten an, vgl. PERRIER 1984, 30–150, hier 78ff.

7 Allgemein zur stilistischen Nähe der Hildesheimer Goldschmiedekunst zu derjenigen des Isidor-Schreins vgl. ROBB 1945, 165–174, hier 171f.; mit neuer Emphase: LYMAN 1978, 115–127; skeptisch: MORALEJO ALVAREZ 1980, 180–244, hier 199; mit weitem Literaturüberblick: WILLIAMS 1987, 197–208, hier 205.

8 Die bei Paulus formulierte Typologie von Altem und Neuem Adam ist gerade im 11. Jahrhundert häufig in Handschriften zu finden, vgl. beispielsweise DIETL 1994, 175–191, hier 185.

9 LANDAU 2000, 203–214. Landau untersucht systematisch die Rechtfertigung des Rechts als eine »postlapsarische Notordnung« bei Augustinus, Isidor von Sevilla und in der folgenden Kanonistik. Wenn sich König Fernando I. als rechtmäßiger Nachfolger der Westgotenkönige in einen Genesis-

und Sündenfall-Zyklus einreihte, konnte er sich damit als Souverän dieses postlapsarischen Ausnahmezustandes präsentieren.

10 Bei der »Noli me tangere«-Szene in Hildesheim bildet der Sockel unter den Füßen Christi eine Art Treppe in Richtung Auferstehung, Entrückung und extreme Körperlichkeit zugleich (TRONZO 1983, 357–366, hier 360). Die Ikonographie der Aufsockelung wäre in größerem Umfang zu untersuchen. So stehen auch Abraham und der einschreitende Engel auf dem Tympanon der Puerta del Cordero von San Isidoro in León auf einem Sockel.

11 Vgl. BREDEKAMP / TRINKS 2010, 161–174.

12 Gen 3,21: »Fecit quoque Dominus Deus Adam et uxori eius tunicas pelliceas, et induit eos.«

13 BERNABÓ 1979, 269–281, hier 278ff.

14 Serafín Moralejo Alvarez hat sich seit 1973 mehrfach zu diesem Vorgang geäußert; zuletzt in MORALEJO ALVAREZ 1984, 187–203.

15 Für die polyvalente Rezeption des von Pylades abgezogenen Tuches als eine Art Erkennungszeichen des sogenannten Jaca-Meisters vgl. TRINKS 2008, 181–205.

16 MORALEJO ALVAREZ 1984, 196f.

17 MORALEJO ALVAREZ 1979, 79–106, hier 88, sowie DURLIAT 1990, 235f., sahen in den abknickenden und gefältelten Stoffmassen Wasser, dagegen: BREDEKAMP 1994, 263–274, hier 267.

18 Zu dem enthemmten Kontrollverlust unter dem Einfluß von Musik und Tanz vgl. HAMMERSTEIN 1974, 47. Dort auch die entsprechenden Stellen der Kirchenväter, insbesondere Augustinus.

Bibliographie

ASTORGA REDONDO, M. J., *El Arca de San Isodoro: Historia de un Relicario*, León 1990.

BERNABÓ, M., »La Cacciata dal Paradiso e il Lavoro dei Progenitori in alcune Miniature Medievali«, in: VAILATI SCHOENBURG WALDENBURG, G. (Hrsg.), *La Miniatura Italiana in Età Romanica e Gotica. Atti del I Congresso di Storia della Miniatura Italiana*, Florenz 1979, 269–281.

BREDEKAMP, H., »Die nordspanische Hofskulptur und die Freiheit der Bildhauer«, in: BECK, H. / HENGEVOSS-DÜRKOP, K. (Hrsg.), *Studien zur Geschichte der Europäischen Skulptur im 12./13. Jahrhundert*, Bd.1, Frankfurt / Main 1994, 263–274.

BREDEKAMP, H. / SEEHAUSEN, F., »Das Reliquiar als Staatsform. Das Reliquiar Isidors von Sevilla und der Beginn der Hofkunst in León«, in: REUDENBACH, B. / TOUSSAINT, G. (Hrsg.), *Reliquiare im Mittelalter*, (Hamburger Forschungen zur Kunstgeschichte, Band V), Berlin 2005, 137–164.

BREDEKAMP, H. / TRINKS, ST., »Die Freiheit der Skulptur. Tücher des Todes versus Tücher des Heils«, in: ARBEITER, A. / Kothe, Ch. / MARTEN, B. (Hrsg.), *Hispaniens Norden im 11. Jahrhundert. Christliche Kunst im Umbruch*, München 2010, 161–174.

BORGOLTE, M., *Europa entdeckt seine Vielfalt 1050–1250*, Stuttgart 2002.

DIETL, A., »Künstlerinschriften als Quelle für Status und Selbstverständnis von Bildhauern«, in: BECK, H. / HENGEVOSS-DÜRKOP, K. (Hrsg.), *Studien zur Geschichte der Europäischen Skulptur im 12./13. Jh.*, Bd. 2, Frankfurt / Main 1994, 175–191.

DURLIAT, M., *La sculpture romane de la route de Saint-Jacques. De Conques à Compostelle*, Mont-de-Marsan 1990.

FLETCHER, R. A., »Reconquest and Crusade in Spain c. 1050–1150«, in: *Transactions of the Royal Historical Society 37* (1987), 31–47.

GÓMEZ-MORENO, M., »El Arca de las Reliquias de San Isidoro«, in: *Archivo Español de Arte 24* (1932), 205–212.

HAMMERSTEIN, R., *Diabolus in Musica. Studien zur Ikonographie der Musik*, Bern / München 1974.

LANDAU, P., »Der biblische Sündenfall und die Legitimität des Rechts«, in: WILLOWEIT, D.

(Hrsg.), *Die Begründung des Rechts als historisches Problem*, (Schriften des Historischen Kollegs. Kolloquien 45), München 2000, 203–214.

Lyman, T. W., »Arts Somptuaires et Art Monumental: Bilance des Influences Auliques Pré-Romanes sur la Sculpture Romane dans le Sud-Ouest de la France et en Espagne«, in: *Les Cahiers de Saint-Michel de Cuxa* 9 (1978), 115–127.

Moralejo Alvarez, S., »La sculpture romane de la cathédrale de Jaca – État des questions«, in: *Les Cahiers de Saint-Michel de Cuxa* 10 (1979), 79–106.

Moralejo Alvarez, S., »›Ars Sacra‹ et Sculpture Romane Monumentale: Le Trésor et le Chantier de Compostelle«, in: *Les Cahiers de Saint-Michel de Cuxa* 11 (1980), 180–244.

Moralejo Alvarez, S., »La reutilización e influencia de los sarcófagos antiguos en la España medieval«, in: *Marburger Winckelmann-Programm* 1983, Marburg / Lahn 1984, 187–203.

Perrier, D., »Die spanische Kleinkunst des 11. Jahrhunderts: Zur Klärung ihrer stilistischen Zusammenhänge im Hinblick auf die Frage ihrer Beziehungen zur Monumentalskulptur«, in: *Aachener Kunstblätter* 52 (1984), 30–150.

Robb, D. M., »The Capitals of the Panteón de los Reyes, San Isidoro de León«, in: *The Art Bulletin* 27 (1945), 165–174.

Schmugge, L., »›Pilgerfahrt macht frei‹ – Eine These zur Bedeutung des mittelalterlichen Pilgerwesens«, in: *Römische Quartalschrift*, Bd. 74, H. 1–2 (1979), 16–31.

Schmugge, L., »Mobilität und Freiheit im Mittelalter«, in: Fried, J. (Hrsg.), *Die abendländische Freiheit vom 10. zum 14. Jahrhundert: Der Wirkungszusammenhang von Idee und Wirklichkeit im europäischen Vergleich*, (Vorträge und Forschungen / Konstanzer Arbeitskreis für Mittelalterliche Geschichte, Band 39), Sigmaringen 1991, 307–324.

Trinks, St., »Skulpturen in Serie: Antike als Produktivkraft im Spanien des 11. Jahrhunderts«, in: Laude, C. / Hess, G., *Konzepte von Produktivität im Wandel vom Mittelalter in die Frühe Neuzeit*, Berlin 2008, 181–205.

Tronzo, W., »The Hildesheim Doors: An iconographic Source and Its Implications«, in: *Zeitschrift für Kunstgeschichte*, H. 4 (1983), 357–366.

Williams, J., »Tours and the Medieval Art of Spain«, in: Bjurström, P. (Hrsg.), *Florilegium in Honorem Carl Nordenfalk Octogenarii Contextum*, Stockholm 1987, 197–208.

Abbildungsnachweise

1–8, 12–14 F. Seehausen
5, 7, 11 Prometheus
9–10, 16, 20 Madrid, Museo Arqueológico Nacional
15, 18, 21, 22, 24, 25 H. Bredekamp
17 S. Moralejo Alvarez
19 S. Trinks

Hans-Walter Stork
Staats- und Universitätsbibliothek
Hamburg

Das Fresko der Pilgerkrönung durch den Heiligen Jakobus in St. Nicolai, Mölln

An der alten Salzstraße von Lüneburg nach Lübeck[1] liegt der kleine Ort Mölln, dessen Kirche St. Nicolai,[2] kurz nach Verleihung des Stadtrechts (1202) um 1210 begonnen, im Kircheninneren an der nördlichen Hauptschiffwand (Abb. 1, 2, 4) mit einem Freskenzyklus aufwartet, der das im Norden Deutschlands seltene Motiv der Pilgerkrönung durch den Hl. Jakobus zeigt.

Die Fresken an dieser Stelle sind ins 13. Jahrhundert zu datieren; andere Ausmalungen stammen aus gotischer und baro-

GRUNDRISS DER NICOLAI-KIRCHE

A Chor mit Apsis
B Mittelschiff
C Turm
D Nördl. Seitenschiff
E Südl. Seitenschiff
F Taufkapelle
G Sakristei
H Ehem. Jakobuskapelle

1 Epitaph Engels
2 Marienschrein
3 Wandgemälde (Bonaventura)
4 Kanzel
5 Wandgemälde (Jakobus und Nikolaus)
6 Stuhl der Feuergreven
7 Triumphkreuz
8 Siebenarmiger Leuchter
9 Hochaltar mit Antependium und Bibelpult
10 Deckengemälde im Chor
11 Piscina
12 Holztruhe
13 gotischer Altarschrein
14 Chorgestühl (Ratsherrengestühl)
15 Kohlebecken
16 Taufbecken
17 Doppelbild
18 Stuhl d. Scharfrichters
19 Wandgemälde (Glöckner)
20 Stuhl der Weber
21 Erster Stuhl Spangenberg
22 Stuhl der Stecknitzfahrer
23 Totenbahre
24 Marienleuchter
25 Wandschrank (Bäckeramt)
26 Stuhl des Schneideramtes
27 Gemälde „Gesetz u. Gnade"
28 Epitaph Kahl
29 Zweiter Stuhl Spangenberg, Bürgermeisterstuhl
30 Gedenkstein des Till Eulenspiegel

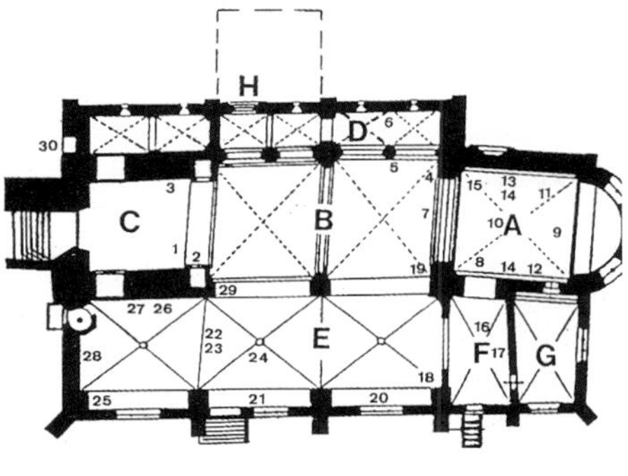

1 Mölln, St. Nicolai, Grundriß. Nach: Schnell Kunstführer Nr. 1937 von 1991, S. 4

2 Mölln, St. Nicolai, Fresken der Nordwand, gesamt; Zustand 10/2008

3 Mölln, Fresken Nordwand, Detail

4 Mölln, Fresken der Nordwand, gesamt; Zustand 10/2008

cker Zeit. Als Richard Haupt und Friedrich Weyser 1890 den Band der »Bau- und Kunstdenkmäler im Kreise Herzogtum Lauenburg«[3] vorlegten, waren die Jakobusfresken noch nicht sichtbar;[4] sie wurden erst im Jahre 1896 freigelegt und 1959 erneut restauriert. Die örtliche Überlieferung will wissen, dass die gesamte Ausmalung der Möllner Kirche bei der Einführung der Reformation in Mölln am Freitag vor Laurentius, dem 10. August 1531, übermalt wurde.[5]

Eine erste Beschreibung der in verschiedenen Jahrhunderten entstandenen Ausmalung legte im Jahr 1896 Richard Haupt vor.[6] Er gab seinem Beitrag drei Umrißzeichnungen bei – als »Tabellen« bezeichnet –, die das Nordwandfresko zeigen (seine Tab. I), dann den Hl. Christophorus vom Chorbogen (Tab. II) sowie den Glöckner (Tab. III). Längst nicht in allen Exemplaren des mittlerweile seltenen ›Archivs‹ ist die Tafel mit der Zeichnung erhalten; sie wird hier reproduziert nach dem Exemplar der Kieler Universitätsbibliothek (X 7010, Abb. 5). Die Tafel zeigt in der zeichnerischen Umsetzung von 1897 den noch heute sichtbaren Befund recht genau. Einige Fehlstellen im Bereich des westlichen Bogens sind mittlerweile verputzt und nicht mehr steinsichtig belassen. Der auffälligste Unterschied betrifft eine Einzelheit der Nikolausfigur; davon wird weiter unten noch zu sprechen sein.

Paul Clemen erwähnte sie sowohl im Jahr 1916 in seiner Untersuchung der romanischen Monumentalmalerei[7] als auch in seiner 1930 erschienenen Arbeit zu den gotischen Malereien im Vergleich zu rheinischen Monumentalgemälden;[8] schon hier werden die ikonographischen Ähnlichkeiten mit den themengleichen Wandmalereien in den Pfarrkirchen zu Linz am Rhein und Niedermendig hervorgehoben. Die bei

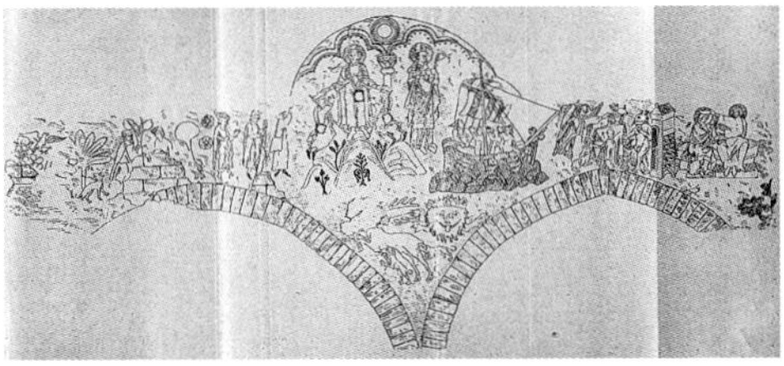

5 Zeichnerische Darstellung der Fresken von Haupt (1897; wie Anm. 6)

6 Rekonstruktion der Fresken, nach Ude (wie Anm. 11), Abb. 2

Paul Clemen gebotenen Abbildungen des Möllner Wandgemäldes (Abb. 9) sind keine des Originalzustandes, vielmehr bildet er (in schwarz-weiß) ursprünglich farbige Aquarellkopien ab, die ihm der Ratzeburger Maler A. Olbers zur Verfügung stellte.[9]

Die Wandmalereien – von der Technik her sind es Fresken – befinden sich auf der Nordwand zum Kirchenschiff hin und nehmen die gesamte Breite des ersten Joches ein. Über den beiden Spitzbogen zum Seitenschiff wird ein durchgehender Erzählfries geboten, wobei die Jakobusepisode über dem linken Bogen dargestellt ist; direkt nach rechts anschließend wird die Episode mit einer Szene aus dem Leben des Hl. Nikolaus, des Patrons der Möllner Kirche, fortgesetzt. Der Einbau der spätbarocken Kanzel verdeckt die untere Partie der Bemalung, wirkt sich aber nicht auf die Erzählfolge oberhalb der Spitzbögen aus.[10] Im Zwickel zwischen den Bogenstellungen wird ein nach links gewandter Hirsch von zwei Hunden gejagt, die ihm schon blutende Verletzungen zugefügt haben. Ein auf zwei Tatzen liegender gekrönter Löwenkopf mit herausgestreckter Zunge füllt den Platz unter des Hl. Nikolaus' Schiff; beide Motive haben keinen Bezug zu den darüber dargestellten Legenden, sondern füllen die freie Fläche.

Die beiden Hauptheiligen Jakobus und Nikolaus werden jeweils unter einem Dreipaßbogen stehend dargestellt; eine gemalte Säule mit einem Blattkapitell trennt die zwei Szenen voneinander. Unterschiedlich gut erhalten, fehlen im linken Streifen beim Erzählungsbeginn der Jakobusepisode einige Partien der Malerei; erhalten blieben (von links) die Krone eines Baumes, von der mit ausgebreiteten Schwingen ein Vogel losfliegt, daneben ein zweiter Baum, an den ein Hund angebunden ist, der sich zum ersten Baum zurückwendet. Rechts daneben wenden sich zwei Männer im Redegestus einander zu. Es schließt sich ein ebenfalls zu Teilen zerstörtes Motiv an; lediglich zwei nach links gewandte Hundekörper sind noch zu erkennen. Zwei Knospen trennen diese Szene von der Hauptszene mit der Pilgerkrönung.

Zur Deutung der Ikonographie dieser ersten Szenenfolge trägt die bisherige Forschungsliteratur wenig bei; eine erste ausführlichere Deutung legte Rudolf Ude 1963 vor.[11] Er bezieht zurecht den erhaltenen Teil der Ausmalung auf die Schilderung des sog. ›Galgen- und Hühnerwunders‹, wie dieses, ausgehend von der Fassung bei Caesarius von Heisterbach[12] über verschiedene Zwischenstufen[13] schließlich in der *Legenda Aurea* des Jacobus de Voragine[14] geschildert wird:[15]

> Calixtus der Papst[16] erzählt, dass im Jahre 1020 ein Deutscher mit seinem Sohn zu Sancto Jacob wollte wallfahrten. Als er in

7 Mölln, Detail: Reste der Galgen- und Hühnerwunder-Szene

der Stadt Toulouse[17] musste Herberg nehmen, machte der Wirt ihn trunken und versteckte ein silbernen Becher in seinem Mantelsack. Da sie nun des Morgens fürbass zogen, lief der Wirt ihnen nach und hielt sie wie Räuber fest, und schuldigte sie, dass sie seinen silbernen Becher hätten gestohlen. Sie sprachen, dass er sie möge zur Strafe ziehen, so der Becher sich bei ihnen fände. Und da man den Mantelsack auftat, fand sich der Becher und sie wurden alsbald vor den Richter geschleppt, da ward das Urteil gegeben, dass alle ihre Habe dem Wirt verbliebe und einer von ihnen werde gehenkt. Der Vater sollte für den Sohn sterben, der Sohn für den Vater, zuletzt wurde der Sohn gehenkt, und der Vater zog gen Sanct Jacob weiter mit grossem Trauern. Über sechsunddreissig Tage so kam er wieder und verweilte bei dem Galgen, da noch der Leib seines Sohnes hing, und klagte über ihn gar jämmerlich. Aber siehe, da hub der Sohn an zu sprechen und tröstete ihn: »Liebster Vater, weine nicht, denn mir war nie so wohl: wisse, Sanct Jacob hat mich bis zu dieser Stunde gehalten und mich erquicket mit himmlischer Süssigkeit.« Als der Vater das hörte, lief er eilends in die Stadt; und das Volk kam mit ihm heraus, nahmen den Sohn vom Galgen, der war gar unversehrt, und henkten den Wirt an seine Statt. (S. 379)

Dieses sehr populäre Wunder – »eine der bedeutendsten Legenden des mittelalterlichen Abendlandes«,[18] das den Pilgern wohl auch deshalb so gut gefiel, weil ein Wirt bestraft wurde[19] – wurde auch in der bildenden Kunst häufig dargestellt.[20] Das Internet bietet heutzutage bequeme Suchmöglichkeiten nach Abbildungen dieser Kunstwerke.[21]

In Mölln blieb von der ersten Jakobus-Episode der Ausmalung wenig. Der erhaltene Rest zeigt ganz links das wegfliegende Huhn, daneben den Hund des Richters. In der Gruppe daneben steht das Elternpaar unter dem Baum, der hier wohl als Ersatz für den Galgen diente. Ude hat seinem Beitrag eine Rekonstruktion der Fresken beigegeben (Abb. 6).

Zwei Knospen trennen diese Szene von der wesentlich detailreicher erhaltenen zweiten Szene mit der Krönung zweier Pilger durch den Hl. Jakobus, der sog. ›coronatio peregrinorum‹ (Abb. 10–13). Von der schmalsten Stelle über dem gemauerten Spitzbogen und der gemalten Begren-

8 Mölln, Detail: drei Pilger

9 Die Pilgerkrönung im Möllner Wandgemälde. Aquarellkopie von A. Olbers, um 1896. Nach Clemen (wie Anm. 7), Fig. 423 (rechts)

zungslinie ausgehend, werden drei Pilger dargestellt, die, ausgestattet mit den typischen Kennzeichen ihrer Kleidung[22] eilig einem Berg zustreben, auf dem der Hl. Jakobus steht und zwei seitlich von ihm knienden Pilgern mit großen Jakobsmuscheln als Zeichen der Pilgerfahrt auf ihren Um-

10 Mölln, Detail: Jakobus krönt die Pilger

11 Mölln, Pilgerkrönung, Detail: der segnende Christus

12 Mölln, Pilgerkrönung, Detail: der linke Pilger

13 Mölln, Pilgerkrönung, Detail: der rechte Pilger

14 Mölln, Detail: St. Nikolaus stillt den Seesturm

hängetaschen jeweils eine Krone aufs Haupt setzt. Ude setzt diese Szene in Beziehung zur Galgen- und Hühnerepisode: »Im Mittelfeld nimmt St. Jacobus das Ehepaar in den Himmel auf und krönt es an Stelle des Pilgerhutes mit der Krone des Lebens.«[23] Diese Zusammenfügung der Szenen und deren Deutung bei Ude vermag nicht zu überzeugen. Zum einen ist aus der Darstellung selbst nicht gut zu erklären, wieso zwar drei Personen – das Ehepaar und der errettete Sohn? – sich zum Hl. Jakobus aufmachen, dann aber nur zwei von ihnen gekrönt werden. Zum anderen schließt keine der bekannten Schilderungen des Hühnerwunders mit einer Krönungsszene; auch nicht die später als Mölln zu datierenden.[24]

Die Szene in Mölln verbindet drei in der Jakobus-Ikonographie übliche Szenen miteinander. Von links kommen drei Pilger heran, die »in Bewegung« dargestellt sind: nichts spricht dagegen, hier die Szene des Pilgerwettlaufs zu erkennen. »Die Sieger dieses Wettlaufs, der vom Monte Gozo vor Compostela auf das bereits in Sichtweite nahegekommene Heiligtum des Apostels

15 Mölln, Detail: Hl. Michael als Seelenwäger

ging, wurden König, Kunnig, King, Le Roy oder ähnlich genannt und führten nicht selten diese Bezeichnung nach ihrer Rückkehr als fortwährenden Familiennamen«.[25] Zwei Pilger, angekommen, knien wie gesagt rechts und links neben dem hoch aufgerichteten, christusgleichen Jakobus[26] und empfangen aus seinen Händen die Pilgerkronen. Die Motivähnlichkeit zwischen Christus und Jakobus mag gewollt sein, denn für die Gläubigen galt die *peregrinatio ad limina Beati Jacobi* als *peregrinatio pro Christo*.[27]

Auffällig ist die Betonung der übergroßen Pilgerstäbe, auf deren unteren Enden Jakobus zu stehen scheint. Vielleicht werden sie hier am Ziel der Pilgerfahrt nochmals dargestellt, um auf deren Anfang zu verweisen und auf den Brauch der ›benedictio perarum et baculorum‹, den Segen über die Pilgerstäbe wie überhaupt die gesamte Ausstattung des Pilgers.[28]

17 Linz, St. Martin, St. Jakobus und die Pilger. Heutiger Zustand (8/2009)

Die Wandmalerei in Mölln wird in ihrer Ikonographie verständlich, wenn man sie mit der motivisch ähnlichsten und zudem

16 Mölln, Detail: Krönung Mariens

18 Linz, St. Martin, St. Jakobus und die Pilger. Umriß. Nach Clemen (wie Anm. 7), Fig. 420

auch zeitlich am nächsten stehenden in der St. Martinus-Kirche in Linz am Rhein vergleicht (Abb. 17). Dort wurden allerdings anläßlich einer Restaurierung der Kirchenausmalung in den Jahren 1860 und 1861 »die Wandmalereien... in einer so freien Weise übergangen, daß diese angebliche Wiederherstellung schon damals Kopfschütteln erregte«;[29] Paul Clemen bildet diesen Zustand zwar ab (seine Abb. 19), bringt aber für die Schilderung der Ikonographie der Szenen Umzeichnungen (Abb. 18, 19). Die originale Ausmalung wird von Clemen auf die Jahre 1240–1250, also rund zwei Jahrzehnte nach Fertigstellung des Kirchbaus, datiert.[30]

Die Malereien der Südseite bilden in den Wandflächen über zwei Bögen Szenen aus der Jakobuslegende ab. Jakobus steht monumental zwischen den Bogenflächen; die Restaurierung des 19. Jahrhunderts hat die Figur als Christusfigur mißverstanden und dem Heiligen einen Kreuznimbus verpaßt. Eine große Jakobsmuschel dient als Schließe des Mantels und identifiziert den Heiligen eindeutig.[31] Mit angewinkelten Armen hält der Heilige zwei Kronen und setzt sie einem pilgerndem Paar auf, der Mann rechts, die Frau links von ihm kniend. In den Bogenfeldern links und rechts von Jakobus und der Pilgerkrönung nahen zahlreiche Pilger, einige davon laufend: Es ist eine ›große Wallfahrt‹ dargestellt.

Ebenfalls im Rheinland, in einem eng umgrenzten Gebiet des Bistums Trier, finden sich noch zwei ikonographisch vergleichbare Pilgerkrönungen. In Niedermendig begegnet die Szene in einer Wandmalerei in St. Cyriacus, zu datieren um 1300 (Abb. 20, 21), und auch in Oberbreisig (Abb. 22) wird die Pilgerkrönung dargestellt.

Das Motiv der Pilgerkrönung stellt, das hat schon Robert Plötz[32] herausgearbeitet, einen Sonderweg innerhalb der deutschen Jakobus-Ikonographie dar. Im Vergleich zu sonstigen Darstellungen mit Jakobus-Thematik mit etwa 30 Vorkommen einigermaßen selten, sind die Pilgerkrönungs-Szenen mithin räumlich über Norddeutschland (Mölln), das Mittelrheingebiet (Linz, Oberbreisig, Niedermendig),[33] die Pfalz[34] (Landau) und Süddeutschland (Überlingen) verteilt und begegnen zeitlich in Kunstwerken des ausgehenden 12. bis 18. Jahrhunderts. Die Kunstwerke, die die Pilgerkrönung zeigen, sind an sich der Forschung bekannt; nur gelegentlich kommen Neufunde hinzu, wie anlässlich der Publikation einer Skulptur in Hildesheimer Privatbesitz, die ursprünglich aus dem Bonner Raum stammt.[35] Wie es auch einzelne Statuen der Pilgerkrönung gibt (Speyer, Hildesheim ehem. Bonn, Winnenden),[36] darf man die Szene der Pilgerkrönung durch Jakobus auch als Einzelszene auffassen, wie etwa in Oberbreisig. Sie muß nicht in einem Erzählzusammenhang mit anderen Szenen stehen. Auch in Mölln sind aus der reichen Jakobus-Ikonographie drei einzelne Episoden dargestellt, die der Freskomaler in ein Erzählkontinuum gebracht hat. Aber sofort nach der Pilgerkrönung schließt er Szenen der Nikolauslegende an, wobei die beiden Heiligen ranggleich unter derselben gemalten Architektur stehen.

Robert Plötz, der sich bislang am ausführlichsten mit der Ikonographie der Pilgerkrönung befaßte, hat auf einen religiösen Brauch in Santiago selbst hingewiesen, der möglicherweise die Erklärung dafür gibt, dass die Szene der Pilgerkrönung gewissermaßen eine deutsche Eigenikonographie

19 Linz, St. Martin, der Zug der Pilger. Umriß. Nach Clemen (wie Anm. 7), Fig. 421

darstellt. Ritter Arnold von Harff berichtet 1498 davon: »Auf dem Hochaltar steht ein großes hölzernes Heiltum zu Ehren von St. Jakob mit einer Silberkrone auf dem Haupt, und die Pilger steigen von hinten an den Altar und setzen die Krone auf ihre Häupter, weshalb die Einwohner über uns Deutsche spotten.«[37] Diese nur den Deutschen vorbehaltenen Regelungen des Opferganges sind in den sog. *Constitutiones de la Iglesia de Santiago* festgehalten, die in den Jahren um 1263 (–1272) kodifiziert wurden und regelten, wie die Opfergaben in geordneter Weise abgeführt wurden. Für die Deutschen gab es die Sonderregelung mit der Krone. »Befand diese sich am Hauptaltar, wo eine Darstellung des thronenden Jacobus seit dem 12. Jahrhundert steht, wurden die *Tetonici* erst zur Abgabe von Opfergaben unter diese geführt, dann zu dem Kreuz, das vor die Krone führte, dann zur Kette und dann erst vor den Opferkasten. Befand sich die Krone aber in der Schatzkammer, geleitete man die deutschen Pilger erst dorthin, dann zu dem Opferstock für die Kirchenfabrik und zuletzt zum Hauptaltar.«[38]

Nach rechts setzt sich der Erzählfries mit Szenen aus dem Leben des Möllner Kirchenpatrons St. Nikolaus fort. Wie schon bei Jakobus wird die Begrenzung durch eine Bogenstellung gegeben; es sind auf der Jakobusseite fünf und auf der Nikolausseite drei Bögen, wobei der östlichste nicht mehr präzise konturiert ist, sondern verläuft. Hier wird also kein Portal gemeint sein, unter dem etwa – wie in Linz – die Heiligen stehen.

Der Heilige Nikolaus, in Pontifikaltracht mit Mitra und Stab, mit Pallium und dem Manipel auffallender Weise am rechten Arm, wendet sich nach rechts einem in Seenot geratenen Schiff unter vollen Segeln zu, das mit seiner Mannschaft durch sein fürbittendes Gebet gerettet wird. Richard Haupt

20 Niedermendig, St. Cyriakus: Der Hl. Jakobus mit den Pilgern. Heutiger Zustand (8/2009)

21 Niedermendig, St. Cyriakus: Der Hl. Jakobus mit den Pilgern. Nach Clemen (wie Anm. 7), Fig. 422

beschreibt die Szene nach der Freilegung so: »Einige Männer darin blicken betend zu ihm (Nikolaus, HWS) hin; aber am Steuer sitzt, mit der Kappe auf dem Ohre, die Narrheit, und das Schiff fährt mit geblähten Segeln in seiner Richtung vom Felsen des Heiles weg. Wohin, das zeigt sich sogleich; da steht St. Michael, die Seelen wägend; fratzenhafte Teufel sind bemüht, die Elenden in das gähnende Höllenthor zu reißen. Jenseits desselben sitzt, unberührt von Allem, das seligste Paar: Maria wird vom Sohne bekrönt.«[39] Befragt man die eingangs bereits herangezogene Umrißzeichnung von 1897, dem Folgejahr der Freskenauffindung, mit Blick auf den am rechten statt am linken Arm getragenen Manipel genauer, wird deutlich, dass hier der einzige »große« Fehler bei der Wiederinstandsetzung der Fresken anläßlich der Restaurierung von 1959 passiert ist: In der Umrißzeichnung von Haupt ist genau zu sehen, dass der Heilige Nikolaus am rechten Arm keinen Manipel trägt, sondern sein Gewand eine weit ausladende Falte aufweist. Die Restaurierung von 1959 hat diese Partie zu einem falsch interpretierten Manipel ergänzt. Der Vergleich zwischen Haupts Zeichnung von 1897 und dem heutigen Befund zeigt auch, dass der Kopf des von Hunden gejagten Hirschen ebenfalls ergänzt ist.

Eine stilistische Einordnung der Fresken ist wegen fehlender Vergleichsbeispiele und

22 Oberbreisig, St. Victor: Fresko der Pilgerkrönung an der Nordwand, Detail aus dem Aquarell bei Clemen, Taf. XL

wegen der gerade in den Detailaufnahmen deutlich erkennbaren Nachzeichnungen der Restaurierung schwierig; die Datierung ins mittlere 13. Jahrhundert wird jedenfalls zutreffen. Malerisch gekonnt und detailreich erzählt, kann man der Bewertung von Helmut Flachenegger nur zustimmen, der von einer »großartigen Darstellung« spricht.[40]

An den Hl. Jakobus erinnert in der Kirche in Mölln neben den bemerkenswerten Fresken mit den Jakobus-Episoden noch eine 67 cm hohe gotische Holzfigur[41] des Heiligen, die offenbar aus einem Altarschrein stammt und ursprünglich aus dem 1534 in Folge der Fehde Herzog Christians von Holstein gegen Lübeck zerstörten Brigittenkloster Marienwohlde[42] kommt.

Mölln reiht sich mit seinen Denkmälern zu einer Jakobusikonographie in Norddeutschland[43] ein in die große Verehrung des Apostels Jakobus, auch wenn direkte Zeugnisse von Pilgerreisen Möllner Bürger nach Spanien fehlen.[44]

Anmerkungen

1 Die St. Nikolai-Kirche in Mölln lag und liegt nicht direkt an den großen Routen der Jakobuspilger durch Norddeutschland; vgl. die Übersichtskarten bei Hell 1964, 273 (Die Straßen der Jakobuspilger in Deutschland), bzw. Herbers / Plötz 2000, 7; Lipp 2008, zu den Pilgerwegen: S. 155–221, Abb. des Freskos in Mölln: S. 97, Wegstrecke: S. 163; Überschrift der Etappe: Von Lübeck nach Süden; Wilke 2005 nimmt im Lüneburger Raum eine Wegführung von dort über Bleckede, Boizenburg, Mölln, Gadebusch bis nach Wismar an (ebd., 241).

2 May 2006 (mit einer Auswahl der älteren Literatur).

3 Haupt / Weyser 1890, 112–130; zur Ausmalung der Hinweis: »Mangelhafte spätbarocke Bemalung bedeckte bis 1838 die Decke; auch die Gurte waren bemalt. Davon ist über der Taufe (sc. dem Taufbecken) Jesu Taufe, und einiges in der Sakristei erhalten.«

4 Stüben / Roggelin 1996 bilden in ihrem Aufsatz »Orate pro patre Seghebando! Zu Herkunft und Bedeutung der Möllner Wiegendrucke« auf S. 57 eine (aus älteren Werken erneut reproduzierte) Aufnahme des Kircheninneren nach Westen ab, die noch keine Spur der Fresken zeigt.

5 MAY 2006, 8.

6 HAUPT 1897 – Dieser ausführlichen Publikation ging ein Bericht desselben Verf. in der Kieler Zeitung vom 9. Mai 1897 voraus (nicht konsultiert).

7 CLEMEN 1916, 612, Tafel nach einem Aquarell von Olbers; vgl. auch CLEMEN 1930, 108.

8 CLEMEN 1930, 93, 101, 108.

9 CLEMEN 1916 erwähnt dies S. 612, Anm. 9. – Dieser Maler Olbers hatte auch wesentlichen Anteil an der Sichtbarmachung des Freskos mit dem Glöckner am rechten Chorbogen; dazu HAUPT 1897, 64: »Es ist den Bemühungen des fleißigen A. Olbers... vorbehalten gewesen, das Bildchen auf eine Weile in seinen freilich höchst schwachen Resten dem Auge darzubieten.« Haupt bringt eine schlichte Umrißzeichnung ebd., Tabelle III; eine Abbildung des Freskos im Kunstführer (MAY 2006), S. 8; diese fehlt in der Neuauflage des Führers [4]2006.

10 Anders Plötz (PLÖTZ 1986), der von einer »... durch einen späteren Kanzeleinbau beschädigte[n] Szenenabfolge...« spricht, S. 358.

11 UDE 1963, 11–14.

12 VON HEISTERBACH 1851 – Vgl. die Übersetzung des Johannes Hartlieb aus der Zeit um 1450: ed. DRESCHER 1929, hier S. 156. Die Reisenden werden hier als aus Utrecht stammend beschrieben. – Zu den Legenden aus kunsthistorischer Sicht: KÜNSTLE 1908, 18–22.

13 HERBERS 1992, 11–33.

14 DE VORAGINE 2004, 379; als Teil der Vita »Von Sanct Jacobus dem Grossen« (d. Älteren).

15 Zusammenfassend dazu: Die Pilgerfahrt des Seigneur de Caumont (1417). Das Galgen- und Hühnermirakel. In: HERBERS / PLÖTZ 1996, 55–61.

16 Auf diesen Papst gehen ja auch die Mirakelsammlungen im nach ihm benannten *Codex Calixtinus* in Santiago zurück; vgl. HERBERS 1992, hier im I. cap., XXVIII. Vgl. *Liber Sancti Jacobi, Codex Calixtinus*. I. Text (WHITEHILL W. M., TRANSKRIPTION 1944), 239.

17 Dass sich ab dem 15. Jahrhundert die Reiseberichte knapp, aber immerhin mit Toulouse als dem Ort beschäftigen, an dem sich der vollständige Leib des älteren sowie der Rumpf des jüngeren Jakobus befinden, somit der südfranzösische dem spanischen Wallfahrtsort Konkurrenz macht, spielt in der Wahl des Wunderortes sicherlich keine Rolle. Vgl. zu den beiden Verehrungsstätten Santiago und Toulouse MEYER 1999, 209–238.

18 KRETZENBACHER 1960, 87–100, hier S. 92.

19 So lakonisch knapp wertend PLÖTZ 1986, 363.

20 Örtlich umgrenzt untersucht dies z.B. Albrecht Gribl (GRIBL 1976 / 1977, 36–52).

21 Als ein Beispiel: http://www.eichinger.ch / eichifamilyhom / Reisen / Jakobsweg / Leipzig-Konstanz / Ochsenfurt-Rothenburg.htm.

22 Vgl. dazu den Beitrag von Johannes Hartau in diesem Band.

23 UDE 1963, 13.

24 In St. Jodokus in Überlingen am Bodensee schließt die Episode mit dem dankend seitlich vor Jakobus knienden Ehepaar mit seinem Sohn; vgl. HELL 1964, Abb. 115; Internetarchiv der Deutschen Fotothek www.deutschefotothek.de / obj70702171.html (zuletzt besucht Juli 2009).

25 NOLTE 1997, 116.

26 Zur Christiformitas des Hl. Jakobus in dieser Szene PLÖTZ, passim; NOLTE 1997, 116; mit Verweis auf CLEMEN 1916, 612: »Der Heilige Jakobus erscheint in dem Christustyp und ist nur durch die Muschel auf der Brust oder am Mantel von Christus zu unterscheiden.«

27 Kurz dazu PLÖTZ 1986, 367, mit Literatur.

28 Dazu PLÖTZ 1986, 349–350.

29 CLEMEN 1916, 607.

30 PLÖTZ 1986 nimmt eine Entstehung um 1230 an; ebd. S. 358. – Zu den Linzer Fresken LEWALD 1974, 145–157.

31 Eine ähnliche Mantelschließe zeichnet den Hl. Jakobus vom Paradiesportal des Paderborner Domes aus; vgl. REICHE 1903, 1905, 59.

32 PLÖTZ 1984; PLÖTZ 1986, 339–376; PLÖTZ 1995, 171–232; darin der Abschnitt »Jacobus Coronatio Peregrinorum«, 208–222.

33 Zu Niedermendig vgl. PIETERS 2002, 105–122; darin: »Zur Jakobusikonographie und ihrem histo-

rischen Zusammenhang«, 110–112 (mit Literatur zu weiteren *coronatio*-Szenen). – PIETERS (Mayen-Koblenz) 2002, 154–158.

34 Im Historischen Museum der Pfalz in Speyer ist eine Skulptur der Pilgerkrönung erhalten, die vermutlich aus der untergegangenen Speyerer Jakobuskirche stammt, Inv.-Nr. C 188. Dazu MAIER 2004, 99–119, mit s-w-Abb. 5. – Zu Landau: THIEBES 1988, 41–44.

35 NOLTE 1997, 113–128.

36 Forschungsliteratur und Abbildungen bei NOLTE 1997.

37 Zitat nach: VON GROOTE 2007, mit den Abbildungen der Handschrift 268 der Benediktinerabtei Maria Laach, hier S. 248. – Der Originaltext bei Groote lautet (ed. Groote, Köln 1860, S. 233): »vff deme hoigen altaer steyt eyn groiss hultzer heylich, in ere sent jakobs gemaicht, vffhauende eyn syluer kroyn, dae die pylgrym hinden deme altaer vff stijen ind settzen die kroin vff yere heuffter, dae mit die inwoner vns dutyscher spotten.«

38 PLÖTZ 1986, 369, mit Überlegungen zur Pilgerkrönung im Zusammenhang mit Kaiser, Papsttum und Investitur, auf die hier nur verwiesen sei.

39 HAUPT 1897, 59.

40 FLACHENEGGER 2005, 215–228, hier S. 219.

41 UDE 1957, 32–34 (anläßlich der Restaurierung der Figur, die in die Jahre um 1410-20 datierbar ist).

42 BERANEK 1997, 3–52. – Ein Bezug des Birgittenklosters zum Hl. Jakobus ist durch die für das Jahr 1344 bezeugte Santiagowallfahrt der späteren Heiligen mit ihrem Ehemann Ulf Gudmarsson greifbar. Ebd. S. 44 kurz zur Jakobusfigur.

43 Hierzu der Beitrag von Ulrich Kuder in vorliegendem Band. – Vgl. auch die Datenbank »Im Zeichen der Muschel. Die Verehrung des Hl. Jacobus in Nordwestdeutschland«: http://www.tasc.mpg.de/jacobus/, die in Zusammenhang mit einer Jakobus-Ausstellung und Tagung (2002) entstand: CARQUÉ / RÖCKELEIN 2005, mit ausführlichen Literaturangaben.

44 HEYNE 1972, 65–84. – FAVREAU-LILIE 1999, 93–130. – BÜNZ 2000, 35–56.

Bibliographie

BERANEK, R., »Das Birgittenkloster Marienwohlde im Norden von Mölln«, in: *Lauenburgische Heimat*, N.F. 146 (März 1997), 3–52.

BÜNZ, E., »Santiagopilger und Jakobusverehrung zwischen Nord- und Ostsee im 12. Jahrhundert«, in: *Hansische Geschichtsblätter 118* (2000), 35–56.

CARQUÉ, B. / RÖCKELEIN H. (Hrsg.), *Das Hochaltarretabel der St. Jacobi-Kirche in Göttingen,* (Veröffentlichungen des Max-Planck-Instituts für Geschichte Bd. 213), Göttingen 2005.

CLEMEN, P., *Die romanische Monumentalmalerei in den Rheinlanden,* (Publikationen der Gesellschaft für Rheinische Geschichtskunde, Bd. 32), Düsseldorf 1916.

CLEMEN, P., *Die gotischen Monumentalmalereien der Rheinlande. Text- und Tafelband,* (Denkmäler Deutscher Kunst / Publikationen der Gesellschaft für Rheinische Geschichtskunde XLI), Düsseldorf 1930.

DE VORAGINE, J., *Legenda Aurea. Das Leben der Heiligen.* Aus dem Lateinischen übersetzt von Richard Benz, Gütersloh 142004.

DRESCHER, K. , *Johann Hartliebs Übersetzung des Dialogus miraculorum von Caesarius von Heisterbach.* Aus der einzigen Londoner Handschrift hrsg.v. Karl Drescher, (Deutsche Texte des Mittelalters Bd. 33), Berlin 1929.

FAVREAU-LILIE, M-L., »Von der Nord- und Ostsee ans ›Ende der Welt‹: Jakobspilger aus dem Hanseraum«, in: *Hansische Geschichtsblätter 117* (1999), 93–130.

FLACHENEGGER, H., »Die Kartierung und Digitalisierung von Patrozinien am Beispiel des Jacobus maior in Niedersachsen. Ein Werkstattbericht«, in: RÖCKELEIN, H. (Hrsg.), *Der Kult des Apostels Jakobus d.Ä. in norddeutschen Hansestädten,* (Jakobus-Studien 15), Tübingen 2005, 215–228.

GRIBL, A., »Die Legende vom Galgen- und Hühnerwunder in Bayern. Eine ikonographische Gegenwartsspur der mittelalterlichen Fernwallfahrt

Zur Raumentwicklung des Locus Sancti Jacobi

Arturo Franco Taboada
Universidade da Coruña

Die Geschichte dieser Kathedrale ist zugleich die Geschichte Galiciens, jener heute autonomen Region im Nordwesten Spaniens. In gewisser Weise kann man sagen, dass die Kathedrale von Santiago de Compostela die Stein gewordene Verkörperung einer Jahrtausende alten Gemeinschaft eines Volkes darstellt. Das macht sie so ungewöhnlich wie einzigartig. Im Laufe der Jahre habe ich mich oft gefragt, wie man den Traum der Menschen und ihre Schutzlosigkeit in einer Metapher der Ewigkeit darstellen kann; Stein auf Stein, mit Herzblut errichtet. Wenn man versucht, dieses gewaltige Werk, die Arbeit so vieler Generationen, zu entschlüsseln, stellt sich unweigerlich die Frage: Welche Idee kann Menschen über so viele Jahrhunderte hinweg verbinden? Wie in einer endlosen Odyssee waren es zu allen Zeiten die Pilger, die – vereint durch ein gemeinsames Ziel und allen Widrigkeiten zum Trotz – einen tausend Jahre alten Weg beschritten und so dieses großartige Bauwerk an der letzten Station des Pilgerweges nach Finisterre überhaupt erst ermöglichten.

Der Beharrlichkeit des Eremiten Pelayo, eines heiligen Mannes, der in einem Wald namens Libredón lebte, aber auch mündlicher Überlieferung der Bewohner eines Ortes namens San Fiz de Solovio in der Nähe dieses Waldes ist es zu verdanken, daß Bischof Teodomiro von Iria Flavia im 9. Jahrhundert besagte Stelle freilegen ließ und die offizielle Anerkennung einer Grabstätte

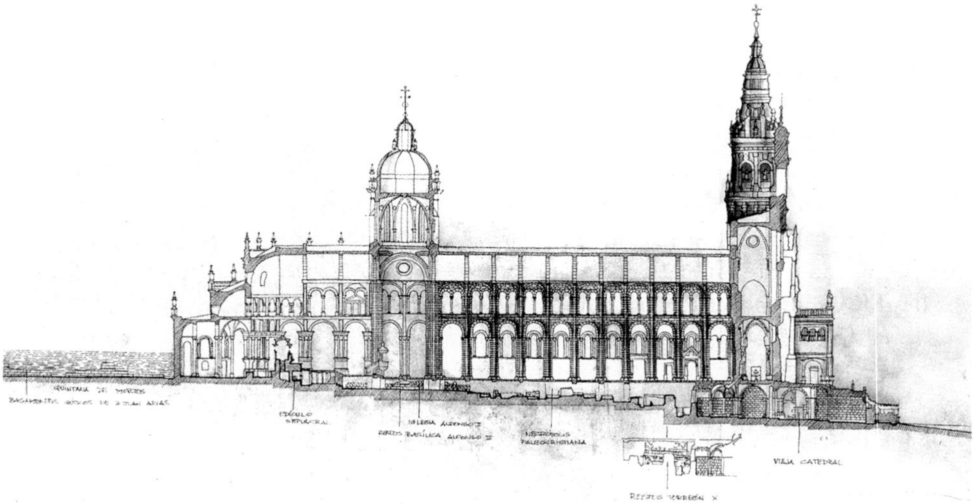

1 Gefälle des Geländes von etwa dreizehn Prozent

späteren Datums auf den Überresten eines römischen Mausoleums aus dem 1.-4. Jahrhundert n.Ch. anordnete. Diese Grabstätte schrieben einige der Überlieferung gemäß dem Apostel Jakobus zu, andere hingegen Priscilianus, dem Bischof von Ávila, der im 4. Jahrhundert der Ketzerei angeklagt und hingerichtet worden war. Teodomiro jedenfalls teilte König Alfons II. seine Überzeugung mit, dass es sich um die Überreste des Apostels Jakobus handle. Der König stiftete daraufhin die erste Kirche, die man an der Westseite der Grabstätte errichtete, während sich an der Ostseite eine Gemeinschaft von Benediktinern niederließ. So entstand der erste Kirchenbereich. In seiner Umgebung entwickelte sich allmählich eine bäuerliche Siedlung, deren Bewohner von der Bestellung der nahegelegenen Felder lebten, Land, das der Klerus durch fortgesetzte königliche Schenkungen erhielt.

Die topographische Eigenart des Geländes, auf dem sich die heutige romanische Kathedrale befindet, hat es den Archäologen ermöglicht, Überreste ihrer Vorgängerbauten, die im Untergrund erhalten sind, zu untersuchen und sie aufeinanderfolgenden Phasen zuzuordnen. Das beträchtliche Gefälle dieses Geländes von etwa dreizehn Prozent sowie die Tatsache, daß man das Ausgangsniveau am höchstgelegenen Punkt, der im Osten gelegenen heutigen *Plaza de la Quintana*, beibehielt, haben dazu geführt, dass die Baumeister die Überreste verwendeten, um die Auffüllung zu erleichtern (Abb. 1).

Alfons II. von Asturien versuchte, aus dem Fund Kapital zu schlagen, und sendete Karl dem Großen, dem Herrscher der Christenheit, einen Schädelknochen des Apostels, möglicherweise mit der Absicht, dass ganz Europa seine Augen auf jenes kleine christliche Bollwerk im Westen richten möge. Ein 1,53 × 0,43 m großer Stein, den man parallel zur Schwelle der Kirche Alfons' III. fand und der stark abgenutzt war – so als sei er häufig betreten worden –, verrät, wo sich der Eingang der ursprünglichen Kirche Alfons' II. befand. Das Fundstück lag etwa zwei Meter von der Fassade entfernt in östlicher Richtung. Die Position des Grabes war zu keinem Zeitpunkt im Laufe seiner Geschichte verändert worden, da man diesen heiligen Ort zu allen Zeiten respektiert hatte, und so handelte es sich bei der östlichen Begrenzung der ursprünglichen Kirche um die Grabkapelle selbst. Die Kirche Alfons' II. war ungefähr 22 Meter lang, und ihre Breite von 8 Metern entsprach in etwa der des Mittelschiffs der Kirche Alfons' III. Von ihrer Nord- und Südfassade blieben keine Spuren erhalten, da hier die Säulenfundamente errichtet wurden. Die Überreste einer kleinen Mauer nördlich der Schwelle und links von ihr mit einer Tiefe von 55 Zentimetern lassen vermuten, dass ein Vorhof mit Außentür existierte. Es ist nicht ersichtlich, ob die rechtwinklige Apsis, in der sich das Grab befindet, der Kirche Alfons' II. oder Alfons' III. zuzuordnen ist. Diese Apsis muss aufgrund ihrer Bauweise, sie besteht aus einem prachtvollen Mauersteinverband, ein selbständiges Bauwerk gewesen sein. Eine dokumentierte Beschreibung der ersten Kirche stützt diese Annahme: *Ex petra et luto opera parvo.* Kenneth Conant, ein amerikanischer Architekt, der sich mit romanischen Pilgerkirchen sowohl in Frankreich als auch in Spanien beschäftigte,[1] erwägt in Bezug auf diese erste Kirche die Möglichkeit, dass sie der Prototyp eines mit Säulen versehenen asturischen Heiligtums war, wie wir es bereits 830 in Santullano (Oviedo) antreffen und das wie die Kirche in Compostela ein Holzdach besaß.

Die Ausgrabungen belegen, dass von Beginn an ein kleiner Friedhof existiert hat. Die auf unterschiedlichen Niveaus aufgefundenen Gräber legen Zeugnis ab von den Völkern, die die Gebeine des Heiligen im Laufe der Zeit verehrten: Gräber aus dem Mittelalter, germanische Gräber oder auch solche christianisierter römischer Soldaten,

2 Kirche Alfons' II., Kenotaph, Kirche von Antealtares und Benediktinerabtei (9. Jh.)

die mit ihren Legionen an die äußersten Grenzen des Imperiums gelangt waren. Zu dieser Zeit hatte der heilige Ort, der unter dem Namen »arcis marmoricis« bekannt wurde, den gleichen kirchlichen Rang wie Iria Flavia. Kenneth Conant belegt, dass gleichzeitig zwei weitere Kirchen entstanden: *La Corticela* (oder auch *Santa María*) und *San Salvador (Antealtares)*, die von einer Benediktinergemeinschaft betreut wurden. Beide Kirchen waren als Doppelkomplex geplant, die eine gewissermaßen als Fortsetzung der anderen, in entgegengesetzter Ausrichtung und mit der Grabkapelle in der Mitte (Abb. 2).

Die Nachricht von der Entdeckung des Grabes verbreitete sich in ganz Europa, und immer mehr Pilger kamen in die Stadt, die danach in ihre Heimat zurückkehrten und von den Wundern des Jakobsweges berichteten. Als um das Jahr 880 herum die Wallfahrten stetig zunahmen, wurde die Kirche zu einer Basilika, indem man zwei Seitenschiffe anfügte und das Mittelschiff vergrößerte (880–899). Diese Erweiterung war nicht zuletzt einigen Schenkungen Alfons' III., des Großherzigen, zu verdanken. Bereits im Jahre 997 fiel die Basilika allerdings einem Brand zum Opfer, den Almanzor und seine Truppen gelegt hatten; im Jahre 1000 wurde sie wieder aufgebaut. Nach Kenneth Conant könnte die Basilika vor dem Brandanschlag der Kirche *Santa María del Naranco* ähnlich gewesen sein; diese wurde 848 geweiht. Vielleicht glich ihr Baustil aber auch dem von *San Miguel de Lillo* aus demselben Jahr, dem des Konvents von *Val de Dios* (893) oder auch von *Santa Cristina de Lena* (905). Sie könnte zudem deutliche orientalische Einflüsse gezeigt haben. Conant bemerkt dazu Folgendes: »Wir können uns die Kirche im Westen ähnlich wie den Konvent von *Val de Dios* vorstellen, mit Empore und Portikus (obgleich an der Nordseite), den Altarraum in gleicher Weise angeordnet wie der von *Santa Cristina*, aber von größeren Ausmaßen und gewissermaßen mit Miniaturkirchen als Verlängerung in Richtung Osten, zudem mit Seitenkapellen versehen, das Mauerwerk aus Ziegelbruchsteinen in den Abmessungen von 53 Metern Länge und 21 Metern Breite.«

Die östlich des Grabes gelegene Benediktinerabtei *San Payo de Antealtares* folgte in der Anordnung ihrer Gebäude vermutlich den Vorschriften, die Bischof Chrodegang von Metz, ein Onkel Karls des Großen, für die bedeutendsten Klöster des Ordens verkündet hatte, wie z.B. das von Sankt Gallen oder das von Saint Riquier. Dank dieser Anordnung konnte man bei Prozessionen direkt aus der Kirche in den Kreuzgang gelangen. Der Kreuzgang von *Antealtares* befand sich im Süden der Klosteranlage. *Ut omnia praefacta altaria cum eclesia et partem claustro.*[2]

1964 brachten Ausgrabungen Überreste eines Turmes und einer Mauer zum Vorschein, die an besagtem Turm beginnt und sich sowohl in südlicher als auch in nördlicher Richtung fortsetzt. Der Fund legt die Annahme nahe, dass diese Überreste möglicherweise einem Festungsturm und Befestigungsmauern mit Burggraben aus der Zeit Sisnandos (10. Jh.) entsprechen, die seinerzeit ein beträchtliches Areal umgaben. Ein Mauerring war notwendig geworden, da sich die neue Kirchenanlage dank der königlichen Privilegien zusehends ausdehnte, wie zahlreiche Urkunden im Kloster von Samos nahe der Stadt Lugo in Galicien belegen. Ihnen zufolge überließen asturische Könige wie Alfons III. und Ordoño I. dem Kloster Güter und Ländereien in seiner Umgebung. Dieser Reichtum weckte natürlich bald die Gier der Normannen. Im 11. Jahrhundert beschloss Bischof Cresconio daher, den Komplex mit einer weiteren Mauer zu umgeben. Guerra Campos[3] zufolge umschloss diese Mauer das Gebiet, auf dem sich heute die Kathedrale befindet, mit Ausnahme eines Teils des Kreuzganges, zudem die heutige *Plaza de la Quintana*, das Gelände des Klosters *San Payo de Antealtares* im Norden sowie die Häuser in den Straßen der *Azabachería*, die *Plaza del Campo*, sowie die Straßen, die nach dem *Preguntoiro* und Bischof *Gelmírez* benannt sind. Sie hatte wenigstens drei Tore, die *Porta Faxeira*, durch die man nach Villare, die heutige *Rúa do Vilar* gelangte, ein weiteres in der *Vía Sacra*, das auf die *Azabachería* führte und durch das die Pilger schritten, die aus östlicher Richtung kamen, sowie ein drittes, das sich in der Nordfassade der *Corticela* befunden haben dürfte.

Den Ausgrabungen von Guerra Campos zufolge hatte diese Mauer eine ovale Form und umgab die Gebäude des weltlichen Klerus und des Klosters, die verglichen mit dem Komplex aus dem 9. Jahrhundert beträchtliche Veränderungen erfahren hatten. Die *Historia Compostelana* führt diesen ersten umfriedeten kirchlichen Komplex unter der Bezeichnung *Locus Sancti Jacobi*. Zugleich handelt es sich dabei um das frühe Compostela, außerhalb dessen Mauern zahlreiche Bauern lebten.

Die Einigung zwischen Bischof Peláez und dem Benediktinerabt im Jahre 1077 eröffnete endlich den notwendigen Spielraum für die Errichtung der Apsis der romanischen Kathedrale. Die Bauarbeiten an dieser neuen Kathedrale, die unter der tatkräftigen Führung des Bischofs Diego Gelmírez fortgeführt wurden, dauerten bis zum Jahre 1128 an. Um die Gottesdienste zu gewährleisten, blieb die Basilika-Kirche Alfons' III. allerdings bestehen, bis die Querschiffe errichtet waren. Die statische Notwendigkeit von Pfeilern im Chorumgang machte es erforderlich, den ursprünglichen Abschluss der Grabkapelle niederzureißen.

Die Mauer, die Bischof Cresconio hatte errichten lassen, beanspruchte den für die Errichtung der Kathedrale notwendigen Raum, denn dort, wo sie sich befand, würde sie im äußersten Westen gewissermaßen das Hauptschiff durchqueren. Auf der anderen Seite stand das Kirchengelände mit all seinen sakralen und profanen Gebäuden durch das große Projekt, das sich im Bau befand, zur Disposition. Die Bevölkerung hatte sich verzehnfacht, und aus diesem Grund war eine Neuordnung des Raumes dringend notwendig. Ein erster Entwurf schloß das Kloster *San Martín* noch aus, mit einer Pforte, die sich *de Sufratribus* nannte. Im 13. Jahrhundert wurde das Kloster dann miteinbezogen, und es entstand ein Mauerring, der bis ins 19. Jahrhundert bestehen bleiben sollte.

Es gibt übrigens ein bemerkenswertes Zeugnis über die Anlage des frühen Compostela zu jener Zeit. Nach einer Erzählung aus der *Historia Compostelana* kam es 1117 zu einem Volksaufstand, in dessen Folge sich Bischof Diego Gelmírez und Königin Urraca in einem der Türme der Kathedrale verschanzten. Nachdem die aufgebrachten Bürger zur Einschüchterung Feuer gelegt hatten, mußte sich Gelmírez erneut in Sicherheit bringen. Die *Historia Compostelana* beschreibt diese abenteuerliche Flucht mit so ausufernd vielen Details, dass wir eine grafische Rekonstruktion des Gebietes um die *Quintana* vornehmen können. Guerra Campos bestimmt aufgrund der Beschreibung die ungefähre Position der Gebäude zur Zeit des Gelmírez und beschreibt den Fluchtweg folgendermaßen:

»Gelmírez, der von den Aufständischen angeklagt wurde, musste heimlich aus dem brennenden Glockenturm fliehen. Sein zickzackförmiger Fluchtweg mit Aufenthalten in aufeinanderfolgenden Verstecken führte über folgende Stationen: die Kapelle *La Corticela*, das Haus von Maurino und das von Froilán Rosende, in das er durch drei weitere nebeneinanderliegende Häuser gelangte, die Kirche von *San Payo* und die Kreuzgänge des Klosters; dann sprang er von einer Mauer nahe der Kathedrale, ungefähr dort, wo sich der Altar von *San Pedro* befand, gelangte über die Dächer in das Dormitorium der Domherren und verließ dasselbe in Richtung der *Quintana del Palacio*, die sich vor dem Refektorium befand; schließlich gelangte der Bischof durch das Haus des Pedro Gundesíndez auf die Straße der gegenüberliegenden Seite und erreichte die *Porta Faxeira*, durch die er sich aus der Stadt entfernte.«

Gordon Biggs[4] fügt dem Verlauf dieser Flucht noch einige präzisierende Nuancen hinzu. Demnach beginnt die Verfolgung im Palast, wo Gelmírez und Urraca zunächst zusammentreffen; von hier aus begeben sie

3 Romanischer Kreuzgang mit der Platerías-Fassade (12. Jh.) und der Berenguela als Wehrturm (14. Jh.)

sich dann zum Glockenturm. Als der Turm brennt, stellt Urraca sich auf Anraten des Bischofs der Menge. Er selbst flieht in der Zwischenzeit verkleidet durch die Basilika, bis er zur *Corticela* gelangt, wo er sich einige Zeit aufhält. Die nächste Station ist das Haus des besagten Maurino, durch drei weitere Häuser erreicht er das des Froilán. Bis hierhin verläuft die Flucht immer in östlicher Richtung, dann geht es zurück nach Westen bis zur Kirche von *Antealtares*. In deren Schatzkammer versteckt sich Gelmírez bis zur Schlussetappe seiner Flucht, auf der er erneut in östlicher Richtung einen Kreuzgang durchquert, einen weiteren in südlicher Richtung, dann den Westteil der Kathedrale, nahe dem Altar *San Pedros*, das Dormitorium der Domherren, und den Platz vor dem Refektorium. Der letzte Aufenthalt, den die *Historia Compostelana* beschreibt, liegt erneut in östlicher Richtung; es ist das Haus seines Freundes, des Kardinals Pedro Gundesínez.

Um 1120 war die romanische Kirche vollendet. Die Unruhen drei Jahre zuvor hatten Gelmírez auf den Gedanken gebracht, den gesamten Kirchenkomplex zu befestigen. Alle Fassaden wurden mit Zinnen bewehrt; der Anblick war beeindruckend und vor allem abschreckend (Abb. 3). Um die Mitte des Jahrhunderts berichtete das fünfte Buch des Codex Calixtinus nicht viel von der ersten Westfassade, die sich vermutlich nach der Revolte von 1117 noch im Wiederaufbau befand. Über ihre Neugestaltung hatte sich bereits ein Steinmetzmeister mit Namen Mateo Gedanken gemacht.

Im südlichen Bereich und östlich der Stelle, wo sich später das Querschiff der heutigen Kathedrale befinden wird, begannen sich die Gebäude des weltlichen Klerus anzuordnen, denn die Verlegung der Diözese von Iria Flavia nach Compostela machte die Bildung eines Domkapitels notwendig. Man muss bedenken, daß sich sowohl die Benediktinermönche als auch der weltliche Klerus in unmittelbarer Nähe zum Grab niedergelassen hatten: das Kloster von *Antealtares* mit seiner Front nach Osten und die Kirche Alfons' II. in Richtung Westen. Immer wieder gab es mühselige Verhandlungen wegen dieser Nähe zum Grab. 1256 unterzeichnete man eine Übereinkunft und einen Gebietsaustausch, durch den das Kloster vollständig von der Kathedrale getrennt wurde und sich an seinem heutigen Platz im Osten der *Quintana* einrichtete.

Trotz mancher Schönfärbereien, die von einer Geschichte ununterbrochenen Glanzes berichten, wurde Compostela wie viele andere europäische Städte auch im Verlauf des 12. und 13. Jahrhunderts von der Pest und von Hungersnöten heimgesucht. Seine Mauern dienten dazu, es vor derartigen Plagen so gut es ging zu schützen. Die Mauern umschlossen damals eine Stadt, die bis zum 16. Jahrhundert noch nicht aus Steinen errichtet war, deren Holzhäuser schwarz waren vom Rauch, dem die Bewohner therapeutische Eigenschaften zuschrieben. In ihren engen, gewundenen Straßen überraschten allenthalben die dort zutage tretenden Felsen.

Die Berichte über das Erscheinen Meister Mateos, Steinmetzmeister, Architekt und Bildhauer, sind widersprüchlich. Der Schöpfer des *Pórtico de la Gloria*, der von unbekannter Herkunft war, wird namentlich in einem Dokument erwähnt, in dem ihm Ferdinand II. eine Pension aussetzte. Im Sturz des *Pórtico de la Gloria* findet sich eine von López Ferreiro übertragene Inschrift. Sie enthält eine Zeitangabe, die den Beginn der Bauarbeiten in das Jahr 1168 und ihr Ende in das Jahr 1188 datiert: »Anno: ab: Incarnatione: Dni: Mo: Co LXXXVIII vo: Era la CCXXh. Via. A: Die K-L. Aprilis: supra liniharia; Principalium: portalium«. Auch Name und Funktion des Urhebers werden genannt: »Ecclesiae: Beati: Jacobi: sunt collocate: Per: Magistrum: Matheum: qui: a: fundamentis: ipsorum: portalium: gessit: magisterium.« Die folgende wörtliche Übertragung stammt von George E. Street: »Im Jahre des Herrn 1188, MCLXXXVIII, am ersten April, wurden die Stürze des Hauptportales der Kirche des verehrten Jakobus von dem Meister Mateo gesetzt, der die Bauarbeiten von Anfang an leitete.«

Während dieser Jahre führte Meister Mateo die Umgestaltungsarbeiten der Westfassade durch, indem er die beiden offenen Eingangshallen beseitigte. Er tat dies mit der Absicht, so den Zentralpfeiler der Krypta oder »alten Kathedrale« zu entlasten und gleichzeitig den Narthex, die geschlossene Vorhalle, zu öffnen, um die zweite Phase seines großen Projektes, die Errichtung des *Pórtico de la Gloria*, vorzubereiten.[5] Der monumentale Entwurf des *Pórtico*, der seiner Zeit voraus war und dessen Vollkommenheit ihm die Bezeichnung *gotisch* eintrug, ist auf alle nur erdenkliche Weisen gerühmt worden. Über die Originalität der Idee selbst wie auch über die Zweckmäßigkeit des Bauwerks hat man im Laufe der Zeit viel diskutiert.[6]

Die Pilger aus dem Osten passierten die *Puerta Francígena* und erfrischten ihre Kehlen am *Paradies*-Brunnen, wo sie sich mit jenen Pilgergruppen vereinten, die über Faro aus England oder Irland kamen. Wahrscheinlich gingen sie an dem großen Kathedralenkomplex entlang, um im Westen voller Sehnsucht das Wunderwerk des Mateo aufzusuchen.

Obwohl es so scheinen könnte, als habe man mit der feierlichen Einweihung von

1211 alle Ziele erreicht und als sei das große Werk nunmehr vollendet gewesen, werden der Kult um den Apostel und die große Anziehungskraft des neuen spirituellen Zentrums zeigen, dass dies nicht der Fall war. An der großen Kirche werden immer wieder Veränderungen vorgenommen, ein Phänomen, das sich bis in unsere Zeit fortsetzt. Tausend Jahre Architektur in kontinuierlicher Entwicklung, die alle Stile durchläuft, verändern in jeder Epoche das Erscheinungsbild und spiegeln gleichzeitig die historischen Ereignisse, die die Geschichte der Stadt geprägt haben. Dem Domherren López Ferreiro verdanken wir eine umfangreiche Geschichte der Kathedrale von Santiago de Compostela, *Historia de la Santa A.M. Iglesia de Santiago de Compostela*, die nicht nur die Entstehung des Kirchenbaus umfassend dokumentiert, sondern zugleich auch die Geschichte Galiciens darstellt. Mit ihrer Hilfe haben wir jenen interessanten und spannenden Entstehungsprozess und die besonderen Bedingungen, die ihn im Laufe der Zeit begleiteten, rekonstruieren können.

Wie bereits erwähnt, wurde im 13. Jahrhundert das von Mauern umgebene Areal vergrößert, indem man das Kloster *San Martín Pinario* im Norden integrierte. Im Nordwesten entstand der Konvent von *San Francisco,* den ausgedehnte Ländereien umgaben. Im Kathedralenkomplex selbst hatten bedeutende Veränderungen stattgefunden. Der Kreuzgang war vollendet, und die Übereinkunft zwischen den Mönchen und dem Domkapitel hatte das gesamte Gebiet der nördlichen *Quintana* von den Klostergebäuden befreit, die nach Osten verlagert wurden. Zwischen den Apsiden entstanden Kapellen. Die Kuppel wurde zu Zeiten des Bischofs Don Juan Arias in einen Festungsturm verwandelt, und unter Don Rodrigo del Padrón begannen 1316 die Arbeiten unterhalb des heutigen Uhrenturmes.

Wie der Großteil der europäischen Städte im Mittelalter erfuhr Santiago im 13. und 14. Jahrhundert den weitreichenden Einfluss der Klöster, was sich insbesondere auch im Stadtbild niederschlug. Die Anzahl kirchlicher Einrichtungen in der Stadt ist vergleichbar mit der in Rom, das um das 10. Jahrhundert herum insgesamt 54 in die Stadt integrierte Klöster besaß. In Santiago drängten sich im 13. Jahrhundert im nördlichen Bereich von Osten nach Westen gesehen folgende Einrichtungen: *San Francisco*, das *Hospital de San Roque*, *Santo Domingo de Bonaval*, *Santa Clara*, *Nuestra Señora de la Fuente* (heutzutage der Karmelitinnenkonvent), der Garten von *San Martín* und das Kloster selbst sowie weiter oben das *Hospital de las Angustias* und das Kloster *San Pedro*, die Kirche der Heiligen Dreifaltigkeit und der Pilgerfriedhof. Kardinal del Hoyo[7] berichtete 1607 im Hinblick auf die Stadt von Gebäuden mit solidem Mauerwerk und hohen, wehrhaften Türmen, die sich in direkter Nachbarschaft zu dichtgedrängten, armseligen Behausungen befanden, ohne Innenhöfe, mit hölzernen Fußböden und Dächern, nur durch Bretterwände unterteilt. Es waren düstere, vom Rauch geschwärzte Hütten, dazu Straßen, die der Kardinal als eng und verwinkelt, allesamt schlecht gepflastert und mit überall zutage tretenden Felsen beschrieb. Eine Beobachtung, die bereits der aus Nürnberg stammende Arzt und Gelehrte Hieronymus Münzer nach seiner Santiago-Reise in den Jahren 1494–1495 mitgeteilt hatte.

Dem Domherrn López Ferreiro,[8] der um 1900 seine Geschichte der Kathedrale veröf-

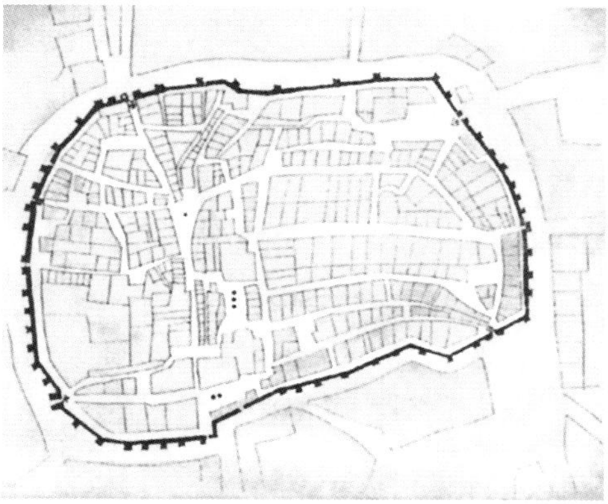

4 Parzellierung des Stadtgeländes zur Zeit der Renaissance

fentlichte, muss ein Stadtplan aus dem Jahr 1595 bekannt gewesen sein. Beschreibungen in seinem Roman *A Tecedeira de Bonaval,*[9] dessen Handlung sich gegen Ende des 16. Jahrhunderts zuträgt und der 1894 erschienen war, gehen auf diesen Plan zurück, den ältesten, den wir bis heute besitzen. Er bestätigt interessante Entdeckungen. So erkennen wir beispielsweise vor *San Martín Pinario* das alte Hospital, auf das sich López Ferreiro in einem Abschnitt bezieht, der den Marsch der Aufständischen gegen Kardinal Gaspar de Ábalos über die *Azabachería*, genau unterhalb des alten Hospitals, beschreibt. Generell kann man sagen, dass der frühe Plan in der Gegend um die blühende Handelszone an der *Plaza del Pan* ebenso wie in der *Azabachería* und in den an die ältesten Gassen angrenzenden Häuserreihen (zu ihnen gehören u.a. die *Rúa do Franco,* die *Rúa da Raíña* und die *Rúa do Vilar*) eine weitaus stärkere Parzellierung des Stadtgeländes erkennen lässt. Die Grundstücksgröße entlang neuerer Straßen wie der *Rúa Nova* oder der *Calderería* nimmt dagegen zu. Der Plan gibt das Aussehen Santiagos während der Renaissance wieder (Abb. 4). Die Verfallserscheinungen des 14. und 15. Jahrhunderts waren bereits überwunden; es ist eine Epoche des Aufschwungs, befördert von Mitgliedern der Familie Fonseca. Die Häuser werden jetzt aus Stein errichtet, und es gibt zunehmend mehr prächtige Stadtpalais.

Die romanische Kathedrale blieb etwas länger als ein Jahrhundert unangetastet, wenn man die Befestigungsarbeiten nicht berücksichtigt, mit denen sogar schon vor ihrer Einweihung im Jahre 1211 begonnen worden war. Zunächst zögerlich hatte man neue Kapellen zwischen den kleinen Apsiden des Chorumgangs errichtet. Als erste entstand 1250 die Kapelle *Las Animas* neben der *Puerta Petraria*. Es heißt, Gelmírez' Grab befinde sich in ihrer Nähe. Zwischen 1238 und 1266 unternahm dann Bischof Juan Arias den allerdings durch seinen Tod vereitelten Versuch, die romanische Kathedrale in eine gotische zu verwandeln. Wenn das Vorhaben durchgeführt worden wäre, hätte er der östlichen Ansicht der Kathedrale eine runde Form gegeben, indem diese praktisch den Raum der *Quintana de los Vivos* eingenommen hätte. Unter der Freitreppe der *Plaza de la Quintana* sind noch heute die Fundamente der großen gotischen Konstruktion erhalten.[10]

Um 1316 veranlasste Don Rodrigo del Padrón Arbeiten am Ostturm des südlichen Querschiffes. Sie wurden 1320 von Don Berenguel de Landora fortgeführt. Dieser von Avignon eingesetzte Bischof französischer Herkunft wurde in Compostela zunächst nicht akzeptiert. Er kam in Begleitung seines Gefolges und eines kleinen Heeres in die Stadt und zwang den Rat, sich ihm zu unterwerfen. Trotz allem versuchte er mit Erfolg, sich beim Volk beliebt zu machen, indem er ein altes Mittel der Politik anwendete: Er ließ umfassende Bauarbeiten durchführen.

Don Berenguel de Landora gab Arbeiten im Bischofspalast in Auftrag, vor allem aber ließ er den von Don Rodrigo del Padrón begonnenen Turm weiterbauen, indem er ein mit Zinnen bewehrtes Gesims hinzufügte. Außerdem veranlasste er bedeutende Arbeiten im Raum hinter der Apsis.

Im Jahr 1351 ließ Bischof Gómez de Manrique an der südwestlichen Ecke des Kreuzganges einen Turm errichten, von dem lediglich Teile des Unterbaus erhalten sind. 1462 widerstand die befestigte Kathedrale einer fünfmonatigen Belagerung. Mehrere Kapellen waren bis zu diesem Zeitpunkt bereits hinzugekommen – *Nuestra Señora del Perdón*, die *Capilla del Espíritu Santo* und *Nuestra Señora La Blanca*. Außerdem begann man 1384 mit der Errichtung des Kreuzgangturmes. Nach 1460 war die Kathedrale infolge der Belagerung durch die Verwandten Don Alonsos III. stark beschädigt, und diverse Teile der Fassade mussten mit Stützmauern oder Verstrebungen verstärkt werden. Der Kreuzgang selbst hatte nach seiner Einnahme durch den Grafen von Trastámara schwere Schäden erlitten, ein Teil war sogar eingestürzt. Während der Prälatur Don Rodrigo de Lunas und der ersten Jahre der Fonsecas folgte ein blutiger Krieg auf den nächsten. Um 1521 begannen dann die Arbeiten am neuen Kreuzgang, die durch Schenkungen Alonsos III. Fonseca finanziert wurden. In dieser ersten Phase wurden der Nordflügel sowie zwei Bögen des Ostflügels erbaut. Bis 1529 leitete Juan de Álava diese Arbeiten. 1527 wurde die Schatzkammer im östlichen Teil des Kreuzganges fertiggestellt, außerdem entstanden eine Kapelle und der Kapitelsaal im westlichen Teil. Nach dem Tod Juan de Álavas übernahm Gil de Hontañón die Arbeiten am Westteil des Kreuzgangs. Er sollte die gesamte Anlage nach 1537 fertigstellen.

Wieder waren einige Kapellen hinzugekommen: 1520 die von *Mondragón*, 1523 *La Concepción*, 1530 die *Capilla de Alba* und 1531 die der *Capilla de San Juan* benachbarte Sakristei.

Zu Beginn des 16. Jahrhunderts bot die alte romanische Kathedrale vom ehemaligen *Obradoiro,* dem Arbeitsplatz der Steinmetze, aus gesehen einen altertümlichen Anblick. Dies umso mehr, als eben der mächtige Bau des *Hospital Real* entstand, der im Jahre 1501 vom Architekten der Katholischen Könige, Don Enrique Egas, begonnen worden war. Der Renaissance-Charakter dieses Gebäudes, das den neu entstehenden Platz im Norden abschloß, wird den Anstoß geben zu jenen beträchtlichen Sanierungsarbeiten, denen die Westfassade der Kathedrale im folgenden Jahrhundert unter der Aufsicht von Vega y Verdugo unterzogen wurde. Etwa zeitgleich mit den Arbeiten am *Hospital*, dem heutigen *Hostal de los Reyes Católicos*, erfolgte 1505 der Abriß des alten romanischen Kreuzgangs unter der Leitung von Juan de Álava. Dank der Schenkungen der Fonsecas, die 1.750.000 Maravedis für die Errichtung des Nordflügels eines neuen Kreuzganges bereitstellten, konnte mit der Errichtung eines Nachfolgebaus begonnen werden.

In seiner Gesamtheit bot der Raum des *Obradoiro* am Ende des 16. Jahrhunderts folgenden Anblick: Im Osten befand sich die in die Jahre gekommene Kathedrale mit dem baufälligen Hauptturm, der 1583 vom Blitz getroffen worden war. Die Westfassade ihres Kreuzganges befand sich immer noch im Bau. Die Westseite des Platzes schloß eine Mauer ab, an die das »alte Kastell«, das ehemalige Gefängnis, angebaut war. Lediglich die Nordflanke des Platzes bot mit dem jetzt bereits hundert Jahre alten Hospital, dessen dekorative Elemente mit der Zeit noch ergänzt worden waren,[11] einen prächtigen Anblick.

Wie bereits erwähnt, hatte man Gil de Hontañón, den Erbauer des Palastes von Monterrey in Salamanca und der Universität von Alcalá, mit den Arbeiten am Kreuzgang beauftragt; außerdem errichtete er die Fassade der Schatzkammer, die den Kreuzgang zu *Platerías* hin abschließt. Um mit den Bauarbeiten beginnen zu können, mussten zahlreiche Enteignungen vorgenommen und eine Reihe von Erweiterungsbauten an der Kathedrale abgerissen werden, in denen sich vermutlich Läden befunden hatten. Um 1460 stand mitten auf der heutigen *Plaza de las Platerías* ein Häuserblock. Die Häuser waren von Don López de Mendoza erbaut worden; 1466 hatte man sie nach einer Belagerung niedergebrannt. Die Bauarbeiten machten aufgrund des bedeutenden Höhenunterschieds in dieser Gegend umfangreiche Nivellierungen nötig. Die Überreste des alten Kreuzganges wurden wahrscheinlich zum Auffüllen der Fundamente für den heutigen Kreuzgang verwendet. Bei der Fassade der Schatzkammer folgte Gil de Hontañón einem Muster für Profanarchitektur, das er zuvor bereits an anderen Orten umgesetzt hatte. Er entwarf die Läden der Silberschmiede und den Turm des *Mirador*, indem er einen einzigen Baukörper an der Ecke formte, der in einer Stufenpyramide endete. Jácome Fernández wird dieses Konzept beim *Torre de la Vela* oder *del Vigía* auf der südwestlichen Seite wiederholen.

Die Ostfassade zur *Quintana* hin läßt einige Eingriffe erkennen, wie z.B. die neu hinzugekommenen Kapellen *Mondragón* und *Nuestra Señora La Blanca*. Der Innenhof vor der *Corticela* wird jetzt geschlossen. Außerdem kann man einen romanischen Turm erkennen, der ursprünglich zur Nordfassade gehörte. Insgesamt fällt das zinnenbewehrte Äußere der gesamten Kathedrale auf, wobei man bereits anfing, die Zinnen durch Balustraden zu ersetzen.

Simón Rodríguez me fecit. So lautet der Text auf einer Tafel, deren Original sich im Archiv der Kathedrale befindet. Die Barockstruktur des Turmes, der auf einem von Don Berenguel de Landora errichteten alten Wehrturm erbaut wurde, stammt von Domingo de Andrade aus der Zeit um 1676. In den acht bis neun Jahren, die zwischen der von Pier Maria Baldi angefertigten Zeichnung aus der »Reise des Cosimo de' Medici« und den Abbildungen aus dem Bericht Vega y Verdugos liegen, wurden einige Veränderungen vorgenommen. 1731 zerstörte ein Blitz die oberen Teile, die danach von einem Schüler Andrades, besagtem Simón Rodríguez, wieder aufgebaut wurden. Seit dieser Zeit verkörpert der Turm einen spezifischen compostelanischen Stil, der sich in allen ländlichen Kirchengemeinden verbreiten und das Bild spanischer Kirchen bis in unsere Tage hinein prägen wird. Zahlreiche Dichter und Schriftsteller von Valle Inclán über Otero Pedrayo und Lorca bis hin zu Torrente Ballester besangen und bewunderten ihn als architektonische und städtebauliche Entdeckung von herausragendem Wert in der galicischen Architektur. Auf den ursprünglich gotischen Wehrturm, der bereits von den Fonseca mit Verzierungen versehen worden war, setzte man ein erstes quadratisches, von Säulenbögen durchbrochenes Element und darauf einen achteckigen Baukörper, dessen Abschluss eine Laterne bildet. Acht sehr leichte, offene Baldachine vervollständigten ihn unter Verzicht auf weitere aufsteigende Elemente. Das Ganze ist mit üppigen Dekorelementen überzogen, deren überladene Wirkung überraschenderweise durch den dunklen

Farbton des compostelanischen Granits ausgeglichen wird.

Vega y Verdugo, der Graf von Alba Real, wurde 1658 zum Domherren und Kirchbaumeister ernannt. Für die Koordination der umfangreichen Umbauarbeiten, die die Kathedrale in der zweiten Hälfte des 17. Jahrhunderts erfuhr, wird dieser Mann von entscheidender Bedeutung sein. Vierzehn Jahre lang versuchte er, die Ergebnisse eines von ihm angefertigten Gutachtens in die Tat umzusetzen. Die Umbauten und Verbesserungen betrafen nicht nur das Gebiet um die *Quintana,* auch die Westfassade des Bischofspalastes wurde um 1614 vorverlegt und verbarg so die Strebepfeiler. Jácome Fernández fügte 1615 in die Westfassade des Kreuzganges einen Balkon oder Korridor ein, indem er ein Geländer an der Sonnengalerie anbringen ließ; dabei folgte er Stilkriterien ähnlich denen des *Hospital.*

Das Jahr 1666 ist ein wichtiges Datum für die Veränderung der Physiognomie des gesamten Komplexes. Er verlor seinen Festungscharakter, als man die Mauerzinnen ersetzte. Domingo de Andrade begann die erwähnten Arbeiten am Uhrenturm, der *Berenguela.* Als sie fast abgeschlossen waren, wurde ein riesiges Gerüst auf der *Plaza de la Quintana* errichtet, über das man die Glocke mit einem Ochsenkarren hinaufbeförderte. Ein Jahr später waren die Arbeiten am barocken Uhrenturm abgeschlossen.

Vega y Verdugo kann als derjenige gelten, dessen ambitionierte Projekte zur Umgestaltung der Kathedrale die Stilelemente der Barockarchitektur nach Galicien brachten. Er war ein ausgezeichneter Kenner der alten Meister, die er in Italien studiert hatte. Während seines vierzehn Jahre dauernden Aufenthaltes in Compostela verfasste er jenes bereits erwähnte Gutachten, das dazu diente, die anschließenden Umgestaltungsarbeiten an der Kathedrale zu koordinieren.

Dieses Gutachten ist ein wertvolles Bilddokument, das die Umgebung der Kathedrale um 1660 beschreibt. 1665 wurden erste barocke Veränderungen am äußeren Erscheinungsbild des Kirchenbaus vorgenommen. Es handelte sich dabei um die Umgestaltung des Kuppelgewölbes und des Kuppeldaches. Die Überreste des ersten Turmes am Kreuzgang wurden abgerissen. Er war ursprünglich mit Zinnen und einem pyramidenförmigen Dach versehen, gekrönt von einer Bleifigur des Apostels. Seit dem Blitzschlag, den López Ferreiro als »in mehrere Teile zersplitterte Feuerkugel« beschreibt, befand er sich in einem bedauernswerten Zustand. Allerdings gab es schon vor den barocken Umgestaltungen Versuche, den Schaden auszubessern, indem man unter anderem das abschließende Element ersetzte. Um 1652 hatte sich J. de la Peña de Toro im Auftrag Vega y Verdugos daran gemacht, den beschädigten Glockenturm instandzusetzen, wobei die Arbeiten erst von Andrade abgeschlossen werden sollten. Diesen Turm gibt es heute noch; er verbirgt sich unter den barocken Hinzufügungen.

Casas y Novoa wird von 1738–1750 an der Westfassade arbeiten. Deren Problem war seit langem die unterschiedliche Höhe der beiden Türme. Als er das barocke Projekt 1738 entwarf, wies der *Torre de la Carraca* noch immer eine geringere Höhe auf als der *Torre de las Campanas,* der Glockenturm (Abb. 5).

Dies ist der verwirrendste Zeitabschnitt im Hinblick auf die Arbeiten an der Westfassade. López Ferreiro erwähnt sowohl den *Torre del Gallo* als auch den der *Carraca* und datiert Bauarbeiten in das Jahr 1687. Man vermutet, dass bei diesen Arbeiten die Höhe des Glockenturmes erreicht werden sollte,

5 Der kleinere *Torre de la Carraca* und der *Torre de las Campanas* (um 1660)

ohne dass dies jedoch gelang. Zuerst errichtete man den Glockenturm, der durch einen Blitzschlag im Jahre 1729 stark beschädigt werden wird. Danach ließ man gegengleich zu diesem den Turm der *Carraca* folgen und vervollständigte das Gesamtbild mit dem großen Spiegelaltar, der aus zwei Reihen gewaltiger Säulen bestand.

Casas y Novoa starb im Jahre 1749, ein Jahr bevor die Barockfassade mit einem Fest eingeweiht wurde, bei dem man die Statue des Apostels in ihrer Nische aufstellte.

Man kann das 17. Jahrhundert als eines beschreiben, das der Verschönerung der Kathedrale und ihrer Umgebung gewidmet war. Es war die Zeit, in der die *Quintana* ihr endgültiges Aussehen erhielt. Der Portugiese Mateo López begann 1600 mit dem Bau der beeindruckenden Mauer von *San Payo*, die den Platz nach Osten abschließt. Das Kloster ist seit der Zeit der Katholischen Könige übrigens ein Nonnenkloster. Die Arbeiten an der Mauer dauerten drei Jahre. 1613 wurde eine Kommission ernannt, um die Gräber auf der *Quintana* einzuebnen, ohne das Kloster von *San Payo* zu beeinträchtigen. 1625 wurden Instandsetzungsarbeiten an der *Puerta Santa* und der *Puerta de la Corticela* unter der Leitung von Ginés Martínez begonnen. Der Andalusier Ginés Martínez löste die Frage des Zugangs zur Kathedrale glücklich mit den Treppen des *Obradoiro*, einer genialen Kombination zweier Treppen, die die Zugangsmöglichkeiten verdoppelten. Vorbild dafür war möglicherweise die *Goldene Treppe* der Kathedrale von Burgos, ein Werk Diego de Silóes (1519). 1658 errichtete man eine der Mauern, die die Apsiden abschließen. Damit begann eine Politik des Verbergens einer Reihe von Erweiterungsbauten, die sich zwischen den Apsiden befinden. J. de la Peña de Toro errichtete das königliche Portal. Von der *Puerta Santa* bis zur *Corticela* setzte man die Umfriedungsarbeiten fort. An beiden arbeitete Ginés Martínez. 1660 vollendete Andrade die Häuser an der Nordseite des Platzes, *Las casas de la Parra*, und auch die Treppe wurde fertig gestellt.

Über die Koordination der an den Westtürmen durchgeführten Arbeiten herrscht eine gewisse Verwirrung. Erste Hinweise auf Baubewegungen noch vor der Zeit des Barock gibt uns López Ferreiro mit der Nachricht von der Ersetzung der Glocken des französischen Königs im Jahr 1664. Ein Protokoll aus dem Jahr 1665 vermerkte die Aussetzung der Arbeiten am Turm bis zur Rückkehr Vega y Verdugos von einer seiner Reisen nach Sevilla. In seinem Gutachten hatte Vega y Verdugo Möglichkeiten vorgeschlagen, wie die beiden Türme in ihrer Höhe einander angeglichen werden könnten. Der Abschluss der Türme wurde in dieser Projektskizze als Dach vorgestellt, dem man einen gewissen Madrider Einfluss ansah. Wir nehmen an, dass López Ferreiros Hinweise auf bestimmte Baumaßnahmen eben jenen entsprechen, die nach Vorgaben Vega y Verdugos durchgeführt worden wa-

6 Pier Maria Baldi »Reise des Cosimo III. de' Medici« (1669), Transkription des Verfassers

ren. Überraschenderweise ist López Ferreiro der Ansicht, dass im Jahre 1670 der Turm fast vollendet gewesen sei und dass es Andrade war, der die von J. de la Peña de Toro begonnenen Arbeiten beendet habe. Diese Information überrascht darum, weil sie nicht mit den Abbildungen übereinstimmt, die uns auf unterschiedlichen Wegen erreicht haben.

Die Zeichnung von P. M. Baldi aus dem Jahre 1669 zeigt den nicht vollendeten Glockenturm ohne Dach, aber mit Glockengeschoß; der Turm der *Carraca* ist zu diesem Zeitpunkt noch nicht errichtet (Abb. 6). Conant führt an, dass dieser Turm in der Renaissance stark beschädigt war und man daher einen beachtlichen Strebepfeiler anbringen musste. Die Kuppel über dem Kreuzgang weist noch keine barocken Einflüsse auf. Andererseits zeigt eine Zeichnung Vega y Verdugos, die den tatsächlichen Zustand der Fassade im Jahre 1660 abbildet, also zehn Jahre zuvor, einen Glockenturm mit beschädigtem Dach, auf dem aber das oberste Arkadenelement noch nicht eingestürzt ist.

Im Jahre 1772 wird der *Palacio Rajoy* vollendet. Mit den Bauarbeiten, die 1766 unter Bischof Bartolomé Rajoy als Mäzen begonnen wurden, hatte man den französischen Ingenieur Lemaur beauftragt, der ein Schützling des Marquis von Ensenada war. Dokumente aus dieser Zeit belegen einen komplizierten Rechtsstreit zwischen dem *Hospital Real* und Bischof Rajoy, der den Palast im Zentrum des Platzes errichten wollte. Das Gebäude war konzipiert als Seminar für die Beichtväter und Chorknaben, unter anderem aber auch als Gefängnis. Der neoklassizistische Palast würde den Raum des *Obradoiro* nach Westen hin abschließen, sozusagen als säkulare Verstärkung des Ensembles. Zunächst hatte man Lucas Ferro Caaveiro mit dem Entwurf beauftragt, der für seine Umsetzung einen Plan des *Obradoiro* im Zustand von ca. 1766 erstellte. Die Position des neuen Gebäudes hätte dem Gebiet des ehemaligen Gefängnisses und der Mauer entsprochen. Caaveiro präsentierte ein barockes Projekt mit einem lediglich einstöckigen Bauwerk voller Gesimse etc. Dieses Projekt fand keine Zustimmung, und man engagierte schließlich den französischen Ingenieur Lemaur, der einen neoklassizistischen Entwurf vorlegte.

Mit der Schließung des *Obradoiro* im Westen entstand einer der paradigmatischsten Plätze profaner und sakraler Architektur in Europa; zugleich aber wurde dadurch für immer der historisch gewachsene Anblick der Stadt zerstört, nämlich derjenige, der sich den von Süden kommenden Reisenden bot und den P.M. Baldi 1668 in »Die Reisen des Cosimo de' Medici« vom Eichenwald der *Santa Susana* aus gezeichnet hat, eine Perspektive, die etwa der des heutigen *Paseo de la Alameda* entspricht.

Zwischen 1757 und 1770 wird die neoklassizistische Fassade der *Azabachería* nach den Plänen von Ventura Rodríguez und unter der Leitung von Lois de Monteagudo errichtet. Mit dieser Baumaßnahme verschwindet die Bedeutung des *Paraíso*, des alten *Paradies*-Platzes, übrigens eine symbolische Ortsbezeichnung, die auf den ehemaligen Portikus der im *Codex Calixtinus* beschriebenen romanischen Fassade zurückgeht. Die letzte der großen Bauunternehmungen an der Kathedrale ist die Errichtung der Barockfassade im Stil der *Escuela de Bellas Artes*, die die romanische Fassade des *Paraíso* am nördlichen Querschiff der Kathedrale ersetzt. Nach 1756 endet mit diesem Eingriff der Einfluß des Barock auf die Kathedrale (Abb. 7).

Lois de Monteagudo, ein galicischer Architekt, der von Ventura Rodríguez engagiert worden war, leitete die Arbeiten und löste Clemente Fernández Sarela ab, der die Entwürfe von Caaveiro in die Tat umsetzte. Um 1769 wurde diese Fassade vollendet. 1758 gelang es, die *Plaza de las Platerías* komplett zu schließen, und zwar mit der *Casa del Cabildo* von Fernández Sarelas,

7 Um den romanischen Turm wird im 17. Jh. die barocke Verkleidung gelegt.

einem »Haus«, das lediglich aus seiner Fassade besteht. Mit der Errichtung des Pferde-Brunnens, *Fuente de los caballos*, im Jahre 1825 auf der *Plaza de las Platerías* können die Bauarbeiten im Umfeld der Kathedrale von Compostela als abgeschlossen betrachtet werden.

Anmerkungen

1 Conant 1926.

2 Dies ist eine Anspielung darauf, dass sich die große romanische Kathedrale die Kirche von *Antealtares* gewissermaßen einverleibte, ebenso Teile des Kreuzganges der Abtei. Mit einer Konkordanz von 1077 zwischen Bischof Diego Peláez und dem Abt von *San Payo de Antealtares* versuchte man einen Rechtsstreit beizulegen. Er war entstanden, als

1 Anonym, Passional efte dat levent der huyllyghen (Voragine), Lübeck: Arndes 1491 (nach: Schramm, A, Der Bilderschmuck der Frühdrucke, Bd. 11, Die Drucker in Lübeck 2, Steffen Arndes, Leipzig 1928, Nr. 824)

ger-, Bettler- und Gaunertum war fließend. Bereits seit dem frühen Mittelalter wurden »pauper et peregrinus« (arm und fremd) zusammengedacht, und seit dem späten 11. Jahrhundert waren die Anrainer der Pilgerwege zur »Caritas« gegenüber den Pilgern aufgerufen, wodurch sich diese ihrerseits tendenziell zu Almosenempfängern, d.h. zu Bettlern wandelten.

Im Unterschied zu den Jerusalem-Pilgern[9] hinterließen Santiago-Pilger wesentlich weniger beeindruckende Berichte und kaum herausragende künstlerische Zeugnisse. Im Vergleich zu dem aufwendigen Druckwerk von Bernhard von Breydenbach, »Reise ins Heilige Land«, den opulenten Wandteppichen des Pfalzgrafen Ottheinrich oder den würdigen Gruppenporträts niederländischer Jerusalemfahrer ist die Bilanz wenig spektakulär: einige Pilgerberichte,[10] wenige schlichte Illustrationen,[11] kaum Selbstdarstellungen von Pilgern.[12] Aber es war das Image der Santiago-Pilger, das die Idee des Pilgertums prägte; ihr Erkennungszeichen, die sog. Jakobsmuschel,[13] stand seit dem 12. Jahrhundert für das Pilgertum schlechthin. Vor allem um diese Muschelträger geht es im Folgenden.

Im Mittelalter und in der frühen Neuzeit zogen aus dem norddeutschen Raum Scharen von Pilgern nach Santiago de Compostela;[14] ganze Schiffsladungen von Pilgern sollen von Hamburg, Bremen, Lübeck oder Stralsund aus gefahren sein. Genaues weiß man jedoch nicht, denn nur die untergegangenen Pilgerschiffe finden Erwähnung.[15] Viele Kirchen in Norddeutschland haben ein Jakobus-Patrozinium,[16] von den Gemälden mit der Jakobus-Legende aus dieser Region ist indes nur eines erhalten.[17] Graphische Zeugnisse aus Norddeutschland sind bislang nicht aufgetaucht, sieht man von einigen illustrierten Legenden ab.

Traditionell kennt die christliche Kunst Darstellungen von Pilgern in der Emmaus-Szene und in Bildern der sieben Werke der Barmherzigkeit. Der Gang nach Emmaus und das Emmaus-Mahl werden kontinuierlich seit dem 6. Jahrhundert dargestellt.[18] Christus und die Emmausjünger tragen dabei jeweils die zeitgenössische Pilgertracht. Christus erscheint als »peregrinus« mit einer Muschel an Hut und Tasche, die Jünger tragen die Jakobsmuschel am Hut. In den Werken der Barmherzigkeit[19] findet sich im Exempel »Fremde beherbergen« (»hospes eram et collexistis me«, Matthäus 25, 35)[20] seit dem 12. Jahrhundert die Darstellung von Pilgern, oft mit einer Muschel als Kennzeichen.

In Darstellungen zur Jakobus-Legende treten ebenfalls Pilger auf, als Zeugen oder auch nur als Staffage.[21] Hier werden die Wunder erzählt, die in der Ursprungslegende des Jakobus-Kultes im *Codex Calixtinus*[22] und später in der *Legenda Aurea*[23] niedergelegt sind. Zu den bekanntesten zählen das

2 Anonym, »Esilio«, Holzschnitt, in: Ripa, Iconologia, Rom 1603 (Reprint Hildesheim 1970, S. 134)

3 Anonym, »Hospitalità«, Holzschnitt, in: Ripa, Iconologia, Padua 1618 (Herzog August Bibliothek, Wolfenbüttel)

Galgen- und das Hühnerwunder.[24] Interessant ist, dass der Heilige gegen Ende des Mittelalters einem gewöhnlichen Pilger immer ähnlicher wird; oftmals ist es allein der Nimbus, der ihn von einem solchen unterscheidet.[25] Als Beispiel kann der Holzschnitt aus einem Lübecker Passional von 1492 (Abb. 1) dienen.[26] Ein eigenes Bildthema ist die sog. Pilgerkrönung.[27]

Die kunstgeschichtlich einflussreiche Schrift *Iconografia* von Cesare Ripa weist seit der ersten, nicht illustrierten Edition von 1593 das Stichwort »Pellerinaggio« auf. Auch in den späteren Editionen bleibt dieses Stichwort bilderlos.[28] Aber die späteren Editionen erweitern die Stichworte, und es treten an zwei Stellen Pilger auf, die bildlich dargestellt werden. In der ersten illustrierten Ausgabe (Rom 1603)[29] wird »Esilio« (Exil) neu hinzugefügt: Es zeigt einen Pilger (Abb. 2) mit Pellerine und Stab sowie dem Pilgerhut mit der obligatorischen Jakobsmuschel.[30] Als Attribut trägt er einen Vogel, um anzudeuten, dass er »außer seinem Willen an ein Band gebunden« ist, was auf das Gelübde oder die Bußwallfahrt abzielt.[31] Der Pilger wird mit Exilanten gleichgesetzt, beide sind fremd in der Fremde. In der Ausgabe von Padua 1618 kommt noch »Hospitalità« hinzu (Abb. 3). Ein Pilger kniet demütig zur Linken von »Abundantia«, die zur Rechten ihr Füllhorn ausschüttet.[32] Hier geht es um den Reichtum, der es sich leisten kann, armen Pilgern zu helfen.

Pilgerdarstellungen in Alltagsszenen

Neben den Pilger-Darstellungen, die mit der Jakobus-Legende zusammenhängen, und anderen aus dem Bereich christlicher Ikonographie gibt es auch solche, die sich unmittelbar auf die Lebenswirklichkeit beziehen.

4 Anonym, »Der arme Geiler«, kolorierter Holzschnitt, 21,2×14,2 cm, in: Oberdeutscher vierzeiliger Totentanz, Blockbuch, 1455/1458 (Heidelberg, Universitätsbibliothek: Cod. Pal. germ. 438, fol 140r.)

5 Lucas van Leyden, »Pilgerpaar bei der Rast«, ca. 1508, Kupferstich, 15,3×12,3 cm (The New Hollstein: Lucas van Leyden, 1996, Nr. 149)

Oft zeigen die Titelblätter der Reiseführer (Itinerarien) Holzschnitte mit Pilgern. Ferner gibt es Darstellungen von Bettlern, die eine Muschel tragen. Es sind keine eigentlichen Pilger, sondern Arme auf ihrer irdischen Pilgerschaft. Ein frühes Beispiel bildet der Totentanz im *Heidelberger Blockbuch* von ca. 1455/58 (Abb. 4).[33] Der Tod, der Arme und Reiche gleichermaßen nimmt, ist der einzige Freund, der dem »armen geiler« (Bettler)[34] noch geblieben ist. Seine Jakobsmuschel nimmt er mit ins Grab.[35]

Andere Beispiele zeigen Pilger in Alltagsszenen. Bei Lucas van Leyden ist es 1508 zum Beispiel ein Pilgerpaar bei der Rast, das sich als ersehnte Tagesration eine Birne teilt (Abb. 5)[36] – nicht unähnlich der Teilung des Apfels beim ersten Menschenpaar oder der Rast der Heiligen Familie.[37] Sie tragen an ihren Hüten Pilgerzeichen: eine Muschel sowie Christus- bzw. Maria-Plaketten. Auch Lucas van Leydens »Bettler« von 1509 stellen höchstwahrscheinlich Pilger dar, denn sie tragen Stab, Flasche, Rosenkranz und Pilgerzeichen.[38] Hier sind sicherlich beobachtete Momente eingeflossen. Bei Pieter Bruegel d.Ä. handelt es sich eindeutig um Naturstudien. In einem Studienblatt von 1564, das »nart leven« (nach dem Leben) beschriftet ist, zeichnet er die Rückansicht eines jungen Pilgers (Abb. 6).[39] An dessen Gürtel hängen Pilgerflasche, Löffel und eine kleine Tasche, die vermutlich einen Geleitbrief enthält.[40] Den Hut schmückt ein Kranz von Muscheln, die sich mit »bordoncillos«,[41] den kleinen gekreuzten Stäben, abwechseln, dazu kommt eine große Muschel, die wie ein Rücklicht prangt. Der große Pilgerstab mit Eisenspitze zeugt von der Wehrhaftigkeit des Pilgers.

Auf den Alltag des Pilgerns weist Petrarcas *De remediis utriusque fortunae*[42] hin. Im Kapitel 68 des zweiten Teils werden die Schmerzen des Zu-Fuß-gehen-Müssens erörtert. Der Illustrator Hans Weiditz zeigt drei Fußgänger:[43] In der Mitte einen Mann, der sich müde an einem Bildstock niedergelassen hat, um sein Schuhwerk zu überprüfen, links humpelt ein verkrüppelter Bettler an einem Grabkreuz vorbei, und rechts geht frohgemut ein Pilger einem Städtchen entgegen. Aber Pilger wurden nicht nur in Alltagsszenen geschildert, sie waren auch Gegenstand literarischer Fiktion.

Lebensreise

Die Pilgerfahrt des menschlichen Lebens (via vitae) war ein zentrales Thema in der Dichtung des Mittelalters und der frühen Neuzeit, insbesondere in den allegorischen Pilgerromanen.[44] Die Illustrationsgeschichte dieser Bücher wäre im Hinblick auf das Pilger-Image ein eigenes, lohnendes Thema.

Auch in der Graphik wird das Thema der Lebensreise gestaltet.[45] Im Einblattdruck *In desen Speigell* von ca. 1490[46] zum Beispiel wandert ein Pilger auf dem Pfad des Lebens. Er ist von den vier letzten Dingen (Tod, Gericht, Himmel und Hölle) umgeben und steigt einen dornigen Pfad hinauf. Er hat sich vom weltlichen Treiben abgewendet und strebt dem ewigen Leben entgegen, wobei er vom Teufel bedrängt und vom Tod bedroht wird. Der Text fordert den »pilgram« zur Selbsterkenntnis auf. Den ermahnenden Ton hat das Blatt mit den Predigten der Zeit gemeinsam.

6 Pieter Bruegel d.Ä., »Ein Pilger«, 1564, Handzeichnung, 32,2×19,6 cm, Niederlande, Privatbesitz (L. Münz, Bruegel: the drawings, 1961, 99)

Geistige Pilgerfahrt

Der reformfreudige Sittenprediger Johann Geiler von Kaysersberg behandelte, angeregt durch sein Vorbild Johannes Gerson,[47] das Pilgerthema häufig in seinen Predigten.[48] Ausgehend vom Paulus-Brief an die Hebräer (13, 14: »Denn wir haben hier keine bleibende Stadt, sondern die zukünftige suchen wir«), lädt Geiler zu einer geistigen Pilgerfahrt ein. Das Muster dazu geben reale Pilgerfahrten ab; Sankt Jakob und Rom werden genannt.[49] Ungewöhnlich ausführlich werden die Stationen des Pilgerns in sechzehn Holzschnitten dargestellt: Der Pilger

7 Hans Burgkmair, »Pilger wallfahren zu einer Bergkapelle«, Holzschnitt, 18,8×14 cm, Frontispiz in: Geiler von Kaysersberg, »Predigen Teütsch«, 1508 (SUB Hamburg, Inc App B/21)

8 Hans Burgkmair, »Zwei Pilger«, Holzschnitt 18,8×14, 1 cm, in: Geiler von Kaysersberg, »Predigen Teütsch«, 1508, fol. 38r (SUB Hamburg, Inc App B/21)

bereitet sich auf die Reise vor (Verfassen eines Testaments, Abschied von Frau, Haus und Hof), er besorgt sich die nötige Ausstattung (Schuhe, Hut), ihm widerfährt Übles (Verspottung, Beraubung), schließlich sitzt er beim Mahl in einem Gasthaus.[50] Mit seinen Schilderungen will Geiler die Zuhörer durch die Pilgerfahrt des Lebens lenken. Dabei geht er von einem »vernünftigen« Pilger aus, der das ewige Seelenheil erlangen will.[51] Für Geilers Predigtsammlung von 1508,[52] die ebenfalls diese Pilger-Predigt, allerdings in veränderter Form enthält, schuf Hans Burgkmair zwei Illustrationen: zum einen Wallfahrer, die zu einer Kapelle streben (Abb. 7),[53] und zum anderen die Begegnung einer Pilgerfamilie mit einem weiteren Pilger in der Nähe einer Waldkapelle (Abb. 8).[54] Die Pilgerzeichen an ihren Hüten wei-

9 Anonymer Holzschnitt (Weiditz zug.), Illustration, in: Cicero, Officia, Augsburg: Steiner 1540, fol. LXV^{v} (Hamburger Kunsthalle, Ill. XVI Augsburg 1531, 4°)

sen sie als Fernwallfahrer aus. Die Muschel steht für Santiago de Compostela, die gekreuzten Schlüssel für Rom. Burgkmair schildert die Szene der Begegnung mit realistischen Details wie dem bittenden Kind. In einer weiteren Ausgabe dieser Predigt von 1512 werden im Titelblatt von Urs Graf Allegorisches und Reales vermischt.[55] Ein Pilger zieht in eine Stadt ein; ein Engel hat

10 Albrecht Dürer (?), »Gerson als Pilger«, 1494 (Druck 1502), Holzschnitt, 22,1 × 14,8 cm (Albrecht Dürer, das druckgraphische Werk, hg. R. Schoch, Bd. 3, 2004, S. 492)

11 Jean Fouquet, »Kampf der Armut mit der Fortuna«, 14,5 × 18 cm, in: Boccaccio, »Des Cas des nobles hommes et femmes malheureux«, Handschrift, um 1458 (München, Bayerische Staatsbibliothek: Cod. gall. 6 fol. 81r)

ihm den Weg gewiesen. Am Stadttor steht Christus in der Rolle eines Gastwirts, der den müden Wanderer heranwinkt.

Aus dem nämlichen Umkreis stammt die Illustration von Hans Weiditz zur Cicero-Ausgabe der *Officia* von 1531 (Abb. 9).[56] Auch hier mischt sich allegorisches Denken mit einer realistischen Perspektive: Verschiedene Pilger, Männer und Frauen, Arme und Reiche, wandeln einen Pfad aufwärts, wobei Gottvater im Himmel sie bereits erwartet. Die Pilger lassen sich weder vom Höllenschlund noch von teuflischen Ungeheuern ängstigen, auch nicht von realen Bösewichtern, die ihre Zahl dezimieren. Der historische Bezug: Bereits um 1100 wurden Klagen über die Ermordung von Pilgern laut, und 1123 wurde ein Erlass verfügt, demzufolge Mörder von Pilgern zu exkommunizieren seien.[57]

Den beschwerlichen Weg in dieser Welt bringt auch Albrecht Dürers Frontispiz für die 1502 erschienenen Werke Johannes Gersons (Abb. 10) zum Ausdruck.[58] Der einflussreiche Theologe und Kanzler der Universität Paris ist hier als einsamer Pilger dargestellt. Gerson, der seinen Namen von hebräisch »gorschu« (vertrieben werden) ableitete, hatte das Exil am eigenen Leib erfahren. Durch den Engel, der ihm vorangeht, und den mystischen Schild mit dem geflügelten, durch ein griechisches Tau gezeichneten Herzen, mit Sonne, Mond und fünf Sternen[59] kommt ein überweltlicher Aspekt hinzu: Der »doctor christianissimus« wird zum neuen Apostel auf seiner »via peregrinationis«. Damit vergleichbar ist die Darstellung des Meisters DS, der eine geistige Pilgerschaft des Arztes und Humanisten Theodericus Ulsenius illustriert. Dieser Pilger ist durch Muschel und »bordoncillos« als Jakobspilger gekennzeichnet, der Rosenkranz verweist auf sein frommes Streben.[60]

12 Anonym, »Von vnnutzem richtum«, Holzschnitt, 11,6×8,4 cm, Illustration zum Narrenschiff, in: Sebastian Brant, »Narrenschiff«, Basel: 1494, Kap. 17 (Schramm, Bilderschmuck der Frühdrucke, Bd. 22, Nr. 1125)

Der ideale Pilger war arm, denn er stand ja in der Nachfolge Christi (»nudus nudum Christum sequi«, Hl. Hieronymus). Die Armut begann in der frühen Neuzeit allerdings immer mehr zu einem Problem zu werden. Die Umwälzungen in der Gesellschaft und im sozialen Denken veränderten auch das Armenwesen, das im Mittelalter durch Almosen finanziert war. Der Arme wurde nunmehr zunehmend obrigkeitsstaatlich verwaltet; auf Almosen und Mitleid konnte man daher verzichten. Auch das Pilgerwesen war davon betroffen, denn »mit der modernen Gesetzgebung gegen Landstreichertum verschwand gleichzeitig auch der privilegierte Status, der dem Pilger bis dahin zugestanden wurde«.[61] Armut und

13 Albrecht Dürer (zug.), »Von bettleren«, Holzschnitt, 11,6 × 8,4 cm , Illustration zum »Narrenschiff«, in: Sebastian Brant, »Narrenschiff«, 1494, Kap. 63, (Schoch, Bd. 3, Nr. 266.41)

Pilgertum gehörten zusammen, wie eine Illustration zu Boccaccio verdeutlichen kann.

Bettelarm

Boccaccio schildert in *De casibus virorum illustrium* den Streit zwischen »Fortuna« und »Frau Armut«. In der berühmten Handschrift aus der Fouquet-Werkstatt von 1458 wird diese Szene prachtvoll illustriert (Abb. 11).[62] Auf der rechten Seite erkennt man die Glücksgöttin mit dem Fortuna-Rad und Frau Armut im zerfetzten Kleid. Anders als im Text besiegt hier Frau Armut das Glück. Die Pilgerdarstellung auf der linken Seite bezieht sich auf die Einleitungssätze. Der Erzähler möchte in seinen Schilderungen einzelner Schicksale innehalten, so wie es Reisende tun, wenn sie eine lange, beschwerliche Reise unternehmen. Der Übersetzer des lateinischen Textes, Laurent de Premierfait, macht aus dem neutralen »longum ac laboriosum iter agentes« »Pilger und andere Reisende«.[63] Fouquet schildert nun diese Pilger, die durstig an eine Quelle gelangen. Von der Kampfszene zur Rechten nehmen sie keine Notiz, denn der Streit zwischen Frau Armut und Fortuna findet ja auf einer allegorischen Ebene statt. Aber das Zusammentreffen der streitenden Personifikationen mit den Pilgern hat dennoch einen tieferen Sinn. Nur derjenige ist, wie die Pilger, der blinden Macht der Fortuna ausgeliefert, der nicht auf dem christlichen Tugendpfad wandelt.

Pilger und Bettler tauchen auch in Sebastian Brants *Narrenschiff* von 1494 auf (Abb. 12). Die Illustration zu Kapitel 17, »Vom unnützen Reichtum«, gibt ein Beispiel für Arme und Reiche. Der arme Lazarus[64] liegt vor dem Haus eines Geldnarren, der in seiner Schatztruhe wühlt. Lazarus hält eine Krücke und eine Bettlerschale in der Hand, sein Oberkörper ist halb entblößt, Hunde belecken seine wunden Beine: eine typische Lazarus-Darstellung. Auffallend ist nur seine Jakobsmuschel.[65] Angemahnt wird, dass der Reiche Mitleid haben soll, wenn ein armer Bettler oder frommer Pilger an seine Tür klopft.[66] Dieser Arme ist in doppelter Weise mitleidswürdig, einmal als Lazarus (vgl. Lk 16, 19–31), dann als Pilger. Die soziale Wirklichkeit sollte diese Sicht aber ändern.

Falsche Pilger

Auf die Bettler geht Sebastian Brant in Kapitel 63 des *Narrenschiffs* ein. Ausführlich

14 Lucas van Leyden, »Die Bettler (Eulenspiegel)«, 1520, Kupferstich und Radierung, 17,8×14,4 cm (The New Hollstein – Lucas van Leyden, 1996, Nr. 159)

schildert er ihre Tricks, um an Almosen zu gelangen. Eine ihrer Finten sei, sich als Jakobspilger auszugeben: »Der lehnet andern jr kynder ab / Das er eyn grossen huffen hab / Mit körb eyn esel dut bewaren / Als wolt er zu sant Jacob faren«.[67] In der Illustration (Abb. 13), Albrecht Dürer zugeschrieben,[68] sieht man ein Bettlerpaar, das sich als Wallfahrer ausgibt. Der Paterfamilias humpelt auf Krücken und führt einen Esel, auf dem ein halbes Dutzend Kinder verstaut ist. Hinter ihm nimmt seine Ehefrau gerade einen kräftigen Schluck aus einer Lederflasche. Die Eselskappe denunziert diese Wandererfamilie als närrisch; »mendicates improbi« (unredliche Bettler) heißt es in der lateinischen Fassung von Jacob Locher 1497.[69]

Offensichtlich hat sich Lucas van Leyden von Dürers *Narrenschiff*-Illustration inspirieren lassen. In seinem Kupferstich von 1520, »Die Bettler« (Abb. 14), trägt das Familienoberhaupt am Hut mehrere Pilgerzeichen, darunter eine Jakobsmuschel.[70] Er bläst auf einem Dudelsack. Die zahlreiche Nachkommenschaft ist auf dem Rücken des Esels und der Eltern verteilt. Das älteste Kind geht als Mönch gekleidet mit einer Eule auf der Schulter vorneweg. Daher wurde das Bild früher als »Ulenspiegel« bezeichnet. Eule und Dudelsack sind im vorliegenden Bildzusammenhang negativ konnotiert.[71] Denn Bettler und Gauner zogen aus »Aberglauben, Volksfrömmigkeit und christlicher Caritas ihren Gewinn und Lebensunterhalt«.[72]

Unter einer Pilger- oder Mönchstracht können eben auch andere als fromme Ziele verfolgt werden, wie ein italienischer Holzschnitt aus dem 16. Jahrhundert demonstriert. Ein als Pilger verkleideter Fuchs[73] ist auf Beute aus; drei Hühner und einen Eierkorb nennt er schon sein eigen (Abb. 15). Das Spruchband lautet: »Chi v'ira meco in compagnia triumpharemo per la via« (Wer mit mir gemeinsam geht, siegt auf der Straße). Die Darstellung ist eine Warnung vor falschen Pilgern, die sich mit Lug und Trug durchs Leben schlagen.[74] Diesen negativen Aspekt des Pilgertums betonen auch Jost Amman und Hans Sachs mit ihren »Jacobsbrüdern« von 1568.[75] Zwar schließen die »Jacobsbrüder« an den sonst positiv gesehenen geistlichen Stand (»Cardinal, Bischoff, Pfaffe«) an, werden aber negativ geschildert und als »faul Bettler« abgestempelt.[76] Nicht anders ergeht es dem »Münch«:[77] Mönche, Einsiedler und Pilger gehören zu »mancherley Orden, Rott und Sect«, in denen »nicht vil Geistes steckt«.[78] Amman greift das Thema später nochmals auf und zeigt in einem Stich drei barfüßige, bärtige Gestalten, die wie Verschwörer mit finsterer Miene zu kommunizieren scheinen.[79] Es sind zwei Pilger und ein Einsied-

15 Anonym, »Chi v'ira meco in compagnia«, Holzschnitt, 16. Jh. (Druck 19. Jh.), 42,7×29,7 cm (Mailand, Castello Sforzesca, Civica Raccolta delle Stampe, Achille Bertarelli)

ler-Mönch, nach der Kutte und dem Buch zu urteilen. Das Blatt erschien in Ammans *Kunstbüchlein* 1578, das heißt, die Szene gilt als typisch und wird den Kunsteleven zum Nachzeichnen empfohlen. Wer von Jakobsbrüdern als den Muschelbrüdern sprach, mochte von Gaunern nicht schweigen.

Verachtet

1510 erschien in Pforzheim das bekannte Buch *Liber vagatorum* über die Gaunersprache. Auf dem Titelblatt der Erstausgabe ist eine Variante der *Narrenschiff*-Illustration mit der Bettler-Familie zu sehen.[80] Die Straßburger Ausgabe aus demselben Jahr zeigt auf dem Titel einen einzelnen Pilger, der als Blinder über einen Steg geht.[81] Ein Spötter am anderen Ufer hofft, dass er fällt. In der Gaunersprache hießen die falschen Pilger »christianer« und »calmierer« sowie »stabüler«, abgeleitet vom Stab,[82] im Französischen »coquillards«, abgeleitet von »coquille« (Muschel).[83] Luther, der den *Liber vagatorum* 1528 erneut herausgab und mit einem eigenen Vorwort versah, möchte mit dem Bettlerwesen die Wallfahrt (und damit das Ablasswesen und den Reliquienkult) gänzlich »abtun«.[84] Nach protestantischem Verständnis lag der Gnadenbeweis nicht in den guten Werken (der Werkgerechtigkeit); er konnte weder verdient noch gekauft werden (»sola fide«).

Zu einer ähnlichen Glaubenskontroverse gehören eine Serie von Glasfenstern und deren Vorzeichnungen,[85] die der bekannte Glasmaler Dirck Pieterszoon Crabeth um 1562 angefertigt hat. Sie schildern den Heilsweg des Menschen als Pilgerreise. Auf einem Blatt (Abb. 16)[86] führt die blinde »Vernunft« mit ihrem Kerzenlicht den Menschen, der mit Evangelium und Pilgerausrüstung versehen zwischen höllischem Feuer und etablierter Kirche zu den »Guten Werken« schreiten möchte – wobei ihm drei Kronen verführerisch winken. Der Sinn des Blattes wird durch die Beischrift auf dem Stich von Huys deutlich: »Um die Kronen zu gewinnen (und) der höllischen Glut zu entgehen, lenkt die Vernunft den Menschen zu den eigenen Verdiensten. Sie ist aber blind, sieht die Wahrheit der Dinge nicht und ihr Licht ist auch nichts als bloße Finsternis.«[87] Die Warnung vor der Eigenmächtigkeit der Vernunft und der Selbstgerechtigkeit (eigene Verdienste) spiegelt die protestantische Auffassung der Gnade wider.

Unter den Verächtern der Pilger war auch Erasmus. Einige kritische Bemerkungen[88]

16 Dirck Crabeth, »Der Mensch verführt von blinder Vernunft und vermeintlich Guten Werken«, um 1560/1565, Federzeichnung, 23,6×19,1 cm (Paris, Ecole Nationale des Beaux-Arts)

hatte er 1520 in einem Vorwort (»Nova praefatio«) für die lateinische Übersetzung des Neuen Testamentes angebracht. Diese Ausführungen wurden zwischen 1522 und 1525 mehrmals ins Deutsche übertragen und als kleine Schrift mit eigener Überschrift der Übersetzer herausgegeben.[89] Die Augsburger Edition von 1522, die sich *Von Walfart* nennt, enthält einen Titelholzschnitt mit einem Pilger, der zu schwanken scheint, ob er die Pilgerstätte betreten oder auf Gott hören soll (Abb. 17).[90] Im *Lob der Torheit* (»Stultitiae Laus«) von 1511 nimmt Erasmus die übertriebene Heiligenverehrung und das sinnlose »Wallen« aufs Korn. Hans Holbein d. J. hat die lateinische Edition (Basel 1514) mit Randzeichnungen versehen. In einer dieser Zeichnungen trifft ein Pilger auf einen Bildstock: Die Andachtsstelle für das himmlische Gedenken wird bei Holbein zum profanen Wegweiser.[91]

Eine ähnlich kritische Sicht vertritt offensichtlich der Illustrator Tobias Stimmer. In der *Narrenschiff*-Ausgabe von 1572[92] illustriert er das elfte Kapitel, »De contemptu scripturae« (Verachtung der Heiligen Schrift), mit zwei gut gerüsteten Pilgern, die sich einer Kapelle nähern (Abb. 18). Das Besondere: Sie tragen zusätzlich zu ihren Pilgerhüten Narrenkappen.[93] Nur Narren suchen das Göttliche an einem bestimmten Ort und verkennen somit den Sinn der Heiligen Schrift. Das ist die protestantische Sicht auf »papistische« Wallfahrer.[94] Auf Stim-

17 Heinrich Vogtherr d. Ä. (zug.), Titelholzschnitt, 7,3×10,1 cm, in: Erasmus, Von walfart, Augsburg: Steiner 1522 (F. Muller, Heinrich Vogtherr l'ancien, 1997, S. 108)

18 Joachim Stimmer, »De contemptu scripturae«, Holzschnitt, 4, 9×7 cm, in: Sebastian Brant / Jakob Locher, Stultifera navis mortalium, Basel: Henric Petri 1572, S. 23 (SUB Hamburg)

19 Aertgen van Leyden oder Jan de Cock (zug.), »Das Schiff von St. Reynuyt », 1520 / 1530, Holzschnitt, 74×116 cm (Oxford, The Ashmolean Museum of Art and Archaeology)

mer geht auch das Papst-Spottblatt *Gorgoneum Caput* zurück, das nach Art des Arcimboldi als Kompositporträt aus kirchlichen Geräten und Insignien zusammengesetzt ist. Krönenden Abschluss bilden Pilgerzeichen: Jakobsmuschel und »bordoncillos«.[95]

Das Image des Pilgers als Nichtsnutz bezeugt auch ein niederländischer Holzschnitt von 1520–1530 (Abb. 19).[96] Das große Blatt, Aertgen van Leyden oder Jan de Cock zugeschrieben, stellt das Schiff des »Heiligen Garnichts« (»Sint Reynuit«) dar. Alle, die kein Geld (mehr) besitzen, müssen zu diesem Heiligen pilgern. Bei der Einschiffung der Bankrotteure und Habenichtse erkennt man Geistliche, Handwerker, reiche Prasser, Bettler und Pilger, die um das große Pilgerschiff lagern, auf dem ein übles Regiment (»quaet regiment«) herrscht. Mit Ausnahme eines Gelehrten, der sich abseits hält und in einem Buch liest (und der möglicherweise Sebastian Brant darstellt, der sein *Narrenschiff* 1494 aufgerüstet hat, oder Erasmus, der sein *Lob der Torheit* 1511 veröffentlichte). Inmitten dieses Treibens gewahrt man eine Pilgerschar, im französischen Erläuterungstext »jacopins« genannt. Es sind zwei Pilger-Gruppen, die sich zwischen Obst- und Weinverkäufern und einem vermutlichen Pilgerzeichenhändler begegnen. Dort befindet sich der Tempel des »Heiligen Garnichts«, der inmitten seiner geleerten Kannen thront, angebetet von denen, die an das Nichts glauben.

Die Nähe der Pilger zu den Bettlern macht ein Flugblatt deutlich, das von Barthel Beham 1524 ins Bild gesetzt und von Hans Sachs mit Versen versehen wurde

20 Barthel Beham, »Zwölf Bettler", ca. 1524, Holzschnitt, 34,7×25,9 cm (M. Geisberg, The Geman Single-Leaf Woodcut, 1500-1550, 1974, Bd. 1, Nr. G. 159)

(Abb. 20).[97] Es geht um das Schicksal von zwölf Armen. Alle tragen einen Stab und befinden sich auf Wanderschaft. Stab und Tasche und in einem Fall auch ein Pilgerzeichen sowie ein Rosenkranz verweisen auf das Pilgertum. Dieses Flugblatt wirbt zwar um Verständnis für die Bettler, die zu »Gottes Ehr« auf Nahrungssuche sind, skeptisch wird jedoch konstatiert: »Man vindt nit vill den es erbarmbt.«

Auch Heinrich Aldegrever schildert 1549 / 50 die Armut in einem kleinen Kupferstich.[98] Zur Pilgerin fehlt der wandernden Armen nur das Abzeichen.[99] Der Stich ist ein Exempel aus der vierzehnteiligen Reihe einer Tugend und Laster-Serie, auch »Missbrauch des Glücks« genannt. Die Abfolge in der Reihe suggeriert, dass Geduld (Patientia) von der untersten Stufe des Elends (Paupertas) zur »Pax nostra Christi« führen kann.

Den sozialen Prestigeverlust des Pilgers schildert der Franzose Jacques Callot (Abb. 21).[100] Er stellt seine Pilger in eine Reihe mit wenig vertrauenswürdigen Bettlergestalten, die kaum Mitleid erwecken. Eröffnet wird diese Graphikserie von 1622 / 23 mit einem »Capitano de Baroni« (Gaunerbaron).[101] Im Hintergrund sieht man eine Wallfahrts-Szene als endlosen Zug von Bettlergestalten. In der Tat wurde für »Tausende und Abertausende [...] die Compostela-Fahrt gleichzeitig zum Strohhalm in einem Meer von Hunger, Elend und Hoffnungslosigkeit«.[102] Mitschuld an diesem negativen Image der Pilger trugen auch die zahlreichen Strafwallfahrer. Über diese schreibt der Ritter Arnold von Harff (1471–1505) im Bericht über seine Pilgerreisen (1496–98): »Darum ist diese Pilgerreise wie geschaffen für jenes Gesindel (›bedeler‹), das bei uns zu Lande gestohlen, Totschlag verübt, seine Herren ruiniert oder verraten hat.«[103] Weitere Darstellungen von den Ärmsten der Pilger sind bislang nicht aufgetaucht.

Dass das Pilgern unter einem ungünstigen Stern steht, wird sogar kosmologisch begründet. Im astrologischen Denken steht der Einfluss der Gestirne auf die Menschen fest. Insbesondere im späten Mittelalter und in der Renaissance entwickelte sich die Ikonographie der »Planetenkinder«.[104] Pilger gehören dem Sternzeichen des Saturn an, jener römischen Gottheit, die ihre eigenen Kinder verschlingt und die für die Melancholie zuständig ist. Ein Holzschnitt von Georg Pencz von ca. 1531 zeigt, wie Saturn »alt, kalt, unrein und boßhafft« über Verbrecher, Schlächter und Bauern herrscht.[105] Auch eine Pilgerin gehört dazu. Sie und ihre Kinder nehmen dankbar das von Mönchen ausgeteilte Essen entgegen. In älteren italienischen Stichen waren anstelle der Pilger Bettler zu sehen.[106]

21 Jacques Callot, »Capitano de Baroni«, 1622/23, Kupferstich, 14,4×9,3 cm (Hamburger Kunsthalle, Kupferstichkabinett)

Das Image der Bettler-Pilger hatte damit noch nicht seinen Tiefstand erreicht; niederländische Künstler wie Bosch und Bruegel stellen das Pilgertum insgesamt in Frage.

22 Cornelis Anthonisz, »Der Verlorene Sohn«, Blatt 3, um 1540, Holzschnitt, 27x 21 cm (Amsterdam, Rijksprentenkabinett)

Fehlgeleitet

In der sechs Blätter umfassenden Holzschnittserie von ca. 1540 zum »Verlorenen Sohn« (Filius prodigus)[107] von Cornelis Anthonisz tritt in Blatt 3 eine Pilgerin auf (Abb. 22).[108] Nachdem der arme Sünder gewaltsam aus dem Gasthaus von »Paupertas« und »Haeresis« (Armut und Häresie)[109] vertrieben worden ist, trifft er auf diese Pilgerin, die »Superstitio« (Aberglaube) genannt wird. Scheinheilig hält sie einen Rosenkranz. Sie gibt dem Mittellosen einen Wanderstab in die Hand und weist ihn auf ein Ziel für eine Pilgerfahrt hin. Dieses Ziel besteht aus der »Synagoga Satanae«, die aus »Obstinatio« (Verstocktheit) und »Morbus« (Krankheit) besteht und in der ein Popanz von Oberpriester herrscht. Die Perversion ist perfekt: Pilgern ist kein Heilsweg, sondern führt zu Aber- und Irrglauben.

Ein Stich von Pieter van der Heyden nach Hieronymus Bosch, »Blinde Pilger im Graben« (Abb. 23),[110] um 1550, zeigt zwei blinde Jakobspilger, die versuchen, ein Flüsschen zu überqueren. Das Motiv erinnert an den Holzschnitt des *Liber vagatorum*. Der erste Pilger steht bereits knietief im Wasser, so dass seine Drehleier nass zu werden droht.[111] Der zweite Pilger schwankt bedenklich und wird im nächsten Moment fallen – was im Hintergrund demonstriert wird. Das Motiv kann sich auf Matthäus 15, 14 berufen: »Wenn aber ein Blinder den andern leitet, so fallen sie beide in die Grube.«[112] Zur geistigen Blindheit gehört nach Bosch auch das »blinde« Wallfahren.[113] Pieter Bruegel d.Ä. hat dieses Motiv mit einem Bild bekannt gemacht;[114] seine Blinden tragen jedoch kein Pilgerzeichen. Auch in seinem Bild »Karneval und Fasten«[115] schildert Bruegel Pilger. Inmitten von Almosen heischenden Bettlern vor einem Kircheneingang steht eine schreiende Pilgerin, die auf ihr verkrüppeltes Kind zeigt. Auf ihrem Rücken trägt sie in ihrem Korb einen Affen – ein Hinweis auf das Sündige im Menschen. Offensichtlich war

23 Pieter van der Heyden nach Hieronymus Bosch, »Zwei blinde Pilger im Graben«, um 1550, Kupferstich, 22,2×25, 4 cm (Wien, Graphische Sammlung Albertina)

24 Maarten van Heemskerck, »Christus als barmherziger Samariter«, Bl. 1, 1565, Kupferstich, 20,5×25,2 cm (Staatsbibliothek Hamburg, Kupferstichsammlung)

25 Pieter van der Heyden nach Hieronymus Bosch, »Fastnachts-Dienstag«, Kupferstich, 1567, 22,4×29 cm (Brüssel, Bibliothèque Royale)

es in der Zeit mit der christlichen Nächstenliebe vereinbar, über Krüppel, Blinde und Pilger zu lachen.[116]

Auf das prekäre Los des Pilgers verweisen einige Graphiken und Bilder, die den Mord an Pilgern drastisch vor Augen führen. Solche Darstellungen finden sich beispielsweise im Dekalog des *Heidelberger Blockbuchs*, im »Marsblatt« des Hausbuchmeisters, in Boschs »Jacobus«-Tafel des »Jüngsten Gerichts« und in Bruegels Bild »Triumph des Todes«.[117]

Der Pilger bzw. die Pilgerin ist aber nicht immer wehrloses Opfer. In Maarten van Heemskercks Serie »Christus als guter Samariter« von 1565[118] tritt im ersten Blatt eine Pilgerin aggressiv auf (Abb. 24).[119] Zusammen mit »Cupido« und »Voluptas« attackiert sie einen wehrlosen, nackten Mann am Boden.[120] Die Pilgerin ist die Personifikation von »Error«, dem Wahn, vor dem – wie vor der Liebe – gewarnt werden muss. Pilgern ist ein Irrweg, der tödlich für den »vir bonus« ausgeht, sofern nicht Christus als ein anderer Samariter helfend eingreift.

Ein weiterer Stich nach Hieronymus Bosch demonstriert zudem eine Auffassung, derzufolge der Pilger als »loser Vogel« galt. Im Blatt »Fastnachtsdienstag« (Abb. 25)[121] sitzt eine Gesellschaft, die zur Hälfte aus Mönchen und Nonnen besteht, in einer Stube um einen Kamin. Man isst, scherzt und musiziert: ein ausgelassenes, närrisches Fest. Am Kamin hängt ein großer Stich, der eine als Pilgerin verkleidete Eule darstellt; er ist mit »Hiero. Bos. inventor« beschriftet.[122] Eine Kopie trägt zur Verdeutlichung die Beischrift: »Laet den Pelgrim wandelen.«[123] Die tagblinde Eule wird von anderen Vögeln bekämpft, was sich die Vogeljäger der Zeit zunutze machten und sie als Lockvogel einsetzten, das heißt, die Darstellung impliziert auch das Anlocken anderer »Pilgernarren.« Die Eule, einst Vogel der Weisheit, ist hier zur Personifikation der närrischen Pilgerwelt geworden.[124] Der bußfertige Gottespilger mutiert zum leichtfertigen Galgenvogel. In der Welt des Nutzens waren Pilger nicht mehr gern gesehen.

Anmerkungen

1 Plötz 1979, 103–134.

2 Kimpel 1974; Plötz 1995, 171–232. – Literatur zu Pilgertum und Santiago de Compostela: Reihe der »Jacobus-Sudien«, seit 1988 herausgegeben von Herbers / Plötz; Caucci von Saucken 2003; Jacomet 1994; Caucci von Saucken / Plötz 1993; Ausstellung München 1984; Ausstellung Gent 1985; der Aufsatzband Kriss-Rettenbeck / Möhler 1984; Vázquez de Parga 1948–1949.

3 Zur Pilger-Darstellung: Brückner 1968; vgl. Hasenfuss 1968; Bibliographie: Dunn / Davidson 1994.

4 Barret / Gurgand 2000, 29.

5 Den Stellenwert von Almosen umreißt Christmann im Kommentar zur Aquin-Ausgabe: »Die einzige [...] ›Sozialversicherung‹ der damaligen Zeit war die Überzeugung, dass jedermann in der äußersten Not eine gebende und pflegende Hand finden werde. Die Predigt des Almosens bedeutete die eindringliche und wirksame Propaganda zur freiwilligen und freudigen Leistung der ›Sozialabgaben‹«; Christmann 1959, 529.

6 Plötz 1993, 171–213; Mieck 1978, 483–533.

7 Zum Stellenwert der Wallfahrt im religiösen Denken der Zeit: Schreiber 1992; Reiter 1970. – Zu Ergebnissen der tridentinischen Reform: Denzinger 2005, 578–581 (»Dekret über die [...] heiligen Bilder«, 3. Dez. 1563); Jedin 1975, 183–186.

8 Geremek 1984; Fischer 1982. – Pilger geraten jedoch kaum in das Gesichtsfeld dieser Untersuchungen.

9 Betschart 1996; Raynaud 1994; Reichert 2005; Schneider 1982; Timm 2006.

10 Ganz-Blättler zählt für die Zeit zwischen dem 14.–16. Jh. 39 Stück; Mieck 46, Paravicini 41 – gedruckte Jerusalem-Berichte mindestens das Siebenfache; Literatur: Paravicini 1994, 1999, 2000; Herbers / Plötz 1996; Ganz-Blättler 1990, insbes. 145–151 (Das Erlebnis Santiago de Compostela) und 415–424 (Liste der Pilgerberichte); Herbers 1988; – vgl. auch die Feststellung von Herwaarden: »We know of not one Dutch-language account from the Middle Ages telling of a pilgrimage to Santiago de Compostela ...« (Herwaarden 2003, 449).

11 Zum Beispiel Arnold von Harff 1496–1498; dazu Brall-Tuchel / Reichert 2007; vgl. auch Sebastian Ilsungs Pilgerbericht mit Federzeichnungen, Mitte 15. Jahrhundert (BL, Add. Ms. 14326) sowie die Buchmalerei von Simon Bening und Antonio de Hollanda in *Genealogy of the Infante Dom Fernando of Portugal*, 1530–1534 (BL, Add. Ms. 12531, fol. 9 u. 15).

12 Federzeichnungen von Harff mit Wappen in: Brall-Tuchel / Reichert 2007; Ölbild von Praun, vgl. Ausstellung Nürnberg 1994, Nr. 141–146 (Pilgerausstattung Stephans III. Praun, ca. 1570 / 1), Nr. 170 (Bildnis Stephans III. Praun in Pilgerkleidung, nach 1571).

13 Bredow-Klaus 2005; Beuningen / Koldeweij 1993 und Beuningen 2001; (fast) alle Werke von Köster (1912–1986) handeln von Pilgerzeichen, u.a.: Köster 1983; Köster 1984; Hohler 1957; Plötz 2008; Ausstellung Brügge 2006 / 2007.

14 Röckelein 2005; Bünz 2000; Favreau-Lilie 1999 sowie der Beitrag von Bünz in diesem Band.

15 Untergegangene Pilgerschiffe: 1506 und 1510, vgl. Reincke 1966, 53–54, 103; Schulz 1955, 26; »Am 10. April 1473 [...] laufen von Hamburg vier Schiffe mit dem Ziel Santiago aus« (Bottineau 1987, 77). – Die Zahl der englischen Pilger schätzt Mieck auf 10 000 im 15. Jahrhundert (Mieck 1978, 490).

16 Vgl. den Beitrag von Kuder in diesem Band.

17 Zum Beispiel unbekannter Meister, »Jacobi-Altar«, Göttingen, Jacobi-Kirche (Carqué / Röckelein 2005). Siehe in anderen Regionen: Friedrich Herlin, »Jacobus-Altar«, Rothenburg (Metzger 2005, 101–118). – Niederländischer Künstler, »Triptychon« 15. Jh., in: Indianapolis Museum of Art, Indiana (Gitlitz 1996, 113–130).

18 FELDBUSCH 1968; SCHILLER 1986, 99–104, Abb. 300, 303–319. – Zu Parallelen in der Literatur, den »Peregrinus«-Spielen, vgl. YOUNG 1962, 451–483.

19 Zum Thema »Barmherzigkeit«: BÜHREN 1998; SCHWEICHER 1968.

20 »hospes« wird in der Luther-Bibel mit »Fremde« übersetzt, auch mit »bilgerin« (KRISS-RETTENBECK / MÖHLER, 60) bzw. bei Karlstadt mit »bilgerim« (vgl. SIMON 1980, 268); die Einheitsübersetzung übersetzt mit »fremd und obdachlos«.

21 Zur Jakobus-Legende: HERBERS 1997; HERBERS 1992, 11–35.

22 Herbers / Santos Noia 1998; Williams / Stones 1992.

23 BENZ 1997, 487–497.

24 Zum Hühnerwunder: GRIBL 1976 / 1977, 36–52.

25 Siehe z.B. die Zeichnung nach Hans Sebald Beham, »Apostel St. Jacobus d.Ä.«, nach 1521, Nürnberg, GNM: Hz 3256 (Abb. ZINK 1968, Nr. 96); »St. Jakobus«, Glasgemälde, Bern, 1515; KRISS-RETTENBECK / MÖHLER, 1984, Nr. 93. – Literatur allg.: JACOMET 1994.

26 Beispielsweise das *Passional efte dat levent der hyllyghen*, Lübeck: Steffen Arndes 1492; Kiel, Universitätsbibliothek: Ink 59 (vgl. SCHRAMM 1928, Nr. 824, BORCHLING / CLAUSSEN 1931, Nr. 202) – siehe auch: Jacobus de Voragine, *Heiligenleben*, Nürnberg: Koburger 1488 (SCHRAMM 1934, Nr. 145); sowie: Jacobus de Voragine, *Passional das ist der heiligen Leben...*, Straßburg: Knoblauch 1517, fol. XCVIIIv (Staats- und Universitätsbibliothek Hamburg: Inc App B / 13).

27 Vgl. dazu den Beitrag von STORK in diesem Band.

28 Vgl. WERNER 1977, 139; TUNG 1993, 104 / 105, OKAYAMA 1992, 212. – Nur illustriert in der Edition Augsburg: Hertel 1760 (repr. New York: Dover, 1970), 172.

29 RIPA 1603.

30 »Huomo in habito da pellegrino; che con la destra mano tiene un bordone, & con la sinistra un falcone in pugno. Due esilij sono, un publico, e l'altro privato, il publico è quando l'huomo ò per colpa, ò per sospetto è bandito dal Prencipe, ò dalla Republica, & condannato à vivere fuor di patria perpetuo – ò à tempo. Il privato è quando l'huomo volontariamente, ò per qualche accidente si elegge di vivere, e morire fuor di patria, senza esserne cacciato, che ciò signfica l'habito del pellegrino, & il bordone. Et per il publico lo dinota il falcone con i getti alli piedi.« (RIPA 1603).

31 Rom 1603 (und andere): »falcon« (Falke); Padua 1630: »rondine« (Schwalbe).

32 Editionen Padua 1618, 602 (vgl. WERNER 1977, 131; OKAYAMA 1992, 125; TUNG 1993, 96f.).

33 (Anonymus), »Der arme Geiler«, kolorierter Holzschnitt, 21,2 × 14,2 cm, in: *Oberdeutscher vierzeiliger Totentanz*, Blockbuch, 1455 / 1458, Heidelberg, Universitätsbibliothek: Cod. Pal. germ. 438, fol 140r (auch im Internet: http://digi.ub.uni-heidelberg.de / diglit / cpg438 / 0289); Literatur: MILLER / ZIMMERMANN 2007; KAISER 1983, 324–325. – In Merians *Totentanz* von 1621 / 1649, der vom Basler *Totentanz* um 1445 ausgeht, trägt ebenfalls der »blinde, arme Mann« ein Pilgerzeichen am Hut (KAISER 1983, 260–261).

34 ANDERSON 2005, Sp. 622f.

35 »Hynke her an myt deyner kruken / Deyn ding das will sich gelucken / Dich haben die lebenden nicht voe gut / Der tot dir besundern gnade tut / Eyn armer geiler hie ym leben / Zu eynem frunde yst nymande eben / Aber der tot will seyn frund seyn / Her nympt den armen mit dem reichen hyn.« (KAISER 1983, 324).

36 Lucas van Leyden, »Pilgrims«, ca. 1508, Kupferstich, 15,3 × 12,3 cm (FILEDT KOK 1996, Nr. 149).

37 Leyden, »The Fall of Man«, Nr. 7–10; vgl. auch »The Holy Family«, Nr. 85 und »The Rest on the Flight into Egypt«, Nr. 38 (FILEDT KOK 1996). Interessanterweise wird seine ehemalige »Heilige Familie« (siehe HOLLSTEIN DUTCH, Band 10, 1954, 91) inzwischen als »Pilgerfamilie« angesehen (»Family of Pilgrims«, Unikat, Wien, Albertina; siehe FILEDT KOK 1996, Nr. 39).

38 Leyden, »Die Bettler«, ca. 1509, 15,2 × 12,1 cm, Hamburger Kunsthalle, Kupferstichkabinett: A / 3861 (FILEDT KOK 1996, Nr. 149).

39 Pieter Bruegel d.Ä., »Ein Pilger«, 1564, Handzeichnung, 32,2 × 19,6 cm, Niederlande, Privatbesitz (MÜNZ 1961, cat. 102, fig 99).

40 PLÖTZ 1992, 46–54; WILCKENS 1984, 174–180.

41 Zu den »bordoncillos« vgl. KÖSTER 1985, 87.

42 PETRARCA 1532; bereits vor 1521 ins Deutsche übersetzt und illustriert nach Anweisungen von Sebastian Brant; Literatur: RAUPP 1984, 59–112; KNAPE 1986, insbes. 70–74.

43 Hans Weiditz, Holzschnitt, in: PETRARCA 1532, Teil II, Kap. 57, siehe auch SCHEIDIG 1955, 254 mit Abb.

44 Guillaume DE DEGUILEVILLE, *Pèlerinage de la vie humaine*, 1330–1358; William LANGLAND, *Piers Plowman*, 1362–1392; John BUNYAN, *The Pilgrim's Progress*, 1678 / 1684.

45 Vgl. HARMS 1970; CHEW 1962.

46 Anonymer Holzschnitt, »In desen speigell« (Spiegel der Vernunft), ca. 1490, 39,4 × 28,7 cm; London, British Library: IC. 36 (Literatur: HONEMANN 1995; Text: Catalogue of Books printed in the 15th Century, now in the British Museum, London 1908, Band 1, 10).

47 KRAUME [2]1980, Sp. 1144; KRAUME 1980, 108.

48 Geiler von Kaysersberg hielt die Predigten in Augsburg 1488 und ab 1489 in Straßburg. – Druck: VON KAYSERSBERG 1494 (Abdruck der Predigt 1494 in: BAUER 1989, 497f., und DACHEUX 1882, 109–196, vgl. LXXXIII, Nr. 10, Illustrationen, DACHEUX 1882, Tf. XVII und Tf. XXI-XXVI; – vgl. Abb. auch im Internet (BSB-Ink, Exemplar: G-60); ergänzend VOLTMER 2005, insbes. 990–995; Synopse 1019–1023.

49 »Als wen ainer gen dem verren Sant Jacob will gan oder ge(n) Rom unnd will genad und applas erlangen umb all sein sünd« (a ijr); »zum ferren Sant Jacob« (f iiijv) (Geiler, »Der Bilger«, 1494, vgl. BAUER 1989, 31 u. 95).

50 Abb. nach DACHEUX 1882.

51 »ewige sa(e)likeit«, f iiijV (Geiler, »Der Bilger«, 1494, vgl. BAUER 1989, 95).

52 GEILER 1508 (DACHEUX 1882, Nr. 36).

53 Hans Burgkmair, »Pilger wallfahren zu einer Bergkapelle«, Holzschnitt, 18,8 × 14 cm, mit Inschrift: »Der berg des schowenden lebens. Sursum corda«, Frontispiz in: GEILER 1508, Frontispiz siehe BIEDERMANN 1973, Nr. 30.

54 Hans Burgkmair, »Zwei Pilger«, Holzschnitt, 18,8 × 14,1 cm, in: GEILER 1508 – siehe fol. 38r.

55 GEILER 1512 (Hollstein German, Band 11, 1977, Urs Graf, Nr. 265; DACHEUX 1892 – siehe Nr. 55; Ausstellung Trier 1995, Nr. 18).

56 Cicero, *Officia*, Augsburg: Steiner 1531 (Hamburger Kunsthalle, Kupferstichkabinett: Ill. XVI. Augsburg 1531, 4°).

57 Drittes Laterankonzil 1179 (WOHLMUTH 2000, 225; vgl. allg. CARLEN 1987; SCHMUGGE 1979, 16–31; GILLES, 1980, 161–189; SUMPTION [2]1975, 175–184).

58 Albrecht Dürer (?), »Gerson als Pilger«, 1494 (Druck 1502), 22,1 × 14,8 cm, Holzschnitt (SCHOCH 2004, Nr. A36, 492). – Weitere Frontispize anderer Stecher mit Gerson als Pilger von 1488 / 1489 siehe Ausstellung Nürnberg 1971, Nr. 113, 146, 147 und SCHOCH 2004, Nr. A29, 480.

59 Zum Schild siehe KRAUME 1980, 108, Anm. 7; MUSPER 1937, 124–127.

60 »Ein Pilger«, Holzschnitt, ca. 21,5 × 15 cm, in: ULSENIUS um 1500 (SCHRAMM 1940, Nr. 1084; BOCK, Handzeichnungen des Meisters DS, 1924, Tf. 12).

61 »La législation moderne contre le vagabondange coïncide avec la disparation du statut privilégié accordé jusque-là au pèlerin«, Cataluccio im Vorwort zu GEREMEK 1971, 14.

62 Jean Fouquet, »Kampf der Armut mit der Fortuna«, 14,5 × 18 cm, in: BOCCACCIO um 1458, fol. 81r (siehe Ausstellung Paris 2003, Nr. 32; SCHAEFER 2003, 180–192).

63 »Consuevere longum ac laboriosum iter agentes non solum aliquando consistere, sudores abstergere, corpus leviare, auram captare levem et sitim poculis pellere, sed etiam ...«, Buch III, Kap. 1 (BOC-

CACCIO 1983, 193); »Pelerins et autres voiageurs qui fo(n)t aucun long et laboureux chemin…« (BOCCACCIO um 1458 – siehe Anm. 62).

64 BRANT 1494, Kap. 17.

65 Weitere Lazarus-Darstellungen mit Jakobsmuschel: »Somme le Roi«, 1295 (siehe WOLF 1989, Nr. 69, 135, vgl. 177 u. Abb. 90); »Stundenbuch«, Gent oder Mecheln, um 1515 (WOLF, Nr. 84, 144–147, Abb. 102).

66 »Wer syn or, vor dem armen stopfft / Den hört got nit, so er ouch klopft« (BRANT 1494, Kap. 17, Z. 34–35).

67 BRANT 1494, Kap. 63, Z. 69–73.

68 Albrecht Dürer (zug.), Illustration zum *Narrenschiff*, 1494, Kap. 63, Holzschnitt, 11,6 × 8,4 cm (SCHOCH 2004 – siehe Nr. 266.41).

69 »De mendicis et eorum vanitatibus« (Von den Bettlern und ihren Schwindeleien) und »mendicantes improbi« (unredliche Bettler) (HARTL 2001, 162–163).

70 Lucas van Leyden, »The Beggars (›Owlglass‹)«, 1520, Kupferstich und Radierung, 17,8 × 14,4 cm (FILEDT KOK 1996, Nr. 159); dazu auch SILVER 1976, 253–257.

71 »Dummheit und Boshaftigkeit, Lichtscheuheit und Torheit sind in den erwähnten Bilddarstellungen die wichtigsten Denotationen der Eule«, VANDENBROECK 1985, 109. – Zur Bedeutung des Dudelsacks bei Hieronymus Bosch: HAMMERSTEIN 1974, 101.

72 JÜTTE 1988, 139. – Dazu auch: SCHUBERT 1995, 276–287; KOLDEWEIJ 1993, 33–37; SCHMUGGE 1988, 475–484; CARLEN 1987, 221–224.

73 Anonym, Holzschnitt, 16. Jahrhundert (Druck 19. Jh.), 42,7 × 29,7 cm, Mailand, Castello Sforzesca, Civica Raccolta delle Stampe, Achille Bertarelli: SPP m 13–2 (Ausstellung Modena 1986, Nr. 228).

74 Vgl. Reineke Fuchs als Pilger in den *Smithfield Decretals*, f. 55, British Museum: Royal 10 E. IV (RANDALL 1966, 16, Fig. 596, sowie 102 und 198 mit weiteren Handschriften); siehe auch VARTY 1967, Kap. 4, 51–59, und FIGUEROA 1982, 168–173 (»Critica de la peregrinación«).

75 Jost Amman, Holzschnitt, 7,9 × 6,0 cm, in: AMMAN / SACHS 1568 (LEMMER 1989, 6; SEELIG 2002, Nr. 50.7).

76 Sachsens Verse lauten: »Wir Jacobsbrüder mit grossem hauffen / Im Land sind hin und her gelauffen / Von Sanct Jacob / Ach [=Aachen] und gen Rom / Singen und bettlen one schom [=Scham] / Gleich anderen presthafften [=kranken / gebrechlichen] armen / Offt thut uns der BettelStab erwarmen / in Händen alsdenn wir es treibn / Unser lebtag faul Bettler bleibn.« (LEMMER 1989, 6). – Vgl. auch Tobias STIMMER »A Pilgrim, Vicar and Flagellant« in: STRAUSS 1988, Bd. 19,2, Nr.23.

77 AMMAN / SACHS 1568 – »Die Münch« (SEELIG 2002, 3, Abb. 13).

78 Sachsens Verse lauten: »Wir Münich vor uralten jarn / Einsidel und Waldbrüder warn, / Lagen in andechting Gebett, / Mit fasten, wachen, früh und spet, / Hofften dardurch selig zu werden, / Doch lebn wir jetzt anderß auff Erdn, / Mancherley Orden, Rott und Sect / Da nicht viel Geistes innen steckt« (LEMMER 1989, 5). Vgl. auch die weiteren Holzschnitte von Amman, »Moschelbrüder / Jacobs-Brüder« (New Hollstein German-Amman 2003, Part IX, Nr. 223.67 und 224.42) und von Hans Sebald Beham die *Sanct. Jacobsbrüder* mit Versen von Hans Sachs (GEISBERG 1974, Nr. G. 229).

79 Amman, »Drei Pilger«, in: AMMAN 1578 (New Hollstein German-Amman 2003, Part VI, Nr. 134.33) bzw. AMMAN 1599 (New Hollstein German-Amman 2003 Part X, Nr. 285.37).

80 HUETLIN 1510 (SCHANZE 1995, Nr. 10, 147, Abb. Titel 145; Text: KLUGE 1901, 37–55 [=Prosafassung]). 14 Drucke in Prosafassung bis 1518, zwei in Reimpaarfassung, ab 1528 mit Vorwort von Luther; 1547 auf Niederländisch: »Der Filen, rabauwen oft der schalcken vovabulaer«, Antwerpen 1547 (siehe KLUGE 1901, 91–95). Italienische Variante: »Speculum Cerretanorum«, ca. 1485 (CAMPORESI 1973). – Literatur: SCHANZE 1995, 143–150; JÜTTE 1988; KLUGE 1901.

81 *Liber vagatorum*, »Den betler orden man mich nendt«, Straßburg: Hupfuff, um 1510 / 1511, Nürn-

berg, Germanisches Nationalmuseum: 8o Gs. 2312b (SCHANZE 1995, Nr. B1, 149).

82 *Liber vagatorum* 1510 (KLUGE 1901, 38, 49 und JÜTTE 1988, 67, Nr. A2 und 75). – Im Spanischen hießen falsche Pilger »bordoneros«, von »bordón« (»Stab«) (CHAMORRO 2002, 163–164); Strolche und Gauner heißen im Wiener Dialekt »Pülcher«, abgeleitet von »Pilger« (*Duden* ³1999, 3049).

83 JÜTTE 1988, 67–68 (Nr. A24); GEORGES 1971, 64.

84 LUTHER 1528.

85 Ca. 20 kleine Entwurfszeichnungen und Glasscheiben (Amsterdam, Leiden, Rotterdam, Paris u.a.). Sie gehen auf zwölf Radierungen um 1560 von Frans Huys zurück (vgl. HORST 1990, 9, Abb. 9 u. 10; siehe auch HUSBAND 1995, 208–211, Nr. 126–128).

86 »Der Pilger zwischen dem falschen Glauben und der Kirche« (bzw. »Der Mensch zwischen Vernunft und den Guten Werken«), ca. 1560–1565, Federzeichnung, 23,6 × 19,1 cm, Paris, Ecole Nationale Supérieure des Beaux-Arts (Ausstellung Hamburg 1985, Nr. 64, 130; HORST 1990, 9, Abb. 10).

87 »Om te winnen de Croonen d'helsche gloet te v(lien) / 't vernuft de mensche tot eygen verdiensten leyt / maer blint sonder waerheyt der dingen in te sien / wiens licht ook niet en is als enckel duysterheyt« (HORST 1990, 22, Anm. 15).

88 Weitere wallfahrtskritische Äußerungen von ERASMUS in: »Von leichtfertigen Gelübden« (»Votum temere susceptum«), »Das Wallfahren« (»Peregrinatio religionis ergo«) (SCHIEL 1947, 84–88 u. 88–127). – Zu Erasmus' Einstellung zum Pilgertum siehe auch HALKIN 1969.

89 VD 16: E 3204–3212; BEZZEL 1980, 36–38; HOLECZEK 1983, 73–80 u. 291–292.

90 Heinrich Vogtherr d.Ä. (zug.), Titelholzschnitt, 7,3 × 10,1 cm, in: ERASMUS 1522 (VD 16: E 3205); Literatur: MULLER 1997; SIMON 1980, 285–296.

91 ERASMUS, Stultitiae Laus, Basel: Froben 1514, Kunstmuseum Basel, Kupferstichkabinett: 1662.166; siehe MÜLLER 1996, 50–66, Kat. Nr. 10–91, hier Nr. 45 (»Ein Pilger«), mit den gedruckten Randnotizen »Qui sacra visunt loca«, vgl. auch Nr. 35 (»Ein Narr betet zum heiligen Christophorus«), Nr. 43 (»Zwei Frauen stiften Kerzen vor einem Marienbild«) mit der gedruckten Randnotiz »superstitiosus cultus imaginum«.

92 BRANT / LOCHER 1572, 23 (Staats- und Universitätsbibliothek Hamburg: A 1951 / 2383), auch im Internet in der Heidelberger Edition »Camena«.

93 Stimmer, Holzschnitt, in: BRANT / LOCHER 1572, 23. – Noch deutlicher wird Stimmer in der Illustration zum Kapitel 98, 196 »De Externis & infidelibus fatuis« (»Die Ungläubigen«): In konsequenter protestantischer Polemik geht er über Brants »Saracenen, Türcken, Heyden« hinaus und zeigt Mönche, Bischof und den Papst.

94 Dazu ERASMUS, »Von Walfart«: »Es ist nit von no(e)tten das du über Mo(e)r farest / oder in fremde land ziehest / es ist gegenwertig das wort gottes in deinem hertzen vnd mund.« [...] »Nain man kumpt nit zu(e) Christo mit füssen des flaisches sunder des gaystes vnd hertzens« (SIMON 1980, 290–291). – Zu Wallfahrt und Reformation allg.: HRDINA / KÜHNE / MÜLLER 2007; REITER 1970.

95 Ausstellung Basel 1984, Nr. 152; siehe auch Kopie nach Tobias Stimmer, »Afbeelding van den Nieuwen Paus«, 1670 (HARMS / RATTAY 1983, Nr. 16; HARMS 1980, Nr. II, 74).

96 Aertgen van Leyden bzw. Jan de Cock (zug.), »The Ship of St. Reynuyt or The Ship of Mismanagement«, 74 × 116 cm, Oxford, Ashmolean mit niederländischem Text (Literatur: Hollstein Dutch, Band 10, o.J., Nr. 45, 223; FILEDT KOK 1996, 185: »The Ship of St. Reynuit« (= Exemplar in Amsterdam, Rijksprentenkabinet, mit französischem Text); siehe FILEDT KOK 1986, Nr. 40, 155–157.

97 Barthel Beham, »Zwölf Bettler«, ca. 1524, Holzschnitt, 34,7 × 25,9 cm, Verleger: Hans Guldenmund (GEISBERG 1974, Bd.1, Nr. G.159; MULLER 1958, Nr. 62).

98 Heinrich Aldegrever, »Pauperitas«[!] (»Die Armut«), 1549 / 1550, Kupferstich, 6,9 × 4,9 / 5,1 cm (Ausstellung Münster 1993, Bd.2, 568; Ausstellung Unna 2002, 23, Abb. 109; dazu auch die Vorzeichnung: PLASSMANN 1994, 65–77, Abb. 52, 76).

99 Meist für einen Bettler gehalten, aber Kleidung

und Gesicht sowie die weiblichen Personifikationen der Serie insgesamt sprechen eher für eine Bettlerin.

100 Jacques Callot, »Pèlerins« (Pilger), ca. 1622/1623, Radierung, aus einer Serie von 25 Stück, genannt »Les Gueux« (Die Bettler), ca. 13,7 × 8,6 cm; Hamburger Kunsthalle, Kupferstichkabinett: 33172 (siehe auch Ausstellung Nancy 1992, Nr. 319).

101 Jacques Callot, »Capitano de Baroni«, Hamburger Kunsthalle, Kupferstichkabinett: 27462 (siehe auch Ausstellung Nancy 1992, Nr. 317).

102 MIECK 1978, 527.

103 Arnold von Harff, »Pilgerfahrt«, zit. nach HERBERS / PLÖTZ 1996, 226; weitere Literatur zu Strafwallfahrern: HERWAARDEN 1978; VOGEL 1963, 37–94.

104 KLIBANSKY / PANOFSKY / SAXL 1990, insb. 293–315 (»Saturn in der Bildüberlieferung«); HAUBER 1916.

105 Georg Pencz, »Saturn«, 1531, Holzschnitt, 30,2 × 20,6 cm, aus einer Folge von sieben Planetenbildern, Hamburger Kunsthalle, Kupferstichkabinett: a / 11859 (HOLLSTEIN 1991, Bd.31, Nr. 89).

106 Baccio Baldini, »Saturn und seine Kinder«, ca. 1460, Kupferstich (BLUME 2000, Abb. 259).

107 Amsterdam, Rijksprentenkabinet, ca. 27 × 21 cm, Literatur: ARMSTRONG 1990, 88–104, fig. 97a-97f., hier 93, fig. 97c; HAEGER 1986, 133–150.

108 Cornelis Anthonisz, »Der verlorenen Sohn«, Blatt 3, Holzschnitt, um 1540 (ARMSTRONG 1990, 93, fig. 97c).

109 Erkennbar am Spinnrocken und Skorpion, vgl. ARMSTRONG 1990, 93.

110 Kupferstich, 22,2 × 25, 4 cm, Wien, Graphische Sammlung Albertina (Ausstellung Gand 1985, Nr. 55 mit älterer Literatur).

111 Musikinstrumente sind bei Bosch Werkzeuge des Teufels, siehe »Musikalische Hölle«, rechter Seitenflügel »Garten der Lüste«, Madrid: Prado (Literatur: HAMMERSTEIN 1974, 105–109).

112 LUTHER (Stuttgart o.J., nach 1912); »Caecus autem si caeco ducatum praestet ambo in foveam cadunt.« (Vulgata, Stuttgart 1983).

113 Vgl. TRUDZINSKI 1984.

114 Pieter Bruegel d. Ä., »Der Blindensturz«, 1568, Neapel, Museo Capodimonte – siehe auch die Kopien: SUDHOFF 1981, Abb. 77–83 und weitere Stiche mit blinden Pilgern: Abb. 3, 7, 57.

115 Pieter Bruegel d. Ä., »Karneval und Fasten,« 1559, Wien, Kunsthistorisches Museum.

116 Vgl. POKORNY 2003; WALSH 1998; SUDHOFF 1981, 143 u. 176. Ähnliche Erscheinungen in der Literatur vgl.: KRAEMER 1944.

117 Im »Heidelberger Blockbuch«, Bl. 165 v (Dekalog); im »Mars«-Blatt von ca. 1475–1485 des sog. Hausbuchmeisters (Ausstellung Frankfurt a.M. 1985, 210, BLUME 2000, Abb. 241); Hieronymus Bosch, »Jacobus«, Außenflügel des »Jüngsten Gerichts«, um 1504, Wien: Akademie für bildende Künste, Gemäldegalerie; Pieter Bruegel d.Ä., »Triumph des Todes«, 1562, Madrid, Prado.

118 VELDMAN 1994, 134–136, Nr. 445–448.

119 Herman Janszoon Muller nach Maarten van Heemskerck, Kupferstich, 20,5 × 25,2 cm (Literatur: VELDMAN 1994, Nr. 443; VELDMAN 1987, 201, Abb. 9).

120 »Caeca Cupido Error Malus, Illecebrosa Voluptas, / Oppresso Infligunt Vulnera Cruda Viro« Hadr[ianus] Jun[ius] (Der blinde Cupido, der verderbliche Irrtum (und) die verführerische Wollust bringen dem unterdrückten Mann blutende Wunden bei).

121 Pieter van der Heyden nach Hieronymus Bosch, »Shrove Tuesday Dutch kitchen with wafer-bakery«, Kupferstich, 1567, 22,4 × 29 cm (Hollstein Dutch, Bd. 3, 1951, Nr. 25 [»nach Hieronymus Bosch«] und Bd. 9, 1956, 28, Nr. 48 [»Pieter van der Heyden«]; siehe auch Ausstellung Gand 1985, Nr. 46).

122 Vgl. auch die Pilger-Eule des Monogrammisten »M.H.«, 1. Hälfte 16. Jh. (Hollstein Dutch, Bd. 13, 1956, 93).

123 Pieter Bruegel d. Ä. (?), »Narrenküche«, Zeichnung, Wien, Graphische Sammlung Albertina (BENESCH 1928, Nr. 75).

124 Zur Eule als Lockvogel: Illustration zum *Liber vagatorum*, Speyer: Schmidt um 1522 (Abb. SCHAN-

ZE 1995, 147; Holzschnitt »Der Teufel als Vogelfänger« in: SCHWARZENBERG 1525, fol. CVI (VD 16, S 4709; Hollstein German, Bd. 3, 1955, »Hans Sebald Beham«, 170); VANDENBROECK 1985, 85–88; siehe auch Eule als »Heilige«, dort 87 u. 106; vgl. auch die Eule im Rothenburger Hochalter von 1466 von Friedrich Herlin: Werkstattseite, Szene aus der Jacobslegende, »Galgenwunder«, St. Jacob, Rothenburg (Literatur: METZGER 2005, 109, Abb. 5).

Bibliographie

AMMAN, J. / SACHS, H., *Eygentliche Beschreibung aller Stände auff Erden*, Frankfurt / Main 1568.

AMMAN, J., *Kunstbüchlein*, Frankfurt / Main 1599 (Staats- und Universitätsbibliothek Hamburg, Hamburg: Scrin A / 28).

AMMAN, J., *Das Ständebuch*, hrsg.v. Lemmer, M., Leipzig 1989.

ARMSTRONG, CH. M., *The moralizing prints of Cornelis Anthonisz*, Princeton 1990.

BARRET, P. / GURGAND, J.-N., *Auf dem Weg nach Santiago: in den Spuren der Jakobspilger*, Freiburg / Breisgau u.a. 2000.

BAUER, G. (Hrsg.), *Johannes Geiler von Kaysersberg, Sämtliche Werke 1*, Berlin 1989.

BENESCH, O., *Die Zeichnungen der niederländischen Schule des 15. und 16. Jahrhunderts*, Wien 1928.

BENZ, R. (Hrsg.), *Legenda Aurea: Die Legenda aurea des Jacobus de Voragine*, Gerlingen 1997.

BETSCHART, A., *Zwischen zwei Welten: Illustrationen in Berichten westeuropäischer Jerusalemreisender des 15. und 16. Jahrhunderts*, Würzburg 1996.

BEUNINGEN, H. J. E. V. / KOLDEWEIJ, A. M., *Heilig en Profaan (1): 1000 laatmiddeleeuwse insignes uit de collectie H. J. E. van Beuningen*, Cothen 1993.

BEUNINGEN, H. J. E. V., *Heilig en Profaan (2): 1200 laatmiddeleeuwse insignes uit openbare en particuliere collections*, Cothen 2001.

BLUME, D., *Regenten des Himmels: astrologische Bilder in Mittelalter und Renaissance*, Berlin 2000.

BOCCACCIO, G., *Des Cas des nobles hommes et femmes*, Handschrift, um 1458, München: Bayerische Staatsbibliothek, Cod. gall. 6.

BOCCACCIO, G., »De casibus virorum illustrium«, in: BRANCA, V. (Hrsg.), *Tutte le opere di Giovanni Boccaccio*, Bd. 9, Milano 1983.

BORCHLING, C. / CLAUSSEN, B., *Niederdeutsche Bibliographie: Gesamtverzeichnis der niederdeutschen Drucke bis zum Jahre 1800*, Neumünster 1931.

BOTTINEAU, Y., *Der Weg der Jakobs-Pilger*, Bergisch Gladbach 1987.

BRALL-TUCHEL, H. / REICHERT, F. (Hrsg.), *Rom-Jerusalem-Santiago: das Pilgertagebuch des Ritters Arnold von Harff (1496–1498)*, Köln 2007.

BRANT, S., *Narrenschiff*, Basel 1494 (Neudruck hrsg.v. Zarnecke, F., Hildesheim 1961).

BRANT, S. / LOCHER, J., *Stultifera navis mortalium*, Basel 1572.

BREDOW-KLAUS, I. V., *Heilsrahmen: spirituelle Wallfahrt und Augentrug in der flämischen Buchmalerei des Spätmittelalters und der frühen Neuzeit*, München 2005.

BRÜCKNER, W., »Pilger, Pilgerschaft«, in: *Lexikon der christlichen Ikonographie*, hrsg.v. E. KIRSCHBAUM, Bd. 3, Freiburg / Breisgau 1968, Sp. 439–442.

BÜHREN, R. V., *Die Werke der Barmherzigkeit in der Kunst des 12.-18. Jahrhunderts: zum Wandel eines Bildmotivs vor dem Hintergrund neuzeitlicher Rhetorikrezeption*, Hildesheim 1998.

BÜNZ, E., »Santiagopilger und Jakobusverehrung zwischen Nord- und Ostsee im 12. Jahrhundert«, in: *Hansische Geschichtsblätter* 18 (2000), 35–56; 85–107.

CAMPORESI, P. (Hrsg.), *Il libro dei Vagabondi*, Turin 1973.

CARLEN, L., *Wallfahrt und Recht im Abendland*, Freiburg / Schweiz 1987.

CARQUÉ, B. / RÖCKELEIN, H. (Hrsg.), *Das Hochaltarretabel der St. Jacobi-Kirche in Göttingen*, (Veröffentlichungen des Max-Planck-Instituts für Geschichte, 213), Göttingen 2005.

Caucci von Saucken, P. (Hrsg.), *Santiago de Compostela: Pilgerwege*, Augsburg 2003.

Caucci von Saucken, P. / Plötz, R. (Hrsg.), *Santiago, la Europa del peregrinaje*, Barcelona 1993.

Chamorro, M. I., *Tesoro de villanos*, Barcelona 2002.

Chew, S. C., *The Pilgrimage of Life*, New Haven / London 1962.

Dacheux, L. (Hrsg.), *Les plus anciens écrits de Geiler de Kaysersberg*, Colmar 1882.

Dunn, M. / Davidson, L. K., *The Pilgrimage to Santiago de Compostela: a comprehensive, annotated bibliography*, New York 1994.

Favreau-Lilie, M.-L., »Von der Nord- und Ostsee ans ›Ende der Welt‹: Jakobspilger aus dem Hanseraum«, in: *Hansische Geschichtsblätter* 117 (1999), 93–130.

Figueroa, A., *Le Roman de Renart: documento critico de la sociedad medieval*, Santiago de Compostela 1982.

Filedt Kok, J. P. (Hrsg.), *The New Hollstein: Dutch and Flemish Etchings, Engravings and Woodcuts 1450–1700 – Lucas van Leyden*, Rotterdam 1996.

Fischer, W., *Armut in der Geschichte: Erscheinungsformen und Lösungsversuche der ›Sozialen* Frage‹ *in Europa seit dem Mittelalter*, Göttingen 1982.

Ganz-Blättler, U., *Andacht und Abenteuer: Berichte europäischer Jerusalem- und Santiago-Pilger (1320–1520)*, (Jakobus-Studien 4), Tübingen 1990.

Geiler von Kaysersberg, J., *Der bilger mit seinen eygenschafften, auch figuren [= Der Pilger]*, Augsburg 1494 (München, BSB).

Geiler von Kaysersberg, J., *Ein nutzlich büchlein das man nennet den Pilgrim... [= Der Pilger]*, Augsburg 1499 (München, BSB).

Geiler von Kaysersberg, J., *Predigen Teütsch*, Augsburg 1508 (Staatsbibliothek Hamburg).

Geiler von Kaysersberg, J., *Christenlich bilgerschafft*, Basel 1512.

Georges, A., *Le pèlerinage à Compostelle: en Belgique et dans le Nord de la France; suivi d'une étude sur l'iconographie de Saint Jacques en Belgique*, Brüssel 1971.

Geremek, B., *Les fils de Caïn: l'image des pauvres et des vagabonds dans la littérature européennes du XVe au XVIIe siècle*, Paris 1971.

Geremek, B., *Geschichte der Armut – Elend und Barmherzigkeit in Europa*, Frankfurt / Main 1988.

Gilles, H., »Lex peregrinorum«, in: *Le Pèlerinage*, (Cahiers de Fanjeaux 15), Toulouse 1980, 161–189.

Gitlitz, D. G., »The Iconography of St. James in the Indianapolis Museum's Fifteenth-Century Altarpiece«, in: Dunn, M. / Davidson, L. K., *The Pilgrimage to Compostela in the Middle Ages*, New York / London 1996, 113–130.

Gribl, A., »Die Legende vom Galgen- und Hühnerwunder in Bayern. Eine ikonographische Gegenwartsspur der mittelalterlichen Fernwallfahrt nach Santiago de Compostela«, in: *Bayerisches Jahrbuch für Volkskunde* 1976 / 1977, 36–52.

Haeger, B., »Cornelis Anthonisz's Representation of the Parable of the Prodigal Son: a Protestant Interpretation of the Biblical Text«, in: *Nederlands Kunsthistorisch Jaarboek* 37 (1986), 133–150.

Halkin, L-E., »Erasme pèlerin«, in: *Scrinium Erasmianum*, Bd. 2, Leiden 1969, 239–252.

Hammerstein, R., *Diabolus in musica: Studien zur Ikonographie der Musik im Mittelalter*, Bern 1974.

Harms, W., *Homo viator in bivio: Studien zur Bildlichkeit des Weges*, Münster 1970.

Harms, W. (Hrsg.), *Deutsche illustrierte Flugblätter des 16. und 17. Jahrhunderts*, Bd. 2, München 1980, Nr. II, 74.

Hartl, N., *Die ›Stultifera Navis‹: Jacob Lochers Übertragung von Sebastian Brants ›Narrenschiff‹*, Bd. 1,2: Teiledition und Übersetzung, Münster u.a. 2001.

Hasenfuss, J., »Wallfahrt«, in: Kirschbaum, E. (Hrsg.), *Lexikon der christlichen Ikonographie*, Bd. 4, Freiburg / Breisgau 1968, Sp. 478–481.

Hauber, A., *Planetenkinderbilder und Sternbilder: zur Geschichte des menschlichen Glaubens und Irrens*, (Studien zur deutschen Kunstgeschichte 194), Straßburg 1916.

HERBERS, K., *Deutsche Jakobspilger und ihre Berichte*, (Jakobus-Studien 1), Tübingen 1988.

HERBERS, K., »The Miracles of St. James«, in: WILLIAMS, J. / STONES, A., (Hrsg.), *The ›Codex Calixtinus‹ and the Shrine of St. James*, (Jakobus-Studien 3), Tübingen 1992, 11–35.

HERBERS, K. / PLÖTZ, R., *Nach Santiago zogen sie: Berichte von Pilgerfahrten ans ›Ende der Welt‹*, München 1996.

HERBERS, K. (Hrsg.), *Libellus Sancti Jacobi: Auszüge aus dem Jakobsbuch des 12. Jahrhunderts*, (Jakobus-Studien 8), Tübingen 1997.

HERBERS, K. / SANTOS NOIA, M. (Hrsg.), *Codex Calixtinus: Liber Sancti Jacobi – Codex Calixtinus*, Santiago de Compostela 1998.

HERBERS, K. / PLÖTZ, R., *›Die Straß zu Sankt Jakob‹: der älteste deutsche Pilgerführer nach Compostela (Hermann Künig von Vach)*, Ostfildern 2004.

HERWAARDEN, J. VAN, *Opgelegde bedevaarde: een studie over de praktijk van opleggen van bedevaarten (met name in de stedeijke rechtspraak) in de Nederlanden gedurende de late middeleeuwen (ca. 1300- ca. 1550)*, Assen u.a. 1978.

HERWAARDEN, J. VAN, *Between Saint James and Erasmus: studies in late-medieval religious life; devotion and pilgrimage in the Netherlands*, Leiden / Boston 2003.

HOHLER, C., »The Badge of St. James«, in: COX, I. (Hrsg.), *The Scallop: studies of a shell and its influences on humankind*, London 1957, 49–70.

HOLECZEK, H., *Erasmus deutsch, Band 1. Die volkssprachliche Rezeption des Erasmus von Rotterdam in der reformatorischen Öffentlichkeit, 1519–1536*, Stuttgart / Bad Cannstatt 1983.

HONEMANN, V., »Spiegel der Vernunft«, in: RUH, K. (Hrsg.), *Die deutsche Literatur des Mittelalters: Verfasserlexikon*, Bd.9, Berlin 21995, Sp. 133–134.

HORST, D. R., »Een zestiende-eeuwse reformatorische prentenreeks van Frans Huys over de Heilsweg van de Mens«, in: *Bulletin van het Rijksmuseum* 38 (1990), 3–24.

HRDINA, J. / KÜHNE, H. / MÜLLER, T. T. (Hrsg.), *Wallfahrt und Reformation: Zur Veränderung religiöser Praxis in Deutschland und Böhmen in den Umbrüchen der Frühen Neuzeit = Pout' a reformace*, Frankfurt / Main u.a. 2007.

JACOMET, H., »Saint-Jacques: apôtre et pèlerin. Proximité et distance«, in: SIGAL, P.-A. (Hrsg.), *L'Image du pèlerin au Moyen Âge et sous l'Ancien Régime*, (Colloque Rocamadour 1993), Gramat 1994, 331–381.

JEDIN, H., *Geschichte des Konzils von Trient*, Bd. 4, Freiburg / Breisgau 1975,.

JÜTTE, R., *Abbild und soziale Wirklichkeit des Bettler- und Gaunertums zu Beginn der Neuzeit: sozial-, mentalitäts- und sprachgeschichtliche Studien zum ›Liber vagatorum‹ (1510)*, Köln 1988.

KAISER, G. (Hrsg.), *Der tanzende Tod. Mittelalterliche Totentänze*, Frankfurt / Main 1983.

KIMPEL, S, »Jakobus der Ältere«, in: KIRSCHBAUM, E. (Hrsg.), *Lexikon der christlichen Ikonographie*, Bd. 7, Freiburg / Breisgau 1974, Sp. 23–39.

KLUGE, F., Rotwelsch: *Quellen und Wortschatz der Gaunersprache und der verwandten Geheimsprachen,* Straßburg 1901.

KLIBANSKY, R. / PANOFSKY, E. / SAXL, F., *Saturn und Melancholie: Studie zur Geschichte der Naturphilosophie und Medizin, der Religion und der Kunst*, Frankfurt / Main 1990.

KNAPE, J., *Die ältesten deutschen Übersetzungen von Petrarcas ›Glücksbuch‹: Texte und Untersuchungen*, Bamberg 1986.

KOLDEWEIJ, A. M., »Het zijn niet allen slagers die lange messen tragen: valse pelgrims en hun herkenningstekens.«, in: VAN BEUNINGEN, H. J. E. / KOLDEWEIJ, A. M., *Heilig en Profaan (1): 1000 laatmiddeleeuwse insignes uit de collectie H. J. E. van Beuningen*, Cothen 1993, S. 33–37.

KÖSTER, K., *Pilgerzeichen und Pilgermuscheln von mittelalterlichen Santiagostraßen,* (Ausgrabungen in Schleswig, Berichte und Studien 2), Neumünster 1983.

KÖSTER, K., »Mittelalterliche Pilgerzeichen«, in: KRISS-RETTENBECK, L. / MÖHLER, G. (Hrsg.), *Wallfahrt kennt keine Grenzen. Themen zu einer Ausstellung des Bayerischen Nationalmuseums und des Adalbert Stifter Vereins*, München / Zürich 1984, 203–223.

Köster, K., »Les coquilles et enseignes de pèlerinage des Saint-Jacques de Compostelle et des routes de Saint-Jacques en occident«, in: Ausstellung *Santiago de Compostela: 1000 ans de Pèlerinage Européen*, (Europalia 85), Gent 1985, 85–95.

Kraemer, E., *Le type du faux mendiant dans les littératures romanes depuis le moyen âge jusqu'au XVIIe siècle*, (Commentationes Humanarum Litterarum, XIII, 6), Helsingsfors 1944.

Kraume, H., *Die Gerson-Übersetzungen Geilers von Kaysersberg: Studien zur deutschsprachigen Gerson-Rezeption*, München 1980.

Kraume, H.,: »Geiler, Johannes, von Kaysersberg«, in: Stammler, W. (Hrsg.), *Die deutsche Literatur des Mittelalters: Verfasserlexikon*, Bd. 2, Berlin [2]1980, Sp. 1141–1152.

Kriss-Rettenbeck, L. / Möhler, G., *Wallfahrt kennt keine Grenzen. Themen zu einer Ausstellung des Bayerischen Nationalmuseums und des Adalbert Stifter Vereins*, München / Zürich 1984.

Luther, M., »Vorwort« in: *Von der falschen Betler buberey*, 1528 (*D. Martin Luthers Werke: kritische Gesamtausgabe* – Neudruck der Ausgabe Weimar 1909), Graz 1964, 634–654.

Metzger, C., »Friedrich Herlins Rothenburger Altar«, in: Herbers, K., *Die oberdeutschen Reichsstädte und ihre Heiligenkulte*, (Jakobus-Studien 16), Tübingen 2005, 101–118.

Mieck, I., »Zur Wallfahrt nach Santiago de Compostela zwischen 1400 und 1650: Resonanz, Strukturwandel und Krise«, in: Hrsg. *Gesammelte Aufsätze zur Kulturgeschichte Spaniens* 29 (1978), 483–533.

Miller, M. / Zimmermann, K., *Die Codices Palatini germanici in der Universitätsbibliothek Heidelberg: Cod. Pal. germ. 304–495*, Wiesbaden 2007; auch im Internet: http://digi.ub.uni-heidelberg.de / diglit / cpg438 / 0289 (zuletzt 08.07.2007).

Mollatt, M., *Die Armen im Mittelalter*, München 1984.

Muller, J., *Barthel Beham: kritischer Katalog seiner Kupferstiche, Radierungen, Holzschnitte*, Baden-Baden 1958.

Muller, F., *Heinrich Vogtherr l'ancien: un artiste entre Renaissance et Réforme*, (Wolfenbütteler Forschungen 72), Wiesbaden 1997.

Müller, C. (bearb.), *Die Zeichnungen von Hans Holbein dem Jüngeren und Ambrosius Holbein*, Basel 1996.

Münz, L., *Bruegel: the drawings – complete edition*, London 1961.

Musper, T., »Ein Straßburger Holzschnitt Dürers«, in: *Jahrbuch der Preußischen Kunstsammlungen* 58 (1937), 124–127.

Okayama, Y., *The Ripa index: personifications and their attributes in five editions of the Iconologia*, Doornspijk 1992.

Paravicini, W. (Hrsg.), *Europäische Reiseberichte des späten Mittelalters: eine analytische Bibliographie, Teil 1–3, Deutsche, Französische, Niederländische Reiseberichte*, Frankfurt / Main 1994, 1999, 2000.

Petrarca, F., *Von der Artzney bayder Glück*, Augsburg 1532; Reprint, hrsg.v. M. Lemmer, Hamburg 1984.

Plassmann, O., *Die Zeichnungen Heinrich Aldegrevers*, Münster 1994.

Plötz, R., »Peregrini-Pamieri-Romei: Untersuchungen zum Pilgerbegriff der Zeit Dantes«, in: *Jahrbuch für Volkskunde*, N.F. 2 (1979), 103–134.

Plötz, R., »Pilger und Pilgerfahrt gestern und heute am Beispiel von Santiago in Compostela«, in: Plötz, R. (Hrsg.), *Europäische Wege der Santiago-Pilgerfahrt*, Tübingen 1992, 171–213.

Plötz, R., »Indumenta Peregrinorum – L'équipement du pèlerin jusqu'au XIX siècle«, in: *Les traces du pèlerinage à Saint-Jacques-de-Compostelle dans la culture européenne*, (Patrimoine culturel 20), Straßburg 1992, 46–54.

Plötz, R., »Jacobus Maior: geistige Grundlagen und materielle Zeugniss eines Kultes«, in: Herbers, K. / Bauer, D. R. (Hrsg.), *Der Jakobuskult in Süddeutschland; Kultgeschichte in regiona-*

ler und europäischer Perspektive, Tübingen 1995, 171–232.

Plötz, R., »Signum peregrinationis – Heilige Erinnerung und spiritueller Schutz« in: Kühne, H. (Hrsg.), *Das Zeichen am Hut im Mittelalter. Europäische Reisemarkierungen. Symposium in memoriam Kurt Köster (1912–1986)*, Frankfurt a.M. 2008, 47- 70.

Pokorny, E., »Bosch's crippels and drawings by his imitators«, in: *Master Drawings* 41 (2003), Nr. 3, 293–304.

Randall, L. M. C., *Images in the margins of Gothic manuscripts*, Berkeley / Los Angeles 1966.

Raupp, H.-J., »Francesco Petrarca, ›Von der Artzney bayder Glueck des Guten und Widerwertigen‹ (Augsburg 1532)«, in: *Wallraf-Richartz-Jahrbuch* 45 (1984), 59–112.

Raynaud, C., »Les pèlerins à Jérusalem dans quelques représentations du XIIIe au XVe siècle«, in: Sigal, P.-A. (Hrsg.), *L'Image du pèlerin au Moyen Âge et sous l'Ancien Régime*, (Colloque Rocamadour 1993), Gramat 1994, 159–181.

Reichert, F., *Die Reise des Pfalzgrafen Ottheinrich zum Heiligen Land 1521*, Regensburg 2005.

Reincke, H., *Hamburg am Vorabend der Reformation*, (Arbeiten zur Kirchengeschichte Hamburgs 8), Hamburg 1966.

Reiter, G., *Heiligenverehrung und Wallfahrtswesen im Schrifttum von Reformation und katholischer Restauration*, Würzburg 1970.

Ripa, C., *Iconologia*, Rom 1603 (Repr. Hildesheim 1970).

Röckelein, H. (Hrsg.), *Der Kult des Apostels Jakobus d.Ä. in norddeutschen Hansestädten*, (Jakobus-Studien 15), Tübingen 2005.

Schaefer, C., *Jean Fouquet: an der Schwelle zur Renaissance*, Dresden / Basel 2003.

Schanze, F., »Die älteren Drucke des ›Liber vagatorum‹«, in: *Gutenberg Jahrbuch* 70 (1995), 143–150.

Scheidig, W., *Die Holzschnitte des Petrarca-Meisters*, Berlin 1955.

Schiel, H., *Erasmus, Vertraute Gespräche-Colloquia familiaria*, Köln 1947.

Schiller, G., *Ikonographie der christlichen Kunst. Die Auferstehung und Erhöhung Christi*, Bd. 3, Gütersloh 1986.

Schmugge, L., »Pilgerfahrt macht frei – Eine These zur Bedeutung des mittelalterlichen Pilgerwesens«, in: *Römische Quartalschrift für christliche Altertumskunde und Kirchengeschichte* 74 (1979), 16–31.

Schmugge, L., »Falsche Pilger«, in: Fuhrmann, H., *Fälschungen im Mittelalter, Fingierte Briefe*, Teil 5, (Schriften der Monumenta Germaniae Historica, 33,5), Hannover 1988, 475–484.

Schneider, W., *Peregrination Hierosolymitana. Studien zum spätmittelalterlichen Jerusalembrauchtum und zu den aus der Heiliglandfahrt hervorgegangenen nordwesteuropäischen Jerusalembruderschaften*, Münster 1982.

Schramm, A., *Der Bilderschmuck der Frühdrucke: Die Drucker in Lübeck 2: Steffen Arndes*. Bd. 11, Leipzig 1928.

Schramm, A., *Der Bilderschmuck der Frühdrucke: Die Drucker in Nürnberg: Anton Koberger*, Bd. 17, Leipzig 1934.

Schramm, A., *Der Bilderschmuck der Frühdrucke: Die Drucker in Basel*, Bd. 22, Leipzig 1940.

Schreiber, K., »›Peregrinatio laudabilis‹ und ›peregrinatio vituperabilis‹. Zur religiösen Ambivalenz des Wallens und Laufens in der Frömmigkeitstheologie des späten Mittelalters«, in: Jaritz, G. / Schuh, B., *Wallfahrt und Alltag in Mittelalter und Früher Neuzeit: internationales Round-Table-Gespräch, Krems an der Donau, 8. Oktober 1990*, Wien 1992.

Schubert, E., *Fahrendes Volk im Mittelalter*, Bielefeld 1995.

Schulz, R. (Hrsg.), *700 Jahre Sankt Jacobi zu Hamburg, 1255–1955*, Hamburg 1955.

Schwarzenberg. J. v., *Die Beschwerung [= Beschwörung] der alten Teüfelischen Schlangen mit dem Götlichen wort*, Augsburg 1525.

Schweicher, C., »Barmherzigkeit, Werke der«, in: Kirschbaum, E. (Hrsg.), *Lexikon der christlichen Ikonographie*, Bd. 1, 1968, Sp. 245–251.

SEELIG, G. (bearb.), *The New Hollstein. German engravings, Jost Amman, Book illustrations*, Part. III, Rotterdam 2002.

SILVER, L. A., »Of beggars – Lucas van Leyden and Sebastian Brant«, in: *Journal of the Warburg and Courtauld Institutes* 39 (1976), 253–257.

SIMON, K. (Hrsg.), *Deutsche Flugschriften zur Reformation, 1520–1525*, Stuttgart 1980.

STRAUSS, W. L. (Hrsg.), *The Ecclesiastical Hierarchy (The Illustrated Bartsch, German Masters of the Sixteenth Century)*, New York 1988.

SUDHOFF, H., *Ikonographische Untersuchungen zur ›Blindenheilung‹ und zum ›Blindensturz‹: ein Beitrag zu Pieter Bruegels Neapler Gemälde von 1568*, Bonn 1981.

SUMPTION, J., *Pilgrimage: an image of medieval religion*, London ²1975.

THOMAS VON AQUIN, *Die Deutsche Thomas-Ausgabe. Thomas von Aquin*, Bd. 17 A: Die Liebe (Teil I), hrsg.v. Christmann, H.M., Salzburg u.a. 1959.

TIMM, F., *Der Palästina-Pilgerbericht des Bernhard von Breidenbach und die Holzschnitte Erhard Reuchwichs: die ›Peregrinatio in terram sanctam‹ (1486) als Propagandainstrument im Mantel der gelehrten Pilgerschrift*, Stuttgart 2006.

TUNG, M., *Two Concordances to Ripa's ›Iconologia‹*, New York 1993.

TRUDZINSKI, M., »Von Holbein zu Breughel: ›Christ us vera lux, philosophi et papa in foveam cadentes‹«, in: *Niederdeutsche Beiträge zur Kunstgeschichte* 23 (1984), 63–116.

VANDENBROECK, P., »Bubo significans«, in: *Jaarboek Koninklijk Museum voor Schone Kunsten*, Antwerpen 1985, 19–135.

VARTY, K., *Reynard the Fox: a study of the Fox in medieval English Art*, Leicester 1967.

VÁZQUEZ DE PARGA, L. (u.a.), *Las Peregrinaciones a Santiago de Compostela*, 3 Bde., Madrid 1948–1949.

VELDMAN, I. M. »Maarten van Heemskercks visie op het geloof«, in: *Bulletin van het Rijksmuseum* 35 (1987), 193–210.

VELDMAN, I. M., *The New Hollstein Dutch and Flemish Etchings, Engravings and Woodcuts 1450–1700, Maarten van Heemskerck*, P. II, Rosendaal 1993.

VOGEL, C., »Le pèlerinage pénitentiel«, in: *Pellegrinaggi e culto dei Santi in Europa fino alla I. a Crociata*, Todi 1963, 37–94.

VOLTMER, R., *Wie der Wächter auf dem Turm: ein Prediger und seine Stadt; Johannes Geiler von Kaysersberg (1445–1510) und Straßburg*, Trier 2005.

WALSH, M. W., »Martin y muchos pobres; grotesque versions of the charity of St. Martin in the Bosch and Bruegel School«, in: *Essays in Medieval Studies* 14 (1998), 107–120.

WERNER, G., *Ripa's ›Iconologia‹: Quellen – Methode – Ziele*, Utrecht 1977.

WILCKENS, L. VAN, »Die Kleidung der Pilger«, in: KRISS-RETTENBECK, L. / MÖHLER, G., *Wallfahrt kennt keine Grenzen. Themen zu einer Ausstellung des Bayerischen Nationalmuseums und des Adalbert Stifter Vereins*, München / Zürich 1984, 174–180.

WOHLMUTH, J., *Drittes Laterankonzil 1179*, (Dekrete der ökumenischen Konzilien, Konzilien des Mittelalters, Bd. 2), Paderborn 2000.

WOLF, U., *Die Parabel vom reichen Prasser und armen Lazarus in der mittelalterlichen Buchmalere*i, München 1989.

YOUNG, K., *The Drama of the Medieval Church*, Oxford 1962.

ZINK, F., *Die Handzeichnungen bis Mitte des 16. Jh.*, Germanisches National-Museum 1968.

AUSSTELLUNGSKATALOGE

Ausstellung *Tobias Stimmer 1539–1584. Spätrenaissance am Oberrhein*, Basel 1984.

Ausstellung *Foi et Bonne Fortune. Parure et Dévotion en Flandre médievale*, hrsg.v. Koldeweij, J., Brügge 2006 / 2007.

Ausstellung *Illustrierte Flugblätter aus den Jahrhunderten der Reformation und der Glaubenskämpfe*, hrsg. v. W. Harms u. bearb.v. Rattay, R., Nr. 16, Coburg 1983.

Ausstellung *Santiago de Compostela: 1000 ans de Pèlerinage Européen*, (Europalia 85), Gand 1985.

Ausstellung *Renaissance des Nordens: Meisterzeichnungen aus der Ecole Nationale Supérieure des Beaux-Arts in Paris*, Brugerolles, E. (Hrsg.), Hamburg: Hamburger Kunsthalle, 1985.

Ausstellung *I legni incisi della Galleria Estense: quattro secoli di stampa nell'Italia Settentrionale*, hrsg.v. Goldoni, M., Nr. 228, Modena 1986.

Ausstellung *Erasmus von Rotterdam, 1469–1536, Deutsche Übersetzungen des 16. Jahrhunderts*, bearb.v. Bezzel, I., München: Bayerische Staatsbibliothek 1980.

Ausstellung *Imagination des Unsichtbaren; 1200 Jahre Bildende Kunst im Bistum Münster*, Münster 1993.

Ausstellung *The luminous image: painted glass roundels in the Lowlands, 1480–1560*, hrsg. v. Husband, T.B., New York: Metropolitan Museum of Art, 1995, 208–211.

Ausstellung *Albrecht Dürer 1471–1971*, Nürnberg: Germanisches Nationalmuseum 1971.

Ausstellung *Kunst des Sammelns: Das Praunsche Kabinett; Meisterwerke von Dürer bis Caracci*, bearb. v. Achilles-Syndram, K., 1570 / 1, Nürnberg: Germanisches Nationalmuseum 1994.

Ausstellung *Jacques Callot, 1592–1635*, Nancy: Musée historique Lorrain, Paris 1992.

Ausstellung *Jean Fouquet: peintre et enlumineur du XVe siècle*, hrsg.v. Avril, F., Paris: Bibliothèque Nationale de France 2003.

Ausstellung *Noordnederlands kunst 1525–1580 – Kunst voor de beeldenstorm: Catalogus*, hrsg. v. Filedt Kok, J.P., s'Gravenhage 1986.

Ausstellung *Hans Burgkmair: 1473–1973; das graphische Werk*, hrsg. v. Biedermann, R., u.a., Stuttgart: Staatsgalerie, Graphische Sammlung 1973.

Ausstellung *Bilderstreit und Sinnenlust: Heinrich Aldegrever, 1502–2002*, Unna 2002 (auch im Internet-Portal zur »Westfälischen Geschichte«).

Ausstellung *Kostbare illustrierte Bücher des sechzehnten Jahrhunderts in der Stadtbibliothek Trier: Hans Baldung Grien, Urs Graf, Ambrosius und Hans Holbein*, bearb. v. Koppe, K., Wiesbaden 1995.

Nachschlagewerke

Duden. Das große Wörterbuch der deutschen Sprache in zehn Bänden, Mannheim 31999.

Frühneuhochdeutsches Wörterbuch, hrsg. v. Anderson, R.R. u.a, Berlin u.a. 2005.

Kompendium der Glaubensbekenntnisse und kirchlichen Lehrentscheidungen, hrsg.v. Denziger, H., Freiburg / Breisgau 2005.

Lexikon der christlichen Ikonographie, hrsg. v. Kirschbaum, E., Bd. 1, Freiburg / Breisgau 1968, Sp. 622–626.

Lexikon für Theologie und Kirche, hrsg. v. Buchberger, M. / Kasper, W., Freiburg / Breisgau ^{3}2001.

Religion in Geschichte und Gegenwart. Handwörterbuch für Theologie und Religionswissenschaft, Tübingen ^{4}2008.

The German Single-Leaf Woodcut 1500–1550, hrsg. v. Geisberg M. / Strauss, W.L., New York 1974.

Theologische Realenzyklopädie, hrsg. v. Müller, G. / Balz, H.R. / Krause, G., Berlin 2003.

Javier Gómez-Montero
Christian-Albrechts-Universität
zu Kiel

Notizen zur literarischen Projektion des Jakobsweges und der Stadt Santiago de Compostela

Santiago de Compostela und der Jakobsweg gehören zusammen. Die Vorstellungen, die wir heute von beiden haben, sind jeweils literarische Erfindungen und seit dem frühen 12. Jahrhundert durch die Literatur legitimiert – insbesondere durch die *Historia Compostellana* und den *Codex Calixtinus*. Das, was wir das symbolische Imaginarium der Stadt nennen, ist erst durch die Jakobslegende entstanden, auch wenn sich für den Ort bereits ein keltisches Castrum nachweisen lässt, er also schon lange zuvor besiedelt war.[1]

Der Schriftsteller Italo Calvino hat einmal gesagt, Paris sei eine ›verschriftete‹ Stadt. Damit meinte er, dass es kaum Straßen, geschweige denn Plätze gebe, die noch nicht literarisch dargestellt worden seien.[2] Santiago de Compostela hat Paris insofern etwas voraus, als die Stadt überhaupt erst durch das geschriebene Wort erschaffen wurde. Die Gründungsschrift Santiago de Compostelas ist besagter *Codex Calixtinus*; er versammelt bereits zu Beginn des 12. Jahrhunderts die Erzählungen der Stadt, ihre Mythen und Legenden.

Gründungsmythos einer Stadt aus Worten

Bei diesem Kodex handelt es sich um eine wertvolle, prächtig illuminierte Handschrift, die wohl zwischen 1140 und 1160 in Santiago verfaßt wurde und die sich heute im Archiv der Kathedrale befindet. Als ihr Urheber dürfte Bischof Gelmírez gelten. Der *Liber Sancti Jacobi* besteht aus fünf Teilen, dessen erster unter anderem eine Sammlung von Predigten zu den Jakobsfesten im liturgischen Kalenderjahr enthält.[3] Der zweite Teil des *Codex* wird als *Liber Miraculorum* bezeichnet, eine Sammlung von 22 Jakobswundern, die sich weitgehend zwischen 1090 und 1100 zugetragen haben sollen. Es fällt auf, dass häufig Vertreter unterschiedlicher Berufsstände aus dem westeuropäischen Raum, aber auch Frauen Nutznießer der demiurgischen Kraft des Jakobus waren, jedenfalls weder Könige noch Kirchenleute. Dadurch wurde dem Bild des Jakobus als jedermanns Helfer in Europa Vorschub geleistet. Das dritte Buch erzählt von der *passio*, *translatio* und *inventio* des aus Palästina überführten Apostels und von der Auffindung der Gebeine im 9. Jahrhundert unter der Augenzeugenschaft des Bischofs Teodomiro von Iria Flavia. Das vierte Buch, die so genannte *Vita Turpini*, berichtet zunächst von einem Traum Karls des Großen (wie Jakobus dem Kaiser in Aachen im Schlaf erschien und ihn zur Fahrt nach Santiago aufforderte), später dann von Feldzügen des fränkischen Herrschers entlang des heutigen Jakobsweges bis nach Santiago, wo er einer späteren Erzähltradition zufolge die Kathedrale gestiftet haben soll. Bedeutsam ist hier aber etwas anderes: Im Traum des Kaisers drückt sich nicht weniger aus als die symbolische Verbindung zwischen Friesland, dem Beginn der Milchstraße, und Santiago de Compostela. Auf diese Weise wird der Jakobsweg zur nordwestlichen Verlängerung einer *Axis Mundi* im Sinne einer christlichen Kosmogonie von *Finis Terrae* über Rom bis nach Jerusalem.[4]

In diesen vier Teilen des *Codex* wird also bereits eine erste literarische Ansicht der Stadt als *locus sacer*, als Pilgerort und Sehnsuchtsziel des christlichen Abendlandes im Mittelalter festgefügt.

Das abschließende fünfte Buch verankert dieses Bild topographisch, indem die vier französischen Pilgerwege ausführlich beschrieben und die Stationen des *Camino francés* in Nordspanien noch um einiges detaillierter geschildert werden. Der Verfasser – neueren Forschungsergebnissen nach offenbar lange Zeit zu Unrecht als Aimeric Picaud aus dem Poitou identifiziert[5] – wendet sich dann insbesondere dem heiligen Ort und dem Grab zu, wobei er die künstlerischen Arbeiten an den Portalen ebenso ausführlich würdigt wie die Klöster und sonstigen Einrichtungen zur Pflege des Kultes. Zum ersten Mal wird also beschrieben, wie die Stadt eine prächtige Gestalt erhalten hat, die ihrem symbolischen Zentrum, dem Grab des Heiligen Jakobus, angemessen war und die sie europaweit konkurrenzfähig machte – nicht umsonst heißt es im letzten Absatz: *De dignitate ecclesie Sancti Iacobi*. Diesem ersten Jakobspilger-Führer, den Klaus Herbers unter dem Titel *Libellus Sancti Iacobi* auf Deutsch herausgebracht hat,[6] kommt die Funktion zu, Santiago de Compostela als Endziel der christlichen Pilgerfahrt auch sozial- und machtpolitisch zu institutionalisieren.[7]

Der Erfolg des *Codex* war enorm. Er wurde zum Vorbild späterer *Itineraria*, wie dem des deutschen Servitenmönches Hermann Künig von Vach, oder von Reiseberichten, wie dem des französischen Seigneur de Caumont, beide aus dem 15. Jahrhundert. Zudem verfassten Adlige aus ganz Europa ausführliche Beschreibungen der Stadt, wie etwa der böhmische Baron von Rosmithal de Blatna (um 1460) und Fürst Cosimo III. de' Medici, der übrigens das erste Gemälde mit einer Panorama-Stadtansicht anfertigen ließ (1669, siehe Abbildung auf S. 106). Aber auch Soldaten wie der Pole Erich Lassota von Steblovo (um 1580) und angesehene Bürger wie der Nürnberger Arzt Hieronymus Münzer (1494–95) in seinem *Itinerarium Hispanicum* hielten ihre Eindrücke von Santiago de Compostela schriftlich fest.

Zur Veranschaulichung dieser zahlreichen Berichte seien zwei Beispiele angeführt, die nationale Stereotypen aus heutiger Sicht zu bestätigen scheinen. Beide Beispiele machen deutlich, dass Santiago de Compostela recht früh einen kulturellen Status zwischen Heiligem und Profanem erlangte, so dass der Pilgerort sich vorzüglich als Paradigma einer kulturwissenschaftlichen Betrachtung eines *locus sacer* eignet[8], der zum Kulturort mutiert. Beim ersten Text steht die Kathedrale als maßgebliche Instanz der Bedeutungsstiftung für die Stadt im Zentrum; allerdings bemängelt der Nürnberger Arzt Münzer – einem mäkelnden Touristen nicht unähnlich –, dass es in dem Gotteshaus sehr unruhig sei und man sich dort nicht zum Gebet sammeln könne. Vor allem bleibt er recht skeptisch, ob sich der Apostel tatsächlich in dem Grab befindet, denn niemand habe ihn bisher dort gesehen. Für uns entscheidend ist aber Folgendes: Münzer baut eine legendäre Topographie aus, wenn er Elemente des Wunderbaren erwähnt, die umso häufiger vorkommen, je mehr sich die Reisegesellschaften der Stadt nähern. So werden bestimmte Orte in der Landschaft wie etwa eine Grotte oder ein auffälliger Felsen bei Padrón – zwischen dem Ort, an dem die Jünger mit dem Leichnam des Jakobus in einem steinernen Boot eintrafen, und Santiago de Compostela – mit einer Fülle von Jakobslegenden belegt. Einem anderen Bericht zufolge hatten der Armeeflüchtling Guillaume Manier und seine beiden Gefährten 1726 Gelegenheit, sich in den verschiedenen Klöstern der Stadt fürstlich durchfüttern zu lassen. Mehr noch: Manier gibt einen exakten Stadtparcours an, bei dem die ihm vorgesetzten Spezialitäten mit Uhrzeit und Ort festgehalten sind, damit der Leser sich nach Belieben seinerseits am Buffet bedienen kann. Der Kulturwissenschaftler wird an diesem Bericht eines Nordfranzosen registrieren, wie im Rahmen einer abenteuerlichen und pikaresken, unterhaltsam erzählten Vita eine kulturelle Konstruktion des Raumes (also des Jakobsweges) Gestalt gewinnt, bei der Praktiken der Volksfrömmigkeit (wie der Aberglaube) mit ambivalenten Reaktionen auf fremde Menschen und unbekannte Sitten einhergehen.

Mit dem *Codex Calixtinus* wurde also der schriftliche Grundstein für den Jakobsmythos gelegt, mit dem sich auch die Wissenschaft seither in einer unüberschaubaren Anzahl von Studien beschäftigt hat. Historiker haben sich der Rekonstruktion seiner Entstehung und Entwicklung angenommen und so eine präzisere Analyse der symbolischen Bedeutungsfülle dieses Mythos und seiner unterschiedlichen Ausprägungen ermöglicht. Kunstgeschichte und Literaturwissenschaft machen uns darüber hinaus mit Formen der Mythenkonstruktionen in Wort und Bild vertraut und mit den damit verbundenen Verfahren ästhetischer Produktion und gesellschaftlicher Rezeption. Die schriftliche Fixierung ist dabei oft der Anfang oder der Höhepunkt einer Tradition, und die Bildprogramme fungieren als Vehikel zur Popularisierung des Mythos. Kurzum: Die Geschichtswissenschaft und die Kunstgeschichte breiten eine Fülle an Erkenntnissen und ein reiches Inventar an schriftlichen und bildnerischen Dokumenten und Denkmälern vor uns aus. Wie Literatur und Kunst sich im Mittelalter die

Hand reichten und den Jakobskult zum Massenphänomen werden ließen, so sind Wort und Bild auch heute maßgeblich an der *promotion* des Jakobsweges zum weltweiten Medienereignis beteiligt, insbesondere in den letzten beiden Jahrzehnten. Aus literaturwissenschaftlicher Sicht können wir das Pilgern zudem als gesellschaftliche Reaktion auf den Mythos untersuchen. Wir analysieren diese kulturelle Praxis, die einen erhellenden Vergleich zwischen der mittelalterlichen Zivilisation und unserer globalisierten Gesellschaft erlaubt.

Gattungen der Jakobsweg-Literatur: Tagebuch, Roman, Essay

Ich werde versuchen, im Folgenden eine Typologie zu skizzieren, um die verschiedenen Register der zeitgenössischen Jakobsweg- und Santiago-Literatur zu erfassen. Die Texte stellen nur eine kleine Auswahl dar, sind aber für den jeweiligen Typus repräsentativ.

Einen Teil der Santiago-Literatur machen Texte aus, die sich in der Tradition des *Codex Calixtinus* bewegen. Dazu gehören Zusammenstellungen von Jakobswundern und Jakobsweg-Legenden, wie die von Esteban Carro Celada[9] und José Luis Carandell,[10] beide wiederaufgelegt im Jahr 2004, vor allem aber der Band *Compostela y su ángel* von Gonzalo Torrente Ballester (1948), der unter dem Titel *Santiago de Compostela. Ein Pilgerlesebuch* auch auf Deutsch vorliegt.[11] Dieses Buch stellt eine Art Summa der Geschichten und Mythen Santiago de Compostelas dar; in diesem Sinne schreibt es den *Codex Calixtinus* neu und bringt ihn unseren heutigen Lesegewohnheiten näher. Der galicische Autor, der zu den bekanntesten Romanciers der zweiten Hälfte des 20. Jahrhunderts in Spanien gehört, breitet ein literarisch anspruchsvolles und hochspannendes Arrangement der mythischen Sprache Santiago de Compostelas aus. Es ist eine Sprache, die sich aus Sagen, Chroniken und historischen Fakten zusammensetzt, aus Legenden, wundersamen Begebenheiten und Schwänken, einer Sprache, die Kirchen, Klöster und Bürgerhäuser umspielt, über Straßen und Plätze treibt, Nebel und Regen trotzt, die all die Bischöfe aufspürt, die Architekten, Baumeister und Steinmetze und die das mittelalterliche Szenarium aus Reisenden und frommen Pilgern, aus Händlern, Abenteurern und Nigromanten heraufbeschwört.[12]

Einen weiteren literarischen Typus der gegenwärtigen Renaissance des Jakobsweges stellen jene Reisetagebücher dar, die den Weg auf sehr unterschiedliche Weise als seelentherapeutisches Modell für den gestressten *Homo urbanus* schildern. Der ungeheuren Popularität wegen greife ich Hape Kerkelings Annäherung an den Camino de Santiago heraus. 2006 erschien sein Erfolgstitel *Ich bin dann mal weg*,[13] von dem in drei Jahren an die drei Millionen Exemplare verkauft worden sind. Die Gründe für diese Popularität werden schnell deutlich: Kerkeling ist von Haus aus Komiker, ein Medienprofi, der es allerdings ernst gemeint hat mit dem Jakobsweg. Die authentische Dimension seiner Pilgerreise, die Balance zwischen dem Aushalten physischer Belastungen und der augenzwinkernden Nachsicht mit sich selbst, das berufsbedingte untrügliche Gespür für skurrile Situationen und Dialoge, eine heruntergekühlte, konsensfähige Spiritualität (Stichwort: »Der Schöpfer wirft uns in die Luft, um uns am Ende überraschenderweise wieder aufzufangen«, S. 345), pointierte Tipps zur Krisenbewältigung (»Jeder Mensch sucht nach Halt. Dabei liegt der einzige Halt im Loslassen«, S. 343), natürlich ein frischer, zupackender Erzählstil – mit all dem trifft der Entertainer den Nerv einer breiten Leserschaft. Der Jakobsweg erscheint als Ort der Selbstprüfung und der Sehnsucht, auf dem sich jeder nach Maßgabe der eigenen Vorstellungen schinden oder auch einmal den Bus nehmen kann, auf dem man Freundschaften fürs Leben schließt, viel zu lachen und zu weinen hat, auf dem das Leben runderneuert wird. Ohne Risiko und mit dem nötigen Kleingeld fürs Hotel. Und die Autorität der Medien geht auf Kerkeling als einen ihrer Meister über, wie der kürzlich von Bettina Feldweg bei Herder herausgegebene Band *Losgehen, um anzukommen. Die Faszination des Pilgerns* zeigt.[14] Die Sammlung von Auszügen aus einschlägigen Texten über den Jakobsweg wird mit einem Vorwort von Hape Kerkeling geradezu legitimiert – und wohl auch zahlreich verkauft.

Um den Gedanken abzuschließen: dass Kerkelings Ankunft in Santiago nur noch eine Nebensache ist, wen mag es wundern? Während für den mittelalterlichen Pilger der Sündenablass in der Jakobsstadt das Ziel aller Strapazen und Entbehrungen war, gerät Kerkeling in ein inszeniertes Medienereignis auf dem Platz vor der Kathedrale, einen Empfang für den damaligen Staatschef José María Aznar. Auch der Pilgergottesdienst, ein weiterer Höhepunkt für die Gläubigen früherer Zeiten, ist schnell beschrieben, indem die üblichen Stereotype erwähnt werden: volle Kirche, fliegendes Weihrauchfass, Umarmung des Heiligen. Eine der Begleiterinnen Kerkelings fasst die Bedeutung des Weges dann auch folgerichtig zusammen. Als sie gefragt wird, was der Weg ihr nun bedeute, ob sie den Glauben gefunden habe, erwidert sie: »Ihr seid meine Freunde geworden. Daran glaube ich, und dafür hat sich der Weg gelohnt.« (S. 343)

Die Frage nach dem literarischen Status dieses Textes bezieht sich auf die Gattungstradition des Reiseberichts, in die sich das Buch einreiht. Schon ein flüchtiger Blick auf die Bibliographie zum Jakobsweg belehrt uns, dass Kerkeling sich in bester europäischer Gesellschaft befindet, und das nicht nur in jüngster Zeit,[15] sondern bereits seit der frühen Neuzeit. 1996 gaben Robert Plötz und Klaus Herbers übrigens eine reich kommentierte Anthologie solcher Pilgerberichte vom 15. bis zum 18. Jahrhundert heraus,[16] der ein Tagungsband mit wissenschaftlichen Arbeiten zu diesem Thema vorangegangen war.[17] Im Vergleich zu früheren Jahrhunderten stehen wir heute allerdings vor einer wahren Flut von Texten, die uns an privaten Eindrücken und Erfahrungen einer Pilgerreise nach Santiago teilnehmen lassen. Es handelt sich um eine Art *literatura testimonial* (oder besser *escritura testimonial*) ohne nennenswerte literarische Qualität, die bald im Selbstverlag, bald im Internet publiziert wird.[18] Bisweilen geht diesen Berichten eine Legitimationsbekundung voraus, etwa der Hinweis auf den Anlass für die »Pilgerfahrt«: häufig eine überstandene Krankheit wie bei Kerkeling, Bourlès[19] oder Álvarez,[20] eine spirituelle[21] Grenzerfahrung oder ganz einfach ungebremster Mitteilungsbedarf. Allen diesen Texten ist die extreme Subjektivierung des Itinerariums gemeinsam. Landschaft, Menschen, Städte, religiöse und weltliche *landmarks* werden der Norm individuellen Erlebens und Empfindens unterstellt. Alltägliche Erlebnisse verdrängen jede Transzendenzerfahrung, Initiationsmomente werden in einem privaten Rahmen ausgelotet. Elemente einer *mythischen Strukturierung* der Reise – wie sie Friedrich Wolfzettel beschrieben hat[22] – werden letztlich getilgt.

War für die Reise bislang eine religiöse, enzyklopädische, bildungsbeflissene, auf Erhabenes, Pittoreskes oder Kurioses erpichte Intention bestimmend,[23] tritt an deren Stelle jetzt die wertneutrale Fremd-, Selbst- und Landschaftserfahrung. Kerkelings autobiographische Inszenierung leistet einer Selbstcharakterisierung Vorschub, die ständig zwischen der privat erlebenden Person und dem öffentlichen Tagebuchschreiber hin und her pendelt. Aus dieser sowohl authentischen als auch medialen Selbstkonstitution geht eine trotz ihrer Banalität durchaus unterhaltende Erzählung mit großem Identifikationspotential hervor. Deren Wirkung beruht vielleicht gerade darauf, dass sie den Horizont des Lesers nicht übersteigt und sich weitgehend an dessen Erwartungen hält. Insofern unterliegen objektive Deskription, imaginierte Synthese, aber auch die Strukturen der Suche oder der Irrfahrt sowie Betrachtungen über die Völker und deren Geschichte wiederholt Unterhaltungskonzepten; diese verdichten sich mal wohltuend unaufdringlich, mal anbiedernd zu einer Erzählung, die keineswegs Botschaften versenden will, sondern eher beiläufig und nachträglich Alltagserlebnisse mit Sinn auflädt.

Kerkelings Bericht verdient eine solch ausführliche Berücksichtigung, weil man ihn geradezu als Prototyp heutiger Raumpraktiken bezeichnen kann, wie sie Michel de Certeau[24] beschrieben hat. Während in früheren Zeiten Kirchen und Klöster den Jakobsweg als theologisch ausgerichteten Raum strukturierten, wird der Weg jetzt vielfach als diskontinuierliche Aneinanderreihung von Orten erlebt. Dazu zwei Beobachtungen:

1) Die einst sakrale Pilgertrasse weist heute einen ausgeprägt kulturellen Status auf, der natürlich – auch als touristischer Parcours – medialen Inszenierungen ausgesetzt ist. Vor allem aber markiert der Weg ein Territorium vielschichtiger Kommunikation, das Raum für Selbsterfahrung und Unterhaltung, für Freizeitkulturen und die Pflege unterschiedlicher Formen einer zeitgenössischen, urbanen Spiritualität bietet.

2) Der Jakobsweg als ein Itinerarium, das im Mittelalter sakrale Orte verknüpfte, ist heute – sicher auch durch institutionelle Einwirkung – dem Konzept einer europäischen Straße gewichen, die ein immer dichter werdendes globales Netz von Städten verbindet.[25]

Auf diese Aspekte wies der galicische Schriftsteller Suso de Toro 1998 in *La flecha amarilla* hin, einem Bildband, der mit den erzählerischen Mitteln der Reisereportage arbeitet. De Toro ist den spanischen Teil des Weges gegangen, allerdings nicht als Suchender, sondern als distanzierter, kritischer Beobachter des gegenwärtigen Treibens auf dem Jakobsweg, das Kerkeling sozusagen aus der Innenperspektive beschreibt. In *La flecha amarilla* verbindet sich die Beobachtungs- und Formulierungsgabe des Schriftstellers mit dem ironischen Blick desjenigen, der seit seiner Geburt in einer Stadt lebt, in die sich jedes Jahr abertausend Menschen aus allen Teilen der Welt aufmachen auf der Suche nach Sinn, Glauben und vielleicht sogar Erlösung. Eine aufschlussreiche Perspektive, denn wer denkt schon darüber nach, wie die Bewohner eines »heiligen Ortes« die spirituelle Inszenierung der ihnen seit jeher vertrauten Heimatstadt sehen.

Damit gehe ich über zur fiktionalen Jakobsliteratur und widme mich zunächst einem

Typus, bei dem die Stadt gewissermaßen die Hauptrolle spielt. Repräsentiert wird er durch zwei wichtige spanische Romane, die Santiago de Compostela als Jakobsstadt ein Denkmal setzen und das identitätsstiftende Imaginarium der Stadt auf den Punkt bringen: *Fragmentos de Apocalipsis* von Gonzalo Torrente Ballester (1977)[26] und Suso de Toros *Trece badaladas* (2004).[27] Wie gesagt, die Protagonisten dieser Texte sind die Stadt Santiago und ihre Kathedrale, gleichsam als Embleme der religiösen und spirituellen, der existentiellen, kulturellen und symbolischen Bedeutung des Jakobsweges. Suso de Toros auf Galicisch verfasster Roman besticht dadurch, dass er die Mythen der Stadt im Sinne einer postmodernen, phantastischen Erzählung und mit einem zeitgenössischen Figurenarsenal neu erzählt. Der Text inszeniert ein Spiel von Doppelgängern, das aus dem Apostel und dem Dombaumeister Mateo zwei Gegenspieler macht, die heute noch immer um Macht und Einfluss in der Stadt streiten. *Fragmentos de Apocalipsis* dagegen thematisiert die vor 1000 Jahren prophezeite Zerstörung Santiagos durch die Wikinger. Beide Romane gehen über die gängigen Jakobsmythen hinaus und erzählen von verdrängten Seiten des Stadtmythos, sei es, dass das Unbewusste aufgerufen wird, wie bei Suso de Toro, sei es, dass Torrente das bislang Übersehene und daher kaum Bekannte ins Gedächtnis ruft.

Zur populär-unterhaltenden, mitunter auch trivialen Form der historischen Romane über den Jakobsweg gehört der 1993 prämierte *El peregrino* von Jesús Torbado.[28] Im Mittelpunkt steht hier die Pilger-Action, wenn ich es mal so formulieren darf, es kommt auf Milieubeschreibung an und darauf, mit einfachen erzählerischen Stilmitteln Spannung zu erzeugen. In *El peregrino* fällt zudem der häufige Rückgriff auf die *loci communes*, die zahlreichen Klischees in der Topographie und bei den historischen Anspielungen auf. Unser Imaginarium wird auf diese Weise bestätigt und vor unseren Augen ein weiteres Mal zum Leben erweckt. Das gilt in gewisser Weise auch für Matilde Asensis Erfolgsroman *Iacobus*.[29] Matilde Asensi gehört zu jenen Verfassern historischer Romane, die ein untrügliches Gespür für die richtige Mischung aus Mittelalter, Fantasy, *Sex and Crime* haben. In *Iacobus* geht es um einen Hospitalitermönch, dessen detektivische Fähigkeiten sich der Papst zunutze machen will, um den verschollenen Schatz des Templerordens ausfindig zu machen. Verschlüsselte Dokumente weisen den Weg, eine schöne Zauberin wird zur Verbündeten, und der selbstredend uneheliche, aber pfiffige Sohn des Mönchs vervollständigt das Grüppchen der Spurensucher. Alle Fäden laufen natürlich auf dem Jakobsweg zusammen... Hier wird der Jakobsweg zum verkaufsfördernden Versatzstück in einer Geschichte, die auch ganz gut ohne ihn ausgekommen wäre. Allerdings hat der Jakobsweg trotz seiner Nebenrolle bei den Lesern offenbar die Erwartung auf eine Fortsetzung genährt, und so folgte 2004 prompt ein Nachschlag auf Spanisch: ein schmaler Band mit dem Titel *Peregrinatio*. Der ist reich bebildert mit Rittern in kunstvollen Kostümen und berichtet davon, wie der junge Jonás de Born, eben jener gewitzte Spross des Klosterbruders aus dem *Iacobus*-Roman, nach Santiago pilgert, bevor er zum Ritter geschlagen wird. Bei einem Krimititel wie *Tod auf dem Jakobsweg* von Petra Oelker[30] kann man sich schließlich beim besten Willen nicht mehr des Eindrucks erwehren, dass Verlage und Autoren auf einen Zug aufzuspringen versuchen, der ansehnliche Verkaufszahlen verspricht.[31]

Europäische Pilgerromane

In kaum einem anderen Land weckten der Jakobsweg und Compostela soviel Interesse, Neugier und Begeisterung wie in Frankreich. Seitdem Bischof Godescalc aus Le Puy 951 zum westlichen Ende des mittelalterlichen Europa reiste (wovon eine ausführliche Notiz über seine Ankunft im Kloster Albeldas bei Logroño zeugt), riss der Strom der Pilger nicht ab. Im frühen 14. Jahrhundert ernannte man den Franzosen Bérenger de Landore sogar zum Bischof von Santiago de Compostela, und Adlige, aber auch Priester wie Jean Bonnecaze (1748), Handwerker wie Guillaume Manier (1726) oder Bildungsbürger wie der Baron de Davillier im späten 19. Jahrhundert, André Corthis zu Beginn des 20. Jahrhunderts oder der belgische Journalist A. Mabille de Poncheville (1926–27) hinterließen wertvolle Reiseberichte. Hinzu kommen historische Romane, von denen im Folgenden zwei vorgestellt werden.

a) Die mittelalterliche Pilgerfahrt als Initiationsreise: Henri Vincenots Les étoiles de Compostelle *und Sophie Cassagnes-Brouquets* Le manuscrit de Compostelle

Erwähnenswert ist Henri Vincenot, weil er dem historischen Unterhaltungsroman mit esoterischem Einschlag Bahn gebrochen hat, der nach wie vor mit einer treuen Lesergemeinde rechnen kann. Dieser in Frankreich populäre Autor legte 1982 *Les étoiles de Compostelle*[32] vor. Es geht um die Initiationsreise des Steinmetzes Jehan le Tonnerre, die dieser in der Obhut seines Meisters unternimmt, und zwar ausgehend von der Bourgogne bis nach Compostela. Damit werden wir in die große Zeit des Kathedralenbaus geführt, damals im 12. Jahrhundert, als Handwerker durch ganz Europa zogen, auf diese Weise ihre Baustile verbreiteten und sich zu Brüderschaften zusammenschlossen. Die schlichte Komposition, die elementare Zeichnung der Charaktere und der packende Erzählstil des Romans ermöglichen eine bequeme Lektüre, die durch eine schablonenhafte Liebeshandlung unterstützt wird. Auch die Landschafts- und Architekturbeschreibungen entlang der *Via Podiensis* (S. 241–301) von Le-Puy-en-Velay bis nach Santiago sind kurzweilig, gehen allerdings nicht über eine Oberflächenwahrnehmung hinaus. Die Lehre der Bruderschaft der Gänsefüßler – der *Confrères de Pédauques* – ist ebenfalls eher banal, gilt sie doch dem Streben nach *connaissance, amour et partage* (S. 373), also nach Erkenntnis, Liebe und Gütergemeinschaft. Zudem gibt es den einen oder anderen Fauxpas des Autors, der die Steinmetzgefolgschaft in León beispielsweise an der heutigen Nationalstraße VI entlang über den Manzanal-Pass und nicht die historische Strecke über Foncebadón gehen lässt. Anspruchsvoller ist der Text hingegen, wenn es um die Kunst des Bauhandwerks geht, das dem Leser einen Blick in die Vorstellungswelt mittelalterlicher Handwerker gewährt.

Wirklich interessant für unser Thema wird es, als die kleine Pilgergruppe Santiago de Compostela erreicht und das Reiseziel die Erwartungen der Baumeister nicht einlösen kann. Wenig beeindruckt von der Kathedrale, urteilt Jehan le Tonnerre schließlich: »Compostelle est moins beau que Vézelay« (S. 329), der Dom zu Ehren der Heiligen Maria Magdalena in Vézelay sei schöner als die dem Heiligen Jakobus geweihte Kathedrale. Zugleich verblasst auch der Sinn der Pilgerreise, und die religiöse Ausrichtung verliert an Konturen. An ihrer Stelle tritt eine verlockende Alternative auf den Plan: eine keltischen Mythologie, welche die christliche verdrängt und zu der die Druidenwelt an der atlantischen Küste Westspaniens gehört. Diese Mythologie wiederum ruft zum Aufbruch in die ebenfalls keltische Region Nordfrankreich, in die Armorique, zum Mont St. Michel und nach Chartres zum Bau der dortigen Kathedrale. Erst dann, so heißt es, wäre der *Chemin des étoiles*, der Sternenweg, vollendet. Hier löst also eine mythische Naturprojektion die christlichen Heilserwartungen ab. Das Heil liegt in der keltischen Welt, so der utopische Elan des Romanabschlusses.

Nicht wenige werden jetzt an das esoterische Jakobsweg-Buch schlechthin denken, an Paulo Coelhos Bestseller *O diário de um mago* (*Auf dem Jakobsweg*, 1986).[33] In der Tat sind in Vincenots Roman bereits zahlreiche Elemente des vier Jahre später erschienenen brasilianischen Textes *in nuce* angelegt. Allerdings hat Coelho die Strukturen noch weiter vereinfacht und die esoterische Dimension gesteigert. Compostela spielt keine Rolle, der Protagonist, in diesem Fall Coelho selbst, ist Mitglied einer katholischen Bruderschaft, dem die »Meisterweihe« versagt wird. Sozusagen auf dem Umweg über den Jakobsweg unterzieht er sich einer Vielzahl von Prüfungen, um auf dem Weg zur Selbstfindung doch noch an sein Ziel zu gelangen.

Das Initiationsmuster liegt auch Sophie Cassagnes-Brouquets historischem Roman *Le manuscrit de Compostelle* (2006) zugrunde. Die Autorin verknüpft eine Pilgerreise, die der *Via Podiensis* folgt und wohl im 13. Jahrhundert zu verorten ist, geschickt mit dem phantastischen Motiv eines verfluchten Manuskripts. Dabei verzichtet der Roman auf den esoterischen Überbau und vertraut stattdessen einer Konzeption, die Bestsellern wie Umberto Ecos *Der Name der Rose* und Ildefonso Falcones' *Die Kathedrale des Meeres* ähnelt.

Wie schon bei Vincenot werden gängige Erzählverfahren in den Dienst einer leichten Lesbarkeit gestellt, doch ist die Charakterentwicklung der Hauptfigur geschickt mit narrativer Spannung aufgeladen. Es geht um die Strafwallfahrt des Thibault de Saint-Seines nach Compostela; dem jungen burgundischen Ritter hatte ein übereifrig erfüllter Kriegsdienst den Bannfluch seines Herrn eingebracht. Von Aubrac im Zentralmassiv aus führt der Weg entlang der Flüsse Olt und Lot über die Höhepunkte der *Via Podiensis* – Espalion, Conques, Cahors, Lauzerte und Moissac – bis Navarretx und Ostabat. Für die Zuverlässigkeit der historischen Kulisse dieser Pilgerfahrt bürgt der akademische Hintergrund der in Toulouse als Historikerin lehrenden Autorin.[34] So sind die Genre-Tableaus in Herbergen und Klöstern stimmig, und heilige Orte oder auch das bunte Treiben der Städte werden anschaulich zum Leben erweckt – etwa der Markt in Lauzerte, ein Gottesdienst in der Abtei zu Conques sowie, bereits am *Camino francés*, die Kirche San Román in Cirauqui, das Kloster Santa María la Real in Nájera, der Palast des Königs Sancho Ramírez zu Estella, das reiche Handelszentrum Burgos oder die schon damals multikulturellen Städte Sahagún und León.

Als Unterhaltungsroman mit historischem Hintergrund verfehlt der Text seine Wirkung nicht, ranken sich doch um den Raub jenes wertvollen Psalters in Conques eine Vielzahl von Abenteuern, Rätseln und außergewöhnlichen Todesfällen. Auf dem Psalter lastet ein Fluch, der den Handlungsverlauf bestimmt, da das Schriftstück seine wechselnden Besitzer auf der Pilgerfahrt nach Compostela begleitet. Thibault gelingt es schließlich, das Manuskript in der Apostelstadt aufzuspüren und nach Conques zurückzubringen. Die Läuterung des jungen

Ritters erreicht ihren Höhepunkt, als er in der dortigen Abtei beginnt, eine Kopie des Psalters anzufertigen. Auch hier stellt die Pilgerfahrt also einen Initiationsweg dar, der mit einer durch Träume und Visionen vorbereiteten Wandlung des Protagonisten abgeschlossen wird.

Zusammenfassend läßt sich sagen, daß beide Romane ihren Lesern vielfältige Möglichkeiten zur Identifikation bieten, indem sie die ereignisreiche Handlung auf eine Hauptfigur konzentrieren und zudem spektakuläre Landschaftserlebnisse und die Entdeckung geschichtsträchtiger Orte entlang der *Via Podiensis* und dem *Camino francés* inszenieren. Damit bedienen sie eine Erwartungshaltung, die dem derzeitigen Pilger-*Trend* entspricht. Zugleich wird die *Via Podiensis* mehr und mehr auch zum Fiktionsraum, dessen Erzählungen dem heutigen Bedürfnis der Leser nach individuellem, subjektivem Erleben entsprechen. Nur nebenbei sei daran erinnert, daß die *Via Turonensis* (als *via heroica*) einst für die literarische Projektion des Jakobsweges von wesentlich größerer Bedeutung war als die heute so beliebte *Via Podiensis* (als *via poetica*). Der Strecke über Bordeaux war nämlich Karl der Große – der Legende nach – auf seinen Feldzügen gefolgt; auf diese Weise hatte der Kaiser die *Via Turonensis* heroisch nobilitiert und zum attraktiven Nährboden für Heldenlegenden und Mirakelerzählungen gemacht.

b) Ein dänisches Schicksal: Henrik Stangerups Brøder Jacob

Einen problemorientierten, von den literarischen Techniken her sehr viel anspruchsvolleren Text haben wir mit Henrik Stangerups Roman *Bruder Jacob oder die Reise zum Paradies* vorliegen.[35] Der Däne Stangerup nimmt sich insbesondere der zahlreichen Gesichter des wandelbaren Heiligen an. Protagonist ist Bruder Jacob, in Mexiko quellenkundlich nachgewiesen als Jacobo el Dacio, ein illegitimer Sohn des dänischen Königs Christian III., der sein Reich in die Reformation führte. El Dacio, ein Franziskanermönch, wurde allerdings zum Reformationsflüchtling und initiierte von Rostock aus mitten in den Wirren des 16. Jahrhunderts eine Wanderung durch Deutschland, Italien und Frankreich auf der Suche nach Halt im Glauben und als Nachahmung des Heiligen Franz von Assisi. Ein ausführliches Kapitel mit dem Titel *Der Weg nach Santiago de Compostela* berichtet von einer Wanderung des Bruders Jacob von Le Puy aus, also die *Via Podiensis* entlang; doch das Bewusstsein, sich auf einer Pilgerreise zu befinden, will nicht recht aufkommen. Die Erwartungen des Lesers werden nicht erfüllt, denn die katholische Stadt am Ziel des Weges geht dem Mönch gehörig auf die Nerven, ebenso die Andachtsübungen seiner spanischen Mitbrüder und die volkstümlichen Prozessionen, deren Zeuge er wird, so dass die Begegnung mit seinem Namenspatron in der Kathedrale in eine gehörige Enttäuschung mündet.

Jacobo el Dacio bekennt seine innere Leere, als er in Le Puy Bruder Igvald begegnet, der aus dem gleichen Rostocker Kloster wie Jacobo stammt. Fortan ziehen die Jakobsbrüder gemeinsam ihrer Wege, nicht unähnlich dem armen Schwaben und seinem adligen Reisegefährten in der Verserzählung *Die Jakobsbrüder* des Straßburgers Kunz Kistener aus dem späten 14. Jahrhundert. Doch anders als bei Kistener ereignen sich hier keine Wunder. Die Mönche rufen lediglich Erzählungen ab, etwa die Überführung des Apostels in einem steinernen Boot und sein Begräbnis in Compostela nach der *Legen-*

da Aurea. Dies geschieht oft in Zusammenhang mit den besuchten Orten, an Conques, Moissac, Rocamadour vorbei bis Roncesvalles, so dass der imaginäre Horizont der beiden ständig mit der Realität abgeglichen wird. Auf dem spanischen Teil des Weges verfahren sie nicht anders: Estella, Logroño, Nájera, Santo Domingo de la Calzada, Carrión, Sahagún, Astorga, Villafranca, Portomarín und Lugo sind die Stationen eines im Zeichen der Desillusion semantisierten Raumes, und die Vorstellungen nach den Vorgaben der Lektüre des begeisterten Reiseberichtes eines älteren Ordenbruders entpuppen sich als ärgerliche Phantasie:

> Aber die Freude blieb aus. Ich wurde mein eigener strenger Lehrer, und bei jeder Station, zu der ich kam, tadelte ich mich selbst, weil ich als junger Mann auf eine Weise über sie phantasiert hatte, die nichts mit der Wirklichkeit zu tun hatte (S. 193).

Armselig die Orte, leer und glanzlos die Stätten der Geschichte, verroht die Sitten der Kleriker... Bruder Jacob hakt eine Sehenswürdigkeit nach der anderen ab: »Na, das hast Du also geglaubt, Jacob. Dass die Welt voller Wunder ist und ganz besonders da, wo der Weg nach Santiago de Compostela führt« (S. 194f.). Bei aller vordergründigen Verweigerung einer religiösen Sinngebung werden im Text das Lokalkolorit des Weges und der Stadt durchaus eingefangen, und auch das historische Sittenbild ist beachtenswert. Im Mittelpunkt steht jedoch ein gründliches Missverständnis, dessen Opfer der Däne wird, als er aus der Perspektive des Nordens südlicher Spiritualität und den religiösen Praktiken des Südens begegnet:

> In Jacobsland war alles in meinen Augen und Ohren das reine Heidentum, nein schlimmer, Heidentum als Christentum verkleidet. Christus und Maria reduziert *in absurdum* (S. 202).

Die Glaubenskrise ist Ausdruck einer existentiellen Krise, doch diesmal bringt der Jakobsweg keine Wunderlösung, und wir stehen vor dem Zerfall der Utopie. Die Rolle des Apostels übernimmt bei Stangerup ein anderer Heiliger: Der Ordensbruder Fray Pedro de Alcántara zeigt dem Dänen bei Padrón / Iria Flavia die Stelle, an der das steinerne Boot des Heiligen Jakobus einst anlegte, und Bruder Jacobo spürt die lang vermissten heilenden Kräfte: »Manchmal sah er mich an, und ich fühlte, wie meine Seele zurückkehrte und meinen Körper ausfüllte.« (S. 206) Sein weiterer Weg führt den Gestärkten zunächst nach Salamanca, dann nach Mexiko, wo er bis zu seinem Lebensende beim Stamm der Tarasco-Indianer in Morelia / Michoacán bleibt. Begegnete ihm der Apostel in Santiago als *matamoros*, trifft er hier auf die Gestalt des *mataindios*, des Indianertöters, der in der denkwürdigen Erzählung *Camino de Santiago* des kubanischen Meisterautors Alejo Carpentier wiederkehrt.[36] Die Gestalten des Santiago *matamoros* und *mataindios*, des Mauren- und Indianertöters, werfen übrigens ein mehr als zwiespältiges Licht auf das mittlerweile so selbstverständlich gewordene Bild Santiagos als Emblem für Europa, wonach der Heilige eine christliche, abendländische, indogermanische, vom westlichen Kern einer Wohlstandsgesellschaft her gedachte Identität verkörpert. In der Literatur ist die kritische Aufarbeitung solcher standardisierten europäischen *Imagines* längst ein Thema, und es wäre sehr zu begrüßen, könnten Santiago de Compostela und der Jakobsweg einen Beitrag leisten, um Europas Identität neu zu denken und diese Identität auf den

Grundlagen des Austauschs, des Respekts und des Miteinanders der Zivilisationen einzurichten.

c) Kierkegaard und Santiago: David Lodges Therapy

Ich möchte jetzt auf eine überraschende Vermittlung zwischen dem skandinavischen Kulturraum und dem Jakobsweg hinweisen, die David Lodges Roman *Therapy* (*Therapie*, 1991)[37] herstellt. Der englische Autor lässt seinen Protagonisten Laurence *Tubby* Passmore, einen sympathischen, etwas rundlichen 50jährigen, zunächst nach Kopenhagen, später nach Santiago de Compostela ziehen. Nachdem seine Frau ihm den Laufpass gegeben hat, ist der Drehbuchautor einer sehr erfolgreichen TV-Serie und therapiegestresste Stadtneurotiker nämlich auf der Suche nach einem Ausweg aus der Lebenskrise. In Tagebuchform erfahren wir zunächst von einer Wochenendreise nach Kopenhagen auf den Spuren Kierkegaards und dessen Verlobter Regine (S. 210–218). Doch weder die Reise noch die Auseinandersetzung mit Kierkegaards *Tagebuch eines Verführers* und der Erzählung *Die Wiederholung* haben den erhofften Erfolg. Dann verschlägt es den sonst so abgeklärten Ich-Erzähler auf eine Gedankenreise in die Vergangenheit, in den Londoner Arbeitervorort seiner Kindheit und Jugend, und schließlich berichtet er von einer Fahrt mit dem Pkw nach Santiago de Compostela. Dorthin treibt ihn die Hoffnung, zwischen St. Jean-Pied-de-Port und der Jakobsstadt seiner Jugendliebe Maureen zu begegnen, die er zuletzt vor fünfunddreißig Jahren gesehen hat. Die mittlerweile fünffache Mutter, einstige Krankenschwester und gläubige Katholikin befindet sich nämlich auf einer Pilgerreise, die sie als Ausstieg aus dem Alltagstrott, vornehmlich aber als Überlebensübung (S. 343) versteht. Die selbstverordnete Distanz und der Perspektivenwechsel (S. 350) sollen der 57-Jährigen eine Möglichkeit eröffnen, den gewaltsamen Todes ihres Sohnes in Afrika wie auch eine Brustamputation und die damit einhergehende Entfremdung von ihrem Ehemann zu bewältigen.

Das Ende des Romans ist versöhnlich, Laurence und Maureen finden endlich zueinander, und aus drei wundervollen Tagen im *Parador de los Reyes Católicos* geht eine unverfängliche *ménage à trois* in London hervor. Fragt man nach der Rolle Santiago de Compostelas in diesem Roman, fällt zunächst ein beinahe stereotyp wiederkehrender Eindruck auf. Auch Laurence Passmore ist beim ersten Anblick der Stadt ernüchtert: »Santiago mit den Schnellstraßen, Industrieanlagen und Hochhäusern an seinem äußeren Rand sieht von dort oben nicht anders aus als jede andere moderne Stadt« (S. 351). Etwas anderes erregt also die Aufmerksamkeit des Lesers. War in Vincenots *Les étoiles de Compostelle* die Kathedrale von Vézelay dem Protagonisten kunstvoller erschienen als die von Santiago de Compostela, so verblasst bei Lodge der goldstarrende, protzige Apostelaltar vor der zurückhaltenden Bescheidenheit der Kierkegaard-Gedenkstätte im Kopenhagener Museum. Die Funktion spiritueller Kultorte als Quellen individueller Sinngebung (wie Vézelay) übernimmt hier der dänische Philosoph, und nicht kunstvolle Kirchenbauten, sondern Passagen aus Passmores Kierkegaard-Lektüren werden zu Vergleichsparametern. In diesem Zusammenhang fällt die ironische Umkehrung des Kussmotivs aus Kierkegaards *Tagebuch eines Verführers* auf. Während Søren den Kuss verweigert und Regine verliert, haben die ähnlich gelagerten Bedenken der

17-jährigen Maureen eine weniger drastische Konsequenz. Allerdings dauert es vierzig Jahre, bis Laurence und Maureen im Parador am Ziel des Jakobswegs eine erfüllende Liebesbegegnung erleben. Da wundert es nicht mehr, dass der dänische Philosoph in den Augen des Ich-Erzählers ebenfalls den Status eines Schutzpatrons hat, dessen Wirkungsbereich er allerdings auf »Neurotiker« begrenzt (S. 353–354).

Doch auch für die Definition des »wahren Wallfahrers« findet Passmore Anregungen bei Kierkegaard. Der »wahre Wallfahrer«, erklärt er dem Regisseur eines Fernsehteams, sei »jemand, für den die Wallfahrt ein existentieller Akt der Selbstfindung ist [...]. Ein Sprung in die Absurdität im Sinne Kierkegaards« (S. 346). Durchaus originell ist auch Passmores Übertragung der »drei Stadien der persönlichen Entwicklung nach Kierkegaard« auf drei Typen von Pilgern, die er ausgemacht hat: »Der ästhetische Wallfahrer nimmt für sich gar nicht erst in Anspruch, ein wahrer Wallfahrer zu sein. Der ethische Wallfahrer denkt ständig darüber nach, ob er einer ist. Der wahre Wallfahrer denkt nicht nach, er tut es.« (S. 347) Wahr – so rundet Passmore seine Gedanken ab – sei nur der *religiöse* Pilger, der den »Sprung ins Nichts« tut, indem er hunderte von Kilometern zu einem Schrein pilgert, von dem niemand weiß, wessen Gebeine er wirklich beherbergt.

Der gemeinhin mit englischem Humor ausgestattete Drehbuchautor outet sich hier also als Philosoph, der mithilfe Kierkegaardscher Theorien eine Pilger-Typologie erstellt. Die Überraschung ist perfekt, nicht nur weil die erzählte Geschichte die Abgeklärtheit des Protagonisten unterwandert; vielmehr zeigt sich, dass der Jakobsweg mit dem Privileg eines symbolischen Mehrwerts ausgestattet ist, der ihn zum therapeutischen Passepartout avancieren lässt. Das betrifft in erster Linie Laurence selbst, indem sich auf dem Jakobsweg *fiction* und *reality* die Hand reichen – der Drehbuchautor hatte unmittelbar vor seiner Abreise eine Serie zum gelungenen Abschluss gebracht, indem er den Helden zur ersten Liebe zurückfinden ließ. Die TV-Serie fungiert hier also als fiktionale Antizipation der Existenz, die dann auf der authentischen Erlebnisebene von Laurence und Maureen eingelöst wird. Als Teile des Romans sind beide Ebenen fiktiv, doch auch dort, wo der Schriftsteller David Lodge die Fiktion um Fakten über den Jakobsweg anreichert, kann sich der Leser keineswegs auf deren Authentizität verlassen. Der Blick des Betrachters ist determiniert, sei es aus Unwissenheit, sei es, weil bestimmte Seh- und Deutungsgewohnheiten vorherrschen. Wenn Laurence in Astorga feststellt: »Der Bischofspalast sieht aus wie ein Märchenschloß. Ich mußte an Gaudí und seine sonderbare Kirche in Barcelona denken« (S. 341), wird eine Kopie suggeriert, obwohl es sich bei besagtem Gebäude tatsächlich um einen Originalentwurf des katalanischen Architekten handelt. Auch die Beschreibung des Bergdorfes O Cebreiro, »halb Museumsdorf, halb Schrein« (S. 335), ist Ergebnis eines bestimmten Blicks, aber – zumindest Anfang der 90er Jahre des vergangenen Jahrhunderts – keine Wiedergabe der Realität. Wenn Laurence respektive der Autor mutmaßen, in den archaischen Rundhütten lebten Bauern mit staatlichem »Zuschuß«, degradieren sie das Dorf zum Themenpark und lassen außer acht, dass sich in den galicischen Bergregionen bis heute Wohn- und Existenzformen erhalten haben, die andernorts in der Tat nur noch in ethnologischen Museen anzutreffen sind. Das ist nicht mehr als eine Randnotiz, doch sie belegt ein weiteres Mal die Gratwanderung zwischen authentischem Erleben und nach medialen Vorgaben simuliertem bzw. unreflektiert-imitativem Verhalten auf dem Jakobsweg.

In der Pilgerherberge zu Roncesvalles findet Laurence einen Fragebogen, auf dem die Beweggründe für die Pilgerfahrt anzugeben sind: »1. Religiöse; 2. Spirituelle; 3. Freizeitgestaltung; 4. Kulturelle; 5. Sportliche« (S. 331). So einfach liegen die Dinge oft nicht, doch eine Gemeinsamkeit läßt sich für alle literarischen Figuren – Laurence und Maureen, Jehan le Tonnerre wie auch Jacobo el Dacio – festhalten: Sie befinden sich an einem Wendepunkt ihres Lebens und haben auf dem Jakobsweg eine Transformation erfahren. Offenbar vermag der symbolische Mehrwert der Pilgerroute Klarheit zu vermitteln, ohne die Ambivalenzen (zwischen-)menschlicher Erfahrung zu tilgen. Und wie bei Laurence, dem zunächst unbeteiligten, skeptischen Voyeur, setzt bei allen literarischen Figuren aus unterschiedlichen Gründen eine Katharsis ein, von der auch der Leser profitiert. Das lassen die Erfolge einiger Bücher zum Jakobsweg zumindest annehmen.

Zwei Engländer auf dem Jakobsweg: John Rutherfords Roman As frechas de ouro

Einer zunehmend problematischeren Erfahrung des Jakobsweges in der jüngeren Vergangenheit entspricht die Erprobung neuer Formen der Textgestaltung bis hin zur Verwischung der Grenzen zwischen authentischer Erfahrung und literarischer Imagination. Ein Beispiel für diese Art zeitgenössischer fiktionaler Jakobsweg-Literatur ist der 2004 erschienene Roman *As frechas de ouro (Die goldenen Pfeile)*[38] des Engländers John Rutherford. Seiner vielschichtigen Erzählverfahren und der kritischen Neuformulierung des Themas wegen verdient dieser Text besondere Beachtung.

John Rutherford, Literaturprofessor in Oxford, hat den spanischen Teil des Weges, beginnend an der französischen Grenze, seit 1994 mehrfach zurückgelegt, so dass der Text die literarisierte Verarbeitung autobiografischer Erlebnisse darstellt.[39] Der Roman ist, für einen Engländer ungewöhnlich genug, auf Galicisch verfasst, und ungewöhnlich ist auch die Hybridisierung der textuellen Darbietungsform, eine Mischung aus Reise- und Erlebnisbericht, essayistischer Reflexion, Tagebucheinträgen, Anekdoten, Erzählungen usw. Dazu kommt die Verdoppelung der Vermittlungsinstanz in den Ich-Erzähler und seinen Begleiter, der ein Tagebuch über 30 Etappen führt. Dies bedingt die komplexe Komposition des Romans, die nicht nur mehrere Erzählstränge umfasst, sondern auch unterschiedliche Redeweisen miteinander verschränkt. Die fiktionalisierte Berichterstattung im Rahmen authentischer Reisen fügt sich zu einer sinnvollen Erzählordnung, die allerdings weder chronologisch strukturiert ist noch die lineare Abfolge der Topografie berücksichtigt. Ein kunstvoll gewobenes Netz aus Dialogen, Monologen und imaginären Gesprächen, aus Assoziationen, Reflexionen und Beschreibungen spiegelt die komplexe Erkenntnisstruktur, die der Tagebuchschreiber im Roman freilich nicht für möglich hält:

> Offen gestanden, glaube ich nicht, dass man über die Pilgerfahrt einen guten Roman schreiben kann. Romane müssen folgerichtig aufgebaut sein und das Verhältnis zwischen Ursache und Wirkung deutlich machen; Romane müssen einen Anfang haben,

> eine Mitte und ein Ende, alles eindeutig erkennbar und klar begrenzt. Eine Pilgerfahrt hat keine Struktur dieser Art, sie besteht lediglich aus einer langen Reihe nicht miteinander verbundener Ereignisse.[40]

As frechas de ouro stellt diese These auf die Probe, indem der Roman das Linearitätsprinzip in der Abfolge des Geschehens aufgibt zugunsten der suggestiven Assoziation von Gedanken, Erinnerungen und Schauplätzen zu einem diskursiven Zusammenhang. Die Ordnung im Erzählten ergibt sich aus der allmählichen Konstruktion einer Pilgeridentität (*identidade peregrina*); dieser Herausbildungsprozess stellt die Hauptachse des Romans dar, die die einzelnen Kapitel strukturiert, welche wiederum nach den traditionellen Stationen des Weges, beginnend in O Cebreiro, betitelt sind.

An der Pilgerfahrt nehmen zwei höchst unterschiedlich charakterisierte Personen teil. Der Tagebuchschreiber ist ein gläubiger, ziemlich penibler Engländer, der an vielen Stellen als (mitunter verdrängter) Doppelgänger des Protagonisten fungiert. Akribisch notiert er Banales und Tiefgründiges, fasst seine Eindrücke von Land und Leuten zusammen, hält Auffälligkeiten des Routenverlaufs ebenso fest wie spirituelle Erlebnisse und – in sentenzenhafter Kürze – auch manche spirituelle Erkenntnis. All diese Eintragungen lässt er vom sogenannten »Grande Intérprete« korrigieren, bevor er sie an seine katholische Heimatpfarrei schickt, die die Aufzeichnungen im Gemeindeblatt veröffentlichen wird.

Der zweite Pilger ist der Ich-Erzähler und eigentliche Protagonist des Hauptstranges, der sich lediglich *eu*, ich, nennt, wohingegen der Reisegefährte nur als *outro*, der andere, bezeichnet wird. Während der Tagebuchschreiber über eine gefestigte Identität verfügt, sich gerne an Stereotypen orientiert und seine Projektionen auf dem Weg und in der Stadt bestätigt findet, ist die Persönlichkeit des Protagonisten durch Ambivalenzen definiert. Humor, Ironie und Skepsis verleihen seinem Bericht Perspektive und Tiefe; zudem ist er in der Lage, kulturelle Phänomene differenziert zu betrachten, das Eigene und das Fremde zu erfassen und kritisch zu analysieren. Er ist eine komplexe Figur, die ihre Identität hinterfragt, auf der Suche nach sich selbst ist und nur prekäre Erkenntnisse festhalten kann. An ihm bricht sich die erzählte Welt in ein Innen- und ein Aussengeschehen auf, wobei die doppelte Dimension der Selbstfindung und der Zivilisationskritik seine Rede grundiert.

Der Roman ist ein *récit d'espace* im Sinne Michel de Certeaus[41], und so liegt es nahe, die Identitätsfrage an Aspekte der Raumanalyse anzubinden. Die Identitätskonstitution des Protagonisten bewegt sich in einem Spannungsfeld zwischen dem Jakobsweg als einem symbolischen Raum und der Entwicklung dreier nationaler Vorstellungsräume – England, Spanien und Galicien (S. 171) –, die in Widerstreit miteinander geraten. Eng damit verbunden sind drei unterschiedliche Ausprägungen des Apostelbildes, zunächst als *peregrino* / Pilger und *matamoros* / Maurentöter (S. 65), später auch als *galego* / Galicier (S. 222). England als Heimatland des Protagonisten repräsentiert die westliche Zivilisation, Spanien und der Maurentöter stehen für kulturelle Spannungen zwischen Spanien und Galicien,[42] aber auch für die Konflikte, die sich aus der jahrhundertelangen Inanspruchnahme des Jakobsweges durch den Katholizismus im

Allgemeinen und durch den spanischen Nationalkatholizismus unter Franco im Besonderen ergeben. Der Jakobus *peregrino* und *galego* schliesslich sind die Identitätsmuster, die sich der Protagonist aneignen möchte:

> Der Apostel Santiago möge mich segnen, von dem anderen, dem Maurentöter, will ich gar nichts wissen [...]. Du, mein galicischer Jakobus, du hast niemals Körper zerstückelt und Köpfe abgeschlagen, weder den Mauren noch den Christen noch sonst jemandem. Du warst immer ein Pilger [...].[43]

Der Jakobsweg als symbolischer Raum ist bestimmt durch die biografische Komponente. Dem Wunsch, die Identität eines Pilgers anzunehmen, entspricht das Bestreben des Protagonisten, die nationale Zugehörigkeit, nämlich die eines Engländers, zu wechseln. Compostela wird in jeder Hinsicht zum Gegenbild seiner Geburtsstadt London mit ihren tristen Schlafstädten (S. 65). Dadurch erhält auch der Prozess der Identitätsreformulierung eine räumliche Struktur, die den Weg als weitgespannten Bogen einer auf Compostela gerichteten unstillbaren Sehnsucht erscheinen lässt: »Niemals wird der Pilger Compostela erreichen.«[44] Insofern haben wir es mit einem doppelten Häutungsprozess zu tun, an dessen Ende der Pilger zu sich selbst findet:

> Indes hörte meine Pilgerfahrt nicht auf, meine Suche sollte andauern, wo auch immer ich mich befände. Ich entdeckte etwas Wunderbares, etwas, wonach ich keineswegs auf der Suche war: das Bewusstsein, niemals finden zu können, wonach ich suche.[45]

Der Gedankenfluss des Protagonisten artikuliert drei Kategorisierungsmöglichkeiten des Jakobsweges: den sozialen bzw. gesellschaftlich institutionalisierten Raum, den historisch konstituierten, kulturellen Raum und den subjektiven Bewusstseinsraum. Die Identität als Pilger erlaubt es, die Grenzen zwischen der Welt des Weges (*mundo do Camiño)* und dem Leben jenseits des Jakobsweges (*mundo de fora*) zu überschreiten, so dass die Selbsterfahrung als Pilger eine Befreiung bedeutet von Rechten und Pflichten, von Vorschriften und Verantwortung.[46] Damit wird der Pilger in den Stand eines Kindes zurückversetzt, und als neugeborenes Pilger-Kind soll der Protagonist in die Gesellschaft zurückkehren. Der auf diese Weise individuell semantisierte Erfahrungsraum steht in scharfem Kontrast zum empirischen Raum der Pilgerstrasse, die dem Konsum und Kommerz überlassen zu sein scheint, die von den öffentlichen Institutionen instrumentalisiert wird und die bisweilen ein deprimierendes Gesicht zeigt, insbesondere in der Umgebung grösserer Städte wie Pamplona, Burgos und León mit ihren sich endlos hinziehenden tristen Vororten (S. 159). Zwischen Mensch und Raum entwickelt sich ein agonales Verhältnis. Nicht zufällig wird das 1993 vom spanischen Stardesigner Javier Mariscal entworfenen Pilger-Maskottchen »O Pelegrín« zum Medium der Abrechnung mit einer auf Besitz ausgerichteten bürgerlichen Gesellschaft (S. 95), für die selbst die Pilgerreise kaum mehr als ein kostengünstiges, bequemes Abenteuer ist (S. 133).

Die Kritik an der gegenwärtigen Praxis des Pilgerns und am Jakobsweg als einem naiv-emphatischen Raum der heutigen Gesellschaft geht mit einer Rekonstruktion des kulturellen Status des Territoriums einher, durch das die Strecke führt. Anders als in Vincenots Roman, der die Stationen des Weges nur schablonenhaft abruft, oder in Stangerups *Brøder Jacob,* in dem es der Erzähler bei blossen Anspielungen auf Bauwerke, Orte und damit verbundene Legenden belässt, werden in den Erzählfluss von *As frechas de ouro* volkstümliche Ortslegenden und humorvolle Schwänke eingestreut, kleine Exkurse zu historischen Stätten, wie die Klöster von San Juan de Ortega (S. 116f.) und San Felices de Montes de Oca (S. 227), sowie kurze Erklärungen zu einem wenig bekannten Städtchen in den Bergen Navarras oder zu dem Steinhaufen (*Milladoiro*) am Fuss des *Cruz de Ferro* bei Foncebadón (S. 176). In diskontinuierlicher Abfolge enthalten die Berichte beider Engländer erhellende kulturwissenschaftliche Beobachtungen zu Städten wie Pamplona, Nájera, Burgos, Sahagún oder León. Was über die Pilgerherbergen in Roncesvalles, Rabanal, Villafranca oder Arzúa zu lesen ist, enthält nichts Stereotypisches, die Unterkünfte werden zu Schauplätzen von Gefährdung oder Freundschaft, zur Kulisse für skurrile Begebenheiten oder peinliche Vorfälle. Echte Trouvaillen stellen ausserdem die zahlreichen Ortslegenden und -geschichten dar, und auch die Gedichte, die Romanzen-Strophen oder die Verse aus Liedern und *coplas* können als verborgene Schätze eingestuft werden.

Der Jakobsweg wird durch diese Einschübe auch zum literarischen Raum. Man könnte sogar sagen, dass die eingestreuten Erzählungen ein karnevalesk-humorvolles Gegengewicht zur Gesellschafts- und Zivilisationskritik bilden. Indem der Roman gleichsam kulturelle Spuren eines *Territorio xacobeo* aufsammelt, gibt er dem Raum eine Würde zurück, die ihm die Massifizierung und Banalisierung der Pilgerfahrt, die oft mangelnde Sensibilität seiner Nutzer, aber auch unachtsamer öffentlicher Institutionen entzogen haben. Symbol für diesen Entwürdigungsprozess ist der *Monte do Gozo*, jener Berg vor den Toren Santiagos, von dem aus die Pilger erstmals die Türme der Kathedrale erblicken konnten. Heute ist das Gelände ein Themenpark zur Pilgerfahrt (»parque temático«, S. 223) mit einem weitläufigen gesichtslosen Hotelkomplex, ein blosses Simulakrum des *Mons Gaudii* aus dem *Codex Calixtinus*. Am »Monte do Destrego« (S. 236), am Berg der Zerstörung, wie ihn der Protagonist nennt, wird der Konflikt zwischen Desakralisierung bzw. Trivialisierung historischer Orte und subjektiver Resemantisierung versinnbildlicht.

Dieses Spannungsverhältnis ist bezeichnend für die komplexe Erfahrung des Jakobsweges, der Rutherfords anspruchsvoller, die Formen der Autofiktion und des Pilgerberichts souverän handhabender Jakobsweg-Roman gerecht wird. In einem zwischen Desillusionierung und Selbstbehauptung erzeugten Kraftfeld entfaltet sich der symbolische Raum des *Camino francés*, der zu einem subjektiven Territorium der Selbstprüfung wie auch der Selbstsetzung werden kann. Somit rekonstruiert der literarische Text den *récit d'espace* einer Pilgerfahrt, deren diskursive Ausrichtung der individuellen Identitätskonstitution gilt. Im Rahmen dieser Selbstentfremdung und Selbstfindung im Raum inszeniert John Rutherford die äusserst prekäre Verortung des heutigen Menschen. Der Konflikt zwischen einer säkularisierten Zivilisation und subjektiver, sakraler oder spiritueller Erfahrung kann dabei nie ganz zugunsten eines der damit verbundenen Konzepte der Welterschliessung entschieden werden. Am Flughafen von Santiago de Compostela erhalten solche Ambivalenzen einen genauen metaphorischen Ausdruck. Der Gegensatz zwischen dem *mundo do Camiño* und dem *mundo de fora* verdoppelt sich in der Metapher des Rucksacks und des Koffers als identitätsbestimmende Gegenstände zweier unterschiedlicher Lebensformen, die dem Protagonisten gleicherweise vertraut sind:

> Zusammenprall zweier Welten. Der eilige Reisende begegnet dem gemächlichen. [...] Wie oft bin ich selbst am Abflugschalter angekommen, mitgeschleppt von meinem Koffer und ohne auf irgendjemanden zu achten, wie oft war ich dieser Mann im nagelneuen Anzug, der jetzt mit abgehetztem Gesicht vor mir steht. Ich will nicht in seine Kofferwelt zurückkehren, ich fühle mich viel wohler in meiner Rucksackwelt [...].[47]

Ich schließe meine Ausführungen zu den vier ausgewählten Romanen mit der Bemerkung, dass Katharsis und eben auch die Desillusionierung zu den einschlägigen literarischen Rezeptionsformen des Jakobsweges gehören. Und das ist nicht zu bedauern. Wie auch immer: Es bleibt spannend, sich selbst, dem Anderen, dem Fremden und Europas Kultur zu begegnen. Die begeisterte Aufnahme, die viele der vorgestellten Jakobsweg-Bücher gefunden haben, zeigt jedenfalls eines: Der Jakobsweg und Santiago de Compostela sind ein Therapeutikum gegen manche Krise, die die *conditio humana* heutzutage bereithält.

Anmerkungen

1 López Alsina 1988, Ruibal 2000 (eine deutsche Übersetzung wird zur Zeit beim Centro de Estudos Galegos der Christian-Albrechts-Universität zu Kiel vorbereitet) und Portela Silva 2003.

2 Calvino 1994.

3 Für uns besonders aussagekräftig ist die Predigt *Veneranda Dies*, weil darin sowohl Anweisungen für den rechten Umgang mit Pilgern und deren Schutz formuliert werden, als auch ein Modell für die angemessene Pilgerfahrt gegeben wird – und zwar unter Berücksichtigung einerseits der geistlichen Voraussetzungen, andererseits der pragmatischen und oft nur allzu menschlichen Bedingungen. Diese Predigt wurde am 30. Dezember, dem Gedenktag der *electio*, also der Berufung, und der *translatio*, der Überführung des Heiligen gelesen.

4 Vgl. Barreiro Rivas 1999, der soziopolitische Prozesse auf der iberischen Halbinsel und im westlichen Abendland im Zusammenhang mit der Etablierung der Pilgerroute nach Compostela untersucht. Hier bes. S. 178–194.

5 Zur Zuschreibungsgeschichte und Datierung der einzelnen Teile des *Liber Sancti Iacobi* bzw. des *Codex Calixtinus* siehe Adeline Rucquoi, »Pseudo-Turpin et Guide du Pelèrin à Saint-Jacques de Compostelle: quelques hypothèses sur les auteurs du Codex Calixtinus«, Communication Societé Nationale des Antiquaires de France, 27 juin 2007 (unveröffentlichtes Manuskript). Für den Hinweis bin ich der Verfasserin zu Dank verpflichtet.

6 Herbers 1997.

7 Hassauer 1993; Dünne 2004.

8 Messner 2006, 1–16.

9 Carro Celada 2004 (das Buch wurde in den 70er Jahren verfasst).

10 Carandell 2004.

11 Der *Taller de Traducción*, die Übersetzerwerkstatt des Romanischen Seminars der CAU zu Kiel, hat diese Übersetzung angefertigt – Torrente Ballester 2007.

12 Ich erwähnte zu Beginn, dass Santiago eine Wort-Stadt ist, eine Stadt, die aus Worten und Geschichten besteht. Dazu gehört natürlich auch der große Schatz lyrischer Stadtansichten, die nicht nur von galicischen Schriftstellern geprägt worden sind. Nur wenigen dürfte bekannt sein, dass der Andalusier Federico García Lorca *Seis Poemas Galegos* verfasste, deren Hauptmotiv Santiagos Regen ist. Zu empfehlen ist auch die Lektüre eines Gedichts von Rosalía de Castro, entstanden um 1880, mit dem

Titel *Santa Escolástica*. Eine weibliche Sprecherin geht an einem Aprilnachmittag durch die einsamen Gassen und über die kleinen Plätze der Stadt. Dabei projiziert sich ein komplexes, sensibles Bewusstsein in die äußere Gestalt der Stadt; es findet zunächst weder Trost noch Ruhe, bis schließlich die steinernen Figuren des *Pórtico de la Gloria* den Weg zur subjektiven Selbstvergewisserung weisen. Rosalía de Castros Verse liegen beim Suhrkamp Verlag in einer zweisprachigen Ausgabe vor: DE CASTRO 1991 (siehe dort S. 182–193). Zu Santiago als Motiv in der galicischen Lyrik vgl. FILGUEIRA VALVERDE 1969.

13 KERKELING 2006.

14 FELDWEG 2009.

15 Vgl. auch MOORE 2008, im Original 2004 in New York publiziert.

16 HERBERS, PLÖTZ 1996.

17 HERBERS 1988.

18 Hier einige Beispiele: Die Erlebnisse einer norddeutschen Pilgerin aus Emden kann man im Blog http://www.blog.de / user / jeanne-d-arc / nachlesen. Auch Pilger aus Skandinavien schreiben online über ihre Erfahrungen auf dem *Camino*; schwedische Jakobspilger äußern sich auf http://hali.bloggsida.se / okategoriserad / packat-klart, Dänen auf http://www.sitecenter.dk / boihanstholm / hjemmeside / und http://themathmagician.wordpress.com / 2008 / 08 / 13 / my-camino / .

19 BOURLÈS 2001.

20 ÁLVAREZ DOMINGUEZ 2000.

21 CHOPPINET 1998, LA HUPPE 2008, SAINT-LÈBE 2004.

22 WOLFZETTEL 2003.

23 WOLFZETTEL 2003, 45–59.

24 Zum Begriff *pratiques d'espace* vgl. das Kapitel »Récits d'espace« in: DE CERTEAU 1990, 170–191.

25 GÓMEZ-MONTERO 2011

26 TORRENTE BALLESTER 1998.

27 DE TORO 2003. Auf Spanisch lautet der Titel *Trece campanadas*. Vgl. auch SymCity 1 (2007): Die Online-Zeitschrift widmet Suso de Toro einen Schwerpunkt, siehe http://www.uni-kiel.de / symcity.

28 TORBADO 2002.

29 ASENSI 2002.

30 OELKER 2007.

31 Lyrik, Essays, Legenden, fiktionale Literatur und Reiseberichte spanischer Gegenwartsautoren zum Jakobsweg und dessen Topographie habe ich jüngst in zwei Bänden zusammengestellt (GÓMEZ-MONTERO 2009 und GÓMEZ-MONTERO 2010); sie werden 2011 in einer Übertragung des Taller de Traducción der CAU Kiel auf Deutsch erscheinen.

32 VINCENOT 1982.

33 COELHO 2002.

34 Freilich auch hier mit der Einschränkung, daß mancher Eindruck von der Landschaft und ihrer Bevölkerung sich wohl eher gegenwärtigen Pilgererlebnissen verdankt. Zumindest ist für das 13. Jahrhundert noch nicht von einer baumlosen kastilischen Landschaft auszugehen, und ob das abendliche Treiben in den Gassen der Städte bereits als mittelalterliches Phänomen angesehen werden kann, bliebe zu überprüfen.

35 STANGERUP 2001 und 1991; Annegret Langenhorst beschrieb die Ambivalenz des Hl. Jakobus: Einerseits ist er ein Pilger, andererseits aber auch die Symbolfigur für den Konflikt zwischen Europa und der lateinamerikanischen Kirche (Vgl. LANGENHORST 1998, 231–233).

36 Vgl. KLÜPPELHOLZ 1998, 201–224. Ein sehr differenziertes Bild der (nicht nur) literarischen Vermittlung der Projektion von Jakobsmythen in Lateinamerika wurde im Rahmen der Tagung »Jakobsmythen zwischen zwei Welten« am Ibero-Amerikanischen Institut (Berlin, 7.–8. September 2009) herausgearbeitet. Die Akten stellen wir z.Zt. in Kiel zusammen. Für die finanzielle Unterstützung durch die Consellería de Cultura e Turismo und den Plan Xacobeo sei an dieser Stelle herzlich gedankt.

37 LODGE 1991.

38 RUTHERFORD 2004; der Titel *Die goldenen Pfeile* greift die entlang des Jakobswegs überall anzutreffenden gelben Pfeile auf, die dem Pilger den Weg weisen. Eine Übersetzung des Romans ins Spanische wird z.Zt. in Kiel von Uxía Iglesias Toxeiro vorbereitet.

39 Vgl. RUTHERFORD 2008, 9. Zur Genese und Konzeption des Romans vgl. ausführlicher Gómez-Montero 2011.

40 »Eu creo francamente que non sería posible escribir unha boa novela baseada na peregrinación. As novelas teñen que estructurarse con argumentos coherentes que amosen as relacións lóxicas entre causa e efecto; e deben ter un principio, un medio e un final claramente establecidos e delimitados. A peregrinación non ofrece posibilidades deste tipo de organización, porque é simplemente unha longa serie de innumerables incidentes inconexos« (S. 74).

41 Vgl. DE CERTEAU 1990, 170–191.

42 Vgl. GÓMEZ-MONTERO 2001; vgl. auch mein Vorwort (ab S. IX).

43 »Que Santiago Apóstolo me bendiga, sí, porque non quero saber nada daquel outro Santiago, daquel Matamouros [...]. Ti, meu Santiago galego, nunca te puseches a machucar corpos e esmargar cabezas de mouros nin de cristiáns nin de ninguén. Ti fuches peregrino sempre [...]« (S. 222).

44 »eu peregrino nunca chegarei a Compostela« (S. 66).

45 »Pero non, non remataba a miña peregrinaxe, a miña busca había seguir sempre, estivese onde estivese. E atopei algo precioso que non buscaba: a conciencia de que nunca vou atopar o que busco« (S. 239).

46 Im Text heißt es: »Estou libre de dereitos e obrigas e responsabilidades e regulamentos, coma un neno« (S. 159).

47 »Choque de dous mundos, o viaxeiro máis rápido fronte ao viaxeiro máis lento. [...] Cántas veces vin eu tamén á terminal arrastrado pola miña maleta e sen mirar para ninguén, cántas veces fun eu aquel home de traxe novísimo e cara angustiada que teño diante miña. Non quero regresar a aquel mundo seu da maleta, estou moito mellor neste mundo meu da mochila[...]« (S. 233).

Bibliographie

ÁLVAREZ DOMÍNGUEZ, T., *El camino de Santiago para paganos y escépticos*, Madrid 2000.

ASENSI, M., *Iacobus*, Frankfurt / Main 2002.

BARREIRO RIVAS, X.L., *The construction of political space: Symbolic and cosmological elements. A study of the way of St. James*, Jerusalem and Santiago 1999.

BOURLÈS, J.-C., *Le grand chemin de Compostelle*, Paris 2001.

CALVINO, I., *Un eremita a Parigi*, Milano 1994.

CARANDELL, J. L., *Ultreia: Historias, leyendas, gracias y desgracias del Camino de Santiago*, Madrid 2004 (Erstausgabe: Madrid 1998).

CARRO CELADA, E., *Picaresca, milagrería y milandanzas en la Vía Láctea*, León 2004.

CASSAGNES-BROUQUET, S., Le Manuscrit de Compostelle, Paris 2006.

CASTRO, R. DE, *An den Ufern des Sar. Gedichte spanisch und deutsch.* Übertragung und Nachwort von Fritz Vogelgsang, Frankfurt / Main 1991.

CERTEAU, M. DE, *L'invention du quotidien*, Paris 1990.

CHOPPINET, V., *Mon chemin vers Compostelle, Manuscrit de voyage*, Verley 1998.

COELHO, P., *Auf dem Jakobsweg: Tagebuch einer Pilgerreise nach Santiago de Compostela*, Zürich 2002 (Originaltitel: *O Diário de um mago*, 1986).

DÜNNE, J., *Von Pilgerwegen, Schriftspuren und Blickpunkten: Raumpraktiken in medienhistorischer Perspektive*, Würzburg 2004.

FELDWEG, B. (Hrsg.), *Losgehen, um anzukommen. Die Faszination des Pilgerns.* Mit einem Vorwort von Hape Kerkeling, München 2009.

FILGUEIRA VALVERDE, X., *Cancioneiriño novo de Compostela*, Vigo 1969.

GÓMEZ-MONTERO, J. (Hrsg.), *Minorisierte Literaturen und Identitätskonzepte in Spanien und Portugal. Sprache – Narrative Entwürfe – Texte*, Darmstadt 2001.

Gómez-Montero, J. (Hrsg.), *Allá en el noroeste... Una cartografía literaria del Camino en León*, León 2009.

Gómez-Montero, J. (Hrsg.), *Castilla y León en el Camino. Ficciones y semblanzas de un territorio jacobeo*, Valladolid 2010.

Gómez-Montero, J. (Hrsg.), *Antonio Colinas, Javier Gómez-Montero, José Luis Puerto, John Rutherford . El Camino de Santiago en la literatura. Lecciones jacobeas (28 de julio al 13 de agosto de 2010)*, Centro de Estudios Astorganos Marcelo Macias, Astorga 2011.

Hassauer, F., *Santiago: Schrift, Körper, Raum, Reise; eine medienhistorische Rekonstruktion*, München 1993.

Herbers, K., *Deutsche Jakobspilger und ihre Berichte*, (Jakobsstudien 1), Tübingen 1988.

Herbers, K., Plötz, R., *Nach Santiago zogen sie. Berichte von Pilgerfahrten »ans Ende der Welt«*, München 1996.

Herbers, K., *Libellus Sancti Jacobi. Auszüge aus dem Jakobsbuch des 12. Jahrhunderts*, Tübingen 1997.

Kerkeling, H., *Ich bin dann mal weg. Meine Reise auf dem Jakobsweg*, München 2006.

Klüppelholz, H., »Die Stellung des ›Camino de Santiago‹ in Alejo Carpentiers Novellenzyklus *Guerra del tiempo*«, in: Herbers, K. / Plötz, R. (Hrsg.), *Der Jakobuskult in »Kunst« und »Literatur«. Zeugnisse in Bild, Monument, Schrift und Ton*, Tübingen 1998, 201–224.

La Huppe, S., *Le chant de l'étoile. Pas à pas sur le chemin de Compostelle*, Biarritz 2008.

Langenhorst, A., »Santiago, Heiliger zweier Welten. Eine literarische Spurensuche in Europa und Hispanoamerika«, in: Herbers, K. / Plötz, R. (Hrsg.), *Der Jakobuskult in »Kunst« und »Literatur«. Zeugnisse in Bild, Monument, Schrift und Ton*, Tübingen 1998, 225–238.

Lodge, D., *Therapie*, Zürich 1995 (Originalausgabe: London 1991).

López Alsina, F., *La ciudad de Santiago de Compostela en la Alta Edad Media*, Santiago 1988.

Messner, A. C., »Annäherungen an das ›Heilige‹ in kulturwissenschaftlicher Perspektive«, in: Messner, A. C. / Hirschler, K. (Hrsg.): *Heilige Orte in Asien und Afrika: Räume göttlicher Macht und menschlicher Verehrung*, Schenefeld 2006, 1–16.

Moore, T., *Travels with My Donkey: One Man and His Ass on a Pilgrimage to Santiago*, New York 2004.

Oelker, P., *Tod auf dem Jakobsweg*, Reinbek bei Hamburg 2007.

Péricard-Méa, D., *Compostelle et cultes de saint Jacques au Moyen Âge*, Paris 2000.

Portela Silva, E., *Historia de la ciudad de Santiago de Compostela*, Santiago 2003.

Ruibal, E., *Compostela na historia*, Vigo 2000.

Rutherford, J., *As frechas de ouro*, Vigo 2004.

Rutherford, J., *O famoso sorriso de Daniel*, A Coruña 2008.

Saint-Lèbe, N., *Chantilème du chemin. Journal de Pèlerinage*, Mayenne 2004.

Stangerup, H, *Brøder Jacob*, Kopenhagen 1991.

Stangerup, H., *Bruder Jacob oder die Reise zum Paradies*, München 2001.

Torbado, J., *El peregrino*, Barcelona 2002.

Toro, S. de, *Trece campanadas*, Barcelona 2004.

Toro, S. de, Lobato, X., *La flecha amarilla. El camino hacia Santiago*, Madrid 1999.

Torrente Ballester, G., *Compostela y su ángel*, Barcelona 1984 (Originalausgabe 1948).

Torrente Ballester, G., *Santiago de Rosalía Castro. Apuntes sobre la vida en Compostela en tiempos de Rosalía Castro*, Barcelona 1989.

Torrente Ballester, G., *Fragmentos de Apocalipsis*, Madrid 1998.

Torrente Ballester, G., *Santiago de Compostela: Ein Pilgerlesebuch*, Kiel 2007 (Originaltitel: *Compostela y su ángel*).

Vincenot, H., *Les étoiles de Compostelle*, Paris 1982.

Wolfzettel, F., *Reiseberichte und mythische Struktur*, Wiesbaden 2003.

Dolores Vilavedra
Universidade de Santiago de Compostela

Santiago de Compostela in der galicischen Literatur (1850–1940)

Im Folgenden werde ich versuchen zu erläutern, wie Santiago de Compostela in der galicischen Literatur dargestellt wird, warum es auf diese Weise dargestellt wird und warum es im Laufe unserer langen literarischen Tradition so selten dargestellt wurde.

Der Historiker Ramón Villares versichert, dass Santiago »als Stadt eine ganz und gar mittelalterliche Erscheinung«[1] sei. Dieses frühe Format wird meiner Meinung nach von der Stadt viel zu wenig dafür eingesetzt, um eine gewichtigere politische Rolle einzufordern. Immerhin war die geschichtliche und kulturelle Blütezeit während des Mittelalters ein Phänomen, das man nicht als lokale Erscheinung beanspruchte, sondern in einen galicischen, gesamtspanischen und europäischen Zusammenhang stellte. Olivia Rey fasst treffend zusammen, in welcher Beziehung Stadtentwicklung und Jakobskult zueinander stehen:

> Wenn der Niedergang all dessen, was den Jakobuskult und seine Tradition angeht, im letzten Drittel des 18. Jahrhunderts bereits vorgezeichnet war, so beschleunigte er sich seit dem Beginn des 19. Jahrhunderts bis hin zur totalen Krise. […] Beherrscht von traditionalistischen und konservativen Gruppierungen, wird Compostela im 19. Jahrhundert in Bedeutungslosigkeit versinken, aus der nur die Universität und die kirchlichen Institutionen einen Ausweg bieten.[2]

Die Historikerin betont, dass »die Restauration des Jakobskultes am Ende des 19. Jahrhunderts den ernsthaften Versuch seiner umfassenden Wiederbelebung unter eindeutigen religiösen und politischen Voraussetzungen darstellt.«[3] Sie begründet ihre These folgendermaßen:

> Welchen Sinn hatte die Wiederbelebung des zentralen Gründungsmythos der Jakobsverehrung? Generell muss sie in den zeitgeschichtlichen Kontext der Kirche in Spanien im 19. Jahrhundert eingeordnet werden, insbesondere aber unter Berücksichtigung des Traumas, das die Revolution von 1868, die Erklärung der Religionsfreiheit von 1869 sowie die verschiedenen Ereignisse der sechs Jahre währenden revolutionären Phase der Kirche zugefügt hatten. [...] Bezogen auf Compostela, einen Bischofssitz, der sich seiner bisherigen Rolle in der Politik beraubt sah, war es einerseits wichtig, den Mythos – wenn auch in geringerem Umfang – wiederzubeleben, aber es war ebenso wichtig, die Bedeutung der Stadt wiederherzustellen, und zwar auf jenem Weg, der es ihr erlauben würde, die engen lokalen Grenzen zu überwinden, eine Anbindung an den Rest des Landes herzustellen und vor allem die lang ersehnte europäische Geltung zu erlangen.[4]

Die dringende Notwendigkeit, der Stadt eine neue politische Dimension zu verleihen, wird sich die aufkommende galicische Nationalbewegung rasch zu eigen machen. Innerhalb dieser Bewegung herrschte eine merkwürdige Interessenkonvergenz. Sie erklärt zum Teil die Tatsache, dass sich ihr auch ultrakonservative Gruppierungen des Karlismus und des Katholizismus anschlossen, wie sie beispielsweise durch den Domherren Antonio López Ferreiro repräsentiert werden.[5] Es scheint, als sei nur Santiago seines weltlichen Ansehens wegen in der Lage gewesen, zum politischen, aber auch zum symbolischen Zentrum zu werden, das der *Galeguismo* benötigte. In der Tat war Santiago Schauplatz eines der Gründungereignisse des galicischen *Rexurdimento*: des sogenannten Banketts von Conxo, zu dem man sich am 2. März 1856 in der Nähe der Stadt versammelte. Auch wenn unsere galicische Sprache dort nicht vertreten war, »so nimmt es aufgrund der regionalistischen und demokratischen Ausrichtung doch einen Platz in der ersten Reihe der politischen Mythen Galiciens ein; es kann als Beginn eines noch nicht abgeschlossenen politischen Prozesses gelten.«[6] Studenten saßen damals neben Arbeitern, der Dichter Pondal, einer der Begründer der modernen galicischen Literatur, trug seine Texte vor, und es wurden Reden gehalten, die in die Geschichte eingingen.

Einen wichtigen Beitrag zur Wiedererlangung der einstigen Vorrangstellung der Stadt lieferten Werke wie die *Monografías de Santiago* (1850) von Antonio Neira de Mosquera, eines typischen Polygraphen seiner Zeit, halb Literat, halb Journalist. Ihn würdigt Daniel Buján in der Einleitung der von ihm besorgten Werkausgabe:

> Seine Vision der geistigen Hauptstadt Galiciens, entstanden aus wissenschaftlicher Erforschung und legendenhafter Überlieferung, ist lebendiges Zeugnis einer Weltsicht, die der Epoche ebenso entspricht wie einer Wirklichkeitsdarstellung, die nicht auf die Aussagekraft von Mythos und Tradition verzichten will. Deshalb haben in seinen Schriften die Wunder ebenso ihren Platz wie der Zauber von Legenden und Liebesgeschichten, aber auch historische Zeugnisse von Festen, Biografien und Ereignissen aller Art. [...] Deren Bedeutung besteht nicht

> darin, dass sie historisch interessante Informationen aus erster Hand liefern; vielmehr ist diese Bedeutung vor allem symbolischer und emotionaler Art, insofern sie eines der Hauptmerkmale der romantischen Bewegung verbürgt, nämlich die Liebe zum Land und zur Volkstradition, gewissermaßen einen beginnenden Regionalismus, der neue Werte sucht in mittelalterlichen Legenden und in der Kraft der Geschichten, die die Macht der Mythenbildung im Laufe der Zeit entstehen ließ.[7]

Das Werk mit dem Untertitel »Historische Gemälde, politische Episoden, Traditionen und Legenden, prachtvolle Erinnerungen, öffentliche Lustbarkeiten und volkstümliche Bräuche« umfasst 22 Artikel, die historische Themen und Traditionen, Bauwerke und Anekdoten im Umfeld der Stadt behandeln. Besonders eine Bemerkung, die Neira de Mosquera seinem Buch voranstellt, ist aufschlussreich; er spielt – in Erwartung einer überwiegend emotional gefärbten Rezeption – auf die eminent politische Bedeutung an, die die Stadt für ihn besitzt: »Dieses Werk verkörpert das anspruchsvolle Bemühen eines Schriftstellers, der seinem Vaterland den eindeutigen Beweis seines politischen Gewichts zurückgibt. [...] Santiago darf von der Zukunft die Wiedergeburt seiner vergangenen politischen Ausstrahlung erwarten.«

Der Rückgang der Wallfahrten wurde früh von Manuel Murguía festgestellt, dem Vater der galicischen Geschichtsschreibung, der in seinem 1888 erschienenen Buch *Galicia* kategorisch erklärt, dass »diese alte und berühmte Wallfahrt heutzutage ganz und gar bedeutungslos ist; nur dann und wann entscheidet sich ein Liebhaber vergangener Zeiten, die alte Reise zu unternehmen.«[8] Aber Murguía spielt noch auf eine andere Dimension der Stadt an, die ohne Zweifel ein Hindernis für ihre Anerkennung als Hauptstadt Galiciens sein wird: Ich spreche von der ideologischen Ambivalenz der Stadt. Karlistisch und revolutionär, bischöflich und universitär, mittelalterlich und romantisch... Santiago war all das, ohne irgendetwas ganz zu sein. So räumt Murguía in *Galicia* ein, dass die Stadt »heutzutage als Bastion der alten Ideen gilt, und trotzdem war sie diejenige galicische Stadt, die schon sehr früh sehr viel für die arbeitende Bevölkerung und deren Rechte und Freiheiten getan hat.«[9] Für den Historiker sind die Gründe für Santiagos symbolische Funktion im politischen Diskurs eindeutig: »Kunst, Poesie, Religion, Wissenschaft und Politik zeigen sich hier ungeheuer kraftvoll und mit einem unverwechselbaren Profil, weil Santiago von Anfang an und über Jahrhunderte hinweg das religiöse, politische und intellektuelle Zentrum unserer vier Provinzen war.«[10]

Indem Murguía unterstreicht, dass Santiago »daher schon immer als intellektuelle Hauptstadt Galiciens galt, als Umschlagplatz der Kunst, als *summa* des reichen Schatzes, den unser Land an kollektiven Überzeugungen, an Wissen sowie an intellektueller und künstlerischer Aktivität besitzt«,[11] fordert der Historiker erstmals Compostelas metonymischen Wert ein, die *summa* Galiciens. Damit wird jenes Konzept entworfen, das die Intellektuellen der *Xeración Nos* umfassend entwickeln werden.

Bevor wir darauf eingehen, werden wir einen Blick auf die Rolle werfen, die Santiago in der Erzählliteratur spielt. Die Stadt erscheint in Marcial Valladares Núñez' *Maxina ou a filla espúrea* (*Maxina oder das uneheliche Kind*, 1880), dem ersten galicischen Roman, dessen Handlung nicht ausschließlich auf dem Land angesiedelt ist; Schauplatz ist auch Santiago, dem der Autor Züge des biblischen Sodom verleiht. Im Gegensatz zum ländlichen Raum, der als Idylle dargestellt wird, um vieles authentischer und weniger verdorben durch die materialistischen Werte der Moderne, erscheint Santiago hier als Zentrum aller Laster (ich erinnere daran, dass die Mutter der Protagonistin auf einem Fest vergewaltigt wird). Diese problematische Konzeption der Stadt begegnet, um einiges differenzierter, erneut in Antonio López Ferreiros *A tecedeira de Bonaval* (*Die Weberin von Bonaval*). In diesem Roman haben die topologischen Referenten symbolische Bedeutung. Bonaval, die Praza do Toral (die im Roman Praza do Outeiral heißt) und die Kathedrale stehen metaphorisch für die sozialen Gruppen, denen sie zugeordnet sind: das Volk, die Staatsmacht und die erzbischöflichen Institutionen. In der Bewegung der Figuren zwischen diesen drei Orten ist eine beginnende soziale Mobilität verschlüsselt,[12] die die Problematik des städtischen Raumes im Allgemeinen sowie die Santiagos im Besonderen aufdeckt.

Der nationalistisch gesinnte galicische Intellektuelle Ramón Otero Pedrayo ließ sich im Jahre 1950 in Compostela nieder, nachdem er einen Lehrstuhl an der Universität erhalten hatte. Er lebte hier bis zu seiner Emeritierung 1958. Obwohl er nur relativ kurze Zeit ständig in Compostela wohnte, war die Stadt für ihn, wie Xosé M. Salgado in seiner Einführung zu Pedrayos Roman *O espello no serán* (*Der Spiegel am Abend*) schreibt, immer das, »was für die Griechen die *moira* war, jene Art von Schicksal, das den Helden so lange verfolgt, bis es ihn zerstört«.[13] In jenen Jahren nahm ein Vorhaben Gestalt an, das den Autor schon seit langem begleitete. Es ging darum, die Stadt literarisch zu würdigen. Allerdings habe Compostela, wie Salgado behauptete, »Don Ramón in seinen Bann gezogen, und auch wenn er sich der Aufgabe widmete, ein literarisiertes Compostela zu erfinden, gelang es ihm keineswegs, die Stadt als Subjekt zu erschaffen.«[14]

Bereits zehn Jahre zuvor hatte Otero in einem Artikel mit dem Titel *As pedras de Santiago* (*Die Steine von Santiago*) gestanden:

> Ich habe oft von einem Buch geträumt, in dem die *Steine von Santiago* die anspruchsvolle literarische Darstellung erhalten, die sie verdienen. Jenes Buch wäre das Meisterwerk der neuen Prosa, wenn der Autor es verstünde, auf seinen Seiten die Seele der ewigen Steine Santiagos zu offenbaren. Compostela ist das alles umfassende, unverwechselbare Symbol des Volkes und des Landes, und in der Legende des Apostels spüren wir eine lebendige Gestalt auf, die einzigartig und für immer galicisch ist.[15]

Dieses Konzept hat natürlich viel gemeinsam mit den Ideen, die den *Monografías* von Neira de Mosquera zugrunde lagen. In der Tat schien sich Otero nicht in der Lage zu sehen, den einen großen Roman über Santiago de Compostela zu schreiben, obwohl die Stadt nicht nur in vielen seiner fiktionalen Werke, sondern auch in zahlreichen Artikeln und Essays erscheint[16], und obwohl er sich vorgenommen hatte – wie er in einem Brief an Carballo Calero[17] erklärte –, gegen die äußerst pittoreske Schreibweise eines Alejandro Pérez Lugín in *La casa de la Troya* (1915) vorzugehen. Es handelt sich hier um einen Roman, der das universitäre Leben aus der Perspektive eines stereotypen, bürgerlich-dünkelhaften *costumbrismo* schildert und gegen den *O espello no serán* »eine Art Gegengift« zu sein vorgab.

In *O espello no serán* spiegeln sich die drei Konzepte, die Otero von Santiago hat. An erster Stelle nennt er die Stadt als Emblem Galiciens; wie das Land verzeichnet auch Santiago vier historische Höhepunkte in seiner Entwicklung. Dabei wartet jeder einzelne dieser historischen Höhepunkte mit einem eigenen Symbol auf: die keltische Phase mit dem *Castro de Santa Susana*, die romanische Phase mit dem *Pórtico de la Gloria*, die Phase des Barock mit der Fassade des *Obradoiro* sowie die Phase der Romantik mit dem Beispiel der *Precusores*.[18]

An zweiter Stelle »das Bild Compostelas, das untrennbar mit der Gestalt des Apostels als Symbol des galicischen Nationalbewußtseins verbunden ist, eine Idee, die sich aus der besonderen Weltsicht Oteros herleitet, da der Katholizismus und der *Galeguismo* lebenslang die Pfeiler seines Denkens und seines ideologischen Weges waren.« Und schließlich »werden wir Zeuge der Betrachtung Compostelas als ländliche Stadt und als Ort, an dem alle Wege Galiciens zusammentreffen.«[19] Diese Idee hatte Otero Pedrayo bereits 1935 in seinem Roman *Devalar* formuliert, als er Galiciens Wege zu Wort kommen ließ: »Die Wege Galiciens bilden seit alters her eine Bruderschaft, deren Gesetze wir in die Bergrücken, in die Gebirgshänge und die mächtigen Flüsse eingemeißelt haben, und manchmal versammeln wir uns alle schweigend auf den Plätzen Compostelas.«[20]

Otero ist sich jedoch vollkommen bewusst, dass Santiago »wie ein prunkliebender Edelmann seinen Pachtzins und seine Güter längst verpraßt hat. Die Zeit des Flanierens und der Cafés ist vorbei, ebenso wie die Freude an den herrlichen Freiheiten des Kritisierens.«[21] So muss sich die Stadt eine neue Rolle im Galicien des 20. Jahrhunderts suchen. Wir haben gesehen, welche Rolle das sein kann: eine symbolische, die Otero Compostela als Sitz der Christenheit zuerkennt. Die größte Bedeutung hat dabei die universale Dimension, die der Katholizismus der Stadt verleiht. Aus der Verwurzelung des Apostels in Galicien erwächst der universale Charakter der galicischen Nation, den Otero Pedrayo wiederholt kommentiert hat.[22] Nach Craig Patterson entlehnt Otero von Herder die Idee der Universalität des Christentums, die ihm vollkommen vereinbar scheint mit den Forderungen des galicischen Nationalismus:

> In the 1765 address composed in Riga, Herder explained that Christianity is a universal religion that embraces all men and peoples; it trascends all local and temporal loyalties in the worship of what is universal and eternal. This is Otero's guarantee of an extended, universal relevance for Galicia without compromising the nationalist need for autonomy.[23]

In Übereinstimmung mit dieser weltweiten Ausstrahlung konnte Compostela nicht umhin, sich mit dem *Chronotopos* des Weges zu verknüpfen, in diesem Fall des Jakobsweges, der nach Compostela führt. So ist in *Arredor de sí* das Schicksal des Protagonisten eng verbunden mit seinen Bewegungen im Raum, so dass sein Weg ein Weg der Erlösung ist. (Wir sollten nicht vergessen, dass es sich hier um die fiktive Chronik einer spirituellen Entwicklung handelt, die Otero selbst und im weiteren Sinne die Männer der *Xeración Nos* durchleben.)

Bei der Ankunft in Santiago, dem symbolischen Zentrum, kommt es zu einem Initiationserlebnis: das des Adrian Solovio, des Protagonisten, der aus Berlin zurückkehrt, aber nie zuvor in Compostela gewesen ist. Man könnte auch sagen, er erfährt eine Bekehrung: »Nach der Gesichtslosigkeit der

Städte, durch die er reist, spürt Solovio in Compostela etwas Besonderes [...]. Solovio spürt, dass er von der Angst in die Sicherheit gelangt, von der Mutlosigkeit in die Hoffnung. Er gibt seine Leidenschaft für Toledo auf, jene Metapher der spanischen Seele, und wendet sich Compostela zu, dem Kern des katholischen und europäischen Galicien.«[24] In Übereinstimmung mit diesem Entwurf endet der Roman mit der archetypischen Rückkehr des Protagonisten zu seinen Wurzeln, in den Schoß der Familie.

Aber Otero ist sich bewusst, dass all das nicht ausreicht. In diesem Sinne stellt Carme Fernández Pérez-Sanjulián fest:

> Die Stadt Santiago, deren symbolische Bedeutung zunächst mit ihrer Strahlkraft als spirituelle Hauptstadt Galiciens wie auch mit ihrer Bedeutung als jahrhundertelanger Anziehungspunkt für das Abendland verbunden zu sein schien, erhält in Oteros erzählerischem Werk eine eindeutig politische Dimension, die die ausschließlich religiöse übertrifft. Santiago wird zu einem metonymischen Raum, der die Werte enthält, die für Otero Galiciens Identität definieren: Religion und Spiritualität, historische Bedeutung im Mittelalter, Synthese des europäischen Geistes, herausragende Leistung in Kultur und Kunst, eine enge Verbindung mit der bäuerlichen Welt. [...] Das Aufeinandertreffen all dieser Faktoren verlieh der Stadt eine ideologische Dimension und unterstützte Compostelas Konsolidierung als identitätsstiftendes Symbol (das impliziert gewissermaßen auch Santiagos Status als Hauptstadt der Nation). Hierbei kam der Stadt eine ähnliche Rolle zu wie der Flagge, dem Wappen, der Hymne oder dem *Día de Galicia*.[25]

Trotz seiner konservativen Haltung versucht Otero bewusst, die Stadt vor einem Vergangenheitskult zu bewahren, der auf fatale Weise lähmend wirken könnte. In *Os camiños da vida* (*Die Wege des Lebens*) sagt Paio Soutelo gegen Ende des Romans: »Santiago war nicht nur die Stadt der Kirchen und der Studenten. Sie besaß ein doppeltes Wesen: Sie war romantisch und sie hatte die Fähigkeit zur zukünftigen Selbstermächtigung. Daraus entsteht die Generation, die Galicien retten wird.«

Den anderen großen Beitrag der *Xeración Nos* zur Wiederaufwertung Compostelas wird Alfonso D. Rodríguez Castelao mit seinem *Sempre en Galiza* (*Immer in Galicien*) liefern, einem Text, der als der politische Essay mit dem größten Anspruch gilt, der jemals in Galicien verfasst wurde. Mit diesem Text verstärkt Castelao die politische Funktion der Stadt. In einem Kapitel mit dem Titel *Alba de groria* (*Morgendämmerung der Herrlichkeit*) offenbart sich uns Compostela als Palimpsest der Geschichte Galiciens. Die Entstehungsgeschichte von *Alba de groria*[26] nimmt ihren Anfang mit verschiedenen Versionen, die Castelao erarbeitete, um sie anlässlich der Feierlichkeiten zum *Día de Galicia* im Jahre 1948[27] in Buenos Aires vorzutragen. Das Bild der *Santa Compaña*, in diesem Fall einer Prozession der Seelen berühmter Galicier, hatte er allerdings schon in früheren Vorträgen benutzt, ähnlich wie Otero, der bereits 1930 in einer Ansprache im García Barbón-Theater von Vigo zum damaligen *Día de Galicia* auf »die vielen wandelnden Lichter« und auf »Seelenerscheinungen« anspielte. Wir dürfen hier also die Vorrangstellung nicht übersehen, die der Stadt an einem für ganz Galicien so emblematischen Tag zugestanden wird, an dem sich Compostela zu einer alles vereinigenden Makrometapher im besonderen Spannungsfeld zentrifugaler und zentripetaler Kräfte entwickelt. Dies erfolgt einerseits unter Betonung der dreifachen Dimension des Jakobsphänomens: der europäischen, hispanischen und galicischen, die jeweils durch drei grundlegende Modelle der Jakobsikonographie verkörpert werden. Nach Castelao sind das »der Sternenweg, der die Pilger nach Galicien führt, das Kreuz in Form eines Schwertes, das die Ritter des Heiligen Jakobus als religiöses Zeichen benutzten, und die reinigende und Zeugnis ablegende Muschel, die die Pilger an den galicischen Stränden sammelten.«[28] Andererseits werden aber auch die unterschiedlichen Elemente des Nationalfeiertags bezeichnet: religiöse, patriotisch-nationale und ein genuin kulturelles. Das religiöse Element stammt aus dem ritterlichen Mystizismus des Mittelalters, grundsätzlich europäisch ausgerichtet, atlantisch, abendländisch; das zweite Element betrifft »den acht Jahrhunderte währenden Abwehrkampf [s.c. der christlichen Königreiche] gegen den Islam, der in Galicien seinen Anfang nahm«; und das dritte Element betrifft »das Zusammentreffen der europäischen Wege in Compostela und die Ausstrahlung der schöpferischen Kraft Galiciens über eben jene Wege.«[29]

Diese Symbolik, die Reichweite der Entwürfe – die manchmal in ihrem Eifer Gefahr laufen, ein Compostela zu präsentieren, mit dem sich jeder identifizieren kann – und das einzigartige Gleichgewicht zwischen dem Universellen und dem Lokalen, das Castelao in *Alba de groria* erreicht, werden wir in keiner anderen literarischen Annäherung an die Stadt finden.

Anmerkungen

1 Villares 2004, 135.

2 Rey 2006, 211.

3 Rey 2006, 219.

4 Rey 2006, 222.

5 Er nahm an den Ausgrabungen teil, die im Jahre 1879 vor der Kathedrale durchgeführt wurden, auf der Suche nach den Überresten des Apostels. Zudem verfaßte er den ersten Roman, der in Compostela angesiedelt ist: *A tecedeira de Bonaval* (1894). In diesem Roman erscheint die Stadt bereits als ein Raum politischer Konfrontation.

6 Torrente Ballester 1998, 41–42.

7 In: Neira De Mosqueira 2000, XII–XIII.

8 Murguía 2000, 429.

9 Murguía 2000, 352.

10 Murguía 2000, 352.

11 Murguía 2000, 353.

12 Die Handlung des Romans ereignet sich zwischen 1543 und 1546.

13 Salgado in Otero Pedrayo 2000, 20.

14 Salgado in Otero Pedrayo 2000, 21.

15 In *A Nosa Terra* 203, 25.7.1924.

16 Vgl. *O purgatorio de don Ramiro* (1926), *Escrito na néboa* (1927), *Os camiños da vida* (1928), *Arredor de si* (1930), *Devalar* (1934), *A romeiría de Xelmírez* (1934) und *O señorito da Reboraina* (1960).

17 In: *Do galego e da Galiza*, Barcelona 1990, 209.

18 Salgado in Otero Pedrayo 2000, 30. Bei den *Precursores* handelt es sich um die Männer und Frauen, die den *Rexurdimento* prägten.

19 Otero Pedrayo 2000, 231.

20 Otero Pedrayo 1992, 245.

21 Otero Pedrayo 2000, 237.

22 So 1930: »Denn der Sohn des Zebedäus, der die Netze ins galiläische Meer warf, wollte diese in den unendlichen, tosenden Atlantik werfen. Er kam als Jude zur Welt und wurde Galicier durch die Wahl seiner Grabstätte, eine willentliche Entscheidung und nicht ein Akt des Schicksals wie die Geburt. Auf diese Weise wurde der Heilige Jakobus Galicier und

zugleich ein Heiliger für alle, indem er der gesamten Christenheit ohne Ansehen der Abstammung noch der Sprache die blumengeschmückten Portale seiner Kirche brachte. Braucht es eine bessere und zutreffendere Definition des galicischen Vaterlandes?« 1925 hieß es an anderer Stelle: »Compostela ist die galicischste aller galicischen Städte und zugleich die universalste [...]. Und Santiago blieb zutiefst galicisch, im Unterschied zu den modernen Großstädten, die im Bann des Geldes oder des Vergnügens entstanden, ohne verwurzelt zu sein mit dem Land, in dem sie blühen. In dieser Verbindung von *Galeguismo* und Katholizismus liegt Compostelas Ruhm, nur darum ist es eine Weltstadt. Ohne sie hätte Galicien keine unzerstörbare Persönlichkeit.« (Die Zitate stammen aus unterschiedlichen Artikeln; vgl. QUINTANA / VALCÁRCEL 1988, 49)

23 PATTERSON 2006, 274.

24 VILLARES 2006, 110.

25 FERNÁNDEZ PÉREZ-SANJULIÁN 2003, 143.

26 Der Text wurde 1944 in Buenos Aires veröffentlicht. Die zweite, erweiterte Auflage erschien postum bereits 1961. Sie enthält das Kapitel »Alba de Groria«.

27 Bevor sie 1961 in die zweite Ausgabe von *Sempre* integriert wurde, war die Rede bereits in verschiedenen Zeitschriften veröffentlicht worden: in *A Nosa Terra* 463 (Juli 1948) und in *Galicia* des Centro Gallego de Buenos Aires 427 (August 1948). Sie wurde auch als selbständige Schrift verlegt oder in andere Publikationen aufgenommen.

28 RODRÍGUEZ CASTELAO 2000, 521.

29 RODRÍGUEZ CASTELAO 2000, 521.

Bibliographie

FERNÁNDEZ PÉREZ-SANJULIÁN, C., *A construción nacional no discurso literario de Ramón Otero Pedrayo*, Vigo 2003.

LÓPEZ FERREIRO, A., *A tecedeira de Bonaval: episodio da hestorea de Compostela no sigro XVI*, A Coruña 1894.

MURGUÍA, M., *Galicia*, Vigo 2000.

NEIRA DE MOSQUEIRA, A., *Monografías de Santiago*, Santiago 2000.

OTERO PEDRAYO, R., *Develar*, Vigo 1992.

OTERO PEDRAYO, R., *O espello no serán*, Vigo 2000.

PATTERSON, C., *Galician Cultural Identity in the works of Otero Pedrayo*, New York 2006.

QUINTANA, X. R. / VALCÁRCEL, M., *Ramón Otero Pedrayo. Vida, obra e pensamento*, Vigo 1988.

RODRÍGUEZ CASTELAO, A. D., *Obra completa*, Vigo 2000.

REY, O., *Los mitos del Apóstol Santiago*, Vigo 2006.

TORRENTE BALLESTER, G., *Santiago de Rosalía de Castro*, Barcelona 1998.

VILLARES, R., *Historia de Galicia*, Vigo 2004.

VILLARES, R., *Fuga e retorno de Adrián Solovio. Sobre a educación Sentimental dun intelectual galeguista*, A Coruña 2006.

ZEITSCHRIFTEN

A Nosa Terra 203, 25.7.1924.

A Nosa Terra 463 (Juli 1948).

Do galego e da Galiza, Barcelona 1990.

Galicia 427, Centro Gallego de Buenos Aires (August 1948).

Carmen Becerra
Universidade de Vigo

Santiago de Compostela im Werk von Gonzalo Torrente Ballester

Es ist nicht so selbstverständlich, wie es auf den ersten Blick scheinen mag, dass die Gegend, in der ein Autor geboren wird, zum räumlichen Referenten oder kulturellen Imaginarium seines literarischen Kosmos avanciert. Im Falle Gonzalo Torrente Ballesters stellen Galicien und *lo gallego* allerdings eine Konstante dar, deren besondere Bedeutung für die Konstitution der erzählten Welt gerade dann deutlich hervortritt, wenn sie fehlt. Ich spiele dabei nicht nur auf formale Eigenschaften an wie Lexik, Syntax und Rhythmus der Sprache, sondern insbesondere auf Inhalte, Themen und Figuren, auf rhetorische Mittel oder auf die Perspektive des Erzählers. Der Leser, der sich mit den Texten dieses Autors befasst, wird beispielsweise bemerken, dass in zahlreichen Romanen galicische Städte und Dörfer vorkommen. Das Tal von Serantes, Ferrol, Bueu, Santiago de Compostela, Pontevedra und Ourense sind einige der Orte, in denen sich der Erzähler längere Zeit aufhält. Ihre spezifischen Merkmale lassen sich leicht im Rahmen eines einheitlichen Territoriums identifizieren:

> Galicien erscheint in meinen Romanen, weil der Großteil meiner Erfahrungen galicisch ist [...]. Das Galicische gehört zu mir, und auch wenn ich wiederholen könnte, dass mir nichts Menschliches fremd ist, so ist doch das, was mein Herz am meisten berührt und was ich am besten verstehe, das Galicische.[1]

Schon eine oberflächliche Untersuchung der Texte fördert das galicisches Identitätsbewußtsein zu Tage. Immer wieder begegnet uns das Land im Nordwesten der iberischen Halbinsel, seine Geschichte und seine Menschen, ihre Bräuche, Riten und ihr Aberglaube. Aber dieses Thema, dem man sich aus verschiedenen Perspektiven nähern kann, ist so komplex, dass es ratsam erscheint, lediglich Teilaspekte auszuwählen. Ich werde mich daher ausschließlich auf die Präsenz Santiago de Compostelas in Torrentes Werk konzentrieren.

Niemanden, der Torrente Ballesters Biografie kennt, wird es überraschen, dass einige seiner Werke auf einen außertextuellen Raum namens Santiago de Compostela verweisen. Auch wenn mehrere Städte unauslöschliche Spuren im Werk des Schriftstellers hinterlassen haben – Santiago war gewiß nicht die unbedeutendste unter ihnen. Torrente Ballester hat das immer wieder bekannt: »Eine Stadt, die ich lieben lernte, zu der ich bewegt zurückkehre, in der ich glücklich bin.«[2] Santiago übt eine starke Faszination auf ihn aus, und in seinen Erinnerungen schwingt immer eine gewisse Sehnsucht mit. In einem Artikel über die Universitätsbibliothek beispielsweise nimmt der Leser deutlich diesen Gemütszustand des Sprechers wahr:

> Die Biblioteca América, die kleiner ist als die Zentralbibliothek, war durch die großen altmodischen Heizkörper besser beheizt, und man konnte dort gut ein paar Stunden verbringen. Mein Tisch befand sich hinten auf der linken Seite neben einem Fenster, das auf das äußere Gesims des Gebäudes hinausging. Der Stein war mit Moos bewachsen, und wenn ihn die Sonne beschien, bekam er eine wunderschöne Farbe, ein samtenes Grün, unvergesslich für mich [...]. Mehr als einmal habe ich geschrieben, dass diese drei Jahre, die ich in Compostela – hauptsächlich in seinen Bibliotheken – verbrachte, sehr wichtig, um nicht zu sagen entscheidend für meinen Werdegang waren. Als ich die Bibliothek zum ersten Mal betrat, glaubte ich, hier meine Ausbildung zum Lehrer abzuschließen zu können. Aber dort drinnen fand der subtile, komplexe, nicht zu beschreibende Vorgang statt, der mich zu einem Schriftsteller machte, zwischen Büchern von Mönchen und amerikanischen Gesandten. Es war wie eine kaum wahrnehmbare Bewegung, die mich von der Wissenschaft zur Literatur hinübergleiten und die mich dort endgültig heimisch werden ließ... In den leeren Sälen der Bibliothek lernte ich im Schweiße meines Angesichts, was die kulturelle Tradition ausmacht, woraus die geistige Welt besteht, zu der ich gehöre.[3]

Torrente hat Santiago de Compostela vier Bücher gewidmet: zwei Romane, *Fragmentos de Apocalipsis* und *La muerte del decano*, zudem zwei Auftragswerke, die sich nur schwer einer Gattung zuordnen lassen: *Compostela y su ángel*[4] und *Santiago de Rosalía de Castro. Apuntes sobre la vida en Compostela en tiempos de Rosalía de Castro.*

Compostela y su ángel, größtenteils 1947 verfasst, wurde erstmals 1948 publiziert. Die erste Auflage war schnell vergriffen, allerdings geriet das Buch danach Jahrzehnte lang bei Kritikern und Lesern in Vergessenheit. Der Verlag Destino verhalf ihm schließlich zu neuem Leben, indem er es 1984 als Taschenbuch veröffentlichte. Die ersten drei Seiten mit dem Titel *Introducción a Compostela*, die Torrente bereits 1941 in einer Madrider Zeitung veröffentlicht hatte, belegen eine in sich geschlossene Konzeption der Stadt:

> Santiago de Compostela entsteht um die Glocke. Die Glocke erschafft die Stadt, Tag für Tag, Jahr für Jahr, über Jahrhunderte hinweg, nur indem sie zur vollen Stunde schlägt. Und der Nebel ist das Chaos, aus dem die Glocke die Dinge formt. Zunächst ihre eigene wohlklingende Bronze, den Turm, in dem sie schwingt, und ihren Namen. Dann die bearbeiteten Steine, den Zierrat, die Gewölbe, Fassaden und Innenhöfe. Zu guter Letzt die Gässchen, die Plätze und die Heiligen in ihren Nischen [...]. Wenn sich der Nebel auf die Stadt senkt, kehrt alles zu seinem ursprünglichen, formlosen Zustand zurück, und was bleibt, sind der Nebel und die Glocken. Die Umrisse verschwimmen, die Häuser lösen sich auf, werden gespenstisch, ihr Wesen verschwindet [...]. Es hat den Anschein, als ließe ein wenig mehr Nebel von der Stadt lediglich die Erinnerung zurück [...]. Compostelas Wesen besteht aus diesem beständigen Wechselspiel von Werden und Vergehen.[5]

Im Vorwort der Neuauflage bekennt der Autor ein weiteres Mal seine Liebe zu Compostela und gesteht, wie sehr er der Stadt zu Dank verpflichtet ist:

> Von meiner ursprünglichen Begeisterung für Compostela ist eine tiefe ästhetische Bewunderung geblieben, aber auch die Liebe zu dieser Stadt, die über die Kunst hinausgeht und die mir viel mehr gegeben hat, als es auf den ersten Blick scheinen mag. Es wäre nicht übertrieben zu behaupten – auch wenn ich mich dabei in Widersprüche verwickle –, dass ich erst im Laufe der Zeit lernte, was Humor ist, nachdem ich den stummen Scherzen gelauscht habe, die die Figuren des Pórtico mit ihren Gesten und ihrem Lächeln zum Ausdruck bringen.[6]

Diesen Dank vermittelt auch der Anhang mit dem Titel *Mi visión de la ciudad en 1977*. Dabei handelt es sich um einige Seiten des Romans *Fragmentos de Apocalipsis*, ein Roman, den der Autor der Stadt Santiago gewidmet hat und dem wir uns noch genauer zuwenden werden. Torrente Ballester entführt den Leser in das uralte Compostela, das reich an Mythen und Legenden ist. Mit seinem unverwechselbaren Stil, in dem Phantasie und Realität ein unauflösbares Ganzes bilden, entwirft der Autor die faszinierende Geschichte der Stadt seit der Gründung durch Alfons den Keuschen und Bischof Teodomiro. In dieser Schilderung finden wir sowohl den Ursprung der Legende des Apostelgrabes als auch die Chroniken des durch die Reliquie begründeten Jakobsweges; daran schließen sich Beschreibungen der Stadt aus verschiedenen Jahrhunderten an, verfaßt von anonymen oder mehr oder weniger berühmten Besuchern, wie Cosimo de' Medici, außerdem zahlreiche Kommentare zur architektonischen, politischen oder religiösen Geschichte Compostelas.

Während *Compostela y su ángel* im mittelalterlichen Santiago angesiedelt ist, porträtiert *Santiago de Rosalía* die Stadt im 19. Jahrhundert. Der Band, der 1989 bei Planeta[7] in der Reihe *Ciudades de la Historia*[8] erschien, ist in zwölf Kapitel unterteilt. Die ersten vier enthalten knappe Informationen über städtebauliche Aspekte und Milieuschilderungen, ergänzt um einige sozioökonomische Bemerkungen. In den restlichen acht Kapiteln schildert der Autor ausführlich reale und fiktive Personen, die auf die eine oder andere Weise mit der Stadt verbunden sind. Insbesondere in diesen Kapiteln kann man deutlich die literarische Absicht erkennen, mit der sich der Autor den Vorgaben zu widersetzen versucht, die der Verlag und die Reihe ihm auferlegten. Wie

Dolores Troncoso[9] zeigt, erlaubt er sich zahlreiche Freiheiten bei der Gestaltung der zeitlichen und räumlichen Koordinaten, indem er beispielsweise die empirischen Grenzen der Stadt überschreitet oder sich in Richtung Zukunft oder Vergangenheit begibt, um den Ursprung oder das Ergebnis bestimmter gesellschaftlicher Ereignisse oder Gepflogenheiten zu erklären. Gelegentlich ignoriert er die Verlagsvorgaben auch, indem er außergewöhnliche Vorkommnisse hinzufügt, aus reiner Lust am Erzählen und an der Unterhaltung des Lesers. Dies ist zum Beispiel bei den Kommentaren zu einigen eigenwilligen compostelanischen Bräuchen der Fall, die bereits verlorengegangen waren, als der Autor den Text verfasste:

> Irgendjemand, man weiß nicht mehr wer, erfand so etwas wie geheime Gucklöcher, von denen heute noch einige erhalten sind. Sie bestanden aus einem viereckigen Loch im Boden der ersten Etage und waren mit einer Art Falltür bedeckt. Diese wurde geöffnet, die Familie versammelte sich um das Loch, und man konnte die Passanten beobachten, ohne selbst gesehen zu werden, obschon die Beobachteten natürlich so etwas vermuteten. Aber Gepflogenheiten haben den Vorteil, kurzlebig zu sein, und wenn sie in Vergessenheit geraten sind, können wir sie nur schwer verstehen. Wenn ein Fremder nach der Funktion dieser Luken fragt, die noch heute in den Decken der Kolonnaden zu finden sind, und man sie ihm dann erklärt, glaubt er es für gewöhnlich nicht.[10]

Wenn wir noch hinzufügen, dass das ganze Buch durchdrungen ist von dem für Torrente Ballester so typischen ironischen Humor, von seiner umfassenden Bildung und seiner literarischen Vorstellungskraft, so ist das Ergebnis, mit Troncoso gesprochen, ein Text, der »eine sehr umfassende und unterhaltsame Darstellung des 19. Jahrhunderts bietet; dabei ist Santiago ein Schmelztiegel der ökonomischen und sozialen Geschichte, der Politik und der Kunst dieser Epoche, in der das Bürgertum unter großen Schwierigkeiten an die Macht gelangte.«[11]

***

Wir werden uns jetzt einem Roman zuwenden, dessen Schauplatz ebenfalls Santiago de Compostela ist. Diesmal überläßt die Stadt ihre Geschichte wie auch ihre Mythen und ihre Topographie ganz der literarischen Kreativität des Autors. Ich spreche von *Fragmentos de Apocalipsis*.[12] Santiago heißt dort *Villasanta de la Estrella,* heilige Stadt des Sterns. Die Wahl dieses Toponyms ist überaus bezeichnend, und der Leser entdeckt in ihm sofort das, was die Stadt ausmacht: die Kathedrale und die Apostelverehrung. Dennoch gibt es nur gelegentlich Anspielungen auf die compostelanische Gesellschaft. Sie beziehen sich auf die Universität, auf Professoren, Dozenten und Studenten, auch ein Erzbischof und einige Priester werden erwähnt, doch im allgemeinen hat das keine Bedeutung für die erzählte Geschichte. Die Hinweise auf reale Verhältnisse bilden lediglich den Hintergrund, auf den andere erfundene oder reale, jedoch durch die Phantasie veränderte Themen projiziert werden, die die Erzählung tragen. Entscheidend ist die Atmosphäre der Stadt, die Farbe der Steine, der Regen, der Klang der Glocken, die Feuchtigkeit und der Reichtum an architektonischen Sehenswürdigkeiten, aber die Geschichte der Stadt und ihre Bevölkerung sind ganz anders geartet; und wieder etwas anderes sind die Abenteuer der Bewohner von *Villasanta*.

In diesem Roman läßt Torrente den Leser am Schreibprozess teilhaben; er entwirft einen Handlungsstrang, in dem er die »Werkstatt« des Schriftstellers mimetisch abbildet. Aufgrund dieser Konzeption entwickelt sich das Romangeschehen auf verschiedenen Ebenen: Ein namenloser Erzähler verfaßt ein Arbeitstagebuch, wobei ihm die Gespräche mit Lenutschka, einer mit dem russischen Formalismus vertrauten Universitätsdozentin, helfen, den Roman zu verfassen. Aus der Beziehung erwächst Liebe, und um sie vollziehen zu können, verwandelt der Erzähler die Frau in eine Figur der Erzählung. Auf einer anderen Ebene sind die Erzählungen angesiedelt, die Teil des Romans sein werden, den der Erzähler verfasst, sowie auch die prophetischen Sequenzen. Sie stammen von einer der Romanfiguren, Justo Samaniego, und sagen den Einfall der Wikinger und Compostelas apokalyptische Zerstörung voraus. Die hierbei verwendete Erzähltechnik lässt an die biblische Genesis denken, das heißt an die magische Kraft der Sprache, Dinge durch Worte zu erschaffen: *Villasanta de la Estrella* und seine Bewohner existieren auf Grund ihrer sprachlichen Benennung.

> [...] gewöhnlich regnet es: ein feiner, bläulicher, warmer Regen. Von diesen Höhen aus sieht man eine graue Masse, die leere und stille Unermesslichkeit und nichts weiter. Dahinter müssen die Glocken sein, davor stehen Balustraden aus Stein; ein bisschen weiter oben die runde Turmspitze mit der Wetterfahne. Ich habe Turm gesagt, und schon ist er da. Wenn ich jetzt Stadt sage, wird auch sie da sein. Dann sage ich: Kathedrale, Klöster, Kirchen, Universität, Rathaus, Palast des Erzbischofs; und ich sage: Straßen, Plätze, Gassen [...]; ich sage Säulen, Portale, Gewölbe, Engel, Heilige, Propheten, Voluten, Pilaster, Giebel. Vergiss nicht, dass du aus Wörtern bestehst, es ist egal: du oder ich, und wenn du dich verdoppelst, bleiben wir du und ich, aber du kannst auch nach Belieben du oder ich sein, ohne andere Grenzen als die der Grammatik.[13]

Nach diesem Muster wird die Stadt am Ende des Romans, als der Erzähler seine Gedanken auf andere Dinge richtet, mit jedem Glockenschlag allmählich wieder zerstört. Der Erzähler überlebt im Schutz der Sprache:

> Der erste Glockenschlag erklang bei Tagesanbruch. Viele Giebel und alle Wetterfahnen fielen herunter [...]. Der zweite tönte eine Minute später [...], die Äste der Magnolien stürzten ebenso zu Boden wie die Türme, und die Baumstämme zerbarsten wie auch der Stein. Von der Kathedrale blieben beim dritten Glockenschlag noch einige Bögen zurück, die drei Glockenschläge später einstürzten. Bei Sonnenaufgang war Villasanta nur noch ein rauchender Trümmerberg. Der Staub erhob sich an diesem klaren Tag bis in den Himmel, und bei jedem neuen Glockenschlag wirbelte er weiter aufwärts.[14]

Die Protagonisten sind in einigen Fällen so eigenwillig konzipiert, daß sie fast zu phantastischen Figuren werden. Zu ihnen gehören beispielsweise der Bonze Ferreiro mit seinen sonderbaren Mondreisen, der blinde Marcelo mit seinen erotischen Obsessionen, geradezu eine Inkarnation des Bösen, aber auch eine Gruppe von Anarchisten, unter ihnen Pablo mit seiner zyklischen Geschichtsauffassung. Die läßt ihn von der Möglichkeit träumen, in die Vergangenheit zu reisen, um den Mord an Marat zu verhindern und damit den Beginn der napoleonischen Herrschaft, auf dessen berühmten *Code Civil* Pablo alles Unglück der heutigen Gesellschaft zurückführt. Jede einzelne dieser Figuren bildet einen eigenen thematischen Schwerpunkt, und die Handlung teilt sich in parallel verlaufende Stränge, auch wenn diese alle auf die eine oder andere Weise im Umkreis der Kathedrale von Villasanta zusammengeführt werden.

Während die Kathedrale von Santiago de Compostela die sterblichen Überreste des Apostels Jakobus bewahrt, hat man diejenige von Villasanta auf einem Labyrinth errichtet, das die sterblichen Überreste Doña Esclaramundas enthält, der Tochter des Bischofs Sisnando, in die sich der Wikingerkönig Olaf verliebt hatte.

> Es heißt, dass es Gebeine in einem Grab geben soll, und dass sie von einem Apostel stammen. Ach was! Mir wäre es lieber, es handelte sich um die Knochen Esclaramunda Bendañas, ein Name, der mir gerade eingefallen ist, einfach so, ganz plötzlich, aufgrund bestimmter Zusammenhänge, und der mir gefällt. Wenn sie erst einmal erfunden ist, wird man ihre bevorzugte Behandlung mit einer Geschichte rechtfertigen müssen, denn es ist nicht üblich, dass die Gebeine eines Mädchens, das keine Heilige war, an einem derart angesehenen Ort ruhen.[15]

Um ihre Entführung zu verhindern, tötete Bischof Sisnando seine Tochter und begrub sie in der Kathedrale, im Zentrum eines steinernen Labyrinths, das aus Buchstaben besteht, die eine Liebeserklärung darstellen. Dieses Geheimnis wurde geschickt verschleiert, indem man den Mythos eines Heiligen der christlichen Kirche verbreitete, den man in Villasanta verehrt. Nur ein Manuskript mit der Überschrift *Los Comentarios al Apocalipsis del Beato de Liébana*, das der Domherr und Dombaumeister Don Procopio besitzt, gibt Kenntnis von den verborgenen Vorgängen. Besagtes Manuskript enthält zudem die Prophezeiung des Wikingerkönigs, der zufolge er nach Ablauf von tausend Jahren nach Villasanta zurückkehren, die Stadt zerstören und sich auf diese Weise für die Beleidigung rächen wird, die ihm Sisnando einst zufügte, als dieser ihn seiner Liebe beraubte.

Diese Geschichte und viele andere, die im Text bruchstückhaft verteilt sind, bilden die Einträge im Arbeitstagebuch des Schriftstellers, der versucht, einen Roman, diesen Roman zu schreiben, während er gleichzeitig dessen Struktur und Details der Komposition mit Lenutschka diskutiert. Wenn man die Liebesgeschichte zwischen dem Schriftsteller und Lenutschka ausklammert, so erkennt der Leser in den Romanfragmenten die Entmythifizierung, der Torrente den Mythos des Apostels Jakobus, den Inbegriff Compostelas, aber auch Villasanta de la Estrellas unterzieht. Eine derartige Entmythifizierung, ein im Übrigen sehr geläufiges Verfahren im Werk des Autors, wird im Rahmen weitschweifiger, ernsthafter Diskussionen über die wahre Identität der in der Kathedrale verehrten Gebeine begründet. In diesen Gesprächen wird die Polemik um die Überlagerung Priscillians durch den Apostel thematisiert. Bei Priscillian handelt es sich um jenen spanischen Bischof, den man im 4. Jahrhundert in Trier des *maleficiums* beschuldigt und hingerichtet hatte und der in Galicien begraben worden war, in einem Land, dessen Bevölkerung die priscillianische Bewegung begeistert aufgenommen hatte. In *Fragmentos de Apocalipsis* steht die offizielle Geschichte im Widerspruch zur poetischen Wahrheit von Villasanta de la Estrella.[16] Torrente Ballester, ein ausgezeichneter Kenner der Geschichte der Stadt und ihrer Anfänge, konstruiert offensichtlich eine Entsprechung zwischen dem Grab

Doña Esclaramundas und demjenigen des Apostels, zweifelsohne, um die Entdeckung des Heiligengrabes als Betrug zu entlarven, den der Autor selbst in *Compostela y su ángel* wiederum als Erfindung bezeichnet, als gelungenen Schachzug, um einer bestimmten historischen Notwendigkeit nachzukommen.[17] Auf einer der ersten Seiten von *Fragmentos de Apocalipsis* heißt es:

> Die alten Frauen meiner Heimat wirkten früher aus Stoffresten bunte Decken, die *farrapeiras* genannt wurden, wie aus Lumpen gewebt, was ja auch so war. Das ist auch mein Material: zu Lumpen gewordene, einst prachtvoll glänzende Stoffe, jetzt fadenscheinig und zerrissen, bevor sie ihre neue Form erhalten. Sie hängen oder liegen in Stapeln, solange sie nicht berührt werden; und wenn ein Windstoß sie bewegt und das Licht sie aufleuchten läßt, finden sie sich in willkürlicher Anordnung zusammen, jenseits jeglicher Logik und jeder Vernunft.[18]

Bruchstückhaft, aus Lumpen gefertigt, wie es der Haupterzähler in einer metafiktionalen Reflexion offenbart, verlangt der Roman vom Leser eine aufmerksame Lektüre, bringt jedoch trotz seiner komplizierten Struktur das parodistische Spiel geschickt in Einklang mit der meisterhaften Entfaltung seiner Erzählkunst. Das Labyrinth der Kathedrale von Villasanta ist nicht nur Schauplatz einiger Geschichten, es bildet vielmehr auch das Konstruktionsprinzip des Romans ab: eine chaotische und zugleich geordnete Struktur, verworren und dennoch perfekt gegliedert.

Zudem fällt ein charakteristisches Merkmal im Werk Gonzalo Torrente Ballesters ins Auge, das auch in diesem Roman von besonderer Bedeutung ist. Es handelt sich um die Mischung, manchmal auch das Verschmelzen der kritisch-theoretischen Perspektive mit imaginativen Verfahren. Torrente Ballester hat nie aufgehört, über den Vorgang des Schreibens nachzudenken, wie seine Essays, Artikel und Prologe zu eigenen und fremden Werken, seine Arbeitstagebücher und Vorträge belegen, aber auch seine fiktionalen Texte, und *Fragmentos de Apocalipsis* ist ein gutes Beispiel dafür:

> Ich schließe natürlich jeglichen realistischen Ausgang von der Art aus, die zu soziologischen Fiktionen führt, die überzeugenderer Rückhalte als der meinen bedürfen, denn gibt es jemanden, der gegebenenfalls die Geschichte eines Erzbischofs glaubt, der fliegend seinem Palast entflieht, um mit drei Anarchisten Karten zu spielen? Die Wahrscheinlichkeit einer derartigen Situation wird nur erzielt, wenn wir sie in ein großes Gefüge anspruchsvoller Bedeutungen einbetten, ein Bild des Universums oder eine Allegorie von beeindruckender Gestalt und moralischer Bedeutung.[19]

Auch hier unterzieht der galicische Autor die Realität einer Transformation, wobei er auf seinen reichen Kenntnisschatz und seine unerschöpfliche Phantasie zurückgreift, und das Resultat bietet mehr als nur eine Lesart. Um es in all seinem Reichtum zu verstehen, muß man die spielerische Fassade durchdringen und hinter dem Humor die Ernsthaftigkeit des Humoristen sehen.

* * *

1992 veröffentlichte Torrente *La muerte del decano*. Dieser Roman läßt sich der Gattung der Kriminalromane zuschreiben, »jener Strömung von Romanen intellektuellen Spiels, die in der angelsächsische Tradition des G. K. Chesterton und seines Hobbydetektivs Pater Brown stehen und die im psychologischen *Costumbrismo* angesiedelt sind«, wie Colmeiro bemerkt.[20] *La muerte del decano* gehört außerdem zur ebenfalls angelsächsischen Strömung der Campus-Romane, die in Spanien von Javier Marías mit seinem Roman *Todas las almas* (1989) eingeführt wurde. Torrente Ballester verwendet dieses Gattungsmuster, um die großen, die Realität beglaubigenden Erzählungen in Frage zu stellen. Er erschafft die Figur des Dekans, Geschichtsprofessor und paradoxes Beispiel für ein solches Infragestellen, dessen Auffasung von Geschichte sich auf die ausdrückliche Anerkennung der ihr eigenen Instabilität und Subjektivität gründet.[21] Folglich ist der *Tod des Dekans* sehr viel mehr als ein mögliches Verbrechen oder ein vermutlicher Selbstmord ohne Aufklärung: »Der aufopferungsvolle Akt des Dekans, seine Absage an die Geschichte und das Erkennen der eigenen Nutzlosigkeit sowie seine Verwandlung in einen Schriftsteller kennzeichnen das Ende der Geschichte als absolute und unbestreitbare Gewissheit. Deshalb ist sein wiederholt angekündigter Tod ein symbolisches Protokoll metafiktionalen Ablebens, in dem Torrente die angekündigte postmoderne Chronik des Endes der großen Erzählungen und der absoluten Gewissheiten schreibt«.[22]

Die Handlung ist in den ersten Jahren der spanischen Nachkriegszeit angesiedelt. Die Figuren bewegen sich in einem Kontext intellektueller Mittelmäßigkeit, kollektiver moralischer Verwahrlosung und politischer Resignation, bar jeglichen Antriebs, zu denken und zu forschen, zudem der Zensur unterworfen. Genauer gesagt, ereignet sich der größte Teil der Handlung in einer namenlosen Stadt, die auf Santiago zu verweisen scheint.[23] Es handelt sich um eine kleine, verregnete Provinzstadt im Norden der iberischen Halbinsel, die von der Kirche und der Universität geprägt ist und die der juristischen Verwaltung von A Coruña[24] untersteht. All dies sind eindeutige Merkmale Compostelas in der ersten Hälfte des 20. Jahrhunderts, wie die folgenden Stimmungsbilder zeigen:

> Auf der Straße nieselte es, ein kalter Sprühregen, der ihn einen Moment lang bis ins Mark erschaudern ließ [...]. Er ging los, und der aufgespannte Regenschirm schützte nicht einmal seine Fingerspitzen vor dem Regen. Zu seiner Rechten befand sich die medizinische Fakultät, und Gruppen von Studenten auf dem Weg zu oder von einem zeitigen Kurs standen vor der Tür.[25]

> Inzwischen wird ihr Mann hier sein, und Sie werden ihn täglich sehen und ihm das Essen bringen können. Aber eines Tages wird man ihn nach A Coruña bringen [...]. Durch das Fenster des Hotelzimmers sah man die *Cantones* und auf der linken Seite den großen, noch dunklen Stadtgarten.[26]

Neben Orten mit Eigennamen, wie die Kathedrale, die Kneipe *Ramallo* oder das Hotel *España*, werden als vager Rahmen der Handlung die Gebäude der Universität, die Studentenwohnheime, Kreuzgänge, Gassen, die Kolonnaden und nassen Straßen genannt. Der Roman vermeidet eine Beschreibung der Stadt, und der Verzicht auf konkrete Bezüge erzeugt einen Raum, der in der Farbe der Stadt aus Stein gezeichnet ist, grau wie die Atmosphäre in gedämpftem Licht bei anhaltendem Regen:

> Der Wind hatte sich gelegt, und es fiel ein feiner, sanfter Regen. Er öffnete den Regenschirm und ging los [...]. Er gelangte zur

Straße und stellte sich unter die Kolonnaden, als zwei Mädchen, Studentinnen, in durchsichtigen Regenmänteln und mit geschlossenen Schirmen an ihm vorübergingen [...]. Er streifte eine ganze Weile durch die Straßen, manchmal hielt er an einer Ecke an oder vor einem Lichtreflex auf den nassen Steinplatten [...]. Als die Uhr der Kathedrale neun schlug, beschleunigte er seine Schritte und ging zur Kneipe *Ramallo*.[27]

Der Verzicht auf konkrete Angaben zum Handlungsraum trägt dazu bei, eine bestimmte Atmosphäre zu erzeugen. Colmeiro interpretiert dieses Vorgehen als Mittel, »das die Skepsis und epistemologische Ungewissheit verstärkt, auf die sich der gesamte Romans stützt.«[28] So wird Santiago de Compostela ein ums andere Mal zu einem aussagekräftigen, authentischen und fantastisch durchsetzten Raum in den fiktionalen Welten des galicischen Autors. Die tausendjährige Stadt, eingebettet in ein mythisch erhöhtes Galicien, ist emotionaler Zufluchtsort und zugleich Auslöser imaginärer Prozesse. Daher überrascht folgendes Geständnis des Autors nicht:

> Ich möchte nicht behaupten, dass all das, was als Grundlage und Material meines Schreibens gedient hat, aus Compostela stammt, aber doch der größte Teil davon, und selbstverständlich verdanke ich dieser Stadt bestimmte Erfahrungen, die mir geholfen haben, diese Grundlagen zu stärken oder zu korrigieren, die mir erlauben, zu leben und zu schreiben [...]. Compostela ist nicht irgendein Ort, und einer meiner Freunde sagte einmal zu Beginn meiner Liebesgeschichte mit der Stadt, dass Compostelas Steine die Fähigkeit besäßen, alles zu verändern, sogar die sieben Todsünden.[29]

Anmerkungen

1 Interview mit Gonzalo TORRENTE BALLESTER in der Tageszeitung *La Voz de Galicia*, 22. Mai 1998.

2 TORRENTE BALLESTER 1982, 296–298.

3 TORRENTE BALLESTER 1980, 170.

4 Die erste Ausgabe erschien im Verlag Afrodisio Aguado. Es handelte sich um eine Luxusedition, prachtvoll illustriert von der rumänischen Malerin María Droc, einer Künstlerin, die in diesen Jahren im franquistischen Spanien im Exil lebte. 1993 publizierten die *Diputación de La Coruña* und der Verlag Destino eine schöne Ausgabe des Textes, mit Fotos von Xurxo Lobato und mit einem Prolog des Dichters César Antonio Molina.

5 TORRENTE BALLESTER 1984, 17.

6 TORRENTE BALLESTER 1984, 13.

7 In der zweiten, 1998 ebenfalls von Planeta publizierten Ausgabe wurden die Illustrationen von Ester Berenguer, die den Text der ersten Ausgabe begleitet hatten, entfernt.

8 Der Verlag Planeta beauftragt für diese Reihe bekannte Autoren mit Stadtporträts; Luis Racionero beispielsweise schrieb über Athen und Florenz, Néstor Luján über Madrid, Juan Benet befasste sich mit London und Jesús Ferrero mit Peking.

9 Für eine eingehende Analyse dieses Werkes vgl. den aufschlußreichen und gut dokumentierten Artikel »Santiago de Rosalía de Castro«: TRONCOSO 2004, hier 119–122.

10 TORRENTE BALLESTER 1989, 19.

11 TRONCOSO 2004, 121–122.

12 Der Roman erschien 1977. In diesem Jahr wurde Gonzalo Torrente Ballester von der Real Academia Española als Mitglied aufgenommen; sein »Pate« war ein anderer großer galicischer Schriftsteller, Camilo José Cela.

13 TORRENTE BALLESTER 1977, 16.

14 TORRENTE BALLESTER 1977, 392. Erinnern wir uns an die erste Seite von *Compostela y su ángel*, die auf S. 171 bereits zitiert wurde. An anderer

Uwe Albrecht
Christian-Albrechts-Universität
zu Kiel

Jakobus Maior in der mittelalterlichen kirchlichen Kunst der Hansestadt Lübeck

Jakobusdarstellungen waren in den Lübecker Kirchen vielfältig anzutreffen. Nur ein exemplarischer Überblick kann hier anhand einiger Werke der Holzskulptur und Tafelmalerei, die sich im St. Annen-Museum erhalten haben und dem 15. und beginnenden 16. Jahrhundert angehören, gegeben werden. Der Apostel Jakobus begegnet dabei in unterschiedlichem ikonographischen Kontext: als einer der Zwölfboten, als Kind im Kreise der Heiligen Sippe oder als hervorgehobener Heiliger im Gewande und mit den Attributen des Santiago-Pilgers.

Die ältesten Darstellungen integrieren ihn gewöhnlich in das Apostelkollegium, so etwa im Falle des aus der Lübecker Werkstatt Hermen Rodes 1483 nach Tallinn exportierten Hochaltarretabels (Abb. 1) der dortigen Nikolaikirche. So aber auch auf den beiden Tafelmalereien der Innenseite des Predellenflügels (Abb. 3 und 4) vom Retabel der Valentinsbruderschaft zum Rosenkranz (Inv.-Nr. 11) aus der Jakobikirche, dem Gotteshaus des nördlichen Pfarrsprengels von Lübeck, das den dort ansässigen Fischern und Schiffern diente und deren Patron geweiht war. Das um 1490–1500 entstandene Ausstattungsstück, das glaubhafter Überlieferung zufolge 1713 vor der Westseite des dritten nördlichen Mittelschiffspfeilers (von Osten gezählt) einen Altartisch schmückte, muss ursprünglich jedoch allansichtig und freier aufgestellt gewesen sein. Darauf weist vor allem die auf der Schreinrückseite (Inv.-Nr. 28) angebrachte großfor-

1 Mittelschrein des Hochaltar-Retabels in St. Nikolai zu Tallinn von Hermen Rode (Tafelgemälde). Im oberen Register rechts außen der Hl. Jakobus Maior inmitten des Apostelkollegiums (vgl. S. 14)

matige Malerei (Abb. 2) hin, die abermals Jakobus, nun aber den Heiligen als Santiago-Pilger mit Stiefeln, Wanderstab und Pilgerhut mit Jakobsmuschel zur Rechten des Christophorus und eines unbekannten Bischofs (des Hl. Valentin?) zeigt, der nur noch im Anschnitt der fragmentierten Tafel erkennbar ist.

Die qualitätvolle Malerei, die dem Umkreis des damals in Lübeck tätigen Wilm Dedeke angehört, ordnet auf der Predelleninnenseite Jakobus zwei mariologischen Episoden zu: dem Tod des Gottermutter und dem selten dargestellten Leichenkondukt, der hier in Begleitung trauernder Nonnen eine norddeutsch anmutende Stadt verlässt. Auf der Tafel mit den um das Sterbebett Mariens versammelten Aposteln (Abb. 3) erkennen wir Jakobus wiederum an seiner Beschuhung, ganz rechts außen am Tafelrand, baren Hauptes und etwas isoliert stehend. Deutlich wird seine Person auch als Träger des von einem Bahrtuch bedeckten Sarges Mariens (Abb. 4). Pilgermuschel und -stab zieren seinen breitkrempigen Hut, auch trägt er Schuhe, allerdings nicht als einziger.

Als Holzskulptur, dreiviertelrund und rückseitig bis in Schulterhöhe ausgehöhlt (Abb. 5), was auf eine ursprüngliche Aufstellung vor einer Fläche, am ehesten wohl im Schrein eines Retabels, hinweist, präsentiert sich ein Jakobus aus der Burgkirche der Dominikaner (Inv.-Nr. 34). Mit einer Höhe von 122 Zentimetern dürfen wir in ihm vermutlich abermals eine von ehemals drei Figuren sehen, die in ähnlicher Anordnung wie auf der Tafel aus der Jakobikirche (vgl. Abb. 2) vorzustellen sind. Ob eine sowohl

2 Schreinrückwand vom Retabel der Valentinsbruderschaft zum Rosenkranz: Hl. Jakobus Maior, Christophorus, Bischof Valentin (?)

3 Predellenflügel vom Retabel der Valentinsbruderschaft zum Rosenkranz. Innenseite: Marientod

4 Predellenflügel vom Retabel der Valentinsbruderschaft zum Rosenkranz. Innenseite: Begräbnis Mariens und Gürtelspende

5 Apostel Jakobus Maior. Lübeck (?), um 1480–1490

6 Stehende Muttergottes auf der Mondsichel. Vorderansicht und Detail des Oberkörpers

in den Maßen als auch in ihrer stilistischen Erscheinung nahe stehende Muttergottes auf der Mondsichel (Abb. 6), ebenfalls aus der Burgkirche (Inv.-Nr. 36), als ursprünglich zugehörig und dann sicherlich an zentraler Stelle des Schreins aufgestellt betrachtet werden darf, bleibt eine offene Frage. Jakobus und Madonna gehören dem letzten Drittel des 15. Jahrhunderts an.

Auch die Predella des um 1525 gefertigten sog. Rosenkranzretabels (Inv.-Nr. 1989/A1) aus dem Heiligen-Geist-Hospital (Abb. 7) birgt Jakobus als Einzelheiligen (Abb. 13) und konfrontiert ihn mit Rochus und Hieronymus (in der Predella) sowie mit Georg und Christophorus (in den Eckaufsätzen der beiden Flügel). Zwei weitere Hospitalspatrone müssen in den heute leeren äußeren Predellengefachen ergänzt werden. Neben Stab und Hut erkennt man eine Paternosterschnur, die dem Jakobus in die Hand gegeben worden ist; aus seiner Pilgertasche

7 Rosenkranzretabel aus dem Heiligen-Geist-Hospital. Gesamtansicht der Schnitzseite

scheint er Almosen an Bedürftige verteilen zu wollen.

Inmitten des Apostelkollegiums erblicken wir Jakobus Maior auf der Gemäldeseite (Abb. 8) des Wurzel-Jesse-Retabels (Inv.-Nr. 8), das einst am dritten nördlichen Pfeiler der Burgkirche seine Aufstellung fand und im zweiten Jahrzehnt des 16. Jahrhunderts hergestellt wurde. Jakobus ist als vierter (von links) in der oberen Reihe zu sehen, abermals mit einem langen Rosenkranz ausgestattet. Zwischen Petrus und dem Evangelisten Johannes platziert, erscheint er als einer der sog. Großen Apostel, zu denen auch Andreas und der als Apostelfürst an erster Stelle hier sichtbare Paulus gerechnet werden können, der freilich nicht zu den Jüngern Christi der ersten Stunde zählte.

8 Flügelretabel mit der Wurzel Jesse. Gesamtansicht der Gemäldeseite des geschlossenen Zustandes: Zwölf Apostel

9 Gemäldetafel aus der Petrikirche: Hl. Jakobus Maior. Gemäldeflügel. Lübeck, um 1500

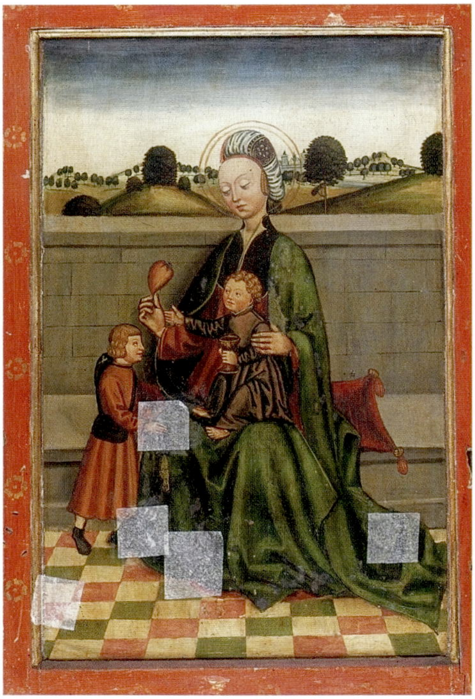

10 Gemäldetafel aus der Petrikirche: Maria Salome mit ihren Kindern Johannes Evangelista und Jakobus Maior

Herausgelöst aus der Gruppe der Zwölfboten tritt Jakobus auf einem aus der Petrikirche stammenden Tafelbild entgegen (Abb. 9), das ihn auf der Vorderseite eines knapp drei Meter hohen, sehr schlanken Flügels (Inv.-Nr. 2476b) unbekannter Funktionsbestimmung in mittlerer Position zwischen der Schmerzensmutter (zuoberst) und dem Apostel Andreas (zuunterst) vorstellt. Er steht auf einem Fliesenboden vor halbhoher steinerner Brüstung, die einen Ausblick in eine weite baumbestandene Hügellandschaft freigibt. Beschuht, den Stab in seiner Rechten, wird Jakobus als Pilger gezeigt. Auf dem Mantelumhang sind die gekreuzten Pilgerstäbe als Stickerei auszumachen, der Pilgerhut, erneut mit Pilgerzeichen verziert, hängt ein wenig lässig über der linken Schulter, während die andere Schulter den langen Riemen der schweren Pilgertasche trägt, die unter dem Mantel zum Vorschein kommt. Die Malerei ist um 1500 in einer Lübecker Werkstatt entstanden.

Stilistisch und dem einstigen Werkkomplex auch materiell zugehörig, erblicken wir auf einem zweiten, gleich großen Flügel (Inv.-Nr. 2476c), der sich als Pendant versteht, erneut Jakobus Maior (Abb. 10), diesmal allerdings als Kleinkind zusammen mit seinem Bruder, dem Evangelisten Johannes, und deren gemeinsamer Mutter Maria Salome.

Diese der Ikonographie der Heiligen Sippe verpflichtete Darstellung, die um 1500 sehr beliebt und weit verbreitet war, kehrt in Lübeck wieder auf einem heute aus dem ehemaligen Zusammenhang herausgelösten

11 Jakobus als Kind. Schreinrelief mit der Hl. Sippe. Lübeck, Martin Radeleff (Schnitzarbeit) archivalisch zugeschrieben, 1493–1494

12 Gertrudenretabel aus der Burgkirche. Reliefgruppe des linken Flügels mit Maria Salome, Zebedäus und den Kindern Johannes Evangelista und Jakobus Maior

13 Der Hl. Jakobus in der Predella des sog. Rosenkranzaltars aus dem Heiligen-Geist-Hospital, jetzt Museum für Kunst- und Kulturgeschichte der Stadt Lübeck (Annenmuseum)

Schreinrelief (Inv.-Nr. 1892/128), das durch urkundliche Überlieferung als Werk des Martin Radeleff bezeugt ist (Abb. 11), der im Juli 1494 für ein von ihm gefertigtes Retabel 90 Mark lübisch von Friedrich Loer erhielt, dem Testamentsvollstrecker der bereits 1486 verstorbenen Anna Grypeshorn, die Stifterin einer Vikarie an der Marienkirche war. Der Familienverbund ist nun erweitert um die Gottesmutter mit dem Jesusknaben, deren zweite Halbschwester Maria Kleophas mit den vier Söhnen Jakobus Minor, Josephus oder Justus Barnabas, Simon Zelotes und Judas Thaddäus sowie um die Marienmutter Anna und die sechs Ehemänner beider Generationen. Jakobus erscheint als der ältere der beiden Söhne der Maria Salome stehend in langem Gewand am rechten Bildrand des Reliefs.

Die auf Stimmungswerte abzielende Erzählfreude wird weiter gesteigert in dem kecken und naiven Verhalten der Kinder des 1509 in der Burgkirche aufgestellten Gertrudenretabels (Inv.-Nr. 3), in dem die spontaner Beobachtung und situativer Unvoreingenommenheit entspringende Szene des einem Hündchen zu Füßen der Maria Salome sich zuwendenden Jakobus auffällt (Abb. 12). Bereits als Kind ist er mit den Attributen eines Pilgers versehen.

14 Retabel der Thomasbruderschaft der Brauerknechte aus der Burgkirche. Gesamtansicht der Schnitzseite. Altaufnahme mit leerem oberem Schreingefach und vertauschter Aufstellung des unteren Reliefs

15 Schreinrelief mit der Hl. Sippe aus dem Thomasretabel der Brauerknechte (Ausschnitt): Maria Salome mit ihren Kindern Johannes Evangelista und Jakobus Maior

16 Predellentafel des Antwerpener Retabels von 1518 aus der Marienkirche: Maria Salome mit Zebedäus, Johannes Evangelista und Jakobus Maior

Um 1520 gelangte ebenfalls in der Burgkirche das Flügelretabel der Thomasbruderschaft der Brauerknechte zur Aufstellung (Abb. 14), das in einem seiner beiden zentralen Schreingefache einmal mehr die vielfigurige Heilige Sippe vorstellt, diesmal sogar erweitert um Elisabeth und Zacharias sowie Memelia und Enim mit deren Sohn, dem späteren Maastrichter Bischof Servatius. Jakobus ist auch hier – trotz seiner kindlichen Anmutung – klar an dem in Sgraffito-Manier an seiner Kopfbedeckung erscheinenden Pilgerzeichen der gekreuzten Stäbe identifizierbar (Abb. 15).

Wie ein kleiner Erwachsener hingegen erscheint Jakobus, den Pilgerstab attributiv in der rechten Hand und die schwere Pilgertasche reisefertig geschultert, auf einer der Predellentafeln des Antwerpener Retabels von 1518 (Abb. 16) aus der Sängerkapelle der Marienkirche (Inv.-Nr. 1988/6). Er schaut diesmal aus dem Bild in Richtung des Betrachters und ist ungewöhnlicherweise barfuß gezeigt, aber in ein modisches violettes Gewand gehüllt, das auffällig und mit Sinn für ästhetische Wirkung von einem gelbgrün changierenden Gürteltuch umschlungen wird. Auf seinen Sohn Jakobus blickt Zebedäus hernieder; mit einer vielsagenden Geste weist er auf ihn und zugleich auf die Nachbartafel. Jakobus scheint auf dieser, aus den südlichen Niederlanden importierten Tafel im Aufbruch begriffen, um seinen Schicksalsweg in die Welt zu nehmen.

Ulrich Kuder
Christian-Albrechts-Universität
zu Kiel

Jakobsverehrung im Norden. Ein vorläufiger Überblick

Jakobus, der hl. Apostel und Jünger Jesu, Sohn des Zebedäus und der Salome, Bruder des hl. Evangelisten Johannes, Jakobus Maior oder Jakobus der Ältere,[1] wurde im Laufe des Mittelalters von Kaufleuten, Schiffern, Rittern[2] und vor allem von Pilgern, aber auch, als »Kornpatron«[3], von Bauern verehrt. Im späten Mittelalter galt er außerdem als Patron der »Küfer, Hutmacher« (aufgrund der Pilgerhüte), »Apotheker, Arbeiter, Drogisten, Krieger, Lastträger, Strumpfwirker, Wachszieher, Kornmesser und der Waisenkinder«.[4] Der folgende Überblick über seine Verehrung im Norden ist in zeitlicher Hinsicht auf das Mittelalter und in räumlicher beschränkt auf Skandinavien, den Ostseeraum und die küstennahen Gebiete Norddeutschlands. Er umfasst somit nicht den gesamten Bereich der Hanse. Der hl. Jakobus wurde zu der Verbindungsperson schlechthin zwischen dem Norden und dem »Jakobsland«, wie Spanien[5], gelegentlich auch nur Galicien[6] in Skandinavien genannt wurde. Diese Verbindung war nicht nur eine ideelle. Davon zeugen die im Norden errichteten und dem hl. Jakobus geweihten Kirchen und die zahlreichen vom Norden her zu Wasser und zu Land zur Kathedrale von Santiago de Compostela aufbrechenden Pilger.

Das Ziel ihrer langen Reise war der Ort, an dem, einer legendarischen Überlieferung zufolge, der Leib des heiligen Apostels seine letzte Ruhe gefunden hatte. Seit dem 13. Jahrhundert unterscheiden die geistlichen

Gerichte im Hinblick auf die Angemessenheit der Buße zwischen kleinen *(peregrinationes minores)* und großen Pilgerfahrten *(peregrinationes maiores)*.[7] Zu den letzteren werden die nach Jerusalem, Rom und Santiago gerechnet.[8] »Verglichen aber mit der meist von Venedig aus angetretenen Schiffsreise nach Jaffa, das nur zwei Tagesmärsche von Jerusalem entfernt war, verglichen auch mit der durch relativ dicht besiedeltes und erschlossenes Gebiet führenden Romfahrt, war die Pilgerreise nach Santiago über Land im allgemeinen langwieriger, mühseliger und risikoreicher.«[9] Ungefährlich war aber auch die Schiffsreise zu einem der Häfen Galiciens nicht; ohnehin konnten sich bei weitem nicht alle, die vom Norden nach Santiago pilgerten, den Seeweg leisten.[10]

Patrozinienkunde[11] und Pilgerforschung[12] bieten Möglichkeiten, die Entwicklung der Jakobsverehrung im Norden zu beleuchten. Die Frage aber, wer im Norden den Bau von Jakobikirchen betrieb bzw. wer bereits bestehende Kirchen dem hl. Jakobus weihen ließ, lässt sich nicht generell beantworten. Sie verlangt in jedem Einzelfall eine eigene Untersuchung, unter Einschluß auch der Siedlungs- und Stadtgeschichtsforschung[13]. Siedlung, Stadtgründung bzw. -erweiterung und Kirchenbau greifen unmittelbar ineinander.

In einem ersten Teil der folgenden Darstellung geht es um die Jakobsverehrung im Norden vor der Mitte des 12. Jahrhunderts. Als Stichjahr dient 1164, das Jahr, in dem mit der Errichtung des Erzbistums Uppsala und der Einsetzung Erzbischof Stephans durch Papst Alexander III. die nordische Kirchenorganisation vollendet worden war.[14]

Die Jakobsverehrung im Norden zwischen 1164 und 1410, dem Jahr der Schlacht von Tannenberg bzw., nach polnischer historiographischer Tradition, von Grunwald, wird dann im zweiten Abschnitt thematisiert. Eingeleitet durch die veränderten Machtverhältnisse, die bedingt waren durch die am 14.8.1385 im Vertrag von Krewo (litauisch Kriava) zwischen Graf Jagiello von Litauen und den Abgesandten des Königreichs Polen[15] »vollzogene Union zwischen Litauen und Polen«, die »den Deutschen Orden von der Offensive in die Defensive« drängte,[16] bedeutete Tannenberg sehr wohl eine Wende in den Kreuzzügen des Nordens.

Im Jahre 1410 eine Zäsur zu setzen ist auch im Hinblick auf die Kirchenbauten mit dem Jakobspatrozinium gerechtfertigt, weil im Norden bis zum frühen 15. Jahrhundert in verschiedenen Städten große, dem hl. Jakob geweihte Kirchen (teilweise als Ersatz für ihre bescheideneren Vorgänger) vollendet wurden, so die Jakobikirchen in Riga (die drei Schiffe mit Kreuzrippengewölben entstanden etwa Mitte 13. bis Anfang 14. Jh.; Abb. 4–6)[17], Greifswald (vollendet vor 1330; Abb. 10–11)[18], Rostock (begonnen um 1280, Chor erstmals 1329 erwähnt; Abb. 13)[19], Lübeck (Beginn der Umgestaltung der Halle zur Basilika Ende des 13. Jhs., Chorweihe 1334; Abb. 7)[20], Thorn / Toruń (laut Inschrift 1309 begonnen, vollendet um 1360, Vorhalle 1. Hälfte 15. Jh.)[21], Kulm / Chełmno (ca. 1310/20–ca. 1375/85)[22] und Stralsund (Weihe durch den Bischof von Cammin 1351; Abb. 12)[23]. In der Zeit zwischen dem Vertrag von Krewo (1385) und der Schlacht von Tannenberg bzw. Grunwald (1410) wurden die Jakobikirchen von Wehlau / Snamensk am Pregel (Chor 1360–80, Langhaus und Turm vor 1400)[24], Stettin / Szczecin (Errichtung des Chors mit Umgang und Kapellenkranz 1375–87, des Langhauses um 1400; Abb. 3)[25] vollendet, die von Allenstein / Olsztyn (um 1400/10 bis ca. 1420/30) wenig später.[26]

In dem Zeitraum danach, von 1410 bis um 1520 (Abschnitt III), d.h. bis zur Reformation, wurde der um 1360 begonnene Neubau der Jakobikirche in Hamburg (Abb. 8–9) vollendet und um ein zweites südliches Seitenschiff ergänzt (bis 1508).[27] Im Übrigen wurden im Norden keine großen Jakobikirchen mehr neu gebaut, jedoch von den bereits bestehenden manche erweitert.

Wallfahrten waren – nach einem Rückgang im frühen 14. Jahrhundert[28] – seit der 2. Hälfte des 14. Jahrhunderts im Aufschwung begriffen. In Lübeck fiel die »erste ›Welle‹ der Wallfahrtsbegeisterung [...] in die Zeit, da die Hanse und Lübeck im Frieden von Stralsund (1370) ihren politischen Höhepunkt erreicht hatten.«[29] Gerade auch die fernen Ziele waren beliebt. Obwohl in vielen Hansestädten »seit Beginn des 15. Jahrhunderts vor Fernwallfahrten gewarnt« und sie nicht selten »vom Rat sogar verboten« wurden,[30] blieb die Santiagowallfahrt im 15. und im frühen 16. Jahrhundert außerordentlich populär,[31] veränderte sich aber gegenüber den Jahrhunderten zuvor insofern, als nunmehr die Gegensätze zwischen den armen, bettelnden und den vornehmen, reichen Pilgern schärfer, konfliktreicher zutage traten. Gewalttaten und Verbrechen nahmen zu.

Unterrichtet sind wir darüber nicht zuletzt durch von Santiagopilgern verfasste Reiseberichte, die seit ca. 1400 erhalten geblieben sind.[32] Für den ritterlichen Pilger *(peregrino caballeresco)* »und die adligen Rittergesellschaften war die Compostela-Fahrt ein interessanter Zeitvertreib, der [...] mit seinen (für diese ›Pilger‹ freilich bescheidenen) Risiken dem Gedanken der Aventure in glücklicher Weise entsprach«, und für die wohlhabenden Patrizier aus Oberdeutschland bedeutete Santiago wenig mehr als eine Station auf »einer Informations- und Bildungsreise durch Westeuropa«.[33] Unter den armen Pilgern aber – und die waren in der Mehrheit – gab es nicht wenige Verbrecher. Die »Strafwallfahrt als Instrument weltlicher Gerichtsbehörden« erlebte »damals eine ausgesprochene Blütezeit«.[34] »Die Skala der Verbrechen, für die eine Verurteilung zur Strafwallfahrt ausgesprochen werden konnte, reichte von Mord und Totschlag über Körperverletzung, Raub und Diebstahl bis hin zu Beleidigungen und Schmähungen. [...] Die Strafpilger waren arm – hatten sie doch offensichtlich von der bestehenden Möglichkeit, ihre Zwangswallfahrt durch Zahlung einer Geldsumme abzulösen, keinen Gebrauch gemacht.«[35] In Pilgertracht waren sie weder von den freiwillig Pilgernden noch von denen unterscheidbar, die im Auftrag eines anderen, von dem oder aus dessen nachgelassenem Vermögen sie sich bezahlen ließen, auf dem Weg nach Santiago waren.[36] Falsche Pilger, also Landstreicher, die, als Pilger auftretend, sich Almosen geben ließen und in den Pilgerherbergen Unterschlupf fanden, aber auch Räuber waren mit von der Partie.

Seit »der Mitte des 15. Jahrhunderts beginnt sich in der Anti-Pilger-Kriminalität eine neue Dimension abzuzeichnen, die organisierte Wegelagerei.«[37] Die Pilgerfahrt nach Santiago über Land wurde dadurch gefährlicher als je zuvor,[38] der Seeweg freilich war nicht nur der Stürme, vielmehr auch der Seeräuber wegen immer schon risikoreich gewesen. Einer der Gründe für den Rückgang der Santiago-Pilgerfahrten im 14. Jahrhundert war der große, auch geschäftliche Erfolg des 1300 zum ersten Mal – und dann wieder 1350, 1390, 1400, 1423 usw. – begangenen römischen Heiligen Jahres mit Jubiläumsablass gewesen, das die Pilgerscharen tendenziell von allen anderen Wallfahrtsorten abzog. In Santiago, wo man dem Pilgerschwund durch die Einführung eines Heiligen Jahres nach römischem Vorbild entgegen steuerte, wurde und wird dieses Jubiläumsjahr immer dann gefeiert, wenn das Jakobsfest (25.7.) auf einen Sonntag fällt, also 1423, 1428, 1434, 1445, 1451, 1456, 1462 usw. Da das Pilgeraufkommen – freilich liegen nur über englische Pilger genaue Zahlen vor – erst im Jubeljahr 1428 deutlich anstieg, ist davon auszugehen, dass die Propaganda für dieses Jubiläum erst um 1425 einsetzte.[39] Dass die Pilger in entsprechend den Jubeljahren an- und wieder abschwellenden Wellen Santiago erreichten, ist jedenfalls ein für das 15. Jahrhundert charakteristisches, zuvor nicht nachweisbares Novum.

Auch wenn manche Elemente der Santiago-Pilgerreisen, die als kennzeichnend für die Entwicklung im 15. und frühen 16. Jahrhundert hervorzuheben waren, in geringerem Umfang bereits in den Jahrhunderten zuvor belegt sind,[40] ist es doch im Hinblick auf die genannten Veränderungen des Pilgerwesens und, wie gesagt, auch mit Rücksicht auf die Baugeschichte der Jakobikirchen und -kapellen gerechtfertigt, der Jakobsverehrung im Norden zwischen 1410 und um 1520 einen eigenen Passus zu widmen. Die hier vorgenommene Einteilung in drei Abschnitte[41] entspricht nicht der üblichen in Früh-, Hoch- und Spätmittelalter.[42] Sie wird sich an den Zeugnissen der Jakobsverehrung im Norden zu bewähren haben. Im letzten Abschnitt dieses Beitrags soll eine Auswahl bildlicher Darstellungen des hl. Jakob im Norden vorgestellt werden.

Die Jakobsverehrung breitete sich im Norden nicht stetig aus, nicht mit Selbstverständlichkeit und Notwendigkeit. Handelnde Menschen, gelenkt von ihren Motiven, aber auch von ihren Emotionen waren es, die für seinen Kult Sorge trugen und denen sein Grab als Ziel ihrer Pilgerschaft vor Augen stand.

I. Von den Anfängen bis 1164

a) Brandschatzende Wikinger und frühe Santiagopilger in Galicien

Drei verschiedene legendarische Überlieferungen verbinden den hl. Jakobus mit Spanien. In der ihrem Alter entsprechenden Reihenfolge sind dies »die Nachrichten über die Missionierung der Iberischen Halbinsel« durch den Apostel, die Überführung »seiner Gebeine von Jerusalem nach Galicien und die Grabentdeckung«.[43] Bereits in den griechisch-byzantinischen und dann in den lateinischen Apostelverzeichnissen des 6. und 7. Jahrhunderts wird »jedem Apostel eine größere Region als spezielles Missionsfeld« zugewiesen,[44] wobei die lateinischen berichten, Jakobus Zebedäus habe »den Glauben in Spanien verkündet«.[45] Beatus von Liébana († nach 798) griff diese Überlieferung auf.[46] Die Behauptung der Eigenständigkeit der Kirche Asturiens aber war vom Nachweis ihrer Apostolizität abhängig, »und zwar in zweifacher Weise: ein Apostel mußte die Orts- oder Landeskirche anläßlich seiner Missionstätigkeit gegründet haben, und er musste nach dem Vorbild Roms«, also analog zu den Apostelfürsten Petrus und Paulus, »auch dort bestattet sein«.[47] »Die asturische Kirche« fügte daher »innerhalb des zweiten oder dritten Jahrzehnts des 9. Jahrhunderts [...] der Mission des Apostels Jakobus« dessen Grab hinzu.[48] Im Zusammenhang unseres Themas ist vor allem die erstaunliche Entwicklung seines Grabkults von Interesse. Das Ziel aller Santiagopilger war das Jakobsgrab. Auf die Frage, »warum die Verehrung an einer so abgelegenen Stelle«, »ausgerechnet im nordwestspanischen Santiago«, fernab von der Residenzstadt Oviedo, ihren Anfang nahm, gibt es bis heute keine überzeugende Antwort.[49]

Von einem Kult an seinem Grab wird 858 »in der zweiten Abfassung des Martyrologiums von Florus von Lyon, die [...] in dem Martyrologium des Ado von Vienne erschien«[50], berichtet: »Nachdem die heiligen Gebeine dieses allerseligsten Apostels nach Spanien überführt und im entlegensten, nämlich in dem zum Atlantik hin gelegenen Gebiet dieses Landes beigesetzt worden waren, wurden sie von jenen Volksstämmen mit der lebhaftesten Ehrerbietung verehrt.«[51] Von Compostela ist hier noch ebenso wenig die Rede[52] wie von einer Entdeckung des Jakobusgrabes.[53] Die Legende von der Grabauffindung wird erst in einer der *Concordia de Antealtares* von 1077 unverbunden vorangestellten *Narratio*[54] und dann in der auf Veranlassung des (Erz)bischofs Diego Gelmírez (Episkopat 1098 / 99–1140) geschriebenen *Historia Compostellana*[55] entfaltet. Diesen beiden – späten – Versionen kann als gemeinsame Aussage entnommen werden, das Grab sei »während der Regierung König Alfons' II. von Asturien-León (791–842) unter wunderbaren Lichterscheinungen«, die auch Bischof Theodemirus von Iria Flavia wahrnahm, bei Compostela aufgefunden worden.[56] Einen archäologischen Nachweis für ein durch seine Lage oder auch durch seine Gestalt hervorgehobenes Grab, das zur Zeit von Alfons II. im Bereich der späteren Kathedrale von Santiago hätte aufgefunden werden können, gibt es jedoch nicht. Das im Zuge der Grabungen von 1878–79 stark veränderte »Mausoleum« unter dem Hauptaltar stammt nämlich nicht aus römischer Zeit, wie lange geglaubt wurde,[57] vielmehr lassen sich die dort erhaltenen originalen Reste als die einer Grabarchitektur entweder aus der Bauzeit der Kirche unter Alfons III. (866–909) oder, eher wahrscheinlich, aus den Jahren des Wiederaufbaus nach der Zerstörung durch Al-Mansur (997) identifizieren.[58] Immerhin birgt die Kathedrale von Santiago die Grabkammer und den Sarkophagdeckel Bischof Theodemirus' von Iria Flavia mit seinem Todesjahr 847,[59] woraus geschlossen werden darf, dass Theodemirus an die Existenz des Jakobsgrabs in Santiago glaubte; er hätte sich sonst in Iria Flavia bestatten lassen.

Diesen Glauben an ein Jakobsgrab in Santiago aber gab es vor Bischof Theodemirus nicht, weshalb die These, der hl. Evermar († um 700)[60] sei nach Santiago gepilgert, nicht aufrechterhalten werden kann.[61] Seine Vita, die erst in der 2. Hälfte des 12. Jahrhunderts verfasst und in der 1. Hälfte des 13. von Gilles d'Orval umgearbeitet und erweitert wurde,[62] erzählt, er sei, mit zunehmendem Alter seine Verdienste vermehrend, zu heiligen Lokalitäten *(ad sancta loca)* gepilgert.[63] Nach dem Besuch der Kirche des hl. Jakobus habe er auf dem Rückweg Orte besucht, an denen Heilige durch ihre Wundertaten glänzten, nämlich der hl. Foillan (St. Maur-des-Fosses), der hl. Remaclus (Stablo-Malmédy), der hl. Trudo (St. Truiden) und die hl. Gertrud (Nivelles).[64] Als er sich aber zum hl. Servatius nach Maastricht begeben wollte, sei er samt seinen sieben Gefährten von einem Tyrannen namens Hacco oder Hacto im Wald Herstappe[65] bei Tongern ermordet worden.[66] Heraclius, der Bischof von Lüttich (959–972), habe etwa im Jahre 968 seine Gebeine erhoben, die in Rutten (südsüdwestlich von Tongern) und in Tongern verehrt werden.[67] So aufschlussreich diese Konstruktion der Vita eines heiligen Pilgers und Märtyrers für das Pilgerverständnis und die Jakobsverehrung des späten 12. und frühen 13. Jahrhunderts ist, das Apostelgrab in Santiago kann Evermar jedenfalls nicht besucht haben, ehe es unter König Alfons II. »entdeckt« wurde. Gilles d'Orval dürfte die anderen Pilgerziele des hl. Evermar, entsprechend einer Übertragung der Verhältnisse des späten 12. bzw. frühen 13. Jahrhunderts ins achte,[68] um die prominente Fernwallfahrt Santiago ergänzt haben.

Der Jakobuskult verbreitete sich »während der langen Regierungszeit« Alfons' III. des Großen, Königs von Asturien (866–910), »und des Pontifikats von Sisnandus«, des Bischofs von Iria Flavia (879 – um 920), »relativ schnell in Galicien und im übrigen Königreich Asturien«.[69] »Godescalcus, Bischof von Le Puy (Aniciensis)« pilgerte, dem Bericht des Mönchs Gomez aus dem Kloster Albelda (Rioja) zufolge, 950 / 51 nach Santiago.[70] Doch kam die Pilgerfahrt nach Santiago als überregionales und gar als gesamteuropäisches Phänomen nur langsam in Gang.[71] 997 zerstörte Al-Mansur das Heiligtum in Compostela.[72] »Erst im 11. Jahrhundert nimmt die Zahl der mit Namen überlieferten Pilger zu, und seit der Mitte des 11. Jahrhunderts geht die Herkunft der Pilger weit über Südfrankreich hinaus.«[73]

Der Heilige Stuhl verhielt sich dem gewachsenen Ansehen Santiagos gegenüber reserviert. Als Bischof Cresconius von Compostela es gewagt hatte, sich den Titel *episcopus sedis apostolice* beizulegen, wurde er 1049 von Papst Leo IX. auf dem Konzil zu Reims exkommuniziert, denn der Papst allein erhob Anspruch auf die *apostolicus*-Intitulatio.[74] Erst 1095 erklärte Papst Urban II. »unter ausdrücklichem Bezug auf das Apostelgrab [...] Santiago zum Rechtsnachfolger« des an der Atlantikküste gelegenen Bischofssitzes Iria Flavia und eximierte es von jeglicher Metropolitangewalt.[75] Doch Bischof Diego II. Gelmírez beanspruchte für Santiago, die Stadt des Apostelgrabs, und für sich selbst die Metropolitanrechte. Er »erlangte 1120 den Erzbischofstitel und 1124 für seinen Bischofssitz die Rechtsnachfolge der westgotischen Metropole Mérida.«[76] Sowohl die *Historia Compostellana* wie auch der *Liber Sancti Jacobi* betonen die Apostolizität des (Erz)bischofssitzes von Santiago de Compostela[77]. Die Konkurrenz zwischen dem Jakobsgrab und den Gräbern der Apostelfürsten Petrus und Paulus, also zwischen Santiago und Rom, blieb während des Mittelalters bestehen.

1056 zogen Pilger aus Lüttich zum Zwecke des Reliquienerwerbs nach Santiago und kehrten erfolgreich zurück.[78] Der Bericht darüber[79] wurde – aufgrund von Augenzeugenaussagen[80] – unter Etienne le Grand abgefasst, der während des Investiturstreits, zwischen 1095 und 1112, Abt von Saint-Jacques in Lüttich war.[81] Die Intentionen dieses Abts, der auf Seiten des Kaisers stand und ein Verfechter der cluniazensischen Reform war,[82] haben sich in dieser Reiseerzählung niedergeschlagen. Lebendig wird die Provenienz des Jakobsarms und anderer Reliquien (Bartholomäus, Sebastian, Pankratius), die im Besitz seines Klosters waren, geschildert: Diese Schätze stammen sämtlich aus Santiago[83] und waren dort gegen den Widerstand des Bischofs Cresconio auf Befehl des Königs von Kastilien und León der Pilgergruppe ausgehändigt worden.

Vor dem Aufbruch nach Santiago im Jahre 1056 hatte man in Lüttich verschiedene Möglichkeiten, an Reliquien zu kommen, in Betracht gezogen. Einige Einheimische tendierten nach Jerusalem, »der aufgrund des Leidens und des Kreuzesholzes des Herrn ruhmreichen Stadt« *(ad urbem gloriosam passione et ligno Domini)*, andere »nach irgendeinem anderen durch Heilige hochberühmten Ort« *(ad quelibet celeberrima sanctorum loca).*[84] Den Ausschlag für Santiago gab eine Gruppe erst vor kurzem nach Lüttich gelangter kaisertreuer Gegner Graf Balduins V. von Flandern, die zur Entourage *(familia)* von Jean d'Oisy gehörten. Dieser hatte Kaiser Heinrich III. versprochen, ihm bei seinem Feldzug gegen den Grafen Balduin 1054–56 als ortskundiger Wegweiser zu dienen, sofern der Kaiser ihm von Bischof Lietbert von Cambrai die Belehnung mit der Cambraier Châtellainie verschaffen würde.[85] Als die Lütticher schwankten, wo sie sich Reliquien besorgen sollten,[86] schufen fromme Gefolgsleute Jean d'Oisys unter Führung des Grafen Hermann de Grez in Kooperation mit einigen Geistlichen, nämlich mit Albert, dem Abt des Klosters Saint-Jacques, und dessen Mönch Robert sowie mit Anselm, dem Dekan des Lütticher Domkapitels, vollendete Tatsachen, indem sie nach Santiago zu ziehen beschlossen. Als dann die Pilger mit dem Jakobsarm und anderen Reliquien nach Lüttich zurückgekehrt waren, wurde das dortige Kloster Saint-Jacques als Kloster des hl. Jakob, des Bruders des Evangelisten Johannes, also als Kloster von Jakobus Maior, bezeichnet, während es zuvor stets als Kloster des Herrnbruders Jakobus, also von Jakobus Minor gegolten hatte[87] – eine bewusste Umbenennung, nicht etwa eine Verwechslung der beiden den Namen Jakobus tragenden Apostel.[88] Hinter dieser Santiagoreise zum Zwecke der Reliquiengewinnung und dem Bericht darüber standen Kreise, die, kaisertreu und zugleich reformorientiert, ihrer Frömmigkeit auf neuen Wegen Ausdruck gaben.

Um 1070 oder eher etwas früher, gegen Ende der 60er Jahre, nahmen Graf Eberhard von Nellenburg († zwischen 2.5.1075 und 1079)[89] und seine Gemahlin Ida (Ita) die weite Reise nach Santiago und zurück auf sich.[90] Zuvor, 1050, hatten sie das später Kloster Allerheiligen genannte Salvatorkloster in Schaffhausen gegründet, dessen Kirche 1064 geweiht wurde.[91] Nach der Rückkehr aus Galicien verbrachte Graf Eberhard die letzten sechs Jahre seines Lebens als Mönch in dem von ihm gestifteten Kloster,[92] und bald darauf zog sich auch seine Gemahlin in die Einsamkeit zurück, ehe beider Sohn Burkhard ihr in Schaffhausen eine der hl. Agnes geweihte Zelle errichtete.[93] Gedanken der Kirchenreform und die Entwicklung neuer Frömmigkeitsformen im 11. Jahrhundert bilden den geistig-politischen Hintergrund der Entscheidung des Ehepaars für die Pilgerfahrt nach Compostela und für die monastische Existenz im selbst gestifteten Kloster.[94] Auf der Suche nach einer Ergänzung und Alternative zur Romfahrt bot sich im Vorfeld und während des Investiturstreits das Jakobsgrab als Pilgerziel an. Wie bei den Lütticher Bürgern zeichnet sich auch bei den Nellenburgern eine Verbindung von Reformorientiertheit, Kaisertreue und Santiagofahrt ab.[95]

1072 machte sich der Mainzer Erzbischof Siegfried I. auf den Weg nach Santiago, blieb aber in Cluny hängen und kehrte nach einer gewissen Zeit von dort auf seinen Erzstuhl zurück,[96] wohingegen im selben Jahr die Gräfin Richardis von Sponheim das Grab des heiligen Apostels erreichte[97]. Die Liste ließe sich leicht um weitere Pilger aus dem süd- und mitteldeutschen Raum[98] erweitern, etwa auch um Abt Ruthard von Fulda, der 1076 / 77 Santiago aufsuchte, um eine Gebetsverbrüderung zwischen seinem Kloster und dem dortigen Domkapitel zu vereinbaren[99], ähnlich wie ein Jahrhundert später, 1175, der Mindener Bischof Anno von Blankenburg.[100] Das im 11. Jahrhundert allgemein bei Fernwallfahrten erhöhte Pilgeraufkommen[101] führte zur Einrichtung vieler neuer Pilgerhospitäler auch »am camino de Santiago südlich der Pyrenäen (zwischen 1050 und 1130)«.[102] In Santiago selbst wurde um 1075/76 mit dem Neubau der Kathedrale begonnen,[103] und Bischof Diego II. Gelmírez stiftete »schon vor seiner Wahl«, also vor 1098/99, ein Pilgerhospital.[104]

Aus England kam im frühen 12. Jahrhundert der hl. Godric, der erst Hausierer, dann Marktwanderhändler, seefahrender Kaufmann und Pilger gewesen war, ehe er sich für die restlichen sechzig Jahre seines langen Lebens als Einsiedler auf die Halbinsel Finchale in Northumbrien zurückzog († 21.5.1170).[105] Als Pilger hatte er Jerusalem, Rom und Santiago besucht.[106]

Vom Norden aus (entsprechend den eingangs angegebenen Begrenzungen) gab es verschiedene Wege, die nach Santiago führten.[107] Abt Nikulás aus Munkathvera im Norden Islands, der zwischen 1155 und 1159/60 zwar nicht nach Santiago, doch nach Rom und Jerusalem pilgerte,[108] nennt gelegentlich alternative Strecken außer der, die er selbst eingeschlagen hat. Von Island aus landete er in Norwegen, wohl in Bergen, gelangte nach Dänemark und machte sich über Aalborg, Viborg, Haddeby, Schleswig, Itzehoe, Stade, Verden, Nienburg, Minden, Paderborn in Richtung Rom auf.[109] In Vevey am Genfer See konstatierte er, dass sich dort die Routen derer treffen, die dann über den Großen St. Bernhardpass weiterziehen, unter ihnen auch Engländer, Flamen und Skandinavier *(Nordmenn)*.[110] In Luna, heute Luni (in Ligurien, am Meer, nordnordwestlich von Pisa) bemerkte er, dass dort die Wege von Spanien und aus dem Jakobsland sich vereinen – gemeint ist wohl: mit dem in nordsüdlicher Richtung verlaufenden Weg nach Rom.[111] Allerdings bezeugt der isländische Abt weder von sich noch von anderen, in Santiago gewesen zu sein.

Die wikingischen Seefahrer, die in verschiedenen Schüben 814, 858–861, 966–971, 1008–1038 und unter dem Episkopat von Bischof Cresconio (um 1048–1066) Galicien heimsuchten, waren nicht in frommer Absicht gekommen.[112] Auch den hl. Olaf (Olaf Haraldsson; um 995–1030; 1016–30 König von Norwegen) müssen wir uns, als er die Iberische Halbinsel besuchte, plündernd und mordend vorstellen.[113] Wahrscheinlich war er an dem verheerenden Überfall der Jahre 1012–14 führend beteiligt und hat 1014 nicht nur Castropol, Vilameá, Betanzos und Rivas de Sil aufgesucht, sondern auch Tui (Tuy), heute an der portugiesisch-galicischen Grenze gelegen, gebrandschatzt und den Bischof dieser Stadt ins Gefängnis geworfen.[114] Santiago blieb wohl von ihm verschont. Bildliche Darstellungen des heiligen Märtyrers wissen von diesen Heldentaten des jugendlichen Olaf nichts.[115] Etwa eine Generation später erhielt Galicie-Ulv (Galizu-Ulfr; Galicien-Wolf), der Großvater Königin Bodils († 1103), der Gemahlin König Eriks I. (Erik Ejegod; 1056–1103; König von Dänemark seit 1095)[116], seinen Beinamen wohl wegen der Teilnahme an dem wikingischen Kriegs- und Raubzug nach Galicien, der Bischof Cresconio von Santiago de Compostela (um 1048–1066) veranlasste, seine Stadt zu befestigen.[117] Von Galicie-Ulv ist wenig mehr als sein Name überliefert. Saxo Grammaticus nennt ihn bei der Gelegenheit seiner Schilderung der Flucht Eriks I. und Bodils ins schwedische Exil: Nach der Ermordung Knuts II. († 1086) kam der gemeinsame Halbbruder Eriks I. und Knuts II., Olaf Hunger (König von Dänemark 1086–95), an die Regierung, Erik aber »strebte mit seiner Gemahlin Bodil, der Enkelin Galicie-Ulvs über dessen Sohn

Thorgautr, nach Schweden.«[118] Galicie-Ulvs Galicienreise als »Wallfahrt« zu bezeichnen,[119] ist jedenfalls nicht nur euphemistisch, sondern verfehlt. Zu einer Zeit, als die Lütticher bereits zum Zwecke des Reliquiengewinns nach Santiago kammen, suchten noch Dänen Galicien auf, um weniger fromme Beute zu machen.

Erst etwa hundert Jahre nach Olafs blutigen Verheerungen kann bezüglich der Nordmänner eine Wende von der Zerstörung zu friedlicher Andacht konstatiert werden: Ein Nachfolger König Olafs, der norwegische König Sigurd ›der Jerusalemfahrer‹ überwinterte 1108/09 auf seiner Seefahrt nach Palästina im ›Jakobsland‹[120], wohl in einem Hafen. Dass er bei dieser Gelegenheit das Apostelgrab in Compostela aufsuchte, ist nicht überliefert, kann jedoch für wahrscheinlich gehalten werden[121] – eine Vermutung, die manche Forscher in den norwegischen Pilgermuschelfunden bestätigt sehen.[122]

b) Pilgermuscheln und Pilgerzeichen

Klappen der Großen Kammmuschel *(Pecten maximus L.)*, auch Pilger- oder Jakobsmuschel[123] genannt, mit Durchbohrungen im Wirbelbereich bzw. mit Einkerbungen, die zum Befestigen an einem Gewand, einem Hut oder einer Tasche dienten, wurden teils in Gräbern gefunden, teils handelt es sich um Streufunde. In die Gräber müssen sie entweder als Grabbeigaben oder als Bestandteile der Pilgertracht, in der der Tote bestattet wurde, gelangt sein.[124] In Südfrankreich, besonders aber in Dänemark und auf der Halbinsel Schonen sind die Fundplätze dieser Muscheln vergleichsweise dicht gestreut.[125] Von den bei den Altstadtgrabungen 1971–82 in Schleswig an verschiedenen Plätzen[126] aus dem Boden geholten »insgesamt elf Klappen von Kammuscheln« gehört die älteste »vielleicht noch dem ausgehenden 11. Jh. an«[127] und die 1852 in der Burgkirche von Alt-Lübeck ergrabene Pilgermuschel[128] stammt wohl aus einem Grab der abodritischen Fürstenfamilie der Nakoniden. Sie wird um 1100 bzw. auf den Anfang des 12. Jahrhunderts datiert.[129] Einer der frühesten Belege ist zugleich der am weitesten nördlich gelegene: Trondheim. In Siedlungsschichten der Mitte des 11. Jahrhunderts wurde dort eine, vom Ende 11. Jahrhunderts wurden zwei Pilgermuscheln ausgegraben.[130] Somit wären die ersten norwegischen Pilger bereits in Santiago gewesen und nach Trondheim zurückgekehrt, ehe noch König Sigurd 1108/09 das Jakobsland aufgesucht hatte – falls diese Muscheln wirklich aus Santiago stammen sollten. Da die Große Kammmuschel jedoch weit verbreitet ist, besonders an der Atlantikküste, ist dies keineswegs sicher.[131]

Im 12. Jahrhundert boten lizensierte Devotionalienhändler in Santiago solche Muscheln an über hundert Verkaufsständen in Massen feil. »›Wilder‹ Verkauf wurde mit hohen Kirchenstrafen geahndet«.[132] Die Bemühungen des Erzbischofs und des Domkapitels von Santiago, das Verkaufsmonopol für Kammuscheln, das leicht durchbrochen werden konnte, aufrecht zu erhalten, bilden den Hintergrund der im Interesse der das Jakobsgrab überwachenden Geistlichkeit formulierten These: »Die Gesandten [*oratores*, gemeint sind die Pilger], die von Jerusalem zurückkommen, bringen Palmzweige mit, die von Santiago wiederkehren, Muscheln.«[133] Diese Stelle im *Liber Sancti Jacobi*, im Zusammenhang der Predigt *Veneranda dies*, ist die erste Erwähnung der Jakobsmuschel. In dieser Handschrift wird an späterer Stelle, in Kapitel V, dem so genannten Pilgerführer, der schwungvolle Handel auf dem Vorhof in der Nähe des Nordportals der Kathedrale beschrieben: »[...] das Paradies [gemeint ist der Vorhof], wo den Pilgern kleine Schalen von Meerestieren als Abzeichen des hl. Jakobus verkauft werden, ebenso Weinschläuche, Schuhe, hirschlederne Pilgertaschen, Beutel, Riemen, Gürtel, jede Art von Heilkräutern und andere Arzneien, sowie noch vieles andere mehr wird dort zum Verkauf angeboten.«[134]

Da das Vorkommen der Kammmuschel nicht auf die Strände Galiciens beschränkt ist und da das Domkapitel von Santiago offenbar größte Mühe hatte, seinen Monopolanspruch auf den Verkauf dieser Muscheln durchzusetzen,[135] erscheint die Annahme, sämtliche in Gräbern gefundenen Kammmuscheln seien in Santiago von Pilgern erworben worden, auch für das 11. und 12. Jahrhundert als zu kühn. Spätestens im 13. Jahrhundert kennzeichnen Jakobsmuscheln dann ohnehin »nicht mehr nur den heiligen Jacobus und die Santiagopilger, sondern alle Pilger und Pilgerheiligen«[136]. In Gottfried von Straßburgs ›Tristan‹ (um 1200) wird von zwei alten Pilgern *(zwen alte wallære)*, ohne dass diese in Santiago gewesen sein müssten, gesagt: *die truogen unde hæten an / linkappen unde solhe wat, / diu wallæren rehte stat, / und uzen an ir wæte / mermuschelen genæte / und vremeder zeichen genuoc.*[137]

Auf dem Rücken trugen die weitgereisten Pilger Palmzweige, die hier als Zeichen ihrer Buße und nicht etwa als Hinweis darauf gedeutet werden, dass die beiden Jerusalem aufgesucht hatten: *ouch truogens über ir ruckebein, / dar an ir riuwic leben schein, / geistliche stende palmen.*[138]

Funde natürlicher Kammmuscheln können nicht als sichere Hinweise auf Santiagofahrten betrachtet werden. Jakobsmuscheln mit entsprechenden Bearbeitungsspuren sowie muschelförmige Ampullen in Blei und

1 Perleberg, die größte der vier Glocken der Jakobikirche, gegossen von Hinrich van Kampen, 1518, Detail (Gipsabguss): hl. Jakob

anderen Metallen sind zwar Pilgerzeichen, müssen aber nicht mit einem Jakobskult verbunden sein.[139] Nur die Nachbildungen von Kammmuscheln (ohne weitere Bildelemente) in Gagat, der in Galicien ansteht, sowie »aus Gagat geschnitzte Jacobus-Darstellungen *(Azabaches)* und winzige beinerne oder metallene Nachbildungen von Pilgerstäben

(Bordones, Bordoncillos)« – die beiden letzteren erst »im späteren Mittelalter« nachweisbar[140] – kommen hingegen mit sehr hoher Wahrscheinlichkeit aus Santiago.

Sicher nicht in Santiago hat seinen Ursprung ein 1862 in Paris in der Seine bei Pont Notre-Dame gefundenes Pilgerzeichen aus dem 14. oder 15. Jahrhundert. Der Bleiguss besteht im unteren Teil aus einer großen Kammmuschel, im oberen aus einer thronenden Muttergottes, vor ihr ein kniender Pilger mit einer großen gedrehten Kerze, im Rahmen die Inschrift: + *O MATER DEI MEMENTO MEI.* Arthur Forgeais, ein Pionier der Pilgerzeichenforschung, der das Stück 1863 veröffentlichte, vermutete als Ursprungsort die kleine Insel Tombelaine, 2,5 km nördlich des Mont-Saint-Michel, heute eine Vogelinsel, auf der sich im 12. Jahrhundert ein Priorat befand.[141]

Unter den als apotropäische Amulette auf Glocken angebrachten Pilgerzeichen[142] finden sich im späten Mittelalter auch solche aus Jakobsheiligtümern. Kein einziges von ihnen stammt aus Santiago. Auf der größten der vier Glocken der Jakobikirche in Perleberg (Landkreis Prignitz in Brandenburg), gegossen von Hinrich van Kampen[143] 1518, ist St. Jakob dargestellt (Abb. 1), wahrscheinlich, um diese Glocke als eine für die Kirche des hl. Jakob bestimmte auszuweisen. Dass dieses Jakobsbild ein Pilgerzeichen vom Jakobsberg / Haddenberg bei Beverungen bzw. bei Höxter sei, ist hingegen wenig wahrscheinlich, da die von diesem Wallfahrtsort stammenden Pilgerzeichen eine andere Gestalt haben.[144]

c) Santiagopilger aus dem Norden

Die ersten Santiagopilger aus dem Norden waren, wie König Sigurd von Norwegen, Pilger nach Jerusalem, die auf dem Weg auch das Jakobsgrab in Santiago aufsuchten.[145] Ein Hinweis darauf findet sich im *Liber Sancti Jacobi.* Die nicht erhaltene ursprüngliche Fassung dieses aus fünf Büchern mit den hl. Jakob betreffenden Überlieferungen bestehenden Werks, dessen älteste erhaltene Handschrift, der *Codex Calixtinus* (Mitte bis 3. Viertel des 12. Jahrhunderts, mit späteren Randnotizen) im Kathedralarchiv von Santiago aufbewahrt wird, wurde in der 1. Hälfte des 12. Jahrhunderts zusammengestellt. Einzelne Teile, etwa Buch IV, der so genannte Pseudo-Turpin, dürften zu Anfang des 12. Jahrhunderts verfasst worden sein.[146] Buch II, das Berichte über von Sankt Jakob bewirkte Wunder enthält, weiß, dass ein Seemann *(nauta)* Frisonus im Jahr 1101 mit einem Schiff voller Pilger nach Jerusalem unterwegs war, als ihn ein Sarazene namens Avitus Maimon stoppte, der die Pilger gefangen ins Land der Moabiter abführen wollte. In der folgenden Seeschlacht geriet Frisonus mit seiner schweren Rüstung zwischen die beiden Schiffe, das sarazenische und das christliche. Heillos wäre er ertrunken, hätte er sich nicht an den hl. Jakob gewandt: »Allerruhmreichster, großer Jakob [...], dessen Altar ich einst mit meinem unwürdigen Mund geküsst habe, [...] gewähre meine Befreiung.«[147] So geschah es und Frisonus besuchte, nachdem er beim Heiligen Grab in Jerusalem gewesen war, noch im selben Jahr den hl. Jakob in Galicien *(Frisonus, visitato Dominico sepulcro, in eodem anno beatum Iacobum in Gallecia adiit).*[148] Sein Name besagt, dass er aus Friesland, also von der holländischen oder der deutschen Nordseeküste stammte.

Im Zuge des zweiten, fehlgeschlagenen Kreuzzugs 1147 / 48 segelten am Sonntag nach Ostern des Jahres 1147 Kreuzfahrer von Köln aus rheinabwärts, fanden sich in Darthmouth mit Flamen *(Flandrigenae)* und Engländern *(Angli)* zusammen, um dann gemeinsam entlang der Nord- und Westküste der Iberischen Halbinsel durch den Golf von Gibraltar zum Heiligen Land zu gelangen. Die vereinigte Kreuzfahrergruppe ließ es sich nicht nehmen, von der Mündung des Rio Tambre *(Thamara)* aus, wo sie in einem Hafen angelegt hatte, zu Pfingsten einen Abstecher zum Jakobsgrab zu machen: »Nachdem wir zur Pfingstvigil an seinen verehrungswürdigen Leib gelangt waren, haben wir das heilige Fest mit großer Freude gefeiert«.[149] Von diesem hier nach den *Annales Sancti Disibodi* wiedergegebenen Kreuzzug nach Jerusalem mit Abstecher nach Santiago berichtet auch Helmold von Bosau. Dort ist von zwei Kreuzfahrerheeren die Rede, einem, dem größten, das den Landweg nahm, *cum rege Alemanniae Conrado* [Konrad III.] *et rege Franciae Lodewico* [Ludwig VIII.], und einem zweiten, einem *navalis exercitus*, das in Köln und anderen Rheinstädten sowie am Ufer der Weser zusammengekommen war. Diese Seefahrer landeten *ad Portugalensem* [Portucale, Oporto, Porto] *nobilissimam Galaciae urbem, adoraturi apud Sanctum Iacobum* [um beim hl. Jakob, d.h. in Santiago de Compostela zu beten].[150] Gewiss wird man bemängeln können, dass Helmold nur unzureichende Kenntnisse von der Geographie der Iberischen Halbinsel hatte, doch bleibt bestehen, dass er wohl unabhängig von den *Annales S. Disibodi* deren Aussage bestätigt, das in Köln zu Schiff aufgebrochene Kreuzfahrerheer habe auch dem hl. Jakob in Compostela seine Aufwartung gemacht. Dass unter diesen vom Rhein und von der Weser aufgebrochenen streitbaren Pilgern auch Lübecker gewesen wären,[151] bleibt eine willkürliche Vermutung, zumal, wenn man sich vor Augen hält, dass Lübeck, unter Graf Adolf II. von Schauenburg mit seinen nicht mehr als zwei hölzernen Kirchen noch recht bescheiden, im Jahre 1147 unter dem blutigen wendischen Überfall zu leiden hatte.[152] Der Fall zeigt, wie leicht historische Forschung einen Beitrag zur Legendenbildung zu leisten vermag.

d) Jakobikirchen

Das älteste Zeugnis der Jakobsverehrung im Norden ist, abgesehen von den – wie gesagt, problematischen – Pilgermuscheln, die Reliquie einer Hand des Apostels *(manus sancti Iacobi apostoli)*. Adam von Bremen berichtet in seiner ›Bischofsgeschichte der Hamburger Kirche‹ von den Umständen, unter denen diese Jakobshand in den Norden gelangte. Als sich Heinrich III. 1046 / 47 auf seinem Romzug an Weihnachten 1046 zum Kaiser krönen ließ, wurde er von Adalbert (um 1000–1072), dem Erzbischof von Bremen und Hamburg, begleitet.[153] In Italien aber schenkte Vitalis Orseolo (um 1013–1048), der Bischof von Torcello, seinem Amtsbruder Adalbert eine Hand des hl. Jakob.[154] Bereits 639 / 640 war außer den heiligen Leibern eines Bischofs, eines Bekenners und dreier Märtyrer ein Arm des hl. Jakob im neuerbauten Dom auf Torcello in Sicherheit gebracht worden.[155] Diese Reliquien kamen aus Altinum, dem alten, von Attilas Heer 452 zerstörten, doch wiedererrichteten, dann nach Torcello verlegten Bischofssitz. Der Versuch, die Herkunft des Jakobsarms noch weiter zurück zu verfolgen, führt nicht nach Compostela. Er wird wohl unmittelbar aus dem Heiligen Land nach Venedig gelangt sein,[156] wenn wir nicht Konstantinopel als Zwischenstation anzunehmen haben. Adalbert jedenfalls brachte die von diesem Arm abgetrennte Hand[157] glücklich von Italien nach Hause, wo ihr freilich nur ein vergleichsweise kurzes Gastspiel von

25 Jahren beschieden war, da Heinrich IV. (damals noch König, ab 1084 Kaiser) sie nach Adalberts Tod 1072 an sich nahm,[158] wahrscheinlich um sie seiner wandernden Hofkapelle zur Verfügung zu stellen.[159]

Im Erbgang kam sie an seinen Sohn Heinrich V. und, nach dessen Tod 1125, in die Hand der »Kaiserin« Mathilde (1102–1167),[160] seiner jungen Witwe. Diese war am 25.7.1110, also am Jakobstag, in Mainz zur Königin gekrönt worden.[161] Ihrer Trauer um den Gemahl gab sie mit einer Pilgerfahrt zum Grab des hl. Jakob Ausdruck.[162] Dem Reich aber »fügte sie unwiederbringlchen Schaden zu«, wie die *Annales Sancti Disibodi* zum Jahr 1125 beklagen, indem sie bei ihrer Rückkehr an den Hof ihres Vaters, König Heinrichs I. von England, auch die Jakobshand mitnahm.[163] Ihr Sohn, König Heinrich II., schenkte sie der Abtei Reading an der Themse,[164] wo sie ein außerordentlich reges Pilgerzentrum zum Leben erweckte, das, 1164 auch von Erzbischof Thomas Becket durch die urkundliche Zusicherung eines Ablasses am Jakobstag gefördert,[165] erst nach dessen eigener Heiligsprechung 1173 von Canterbury überflügelt wurde.[166] Vergebens erbat Friedrich Barbarossa die Jakobsreliquie von Heinrich II. zurück. Dessen Boten erteilten dem Kaiser im September 1157 eine klare Absage.[167] Die letzte Kunde, die wir von der Hand haben, steht im Zusammenhang mit der Aufhebung des Klosters Reading unter Heinrich VIII. im Jahre 1538. In einem aus diesem Anlaß angefertigten Reliquienverzeichnis erscheint sie an zweiter Stelle, hinter zwei Partikeln des Heiligen Kreuzes.[168]

Auch wenn er nur von 1047 bis 1072 währte, war der Aufenthalt der Jakobshand im Norden nicht gänzlich folgenlos. Die 1060 / 61 gegründete, 1066 aber im Zuge des Liutizenaufstands[169] zerstörte Propstei auf dem Süllberg (heute Hamburg-Blankenese) war, in dieser Reihenfolge, den Heiligen *Jacobus, Secundus, Thebaei martyres* geweiht.[170] Erzbischof Adalbert dedizierte der Propstei das ebenfalls aus Italien mitgebrachte Haupt des hl. Secundus, vermutlich aber auch zumindest ein Teilchen der Jakobshand. Im Übrigen wurde der Hamburger Dom 1063–65 und »1085 als zu Ehren des Apostels Jakobus geweiht bezeichnet«[171]. Man wird mit der Annahme schwerlich fehlgehen, dass auch beim Jakobspatrozinium des Doms – das alsbald wieder verschwand – die Hand des Apostels im Spiele war.[172] Als man im Frühjahr 1337 die Reliquien der *camera reliquiarum* des Doms inventarisierte, fand sich auch ein *brachium sancti Jacobi in magno cymborio argenteo deaurato.*[173]. Es ist denkbar, dass dieses Armreliquiar Partikel der Jakobshand enthielt, die einst im Besitz Erzbischof Adalberts gewesen war.[174]

Ansonsten bleibt die Suche nach Jakobikirchen im Norden in der Zeit vor 1064 ein Unterfangen mit fragwürdigen Ergebnissen. Zwar gibt es manche dem hl. Jakob geweihte Kirchen, deren ergrabene Grundmauern in die Zeit vor 1064 zurückgehen, doch ist ihr Jakobspatrozinium erst später, oft erst im 14. oder 15. Jahrhundert überliefert. Eine Kirche kann aber erst von dem Zeitpunkt an als Jakobskirche gelten, an dem sie zum ersten Mal als solche erwähnt ist. Grundsätzlich ist damit zu rechnen, dass manche Kirchen erst spät zu ihrem Patrozinium kamen.[175] Die »einstige Jakobskirche einer Kaufmannssiedlung des 9. / 10. Jahrhunderts in Braunschweig«[176] am Eiermarkt war, dem *Schichtbuch* Hermann Bothes (1514) zufolge, ursprünglich dem hl. Polykarp von Smyrna geweiht gewesen. Erst »nach der 1204 erfolgten weitgehenden Übernahme der Pfarrkirche« St. Martini »in die Verwaltungsbefugnis der Bürgerschaft«[177] wurde die als Pfarrkirche dadurch überflüssig gewordene Polykarpkirche zu einer Kapelle verkleinert und ihr Westbau zu einem Turm verändert. Bei der dann erfolgten Neuweihe, wohl in den Jahren zwischen 1230 und 1250, wurde sie *gewyget* [geweiht] *in de ere des groten sunte Jacobes.*[178]

Zu Unrecht wurde vermutet,[179] die Jakobikirche zu Bederkesa (Kreis Cuxhaven) sei bereits »zu Beginn des 12. Jahrhunderts [...] dem St. Jakobus Major geweiht« worden, obwohl die Brüder Jakob und Johannes erst 1295 als Patrone dieser Kirche bezeugt sind.[180] Ähnlich kühn, um nicht zu sagen abwegig ist der Versuch, aus der Bezeichnung ›Sünte Jakobs Wehre‹[181], dem Flurnamen ›Jakobs Deel‹, dem Gründungsdatum 1111 und aus einer adligen Witwe aus Scharnstedt, die an der Stiftung der Kirche zu Holßel (Gemeinde Langen, Kreis Cuxhaven) beteiligt war, die folgenden Vermutungen herauszuspinnen: »Die Kirchengründung in Holßel und die Weihe auf den Namen des St. Jakobus könnte also vor einer Pilgerfahrt nach Palästina erfolgt sein, um des Schutzes des Heiligen Apostels sicher zu sein. Denkbar wäre aber auch eine Kirchenweihe nach der Rückkehr als Dank für die Bewahrung vor Gefahren. Der oder die Ritter können auch ein Gelöbnis eingelöst haben. Die Beteiligung der adeligen Witwe aus Schönstedt (Scharnstedt) könnte so gedeutet werden, dass sie auf diese Weise ihrem auf der Pilgerfahrt verstorbenen Mann Ablaß von Sündenstrafen und regelmäßige Seelenmessen in der Holßeler Kirche sichern wollte.«[182] Der Nachweis, dass die Kirche zu Holßel bereits im Jahre 1111 dem hl. Jakob geweiht war – und somit die Grundlage all dieser Kombinationen –, fehlt. Gewiss hat bereits Johann Hinrich Pratje (1710–1791) aufgrund der Bezeichnungen ›Sunte Jakobs Wehre‹ und ›des heiligen Jakobs Theil‹ angenommen, dass die Kirche wahrscheinlich »dem heiligen Jakob gewidmet gewesen« ist.[183] Die Frage ist jedoch, ob sie das bereits seit ihrer Gründung war.

Unter den frühen Kirchenbauten Dänemarks bis zur Mitte des 12. Jahrhunderts war keine einzige dem hl. Jakob geweiht.[184] Bei Grabungen an der St. Ibs Kirke (Jakobikirche) in Roskilde[185] fand man zwar »Spuren von 2 Holzkirchen und zahlreiche Gräber des 11. Jh.«, und »die jetzige Kirche mit Mauern aus Schwemmstein stammt aus dem frühen 12. Jh.«[186], doch wird sie als St. Ibs Kirke erstmals in einer im Jahre 1291 ausgestellten Schenkungsurkunde erwähnt.[187] Die Kirche lag außerhalb von Roskilde, gegen den Hafen zu in Vindebode. Dieser Ortsname, wendische Keramikfunde und abweichende Bestattungsriten lassen darauf schließen, dass dort seit dem 11. Jahrhundert wendische Kaufleute siedelten.[188] Wahrscheinlich erhielt die Kirche das Jakobspatrozinium erst im 13. Jahrhundert, nachdem die Bevölkerungsstruktur sich in ethnischer Hinsicht gewandelt hatte.

e) Das veränderte Bild des hl. Jakob

Im Zeitraum des ersten Abschnitts unseres Überblicks wandelte sich das Bild des heiligen Apostels. Wie stark aber die neuen Züge hervortraten, ja, ob sie überhaupt zum Vorschein kamen und nicht nur auf bestimmte Regionen begrenzt waren, bleibt immer wieder zu fragen. Seit der Zeit um 1100 bzw. seit dem frühen 12. Jahrhundert ist St. Jakob als Schlachthelfer beim Kampf gegen die Heiden und damit als Patron der Ritter, gleichzeitig aber auch als Pilgerpatron nachweisbar. Diese neue Kompetenz stellt der hl. Jakob im *Liber Sancti Jacobi* unter Beweis, etwa wenn er dort in Buch II bei der für das Jahr 1101 überlieferten wunderbaren

Errettung des Frisonus[189] Ritter und Pilger unterstützt. Den christlichen Rittern hilft er beim Kampf gegen die heidnischen Sarazenen, und die Pilger bewahrt er vor der Gefangennahme. In den 22 Mirakelberichten von Buch II »erleben fast ausschließlich Angehörige des niederen Adels die Wunderkraft des hl. Jakobus. Neben zwei Grafen handelt es sich in sieben Wundern um Ritter *(milites, heroes)* [...].«[190] Buch IV (Pseudo-Turpin), angeblich von Erzbischof Turpin von Reims (748 / 49–794) verfasst, doch erst Anfang des 12. Jahrhunderts entstanden, handelt von den Taten Karls des Großen in Spanien.[191] Jakobus agiert dort im Geist der Reconquista. Als über die Maßen schöne Heldengestalt *(heros quidam obtimam ac pulcherrimam ultra quam dici fas est habens speciem)* erscheint er Karl dem Großen nachts und fordert ihn auf, »mit Heeresmacht zum Kampf gegen das ungläubige Heidenvolk, zur Befreiung meiner Straße und meiner Erde und zum Besuch meiner Kirche und meines Sarkophags [...] nach Galicien zu gehen. Und nach dir werden alle Völker, von Meer zu Meer wandernd und Vergebung ihrer Sünden vom Herrn erflehend, dorthin ziehen, und das Lob Gottes und seine Macht und die Wunder, die er tat, erzählen.«[192] Aufruf zum Heidenkampf und die Prophezeiung, Santiago werde sich als Pilgerziel für alle Völker etablieren, sind in dieser kurzen Rede ineinander verschränkt, wie ja auch in Wirklichkeit »die Pilgerfahrten mit den Kreuzzügen in einer intensiven Wechselbeziehung standen.«[193]

Karl der Große folgt dem Aufruf des hl. Jakob, belagert als erste heidnische Stadt Pamplona und betet zuvor: »O heiliger Jakob, wenn es wahr ist, dass du mir erschienen bist, so gib, dass ich sie einnehme!«[194] Diejenigen, die in der von Jakobus unterstützten und zum Sieg geführten Schlacht gegen die Heiden fallen, empfangen »die Märtyrerpalme *(martirii palmam)* im Glauben an Gott *(Dei fide)*«.[195] Sogar wer vor der Schlacht von Montjardín von Gott mit einem roten Kreuz als todgeweiht bezeichnet und darum von Karl dem Großen in einer Kapelle versteckt worden war, verlor, als er dort nach der Schlacht tot aufgefunden wurde, die Märtyrerpalme nicht, obwohl er nicht mitgekämpft hatte.[196] Karl den Großen selbst rettet in seiner letzten Stunde der Apostel vor dem Heer der Dämonen, indem er so viele und so große Steine und Balken, die Karl zum Bau von Jakobikirchen verwandt hatte, in die Waagschale legt, dass seine guten Werke seine Vergehen überwiegen.[197] Auf dem als Zepter Karls des Großen bezeichneten Zepter Karls V. von Frankreich ist dargestellt, dass Jakobus beim Tod Karls des Großen dessen Seele dem Dämon entreißt.[198] Dass sich der heilige Apostel als starker Helfer nicht nur im Leben, sondern vor allem auch im Sterben erwies, hat den enormen Zulauf entscheidend gefördert, den Santiago als Pilgerziel im Mittelalter und in der frühen Neuzeit erfuhr. Jakobs zu allerletzt entscheidende Hilfe ist auch gemeint, wenn Bürger testamentarisch bestimmen, nach ihrem Tod solle ein Pilger nach Santiago aufbrechen, »zum Heil meiner Seele«. Allerdings bestimmt die Hoffnung auf Errettung der eigenen Seele auch die Pilgerfahrten zu anderen Orten, wobei jedoch St. Jakobs Stärke sich im Vergleich mit der anderer allemal als außerordentlich erweist.

Nachdem ursprünglich Pilger nur durch ihr unrasiertes Gesicht von anderen Männern unterschieden werden konnten,[199] wurden sie ungefähr seit der Wende vom 11. zum 12. Jahrhundert in spezifischer Weise eingekleidet und mit Stab, Tasche und Hut ausstaffiert. Frühestens ab der Mitte des 12. Jahrhunderts kamen dann zuerst Darstellungen Christi als Pilger – aber nur in einer bestimmten Szene, dem Gang nach Emmaus[200] – und schließlich solche des hl. Jakob als Pilger auf.[201] Erst etwa ein halbes Jahrhundert nachdem Jakob in Texten als Pilgerpatron bezeugt ist, wurde er als Pilger bildlich dargestellt.[202] Dieses Bild sollte dann standardisiert und zum weit verbreiteten Typus des Jakobusbildes werden.

Dass der Pilgerpatron seinerseits zum Pilger und als Pilger dargestellt wurde, ist durch den Aufschwung Santiagos zu einem europäischen Pilgerziel allein nicht hinreichend erklärt. In ungezählten Wallfahrtsorten wurde beispielsweise Maria als Schutzherrin der Pilger verehrt, ohne dass sie selbst zur Pilgerin gemacht und bildlich als Pilgerin vergegenwärtigt worden wäre. Jakobus konnte nur, weil man ihn für einen Pilger hielt, nur aufgrund des Glaubens, dass er Pilger gewesen war, als Pilger dargestellt werden. Die Vorstellung von ihm als Pilger aber war mit der alten Tradition, er habe Spanien missioniert, gegeben. Indem Christus seine Jünger aussandte, machte er sie zu Pilgern. Es sind mehrere Bildwerke erhalten bzw. bezeugt, die diesen Zusammenhang speziell für den hl. Jakob dokumentieren. Seine Aussendung nach Spanien ist ineins mit seiner Einsetzung als Pilger durch Christus in der Szene ›Christus sendet den hl. Jakob nach Spanien, indem er ihm den Pilgerstab in die Hand drückt‹ (Abb. 2), verewigt. König Ferdinand III. von Kastilien und León (König 1230–52), der Heilige, stiftete der Kathedrale von Santiago an prominenter Stelle ein Glasfenster, das diese Szene zeigte.[203]

Bereits vor unserem Stichjahr 1164 hatte Papst Eugen III., »durch die Hilferufe der christlichen Staaten des Orients dazu« bewegt,[204] am 1.3.1146 die Kreuzzugsbulle herausgegeben, woraufhin der Zisterzienserabt Bernhard von Clairvaux die notwendige

2 Siegel von Saint-Jacques-de-Provins: Christus überreicht dem hl. Jakob den Pilgerstab, stößt den Stein, auf dem er sitzt, vom Ufer ab und entsendet ihn so nach Spanien, frühes 13. Jh. Paris, Nationalarchiv

Begeisterung für den zweiten Kreuzzug entfachte. Doch weigerten sich auf dem Reichstag in Frankfurt im März 1147 die sächsischen Fürsten, ins heilige Land zu ziehen, nahmen aber das Kreuz, um, wie der Pöhlder Annalist mitteilt, »die ruchlosen Übergriffe der jenseits der Elbe wohnenden Slawen zu unterbinden«[205]. Den gegen die ihnen benachbarten Völker, die, so Otto von Freising, noch »dem Unflat des Götzendienstes ergeben waren«[206], in den Krieg ziehenden Rittern winkte himmlischer und irdischer Lohn. Mit der Aussicht auf solch doppelte Belohnung hatten bereits um die Wende 1107 / 08 Bischöfe und weltliche Fürsten im östlichen Sachsen einen Wendenkreuzzug propagiert.[207] Zur Befreiung angeblich ursprünglich christlicher Gebiete von den heidnischen Elbslawen wurde dabei mit analoger Begründung wie zur Befreiung Jerusalems aufgerufen: »Denn dies ist unser Jerusalem, das anfangs frei war und durch die Grausamkeit der Heiden zur Magd erniedrigt wurde!«[208] Die im Zusammenhang des Wendenkreuzzugs des Jahres 1147 geleistete ideologische Vorarbeit aber dürfte für die späteren »Kriegszüge der Dänen gegen die Wenden und Esten, der Schweden gegen die Finnen und der Deutschen gegen die Liven, Letten und Prußen« von grundsätzlicher Bedeutung gewesen sein.[209] Christliche Mission ist von diesen Kriegszügen zu unterscheiden, war aber mit ihnen verzahnt. Schon Vizelin[210], der 1126 Erzbischof Adalbero von Bremen-Hamburg[211] darum gebeten hatte, »bei den Slaven Mission treiben zu dürfen«,[212] und andere Missionare mussten immer wieder mit dem Schwert für die Verteidigung der Missionszentren und der Neubekehrten Sorge tragen. Da die ungetauften Nichtchristen ihrerseits sich nicht selten vor der Alternative ›Taufe oder Tod‹ sahen, erscheint der Begriff ›Schwertmission‹ nicht abwegig, obwohl er im Mittelalter nicht vorkommt.[213]

Welche Rolle jedoch der zum Ritter- und Pilgerpatron gewordene hl. Jakob in dem skizzierten Kontext von Kreuzzug und Schwertmission im Norden spielte, ist eine offene Frage. Eine erste Sichtung der schriftlichen und bildlichen Zeugnisse ergibt, dass er als Schlachthelfer nur auf der Iberischen Halbinsel, nicht aber im Norden eingesetzt wurde. Der Bildtypus des sein Schwert schwingenden, reitenden Jakob als *Matamoros* (Maurentöter) ist im Norden vollkommen fremd. Auch wird in der legendarischen Jakobstradition, soweit sie sich in der auch im Norden verbreiteten *Legenda aurea* zusammengestellt findet, zwar St. Jakobs gewaltige Wundermacht gerühmt und mit Beispielen vielfach nachgewiesen, seine militärische Schlagkraft gegen die Heiden jedoch mit keinem Wort erwähnt.[214]

Die grundlegenden den hl. Jakob betreffenden Überlieferungen, die auch seine Verehrung im Norden prägten, entstanden vor 1164. Doch sind die aus dieser Zeit im Norden erhaltenen Spuren der Jakobsverehrung spärlich. Außer den Jakobsmuschelfunden in Trondheim, Schleswig und Lübeck, die jedoch nicht als sichere Hinweise auf Santiagofahrten gelten können, haben wir als Bezeugungen dieser Verehrung, von dem pilgernden Engländer Godric abgesehen, nur zwei Jerusalemfahrer, nämlich König Sigurd, der auf dem Weg nach Palästina im Jakobsland (nicht unbedingt in Santiago) weilte, und den Seemann Frisonus, die von Bischof Vitalis Orseolo geschenkte Jakobshand, die nicht aus Santiago stammte, und die kurzlebige, dem hl. Jakob und anderen Heiligen geweihte Propstei auf dem Süllberg sowie das wenig dauerhafte Jakobspatrozinium des Hamburger Doms. Die im Jahre 1164 vollendete nordische Kirchenorganisation war zu stark auf Rom fixiert, als dass der hl. Jakob bei ihrem Ausbau eine Rolle hätte übernehmen können.

II. Von 1164 bis 1410

a) Santiagopilger

In den meisten Ländern Europas ist die Zeit vom 12. zum 14. Jahrhundert durch eine starke Vermehrung der Bevölkerung[215] und durch eine gesteigerte Mobilität bestimmt, wobei der weniger dicht besiedelte Norden, ähnlich wie der Osten, zu den Regionen gehört, in die Bauern aus dem übervölkerten alten Siedelland zuwandern. Vor allem aber ist ein Zuzug in die Städte festzustellen. An der Entwicklung der Pilgerreise zu einer Massenbewegung, die vom 12. Jahrhundert an dazu führte, dass »namenlose Pilger aus allen Teilen der Christenheit [...] die Verkehrswege und Pilgerstraßen« bevölkerten,[216] hatte auch die Santiagofahrt einen

Anteil. Zu den älteren *peregrinationes ad loca sancta*, welche die Überwindung weiter Strecken verlangten, der ins Heilige Land und der nach Rom, war sie als dritte Fernpilgerfahrt hinzugekommen und hatte eine Dynamik entfaltet, die viele, auch aus dem Norden, auf den Weg zum Grab des heiligen Apostels brachte.

Die Pilgerfahrt Heinrichs des Löwen (1129/30–1195) ins Heilige Land im Jahre 1172 »war nicht nur eine herrschaftliche Wallfahrt; es war die politisch-militärische Expedition eines der Großen des Deutschen Reiches«.[217] Auf ihr erhielt er von Kaiser Manuel »in Konstantinopel viele kostbare Reliquien«.[218] Weniger ruhmreich hingegen war seine Reise nach Santiago zehn Jahre später. Nach seiner Entmachtung durch Kaiser Friedrich Barbarossa und die Fürsten auf verschiedenen Hoftagen, beginnend mit Worms im Januar 1179, endend mit seiner Verbannung zu Erfurt am 30.11.1181, verließ er Braunschweig ungefähr am Tag des hl. Jakob, dem 25.7.1182,[219] mit seiner Gemahlin Mathilde, seinen Kindern und wenigen Getreuen,[220] um ins Exil zu seinem Schwiegervater, König Heinrich II. von England, zu gehen.[221] Nachdem dieser ihm die Erlaubnis dazu erteilt hatte, ritt der Löwe schon »im Herbst 1182 vom englischen Königshof in der Normandie aus ohne seine schwangere Frau nach Santiago«[222]. Über das Motiv seiner Pilgerfahrt zum heiligen Apostel schweigen die Quellen.[223] Dass ihm diese Reise in Erfurt als Strafwallfahrt auferlegt und dabei der Jakobstag als Tag des Aufbruchs festgesetzt worden sei,[224] ist freie Spekulation. Die zeitgenössischen Geschichtsschreiber notieren jedoch, Heinrich sei nach seinem Sturz fromm bzw. noch frömmer geworden als zuvor.[225] Die Wahl eines Zeitpunkts um den Jakobstag für den Aufbruch ins Exil und die baldige Weiterreise von der Normandie nach Santiago lassen erkennen, dass er selbst von Anfang an sein Exil als Pilgerfahrt zum hl. Jakob verstanden wissen wollte. Das Jakobsgrab lag jenseits der Verfügungsgewalt seiner Gegner: des Kaisers, des Erzbischofs von Köln sowie nicht weniger Bischöfe und Adligen in Sachsen.[226] Bei den Bemühungen um die Wiedererlangung seiner Herzogtümer[227] war Heinrich der Löwe dringend auf himmlische Fürsprache und Hilfe angewiesen, die er beim hl. Jakob suchte, was nicht ausschließt, dass er mit seinem Pilgerunternehmen auch sein Seelenheil und das seiner Familie im Blick hatte. Wenig hat hingegen die Vermutung für sich, er sei, als sich nach dem freundlichen Empfang durch seinen Schwiegervater im August oder September 1182 in Chinon (Touraine)[228] »der erste Begrüßungssturm« gelegt hatte, von großer Langeweile erfasst worden, weshalb »er sich, kaum angekommen, gleich wieder auf Reisen« begeben habe.[229] ›Pilgerfahrt aus Langeweile‹ passt weder zu der Lage, in die Heinrich der Löwe im Sommer und Herbst 1182 geraten war, noch in den geistig-politischen und frömmigkeitsgeschichtlichen Zusammenhang der Zeit. Durch verschiedene fragwürdige Annahmen belastet ist ferner die Vermutung, das Erfurter Urteil vom 30.11.1181 habe auch »die Verpflichtung zu einer Bußwallfahrt eingeschlossen«, der Heinrich der Löwe durch seine Santiagofahrt nachgekommen sei.[230] Den Quellen kann dazu nichts entnommen werden.

Zur Weihnachtszeit war der fromme Herzog zurück aus Santiago und wieder am Hof Heinrichs II. Mit diesem und mit seiner Familie feierte er Weihnachten 1182 in Caen.[231] Als er im Sommer 1184 seinen Schwiegervater zum Hoftag in Reading begleitete,[232] dürfte er nicht versäumt haben, sich der Heilskraft der dort aufbewahrten Jakobshand zu versichern. Seine Hinwendung zum hl. Jakob ist jedoch auf die Zeit seines Exils beschränkt. Weder bei der Wiedererrichtung der ostelbischen Bistümer Oldenburg, Ratzeburg und Mecklenburg / Schwerin noch bei seinen Dotationen an das Blasiusstift in Braunschweig und die Dome zu Lübeck und Ratzeburg wird des hl. Jakob gedacht. Stattdessen favorisiert er Maria, Johannes Evangelista und solche Heilige, über deren Reliquien er verfügte: die heiligen Blasius, Oswald, Gertrud, Caesarius, Laurentius, Valerius, Pancratius und andere.[233]

Doch stehen andere Personenkreise im Norden für die Verbindung von Jakobsverehrung, Kolonisation und Mission ein. Von Winido, einem Vertreter des »Volksadels«, der bäuerlichen Führungsschicht Holsteins, aus Emkendorf (nördlich von Neumünster), damals zur Pfarrei Nortorf gehörig, »hart am Rande der christlichen Welt, deren Grenze der Waldrand in Sichtweite darstellte«[234], ist durch den *Godeschalcus* und die *Visio Godescalci* überliefert,[235] dass er im Jahr 1190 ein Gelübde ablegte, mit seiner Frau nach Santiago zu pilgern *(cum uxore ad limina beati Iacobi perrecturum se vovit)*[236]. Ob das Ehepaar Santiago je erreichte, wissen wir nicht. Winido hatte einen neunjährigen Jungen, der zum Mörder seines Spielkameraden geworden war, dem Rad überantwortet, doch plagte ihn danach sein »Gewissen, daß er den Jungen, mochte er auch durch den Richterspruch nach dem Gesetz zum Tode verurteilt worden sein, nicht im Eifer der Gerechtigkeit, sondern in der Wut der Rache *(non zelo iusticie, sed vindicte furore)* so bösartig zugerichtet habe«.[237] Eine daraufhin unternommene Bußpilgerfahrt nach Jerusalem vermochte seine Gewissensqualen auf Dauer nicht zu lindern, so dass er sich, Jahre später, zu einer weiteren, diesmal zum Grab des hl. Jakobus, entschloss. Der Verfasser des *Godeschalcus*, ein Kanoniker des Augustiner-Chorherrenstifts Neumünster, kannte Winido persönlich.[238] Diese Chorherren hatten ganz in der Nähe von Emkendorf, in Groß- oder Klein-Vollstedt *(Volcstide)*, Grundbesitz.[239] Naheliegend ist die Vermutung, dass Winido durch den Verfasser des *Godescalcus* oder einen anderen Neumünsteraner Augustiner-Chorherrn zu seiner Santiagofahrt angeregt oder gar aufgefordert worden war.[240] Ebenso wie andere Regularkanoniker verstanden sich die Augustiner-Chorherren als *milites Christi* (Streiter Christi für das Seelenheil)[241], waren als Seelsorger tätig und betreuten Pfarreien,[242] so dass eine Neigung ihrerseits zum hl. Jakobus, der »Vorbild und Maßstab, sowohl für die *militia saecularis* als auch für die *militia Dei*« war,[243] nicht unverständlich wäre.

»Emkendorf lag hart am Rande des holsteinischen Altsiedellandes. Jenseits des Westensees erstreckte sich im Nordosten um 1200 noch der fast undurchdringliche Waldbezirk des Isarnho.«[244] Im 11. und 12. Jahrhundert reichte der Isarnho »von Lübeck entlang der Ostseeküste bis zur Schlei«.[245] Die in diesen Wald hinein drängende nach Norden und Osten gerichtete Siedlungsbewegung[246] verband sich mit der Mission Vizelins. Schon 1127 hatte dieser in Faldera, das 1163 in Neumünster umbenannt wurde,[247] »ein verkehrsgünstig gelegenes Missionszentrum für das slavisch besiedelte heidnische Wagrien, aus dem sich ein Augustiner-Chorherrenstift entwickelte«[248], errichtet sowie ein weiteres 1134 »jenseits der alten holsteinisch-wagrischen Grenze des Limes Saxonicus«[249] »als Brückenkopf der Kolonisierung und Missionierung Wagriens«, ebenfalls mit Augustiner-Chorherren, auf einem strategisch wichtigen Kalkberg bzw. Gipsfelsen am Fuße der im Auftrag Kaiser Lothars III. erbauten Burg ›Sigeberg‹.[250]

Schon nach zehn Jahren musste infolge eines Wendenüberfalls das Stift Segeberg vorübergehend aufgegeben werden.[251] Doch sollte es sich als Vorposten der Mission auch über Wagrien hinaus bewähren: Der erste Livenmissionar Meinhard (vielleicht 1130/35–1196)[252], der schon 1182 zum ersten Mal in das Dünagebiet gelangte, stammte aus dem Stift Segeberg.[253] Beide Augustiner-Chorherrenstifte, Neumünster und Segeberg, spielten »als Träger und rückwärtige Stützpunkte der Livlandmission eine maßgebliche Rolle«[254].

Für viele Santiagopilger aus dem Norden war die Reise zum hl. Jakob, wie ja auch für Winido, nicht die einzige Fernwallfahrt ihres Lebens. Santiagofahrten sind insbesondere von Angehörigen der Oberschicht und von Personen, die mit dieser unmittelbar verbunden waren, überliefert. Am 23.4.1189 brach im Verlauf des 3. Kreuzzugs eine Kreuzfahrerflotte mit elf Schiffen von Bremen *(A Brema autem undecim navibus bellatoribus armis et cibariis sufficienter instructis)* bzw. vom Weserhafen Blexen *(de Bledrente)* in Rüstringen aus nach Palästina auf, um die Christen bei der Belagerung von Akkon zu unterstützen. Als sie nach schweren Stürmen die Küste Galiciens erreicht hatten, versäumten die Kreuzfahrer nicht, ähnlich denen, die sich 1147 beim 2. Kreuzzug in Köln eingeschifft hatten, das Grab des hl. Jakob aufzusuchen: »Dort [an der Mündung des Rio Tambre; U.K.] ließen wir die Schiffe, wandten uns für eine lange Tagesreise zurück und besuchten die Pforten des hl. Jakobus, an denen wir bereits vorbei gekommen waren.«[255]

Aus Island brach der Arzt und Skalde Hrafn Sveinbjarnarson († 1213)[256] auf. Das Ziel seiner noch in jüngeren Jahren, jedenfalls vor seiner Verehelichung angetretenen Fahrt war zunächst der Schrein des hl. Thomas Becket in Canterbury. Diesem hatte er die Zähne eines Walrosses für den Fall gelobt, dass es seinen Leuten gelingen würde, das im Meer bereits verendete Tier an Land zu ziehen. In Canterbury aber rüstete er sich zur Weiterfahrt südwärts, »um seine Seele zu retten«.[257] Er besuchte die Reliquien des hl. Egidius in St-Gilles, wandte sich dann nach Santiago, setzte seine Reise weiter fort nach Rom und spendete dort an jedem Schrein, an dem er vorüber kam. Der enge »Zusammenhang der Wallfahrt nach St-Gilles und Santiago de Compostela« ist auch durch die bereits erwähnte Pilgerreise Bischof Annos von Minden 1175 belegt.[258]

Dass wir immer wieder auf Geistliche stoßen, die nach Santiago pilgern, ist kaum zufällig. Die Vita des hl. Anders von Slagelse, eines nicht kanonisierten dänischen Lokalheiligen[259], wurde freilich erst 300 Jahre nach seinem Tod um eine Santiagofahrt ergänzt. Anders war Priester der Peterskirche in Slagelse (Vestjælland) und starb dort im Jahr 1205.

Ein nicht mehr auffindbarer Grabstein aus der Zeit um 1300,[260] ursprünglich in der Klosterruine Sorø auf Seeland, bezeugt Fernwallfahrten nach mehreren Zielen, die von einem einzigen Pilger aufgesucht wurden. Auf einer Zeichnung von Søren Abildgaard (um 1756) ist die Figur und auch die Umschrift dieses Grabsteins festgehalten: *Abbati gratus / famul(us) / iacet hic tumulat(us) / Ionas ablat(us) / nobis s(an)c(t)is sociat(us) / I(e)r(usa)l(e)m repetit / bis ter Romam reuisit / et sem(e)l ad s(san)c(tu)m t(ra)nsiit / hic Iacobu(m)* (Hier liegt der in der Gunst des Abts stehende Diener Jonas begraben, der von uns hinweg- und in die Gemeinschaft der Heiligen aufgenommen ist. Dieser machte zweimal den Weg nach Jerusalem, dreimal sah er Rom und einmal ging er hin zum heiligen Jakob.)[261] Der dargestellte *famulus Ionas* trägt die Pilgertasche (darauf die Muschel), Pilgerstab und -hut sowie, in der Linken, einen Palmzweig, der ihn wohl als Jerusalempilger ausweist.

Wohl etwas später, Anfang des 14. Jahrhunderts,[262] ist der Grabstein Peter Kællærs in der Vorhalle der Kirche von Tyrsted (Vejle Amt, Jütland) zu datieren.[263] Von der Inschrift ist nur ein Fragment erhalten: *PETR(US) DICT(US) KÆLLÆR* (Peter genannt Kællær). Der Dargestellte ist barhäuptig. Er trägt eine Pilgertasche, auf der eine Jakobsmuschel angebracht ist, in der Linken einen Pilgerstab und in der Rechten einen Palmzweig.[264] Ein Eintrag im Codex Esromensis vom 26.11.1301 erlaubt, diesen Petrus mit dem Kellermeister des Klosters Esrom zu identifizieren,[265] womit auch die Datierung des Grabsteins bestätigt wird.

Papst Johannes XXII. richtete am 13.8. 1326 von Avignon aus an die Erzbischöfe von Nidaros und Uppsala ein Schreiben, aus dem hervorgeht, dass Santiago damals auch für Skandinavier ein Pilgerziel war:

> »Wir sind damit einverstanden, dass einige katholische Männer aus den Reichen Norwegen, Schweden und dem Land der Goten, die gelobt haben sollen, die Pforten der Apostel in der Stadt (Rom) oder die des hl. Jakob aufzusuchen oder zur Hilfeleistung ins Heilige Land zu übersetzen, dies nicht so erfüllen können wie sie es wünschen, da sie durch das Alter ihrer Körper gebrechlich oder durch eine unheilbare Krankheit abgehalten sind.«[266]

Einer so berühmten Pilgerin zur Jakobskathedrale wie der hl. Birgitta von Schweden (1303–1373)[267] und ihrem Gemahl Ulf Gudmarsson diente, ähnlich wie dem Grafenpaar Eberhard und Ida von Nellenburg, die Reise nach Santiago (1341 / 42) als Auftakt zu einer monastischen Existenz. Ulf Gudmarsson war *lagman* (Gouverneur) gewesen. Nach der Rückkehr aus Galicien trat er ins Zisterzienserkloster Alvastra ein und starb alsbald (1344), Birgitta bezog eine Dépendance von Alvastra. Nach dem Tod ihres Mannes brachen ihre mystisch-visionären Gotteserfahrungen und Offenbarungen durch und sie bereitete aufgrund ihrer ›Ordensvision‹ die Gründung eines kombinierten Nonnen- und Priesterordens vor: *Ordo Sancti Salvatoris*, später Birgittenorden genannt, 1370 von Papst Urban V. gestattet. Zum Jubeljahr 1350 pilgerte sie nach Rom, wo sie blieb und von wo aus sie zahlreiche Wallfahrtsstätten in Italien aufsuchte, unter anderem das Michaelsheiligtum auf dem Monte Gargano, das des hl. Nikolaus in Bari, die Wirkungsstätte und das Grab des hl. Franz in Assisi, die Reliquien des hl. Andreas in Amalfi und die des hl. Januarius in Benevent. Vor ihrem Tod reiste sie mit ihrer Tochter, der hl. Katharina, ins Heilige Land und wieder zurück nach Rom (1371–72).

Im selben Jahr, in dem Birgitta und Katharina aus Jerusalem und Bethlehem zurückkehrten, gelang es dem Rat der Stadt Bremen, sich von der Verpflichtung zu gelobten Santiago-Wallfahrten zu befreien. Der Rat hatte das Gelübde getan, falls es ihm gelänge, die Stadt Bremen wieder zu erobern, jährlich auf seine Kosten einen Pilger nach Santiago zu senden. Nachdem ihm aber im Jahre 1372 die Wiedererlangung der Gewalt über die Stadt geglückt war, holte er die päpstliche Erlaubnis ein, der sich aus dem Gelübde ergebenden Wallfahrtsverpflichtung ersatzweise durch die Stiftung eines Altars in der Bremer Marienkirche zu Ehren des hl. Apostels zu entledigen.[268] Da die Stiftung des Jakobsaltars kaum weniger kostenaufwändig war als die Finanzierung einer jährlichen Santiagoreise, ist das Motiv für den Wunsch der Ratsherrn, von den Pilgerfahrten Abstand zu nehmen, wohl darin zu suchen, dass das berufsmäßige Pilgern nach Santiago nicht mehr im besten Ruf stand und seine Gefährlichkeit deutlicher bewusst geworden war, so dass der Rat sich eine seriösere und sicherere Einlösung seines Gelübdes angelegen sein ließ.

Die von Lübeck aus aufbrechenden Pilger sind schon seit 300 Jahren Gegenstand der Forschung. Der Hauptpastor an St. Marien zu Lübeck, Jakob von Melle (1659–1743), veröffentlichte 1711 sein einschlägiges Werk mit dem Titel: *De itineribvs Lvbecensivm sacris, Seu de Religiosis & votivis eorum Peregrinationibus, Vulgo* Wallfarthen / *Qvas olim devotionis ergo ad loca Sacra suceperunt, commentatio.* Manche Originale, aus denen von Melle noch exzerpieren konnte, sind inzwischen verloren, auch durch den Zweiten Weltkrieg.[269] Für die Jahre zwischen 1358 und 1483 stieß er auf etwa 51 Hinweise auf Fahrten von Lübeckern nach Santiago.[270] Offenbar wurden, die Pilgerfahrten zum Jakobsgrab betreffend, vor allem die Fälle aktenkundig, in denen ein Lübecker Bürger testamentarisch festgelegt hatte, nach seinem Tod solle zum Heil seiner Seele eine Person mit Hilfe seines nachgelassenen Vermögens den Weg nach Santiago unternehmen, sowie die Fälle, in denen ein Santiagopilger nicht zurückkehrte. Bemerkenswert ist die Rolle der Testamentsvollstrecker, die *provisores* oder *Vormundere* genannt werden.[271] Sie waren verpflichtet, falls sie niemanden für die Pilgerreise finden konnten, diese selbst zu unternehmen. In diesem Sinne setzte Wybe de Solwedel im Jahre 1367 testamentarisch fest: *In provisores meos eligo N.N. nec non Johannem de Stadis, pro nunc limina beati Jacobi Apostoli gloriosi visitantem.*[272] In knapper Form soll im Folgenden, nach von Melles Zusammenstellung,[273] der Inhalt der Testamente wiedergegeben werden:

1358. Ludekin von Coesveld: ein Pilger nach Santiago, *cui de bonis meis dentur X. marce denariorum.*

1358. Johannes von Unna: fünf Pilger, einer davon nach Santiago, »für die Seele Bertholds von Unna, meines Herrn«.

1358. Tidemann Roysing: ein Pilger nach Rom oder Santiago *(passagium versus Romam magnam, aut sanctum Jacobum faciendo).*

1359. Johannes Holenbeke: seine Testamentsvollstrecker sollen einen Mann nach Santiago schicken, »um meiner Seele willen« (erneuert 1363).

1360. Thidemann von Lübeck will dasselbe.

1361. Heinrich von Dortmund: drei Pilger, nach Rom, Santiago, *ad Dominam nostram in Rydsemedune* [Notre-Dame in Rocamadour] (erneuert 1367).

1365. Niccolo Salimbene, ein in Lübeck ansässiger Florentiner, lässt drei Pilger entsenden: nach Aachen, nach Santiago, nach Rom.

1367. Johannes Zegheberch: *una persona* nach Santiago.

1368. Johannes de Stockem: zwei Pilger »zum Heil meiner Seele«, einer nach Notre-Dame in Rocamadour, einer nach Santiago.

1370. Johannes Balke, ein Priester: nach seinem Tod soll gleich ein Pilger nach Rom oder nach Santiago, *cui mei provisores prompte dabunt XX. marcas Lub. & non minus, ad qvod ipsum eciam debent vestire bene pariter & calciare, anime mee pro salute.*

1373. Margareta Klingenberghes gibt aus dem Nachlass Gottfried Todinghusens vierzig Mark für zwei Reisen nach Santiago.

1375. Tidemann Rover: Zwei Pilger sollen, finanziert aus meinem Vermögen, über Land geschickt werden *(duo peregrini de bonis meis emittantur peregre)*, einer nach Santiago, einer nach Rom, *anime mee in salutem.*

1379. Nikolaus Sternenberch gibt seinem *avunculus* Hennekin Sternenberch seinen silbernen Gürtel für eine Pilgerreise nach Santiago, »zum Heil meiner Seele«.
1379. Wernekin Hoop: Meine Testamentsvollstrecker sollen zum Heil meiner Seele je einen Mann nach Rom und nach Santiago schicken.
1380. Johannes von Borken: ein Mann, *qui destinetur versus Romam, ad sanctum Jacobum, ad Dominam nostram in Cholmis, ad Dominam nostram in Aqvis, anime mee pro salute* (nach Rom, Santiago, zu Unserer Lieben Frau auf dem Gollenberg, zu Unserer Lieben Frau in Aachen, zum Heil meiner Seele).[274]
1381. Tidemann von Minden: Die Testamentsvollstrecker sollen zwei Pilger schicken, einen nach Rom und einen nach Santiago.
1382. Heinrich von Dortmund: 200 Mark Lub. für Pilger nach Rom, nach Santiago und anderen heiligen Orten, wohin auch immer es meinen Testamentsvollstreckern am besten erscheinen wird.
1384. Nikolaus Cuper: 20 Mark *denariorum* für eine Reise nach Santiago und Finisterrae; diese Reise soll meine Magd Windele machen.
1384. Detlev von Ozenbrug: Meine Testamentsvollstrecker sollen einen Pilger nach Santiago schicken.
1387. Ludolphus (Ludeke) Dynningh: *Item scolen mine Vormundere senden eynen Pelgrymme to S.Jacoppe/unde ok scolen se eynen Pelgrimme senden to unser leven Vrowen to dem Golme* [Gollenberg].[275]
1390. Rudolf von Anklem: *Item volo, quod unus peregrinus ad S. Jacobum, unus peregrinus in Aquis, et duo peregrini in Kolmis, pro salute anime mee mittantur* [ein Pilger nach Santiago, einer nach Aachen, zwei zu Unserer Lieben Frau auf dem Gollenberg].
1393. Arnd Gronowe: *Item so schal men senden twe Pelgrime to sunte Jacob to Kompestelle/to Salicheyt miner Sele.*
1394: Werner Hoep: *Item scholen myne Vormundere enen Man Pelegrimates senden tho sunte Jacope/vnd den suluen Pelegrimen scholen se gheuen XXXV. Rynsche Gulden.*
1367 oder 1376[276] bestimmte für die beiden Knaben Dietrich Holts, der von seiner Pilgerreise nach Compostella nicht zurückgekehrt war, dessen Blutsverwandter bzw. Bruder Johannes Holt testamentarisch: *Item de duobus pueris Thiderici Holdes, qui in via sancti Jacobi moriebatur, ambobus V. marcas denariorum.*[277]

b) Jakobikirchen

Nach der bereits erwähnten, dem hl. Jakobus und anderen Heiligen geweihten, 1066 zerstörten Propstei auf dem Süllberg bei Hamburg-Blankenese lassen sich im Norden erst wieder gegen Ende des 12. Jahrhunderts Jakobikirchen nachweisen. St. Jakob soll in dieser Zeit, nach der Heiligsprechung Karls des Großen (1165), »als Schutzpatron für die kaiserliche, die staufische, die deutsche Sache« eingesetzt worden sein, »wobei die Zeitgenossen keine genauen Abgrenzungen vornahmen [...]; der spanische Nationalheilige drang als Schirmherr deutscher Kreuzzüge gegen Wenden, Prussen und Liven in den Ostseebereich vor, wo binnen weniger Jahrzehnte etwa hundert Jakobikirchen entstanden«[278]. »An der Ostsee entstanden bis nach Dorpat hinauf unzählige Jakobikirchen; der erste getaufte Livenfürst erhielt in Riga den christlichen Namen Caupo (niederdt. ›Kopp‹ = Jakob), Bischof Albert vollzog 1211 die Grundsteinlegung seines Doms am Jakobstag«[279]. In diesem Sinne wird Jakob den »Schutzheiligen bei christlichen Unternehmungen gegen die Heiden« zugezählt.[280] Der »als streitbarer Ritter auftretende Apostel Jakobus« soll sogar »für längere Zeit der bevorzugte Schutzheilige deutscher Kreuzfahrer« geworden sein.[281] In diesem Zusammenhang wird die Meinung vertreten, der 1202 in Riga gegründete Schwertbrüderorden habe das Schwertzeichen »vom spanischen Santiago-Orden« übernommen.[282] Das Verhältnis des im Ostseeraum ebenfalls sehr verbreiteteten Nikolauspatroziniums zu dem des ›Maurentöters‹ (span. ›Matamoros‹) Jakobus[283] wird – im Rahmen jenes Gesamtkonstrukts aus Fakten und Vermutungen – so gesehen, dass der hl. Nikolaus seit März 1229 den hl. Jakob als Patron der »neu entstehenden deutschen Städte des Ostens« ablöste.[284] »Die vor 1230 gegründeten beiden Seestädte Lübeck und Riga erhielten nie Nikolaikirchen, da sie bereits Jakobikirchen besassen.«[285] Der angebliche Wechsel von Jakob zu Nikolaus soll durch den Einzug Friedrichs II. in Jerusalem bewirkt worden sein: »[...] im Spätsommer des Jahres 1229 gründeten Ritter des Schwertbrüderordens die nachmals zweitgrößte deutsche Stadt Altlivlands, Reval. Unmittelbar zuvor hatte in diesem Missionsgebiet Dorpat noch eine Jakobikirche erhalten, doch als der Einzug Friedrichs II. in Jerusalem und das im März 1229 von ihm verkündete Manifest wenige Monate später in Reval bekannt wurden, weihte man dort die einzige grosse Pfarrkirche dem hl. Nikolaus.«[286]

Dieses nicht etwa als Hypothese und mit der entsprechenden Vorsicht, sondern als historisch zutreffend vorgetragenes Erklärungsmodell für die Entstehung der unzähligen Jakobikirchen im Ostseeraum, das, soweit ich sehe, bisher nicht hinterfragt wurde, ist im Ganzen und im Einzelnen der Korrektur bedürftig.

Zunächst zum Grundsätzlichen, zu den Gründen für die Verbreitung des Jakobspatroziniums im Ostseeraum. Die unzähligen Jakobikirchen an der Ostsee dürfen nicht pauschal als Folge des »Kreuzzugsunternehmens« der ›Baltic Crusade‹[287] verstanden werden. Vielmehr ist bei jeder einzelnen Jakobikirche zu fragen, wer für die Wahl des Jakobspatroziniums verantwortlich war und welche Beweggründe ihn leiteten. Die Zweifel daran, dass der hl. Jakob im Norden für »die deutsche Sache« stand, werden sich in den folgenden Untersuchungen erhärten. Gewiss wurde Jacobus in Spanien als heiliger Kriegsheld »für kriegerische Mission gebraucht«.[288] Ob dies jedoch auch im Ostseebereich so war, ist fraglich. Der hl. Jakob war weder Schirmherr des Schwertbrüder- noch des Deutschen Ordens. Die Patronin des letzteren war bekanntlich die heilige Muttergottes. Offiziell hieß der Deutsche Orden, mit Bezug auf das Marienspital in Jerusalem, *Ordo fratrum hospitalis sanctae Mariae Theutonicorum Ierosolimitanorum*.[289] Der europäische Adel, der nach Preußen kam, um mit dem Deutschen Orden gegen die Heiden zu kämpfen, tat dies zum Lobe Gottes *(devotio)* und um Ritterehre *(militia/honor)* zu erwerben. Personifiziert sind diese beiden Beweggründe »in der Jungfrau Maria, der Ordenspatronin, und dem Hl. Georg«[290]. In der Ikonographie des Deutschen Ordens[291] spielt daher der hl. Jakob keine Rolle. Dass die Feier seines Tages in den Statuten des Deutschen Ordens vorgeschrieben war, ist wegen der Verehrung, die dieser Heilige in der ganzen Christenheit genoß, nicht überraschend.[292]

Sowohl die nordwest- wie die nordosteuropäischen Städte sind »das Ergebnis einer mehrstufigen Entwicklung«[293]. Wichtige Indizien zur Rekonstruktion der Abfolge dieser Stufen bieten dabei unter anderem der Straßenverlauf und, nicht zuletzt, die Patrozinien, die, zumindest im Osteesraum zwischen Lübeck und Danzig, in der Regel in der zeitlichen Folge von (Petri), Nikolai, Marien und Jakobi auftreten.[294] »Es erweist sich bei der verfassungstopographischen Untersuchung vieler Stadtpläne, dass jeder Pfarrkirche ein bestimmter Siedlungsteil zugeordnet war, der einmal verfassungsmäßig selbständig gewesen ist.«[295] Die genannte »Abfolge von Nikolai-, Marien- und Jakobikirche mit den jeweils zugehörigen Stadtteilen« steht für Stralsund eindeutig fest, konnte aber auch für Greifswald nachgewiesen werden,[296] und auch in Rostock zeigt sich »die gleiche Abfolge der städtebaulichen und kirchenorganisatorischen Entwicklung: In der Altstadt steht neben der Petrikirche die Nikolaikirche, in der Mittelstadt die Marienkirche, die hier zur eigentlichen Ratskirche geworden ist, in der Neustadt die Jakobikirche.«[297] Auch in anderen Städten des Nordens gehört die Jakobikirche samt dem ihr zugehörigen Stadtteil nicht der ältesten Siedlung, sondern erst einer späteren Stadterweiterung an. Wenn manche Städte, wie etwa Lüneburg, Wismar, Königsberg und Reval (Tallinn), keine Jakobikirche aufweisen, so liegt der Grund dafür in der beschriebenen Präferenz anderer Heiliger gegenüber dem hl. Jakob: Im Zuge der Stadtentwicklung war für ihn kein Stadtteil samt Kirche mehr übrig. In den allermeisten Städten ist die Nikolaikirche älter als die Jakobikirche; nur in Hamburg scheint es umgekehrt zu sein.[298] Doch gab es in Hamburg bereits Ende des 12. Jahrhunderts, also vor der Gründung der Jakobikirche (2. Viertel des 13. Jahrhunderts), eine Nikolaikapelle.[299] Ausnahmen sind auch die Jakobikirchen von Lauenstein an der Leba (Woiwodschaft Pommern, Polen) aus dem 14. Jahrhundert, deren Gründungsdatum 1323 unsicher ist,[300] und die ebenfalls sehr späte, vermutlich erst um 1400–10 im Anschluß an den Bau der Burg des ermländischen Domkapitels begonnene Jakobikirche in Allenstein / Olsztyn.[301] Diesen Kirchen gingen keine Nikolaikirchen voraus. Im Allgemeinen sind die Jakobikirchen in den Städten des Nordens in eine Sakraltopographie[302] eingebunden, in der sie eine bemerkenswerte, aber nicht die Hauptrolle spielen.

Die beeindruckende »Einheitlichkeit des hansisch-ostniederdeutschen Kultraumes mit seinen unzähligen Marien-, Jakobi- und Nikolaikirchen« findet ihre »im Grunde ganz einfache Erklärung« in der »Tatsache, daß bestimmte Kulte – vor allem die intensive Marienverehrung, der Nikolaus- und der Jakobuskult – die Landschaften an der südlichen Ostseeküste in einer Zeit erreichten, in der diese sich in einer [...] Periode umfassenden kirchlichen Aufbaues befanden«[303]. »In den Patrozinien der Küstenstädte von Lübeck bis Stolp und der Kirchen ihres ländlichen Umkreises schlugen sich in der Kolonisationszeit die Kulte nieder, die damals allgemein in Blüte standen; Kulte, die im Altsiedelland, wo die kirchliche Organisation im wesentlichen abgeschlossen war, nicht minder intensiv herrschten, hier zumeist aber in ihrer Konkretisierung auf Kapellen- und Altarweihungen beschränkt blieben, während sie im Osten in den Weihetiteln der damals neu errichteten Kirchen zu breiter Entfaltung kamen. Es ist also keineswegs so, daß die Siedler diese Heiligen aus dem Westen ins südliche Ostseegebiet übertrugen; die Kolonisation hat vielmehr die Voraussetzungen dafür geschaffen, dass ihre Verehrung hier im 12. und 13. Jahrhundert in umfassender und einheitlicher Weise Ausdruck finden konnte.«[304] Gewiss wären weitere Forschungen notwendig, die im Rahmen dieses vorläufigen Überblicks nicht

3 Stettin, Jakobikirche von Süden

gemacht werden konnten. Dennoch soll die These gewagt werden, dass die Mode des Jakobskults im Norden gegen Ende des 12. Jahrhunderts einsetzt.

Ein Sonderfall – durch ihr Alter und durch die Umstände ihrer Stiftung – ist die früh bezeugte Jakobikirche in Stettin (Abb. 3), die, »institutionell wie kultisch eine Bamberger Gründung«[305], ihr Patrozinium nicht einer Modeströmung,[306] sondern den Bamberg-Stettiner Beziehungen verdankt, die, durch die Mission Bischof Ottos von Bamberg in den 20er Jahren des 12. Jahrhunderts initiiert, das ganze Mittelalter hindurch gepflegt wurden.[307] Abgesehen von Stettin sind »Jakobus-Patrozinien städtischer Pfarrkirchen [...] im Bistum Kammin nicht vor Mitte des 13. Jahrhunderts – Prenzlau 1250, Schlawe 1273, Greifswald 1275 – nachzuweisen«.[308] Dies ist ein starkes Argument dafür, dass das Stettiner Jakobspatrozinium nicht in der intensiven hansischen Jakobsverehrung begründet ist, sondern »einem anderen Kultraum« entstammt.[309] »Die Gründungsgeschichte der Kirche legt eine Verknüpfung mit der hochmittelalterlichen Jakobus-Verehrung Bambergs nahe.«[310] Für die letztere gibt es verschiedene Zeugnisse.[311] Wenigstens zwei seien genannt: Schon Heinrich II. hatte 1012 für den Altar im Westchor des von ihm gegründeten Bamberger Doms unter anderem auch Reliquien des hl. Jakob gestiftet,[312] und Bischof Hermann von Bamberg (1065–75) errichtete in der Nähe des Klosters Michelsberg die Stiftskirche St. Jakob.[313]

Die Stiftungsurkunde der Stettiner Jakobikirche ist in einer von Bischof Siegfried von Kammin, Anastasia, der Witwe Herzog Bogislavs von Pommern, ihren beiden Söhnen und von Warteslaus, dem Vicedominus (Statthalter) des Landes, gemeinsam im Jahre 1187 ausgestellten Urkunde erhalten geblieben. Sie betrifft einen gewissen aus Bamberg gebürtigen Laien names Beringer *(quidam Beringer laycus in civitate Bambergensi bene natus)*, der sich lange in Stettin aufgehalten hatte *(multo tempore in nostro castro Stetin honeste conversatus)*. Dieser Beringer hat zum Gedächtnis Bischof Konrads, des Vorgängers von Bischof Siegfried, und des ruhmreichen Herzogs Bogislav außerhalb des Bereichs der Stettiner Burg *(extra castellum Stetin)* aus seinem Vermögen eine Kirche zur Ehre Gottes und des hl. Jakobus, des Sohnes des Zebedäus *(in honorem dei et beati Iacobi apostoli filii Zebedei)*, errichtet. »Wir [gemeint ist Bischof Siegfried] aber haben diese fromme Demut jenes Beringer *(hanc bonam eiusdem Beringeri devocionem)* mit Armen der Liebe umfangen und diese Kirche [...] geweiht. Dieser Beringer aber hat diese Kirche mit unserer Zustimmung und der der Besten unseres Landes *(assensu nostro et optimatum terre nostre)* zum Heil seiner Seele vor diesen Besten und vor einer großen Volksmenge von Deutschen und von Slawen *(coram eisdem optimatibus multo populo Theutonicorum et Slavorum coram posito)* Gott und dem hl. Erzengel Michael zu Bamberg dargebracht, wobei zwei Brüder vom Berg dieses hl. Michael [gemeint ist der Michelsberg in Bamberg] assistierten. Mit sehr rechtmäßiger Schenkung hat er es dem überaus heiligen Otto, unserem Bischof, dem Apostel des Volksstamms der Pommern, übertragen, dem Kloster ebendes heiligen Erzengels Michael, in dem unser Apostel selbst die Posaune des Jüngsten Gerichts vernehmen und seinen verherrlichten Leib empfangen wird.[314] [...] Dies wurde gegeben im Jahr der Menschwerdung unseres Herrn Jesu Christi 1187 zu der Zeit, als der sehr ruhmreiche Kaiser Friedrich im 35. Jahr seiner Herrschaft regierte.«[315]

Erst vier Jahre nach dieser Stiftung, die »vor einer großen Menge von Deutschen und von Slawen« vollzogen wurde, erscheint die Stettiner Jakobikirche in einer nach dem 2.3.1191 ausgestellten Urkunde Bischof Siegwins von Kammin als ›Kirche der Deutschen‹ *(ecclesia Teutonicorum)*[316]. Später wurde mit ihr ein Priorat des Bamberger Benediktinerklosters Michelsberg, zwölf Brüder unter einem Prior, verbunden, das Papst Gregor IX. am 12.10.1233 bestätigte.[317] Ihre Bezeichnung als ›Kirche der Deutschen‹ konnte weder verhindern, dass sowohl Deutsche als auch Wenden in ihr eingepfarrt waren, noch, dass es in ihr und in der Petrikirche zur Streitereien zwischen den Volksgruppen kam. Herzog Barnim I. von Pommern bestimmte daraufhin in einer Urkunde vom 28.12.1237, dass innerhalb der Stadtmauern die Deutschen zur Jakobikirche, die Slawen zur Petrikirche gehören sollten; auch grenzte er die Sprengel beider Kirchen außerhalb der Stadt voneinander ab.[318] Die dargelegten Umstände der Stiftung der Stettiner Jakobikirche vermögen die These, der hl. Jakob sei als Schirmherr für die »deutsche Sache« eingesetzt worden,[319] nicht zu stützen. Obwohl von einem deutschen Kaufmann gestiftet, war sie weder eine Kaufmannskirche[320] noch ursprünglich eine Kirche ausschließlich für die Deutschen.

Nun zur Kritik an der ›Jakob-als-Schirmherr-für-die-deutsche-Sache‹-These und an der mit ihr verbundenen Geschichtskonstruktion im Einzelnen. Unrichtig ist die oben zitierte Behauptung, »die vor 1230 gegründeten beiden Seestädte Lübeck und Riga« hätten »nie Nikolaikirchen« erhalten.[321] Denn sowohl Lübeck – mit dem Dom – als auch Riga – mit der Kirche der russischen Kaufleute – hatten Nikolaikirchen. Der Lübecker Dom ist »der Jungfrau Maria, St. Johannes d[em] T[äufer] und St. Nikolaus (für die Pfarrkirche zwischen den Türmen) [...] geweiht«[322]. Dass der Lübecker Dom kurz ›St. Nikolai‹ genannt wurde, geht auch daraus hervor, dass die später und bis heute als ›Fegefeuer‹ bekannte Straße, die zum Paradies des Doms hinführt, als *Platea parva, quae ducit ad sanctum Nicolaum de platea molendinorum* bezeichnet wird[323]. Die hölzerne, 1163 geweihte Domkirche Bischof Gerolds ersetzte wohl die älteste auf dem Lübecker Stadthügel noch vor 1143 errichtete, 1157 abgebrannte Kirche, die im Bereich des nicht archäologisch untersuchten Langhausteils des Domes anzunehmen ist und die »vermutlich dem Nikolaus geweiht« war.[324] Die Rigaer Nikolaikirche der russischen Kaufleute, ein Steinbau, stand in dem ab 1222 entstandenen ›Russeschen dorp‹ »im Norden der Vorstadt«. Sie ist »in schriftlichen Quellen erst vom Ende des 13. Jahrhunderts belegt«, dürfte jedoch »um einige Jahrzehnte älter sein«.[325] Sie unterstand dem orthodoxen Patriarchen und wurde von Polozk aus verwaltet, von wo die russischen Wachs- und Pelzhändler gekommen waren,[326] und blieb bis ins 16. Jahrhundert erhalten.

Ohne Quellenbeleg ist ferner die Behauptung, die Jakobikirche in Dorpat (Tartu) sei unmittelbar vor dem Spätsommer des Jahres 1229 gegründet worden.[327] Die im 17. Jahrhundert niedergerissene Dorpater St. Jakobskirche, von deren einstiger Existenz noch lange eine Jakobspforte, ein -turm und eine -straße zeugten,[328] wird nicht eher als gut anderthalb Jahrhunderte nach 1229, im Testament Bartholomeus von Thisenhusens vom 8.5.1397, erstmalig erwähnt.[329] Von Thisenhusen bedenkt hier diese Stadtpfarrkirche sowie die *husarmen* (Hausarmen) von St. Jakob mit je einer Mark.[330] Gewiss mag diese Jakobikirche schon einige Jahre, wenn nicht Jahrzehnte vor ihrer Ersterwähnung gestanden haben, doch selbst wenn wir der Annahme folgen, der Platz für die um das Ende des 13. Jahrhunderts[331] angesiedelten Zisterzienserinnen zu St. Katharinen sei in der Nähe einer bereits bestehenden Pfarrkirche St. Jakob gewählt worden,[332] um ihnen deren Mitbenutzung zu ermöglichen, kommen wir, die Datierung der Jakobikirche betreffend, kaum in eine Zeit vor 1280–90. Völlig ungesichert sind daher die Thesen, St. Jakobi in Dorpat stehe im Zusammenhang der Missionierung dieser Stadt im frühen 13. Jahrhundert[333] und, sie sei die älteste Pfarrkirche Dorpats.[334] Verschiedene Patrozinien Dorpater Kirchen dürften älter sein als das der nicht im Zentrum der Stadt gelegenen Jakobikirche, nämlich das der ehemaligen Alten Stadtkirche St. Marien, das des ehmaligen Doms St. Peter und Paul und das der vermutlich in der ersten Hälfte des 13. Jahrhunderts erbauten Johanniskirche.[335]

In Reval (Tallinn) folgten auf die Domkirche St. Marien des Bischofs von Reval (seit 1219 errichtet, 1233 im Zusammenhang der Schilderung eines »blutigen Zusammenstosses zwischen den päpstlichen Vasallen und dem Schwertbrüderorden auf dem Domberge« erwähnt)[336], die beiden Kirchspielskirchen St. Nikolai[337] und St. Olai (1267 erwähnt), das 1246 gegründete Dominikanerkloster mit seiner Katharinenkirche[338] sowie, als Kirche des Siechenhauses, die Heilig-Geist-Kirche (1316 erwähnt) und, in der Dörptschen Vorstadt, das Hospital St. Johannis, ursprünglich für Leprakranke (1237 erwähnt).[339] Zur Gründung einer Jakobikirche kam es in Reval nicht. Erst in nachmittelalterlicher Zeit, 1569 und dann wieder 1697, erscheint in den Quellen eine Jakobskapelle am Wulfsund (Worfessunde, Ulfsund, Olevessunde, Olafsunt), dem Sund vor dem Revaler Hafen zwischen der Insel Wulf (Wluesöö, Aegnassar) und dem Festland,[340] der vielen Schiffen zum Verhängnis wurde, »weil ihnen hier Seeräuber und Auslieger auflauerten«[341]. Dass Reval eine Nikolai-, aber keine Jakobikirche hat, erklärt sich nicht dadurch, dass »der Einzug Friedrichs II. in Jerusalem und das im März 1229 von ihm verkündete Manifest wenige Monate später in Reval bekannt wurden«[342], sondern dadurch, dass beim Auf- und Ausbau der kirchlichen Organisation in den Städten des Nordens das Nikolaus- stets vor dem Jakobspatrozinium die Präferenz hat.

Von der Taufe des Livenfürsten Caupo (Kôpe) berichtet Heinrich von Lettland in seiner ›Livländischen Chronik‹, deutet jedoch weder an, dass Caupo ein christlicher Name sei, noch dass er diesen Namen erst bei der Taufe erhalten habe.[343] Getauft wurde Caupo wohl schon 1191 von dem missionierenden Zisterzienser Theoderich – wenn es erlaubt ist, Caupo mit dem bei Heinrich von Lettland genannten »verwundeten Liven von Treyden« zu identifizieren[344]: Die – laienhafte – Ableitung des Namens ›Caupo‹ von ›Jakob‹ findet sich bereits bei Heinrich von Tiesenhausen (um 1520 – 1600) in seiner bald nach 1578 verfassten Kritik an Balthasar Russows *Chronica Der Provintz Lyfflandt* (1577).[345] Russow selbst und Heinrich von Lettland wissen von einer sprachlichen Verbindung zwischen ›Caupo‹ bzw. ›Cobbe‹ und ›Jakob‹ nichts.[346]

Als der Zisterzienser Theoderich (Dietrich)[347] im Jahre 1202 »mit einer kleinen Gruppe nordd(eu)t(scher) Ritter zum Schutz der neugetauften liv(ländischen) Gemeinde an der Dünamündung mit Billigung des Bischofs Albert I. v(on) Riga« den Schwertbrüderorden, die ›Fratres milicie Christi de Livonia‹ gründete[348], konnte er sich an bereits bestehenden geistlichen Ritterorden wie den Johannitern (entstanden 1099; der militärische Zweig dehnte sich seit etwa der Mitte des 12. Jahrhunderts auf Kosten des Hospitalwesens aus)[349], den Templern (1120 gegründet), dem Deutschen Orden (seit 1190) orientieren. Den Namen *swertbrûdere* trägt der Orden seit dem 13. Jahrhundert nach seinem Abzeichen, einem roten Schwert unter Tatzenkreuz auf weißem Mantel.[350] In der Mitte seines Siegels führte er, wie auch der 1170 auf Initiative König Ferdinands II. von León gegründete Santiago- oder Jacobusorden *(Militia Sancti Jacobi)*, ein senkrecht gestelltes Schwert. Abgesehen vom Schwert unterscheiden sich die Siegel der beiden Orden voneinander.[351] Das des Santiago-Ordens hat eine große Jakobsmuschel, die von der Parierstange des Schwerts herabhängt und die Klinge teilweise überdeckt. Außerdem weist es rechts des Schwertgriffs einen Halbmond und links einen Stern[352] bzw., später, links und rechts des Griffs je ein griechisches Kreuz auf, dessen Arme in Lilien enden.[353] Das Siegel des Schwertbrüderordens hingegen hat ein Tatzenkreuz über dem Schwert, und der Grund ist mit Blattranken bedeckt. Diese bedeutenden Unterschiede schließen jedoch nicht aus, dass man bei der Gründung des Schwertbrüderordens »vom spanischen Santiago-Orden [...] das Schwertzeichen« übernahm.[354] Selbst unter der Voraussetzung, dass dem so war, ergibt sich daraus nicht, dass der hl. Jakob auch im Norden als Schirmherr kriegerischer Mission eingesetzt worden wäre.

Im Zuge der hier vorgetragenen Kritik an der ›Jakob-als-Schirmherr-für-die-deutsche-Sache‹-These wurde deutlich, dass es in der 2. Hälfte des 12. Jahrhunderts einzelne wie der in Stettin eingebürgerte Bamberger Beringer waren, die sich für Jakob als Patron bestimmter Kirchen einsetzten, wohingegen im 13. Jahrhundert Jakob zu den Modeheiligen, allerdings erst hinter Nikolaus und Maria, gehörte und aus diesem Grund zum Patron ungezählter zweit- bzw. drittrangiger Kirchen wurde. Nicht alle den Heiligen Jakobus und Nikolaus geweihten Kirchen standen im Verband der bischöflichen Kirchenorganisation. Die Jakobskirche in der Hansestadt Nowgorod war nicht etwa eine deutsche, sondern eine russisch-orthodoxe Kirche, die nicht dem Bischof, sondern dem Patriarchen unterstand, ebenso wie die oben erwähnte Nikolaikirche der russischen Kaufleute in Riga und die bereits im Mittelalter gegründete Nikolaikirche in Dorpat.

Im Folgenden soll unser Überblick, ohne dass wir ihn vervollständigen könnten, durch weitere Beispiele ergänzt werden.

Keimzelle des Benediktinerinnenklosters Lüne bei Lüneburg war eine um 1140 gegründete Einsiedelei, nach deren Aufgabe am 13. 12.1157 durch Bischof Hermann von Verden an gleicher Stelle eine Kapelle geweiht wurde, die man Jakobskapelle nannte:[355]

> »Im Jahr der Menschwerdung des Herrn 1157, zur Zeit der 6. Indiktion, am 13. Dezember, wurde die Kapelle nahe bei dem Kapitol in Lüneburg von dem ehrwürdigen Hermann, dem Bischof der Kirche zu Verden, zu Ehren der heiligen und unteilbaren Dreifaltigkeit, der heiligen Gottesmutter Maria, des heiligen Apostels Petrus, des heiligen Bischofs und Märtyrers Blasius und des heiligen Bischofs und Bekenners Nikolaus geweiht. [...] Diese Kapelle, die Kapelle des heiligen Jakob genannt wird, ist zu Ehren der heiligen und unteilbaren Dreifaltigkeit, des überaus siegreichen Kreuzes, zu Ehren der heiligen immer jungfräulichen Maria und des heiligen Erzengels Michael geweiht, mit besonderer Weihung aber zu Ehren des heiligen Abtes Benedikt und der heiligen Jakob, des Apostels, des Märtyrers Christophorus und auch des Bekenners Maternianus.«[356]

Unter den zahlreichen, dort ebenfalls sorgfältig aufgelisteten Reliquien dieser Jakobskapelle[357] ist keine des hl. Jakob, weshalb die Möglichkeit in Betracht zu ziehen ist, dass sie nicht von Anfang, d.h. von 1157 an als Jakobskapelle *(capella, que vocatur sancti Iacobi)* bezeichnet wurde. Schon ab der 2. Hälfte des 13. Jahrhunderts ist dann ohnehin von der *ecclesia* bzw. vom *monasterium s. Bartholomei in Lune* die Rede.[358] Der hl. Bartholomäus, von dessen Gewand Lüne ein Stückchen besaß,[359] hat den hl. Jakob verdrängt. Letzterer war wohl als »Beschützer der Wanderer gewählt« worden; »lag doch Lüne unweit, vielleicht sogar an der Straße, die zum umkämpften Elbübergang bei Artlenburg führte«[360].

Die Jakobikirche in Bremen war um 1190 als Eigenkirche von Gerhard von der Kaemenade gestiftet, dann aber 1221 dem Kapitel St. Ansgarii überlassen worden. Nach der Reformation zweckentfremdet und verfallen, wurden ihre letzten Reste 1960 beseitigt.[361]

Von sieben stadtschleswigschen Kirchspielen, die in einer Urkunde Knuds VI. (König von Dänemark 1170–1202) vom 31.3.1196 aufgeführt sind, können die Kirchengebäude von zweien, St. Jacobi und St. Olai, nicht identifiziert werden. Man suchte die verlorene und archäologisch nicht nachweisbare Jakobikirche in der Fischervorstadt Holm.[362] Als dort vor 1250 bzw. 1251 der Konvent der Benediktinerinnen angesiedelt und die Pfarrkirche dabei in eine Klosterkirche verwandelt wurde, erhielt sie das Patrozinium Johannes Baptista, später zusätzlich Johannes Evangelista.[363] Zuvor könnte sie das Jakobs- oder das Olafspatrozinium gehabt haben.[364] Doch selbst wenn die nachmalige Klosterkirche der Benediktinerinnen zuvor, als Pfarrkirche, eine Jakobikirche gewesen und ein »Patrozinienwechsel von St. Jacob auf St. Johannes Baptista bei gleichzeitiger Neunutzung und Umbau des Gebäudes als Klosterkirche«[365] vorgenommen worden sein sollte, bleibt die Annahme willkürlich, sie habe als Jakobikirche schon im 11. Jahrhundert bestanden.[366] Möglicherweise stand die 1196 bezeugte Schleswiger Jakobikirche nicht auf dem Holm, war vielmehr ein »kleiner Bau des 12. Jahrhunderts« an anderer Stelle, vielleicht »auf dem nördlichen der beiden Bestattungsplätze nordostwärts des Hohen Tores«.[367] Unabhängig von der Frage, wo die verschwundene Schleswiger Jakobikirche ihren Ort hatte, gibt es keinen Grund, sie wesentlich früher anzusetzen als 1196. Im Zusammenhang der Sakraltopographie Schleswigs[368], welche laut der erwähn-

4 Riga, Jakobikirche von außen

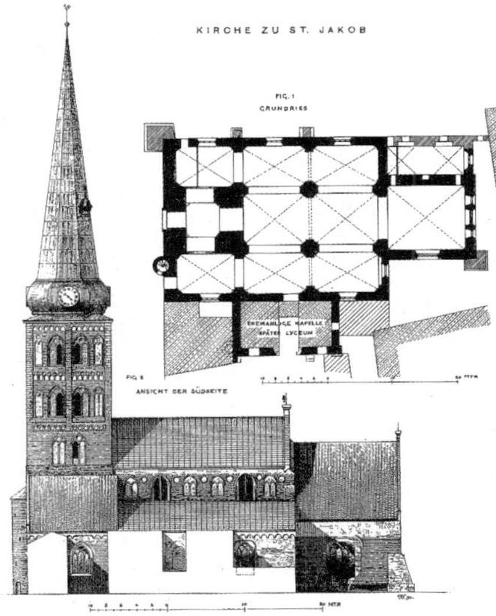

5 Riga, Jakobikirche, Grundriß und Südseite

ten Urkunde König Knuds VI. die Kirchen SS.Olavi, Petri, Clementis, Marie, Jacobi, Trinitatis und Nicolai umfasste,[369] war sie nicht besonders hervorgehoben. Dafür, dass sie »den Deutschen« gehörte, die Olafskirche hingegen den Skandinaviern,[370] fehlt jeder Beleg.

Bischof Albert von Riga (um 1165–1229)[371] war unter Erzbischof Hartwig II. Domherr und Leiter der Domschule zu Bremen gewesen. 1199 wurde er zum Bischof von Livland ernannt.[372] »Mit den kargen Verhältnissen eines Missionsbistums am Rand der westlichen Christenheit«[373] aber wollte Albert sich nicht zufrieden geben, vielmehr ein geistliches »Territorialfürstentum von innerer Geschlossenheit« schaffen.[374] Als er im Jahre 1211 einen von der Stadtmauer, der Düna und einem Wassergraben begrenzten Platz zum Bau für seinen – zweiten – Dom St. Marien bestimmt hatte,[375] wählte er als Termin für die Weihe des Baugrundes den 25.7., den Tag des hl. Jakob.[376] Den 6.12., den Tag des anderen Modeheiligen, des hl. Nikolaus, für Weihe und Baubeginn zu nehmen, wäre nicht ratsam gewesen, da im Winter keine großen Steinbauten aufgeführt werden konnten. Dennoch dürfte die Vermutung, dass Albert den hl. Jakob verehrte und sich für seine Unternehmungen die Hilfe des Apostels erhoffte, nicht allzu kühn sein. Schon am Ende des ersten Jahrzehnts nach der Gründung Rigas durch Bischof Albert 1201 umfasste die Stadtmauer den ersten Dom, »die erste Burg des Schwertbrüderordens, [...] eine Pfarrkirche, nämlich St. Petri, [...] während ein junges Zisterzienserkloster [Dünamünde; U.K.] neben seinen missionarischen Aufgaben auch die Dünamündung in einem gewissen Umfang zu schützen hatte.«[377] Die erste Pfarrkirche Rigas, St. Petri, wird bereits im Jahre 1209 erwähnt.[378]

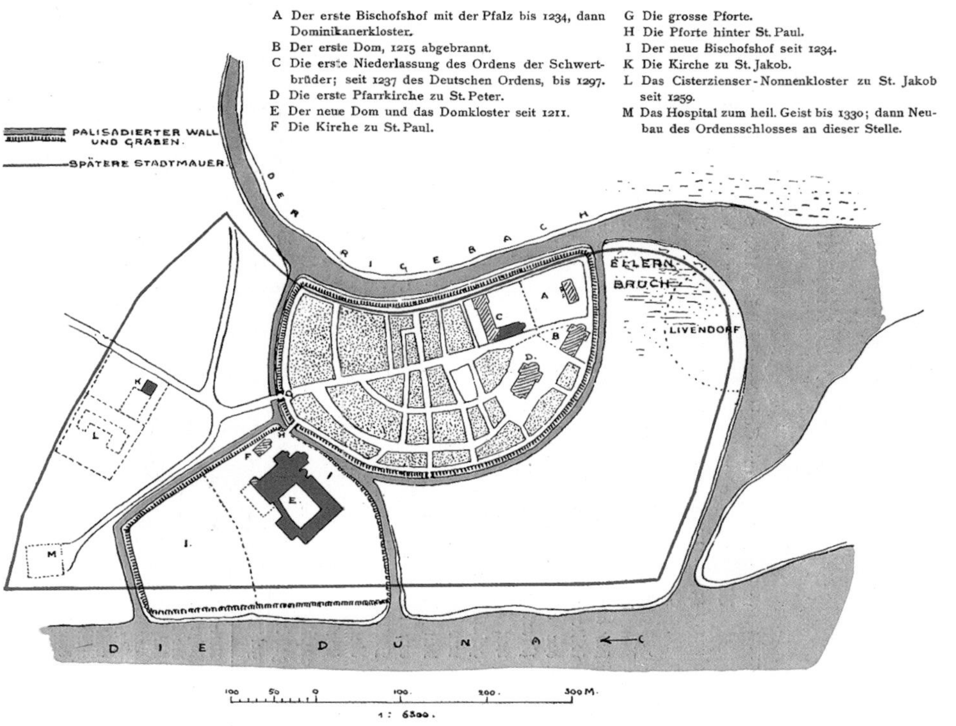

6 Riga, Stadtplan (K = Jakobikirche)

Erst in einer weiteren Ausbauphase, nach 1220, wurde das Suburbium samt der in ihm gelegenen Jakobikirche (Abb. 4–5) als Neustadt in die Stadt einbezogen.[379] Die Jakobikirche, am 5.4.1226 erstmalig erwähnt,[380] liegt somit außerhalb der Altstadt in einem über den Bezirk des zweiten Doms hinaus erweiterten Gebiet, in dem ab 1222 um eine kleine Nikolaikirche eine Siedlung russischer Kaufleute wuchs und noch vor 1226 eine weitere Siedlung um eine andere Pfarrkirche, eben St. Jakobi, angelegt wurde (Abb. 6).[381] Schon 1258 war diese Jakobikirche in eine Klosterkirche der Zisterzienserinnen umgewandelt worden. Denn laut einer am 18.8.1258 von Albert, dem Erzbischof zu Riga, Heidenricus, dem Bischof zu Kulm, Hinricus, dem Bischof zu Kurland, Anselmus, dem Bischof zu Ermland, und Hinricus, dem Bischof zu Samland, ausgestellten Urkunde erhalten die Wohltäter des Klosters der Zisterzienserinnen zu St. Jakob in Riga Indulgenzen.[382] Im 13. Jahrhundert prosperierte Riga. Die Stadt gehörte schon früh der Hanse an und schloss 1282 ein Bündnis mit Lübeck und Visby. Das starke Anwachsen der Bevölkerung machte auch eine Erweiterung der Jakobikirche erforderlich. Deren ältester Teil ist der rechteckige Chor (Abb. 4). Das Langhaus mit den beiden Seitenschiffen wurde zwischen der Mitte des 13. und dem Anfang des 14. Jahrhunderts errichtet (Abb. 5).

Unter Bischof Albert von Riga war nicht nur die Rigaer Jakobikirche, sondern auch die zu Visby errichtet worden.[383] Er hatte Visby im Sommer 1199 und im Sommer 1203 besucht.[384] Erstmals erwähnt wird St. Jakob zu Visby in einer Urkunde des päpstlichen Legaten Wilhelm von Modena vom 6.7.1226 bzw. in einem Brief des Erzbischofs Johannes von Riga und der Bischöfe Henrik von Ösel und Bernhard von Dorpat vom 30.5.1287, in dem Wilhelms Urkunde zitiert wird.[385] In dieser wird der Unterricht für Schüler aller Nationen an der dem Bischof Albert von Riga gehörenden Jakobikirche zu Visby erlaubt.[386] Einen Hinweis auf den Ort, an dem diese Kirche stand, liefert die von Georg Braun im dritten Band seiner *Civitates Orbis Terrarum* (Köln 1598) veröffentlichte, von Frans Hogenberg gestochene Ansicht von Visby *(Visbia Gothorum)*. Dort ist *H. Coenobium D Jacobi* (Jakobskloster) unmittelbar neben *I. Aedicula Sancti Spiritus* (Heilig-Geist-Kirche) eingezeichnet.[387] In der neueren Forschung wird mit guten Gründen vermutet, die Jakobikirche sei identisch mit dem achteckigen Zentralbau der als Ruine erhalten gebliebenen Heilig-Geist-Kirche (Helge Ands), die allerdings zu dem wohl schon seit 1237 vom Deutschen Orden betriebenen Heiliggeistspital gehörte.[388] Die Schule wäre demnach schon kurz nach ihrer Anerkennung, bald nach dem Tod Bischof Alberts (1229), in ein Spital verwandelt worden.

Schon in den 60er bzw. 70er Jahren des 13. Jahrhunderts wurde St. Jakob der Pfarrkirche Drotten (hl. Dreifaltigkeit) übereignet und zwischen 1367 und 1420, vielleicht 1405 zogen die Zisterzienserinnen des außerhalb der Stadtmauer ca. 400 m östlich von Süderport gelegenen Solbergaklosters nach St. Jakob.[389] Dies erklärt den Eintrag *Coenobium D Jacobi* (Jakobskloster) in Braun-Hogenbergs Ansicht. Aus der Mitte des 14. Jahrhunderts hat sich das Siegel einer Visbyer Jakobsbruderschaft erhalten, das

7 Lübeck, Jakobikirche

den Apostel stehend, mit Pilgerstab, Tasche und Buch zeigt; auf dem Rand die Inschrift: *S(igillum) convivar(um) s(an)c(t)i Iacobi de Visby* (Siegel der Genossen des hl. Jakob zu Visby).[390] Architektonisch stellt die Visbyer Jakobskirche, falls sie wirklich der Zentralbau von Helgeands Kyrkan gewesen sein sollte, einen verglichen mit den anderen Jakobikirchen ungewöhnlich repräsentativen Bau dar, der wie Ottmarsheim und Schwarzrheindorf in der Nachfolge der Aachener Pfalzkapelle steht. Möglicherweise hatte Bischof Albert von Riga diesen Bau als seine Grablege vorgesehen.[391] Auch in Visby ist die Jakobikirche keineswegs die älteste Kirche des Orts. Mit Sicherheit älter sind die vier ins 12. Jahrhundert zurückgehenden Kirchen St. Peter, St. Clemens, St. Olof und St. Johannis.[392]

Ein Jahr später als die Jakobikirchen zu Riga und Visby, nämlich 1227, wird die zu

Lübeck (Abb. 7) erstmalig erwähnt.[393] Für ihre Gründung und, damit zusammenhängend, für den Aufbau der Pfarrei St. Jakobi, wurden jedoch wesentlich frühere Daten angenommen. Manche mutmaßten, die Pfarrei sei noch unter Graf Adolf III. von Schauenburg und Holstein eingerichtet worden, ehe dieser 1201 von den Dänen unter Herzog Waldemar II. und dessen Bruder, König Knut VI., überwunden worden war.[394] Es wurde sogar die These zur Diskussion gestellt, St. Jakobi sei die erste Pfarrkirche Lübecks überhaupt gewesen[395] bzw., genauer, die Kirche der ältesten slavischen Stadtsiedlung der 30er Jahre des 12. Jahrhunderts.[396] Dieser Auffassung liegt die Hypothese zugrunde, Lübeck habe sich »folgerichtig von Norden nach Süden entwickelt, von der Burg aus zur Jakobikirche, wo sich vermutlich ein erster kleiner Marktplatz befand, dann über die Breite Straße zum Markt mit der Marktkirche, und nach dem Wiederaufbau 1159 über den Petrihügel mit der Petrikirche zum Dombezirk und zum Bezirk um die Ägidienkirche.«[397]

Diese These, von der gesagt wurde, sie habe »den Vorzug, mit den schriftlichen Quellen übereinzustimmen«,[398] ergibt sich jedoch aus diesen nicht zwingend. Helmold von Bosau schreibt zum Jahr 1147, dass man, als der slavische Fürst Niklot mit seiner Kriegsflotte traveaufwärts fuhr, »zur Stadt und zum Markte schickte, um dort die drohende Gefahr bekanntzumachen« *(Miseruntque ad civitatem et ad forum nuntiare eis imminens periculum)*[399]. Also hatte Lübeck bereits damals zwei verschiedene besiedelte Zentren, die einen deutlichen Abstand voneinander gehabt haben müssen: die Stadt *(civitas)* unmittelbar bei der Burg und den Markt *(forum)* weiter südlich.[400] Dieses *forum* kann nicht beim Koberg bzw. bei der später dort errichteten Jakobikirche gelegen haben, sonst wäre es in zu großer Nähe der *civitas* situiert gewesen bzw. mit dieser zusammen gefallen – was aufgrund des Wortlauts bei Helmold ausgeschlossen werden kann. Zum Jahr 1159 bemerkt dieser, dass die von Lübeck in die sogenannte Löwenstadt ausgesiedelten Kaufleute *(mercatores)*, als Lübeck 1157 abgebrannt war, auf Befehl Herzog Heinrichs des Löwen *(iubente duce)* nach Lübeck zurückkehrten und begannen, Kirchen und Mauern wieder aufzurichten *(ceperunt reedificare ecclesias et menia civitatis)*.[401]

Demnach muss es in Lübeck schon vor 1157 mindestens zwei Kirchen gegeben haben,[402] die wieder aufzubauen waren, doch dürfte die Jakobikirche nicht darunter gewesen sein. Die seit Ende 1973 bzw. seit 1974 im Lübecker Stadtgebiet durchgeführten systematischen Grabungen[403] haben im Bereich des Kobergs und der Jakobikirche keine Dendrodaten vor 1236 und keine Baudaten vor 1220 erbracht.[404] Insbesondere ergab die Grabung im Bereich des Heiligen-Geist-Hospitals, dass die Besiedlung und Bebauung dieses Areals vor der Errichtung des Hospitals »relativ spät in den Jahren um 1232« erfolgte.[405] Durch die Grabung und die Bauaufnahme der Jahre 1979 bis 1982 in den Häusern Jakobikirchhof 2–4, den sogenannten ›Pastorenhäusern der Jakobikirche‹, wurde dieses für das 12. Jahrhundert negative Ergebnis bestätigt.[406] Es ist daher nicht gerechtfertigt, das Gründungsdatum der Jakobikirche weit vor 1227, dem Jahr der Ersterwähnung, anzunehmen.

Wahrscheinlich gingen in Lübeck der Jakobikirche vier andere Pfarrkirchen voraus, nämlich eine hölzerne aus der Zeit vor 1143, die in dem noch nicht untersuchten Langhausteil des Doms lokalisiert wird. Sie war »vermutlich dem Nikolaus geweiht, Vizelins Vorzugsheiligem«.[407] Seit der Errich-

8 Hamburg, Jakobikirche von außen

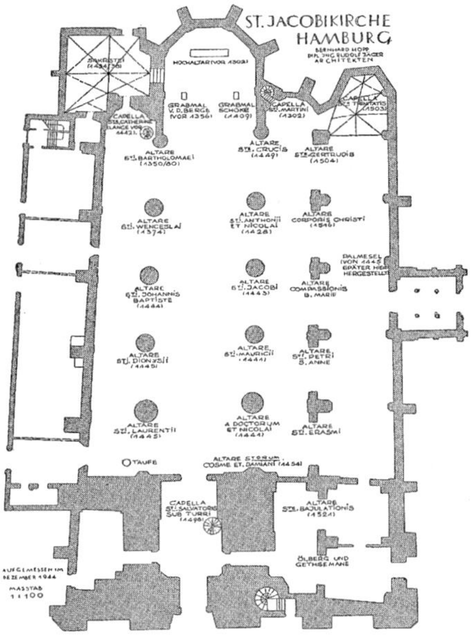

9 Hamburg, Jakobikirche, Grundriss

tung des Doms war die Nikolaikirche dem Dom integriert.[408] Es folgten, noch vor 1157, die Marktkirche *(forensis ecclesia)* St. Marien und, 1170, St. Petri. Welche von beiden mit der 1163 dem Domkapitel unterstellten *forensis ecclesia* gemeint ist, ist immer noch strittig.[409] Beide, St. Petri und St. Marien, erhielten 1170 Pfarrrechte.[410] Die vierte Pfarre, St. Aegidien, soll Bischof Heinrich († 1183) begründet haben.[411] Hinzu kam die in der Nähe der Trave und des Hafens gelegene, im Jahre 1257 erstmalig erwähnte, 1899 abgebrochene Clemenskirche, »das bevorzugte Gotteshaus der Schiffer«[412]. Die Annahme ihrer Entstehung bereits im 12. Jahrhundert[413] ist nicht zwingend.

Der bestehende Bau der Jakobikirche ist im Kern eine im mittleren 13. Jahrhundert errichtete Hallenkirche, die erst 1334 vollendet und geweiht wurde. Ebensowenig wie die dem hl. Jakob geweihten Kirchen in anderen Städten des Nordens kann die in Lübeck eines »der früheren [...] Gotteshäuser gewesen sein«.[414] Als die nördlichste der Lübecker Pfarrkirchen bildet sie die Mitte einer um 1210–20 einsetzenden Stadterweiterung, wobei es vermutlich von Anfang an eine gehobene Schicht von Fernhandelskaufleuten war, die sich um den Koberg (Kaufberg)[415] und die Jakobikirche scharte. Die 1227 genannten, bei St. Jakobi ansässigen Eheleute, Thedward und seine Gemahlin, besaßen »Anteile an einem Unfreien und an einem halben Unfreien«.[416] Im späten 15. und frühen 16. Jahrhundert dürfte sich, wovon Häuser wie Koberg 2 zeugen, die Situation in sozialer Hinsicht kaum verändert haben. Aus Hinrich Dunkelguds Memorial 1496 oder wenig später erfahren wir, dass die – nicht wenig betuchte – Leichnams-Bruderschaft

10 Greifswald, Jakobikirche, Anfang der 50er Jahre (vor 1955)

der Krämer eine Kapelle in St. Jakobi *unter dem torne* (unter dem Turm) hatte.[417]

Außerhalb der Stadtmauer, jenseits der Domimmunität, lag der Vorgängerbau der Hamburger Jakobikirche (Abb. 8–9). »Den ersten schriftlichen Hinweis auf die Existenz eines Kirchenbaus liefert die Nennung des Jakob-Patroziniums im ältesten Stadtbuch zwischen 1248 und 1254.«[418] Wahrscheinlich wurde die Kirche im 2. Viertel des 13. Jahrhunderts gegründet.[419] Doch war der heute noch stehende bzw. nach dem 2. Weltkrieg wiedererrichtete Backsteinbau erst gegen 1340 begonnen worden. Im Hinblick auf ihre Gründung ist die Jakobikirche jünger als der Dom und die Pfarrkirche St. Petri, jedoch wohl geringfügig älter als St. Nikolai und St. Katharinen.[420] Wie alle Hamburger Pfarrkirchen war sie dem Domkapitel inkorporiert.[421] »Kirche und Kirchhof von St.-Jakobi lagen in einem Bereich, der sich erst in den 1260er Jahren durch Einbeziehung in den Mauerring von der östlichen Vorstadt Hamburgs zum Stadtteil entwickelte.«[422] Auch nachdem sie dadurch ins Innere der Stadtbefesigung gelangt war, hatte sie außerhalb der Mauern ein großes, nicht unwesentlich durch bäuerliche Gemeinschaften geprägtes Kirchspiel, das sich »bis zu 10 km ins Land hinein erstreckte«.[423] Verschiedene Handwerker scharten sich um sie: Brauer, Kerzengießer, Bäcker, Gerber, Fleischer, Zimmerer. Auch das Baugewerbe und die Schiffer sind vertreten. Wie in St. Katharinen, St. Nikolai und St. Petri stifteten auch in St. Jakobi wohlhabende Bürger Nebenaltäre. Inwieweit der Adel eine besondere Affinität zu dieser Kirche bzw. zu ihrem Patron hatte, erscheint fraglich.[424] Der älteste Beleg dafür stammt aus dem Jahr 1302: Ritter Hartwig von Hummersbüttel stockt für einen Altar in der Jakobikirche die *dos altaris* auf.[425]

St. Jakobi in Greifswald, die Kirche der Neustadt, liegt abseits des ursprünglichen Zentrums von Greifswald im Westen der Stadt (Abb. 10–11). Der Bau wurde zwischen 1250 und 1264 als zweischiffige Halle von fünf Jochen Länge mit quadratischem Westturm und geradem Chorschluss begonnen[426]

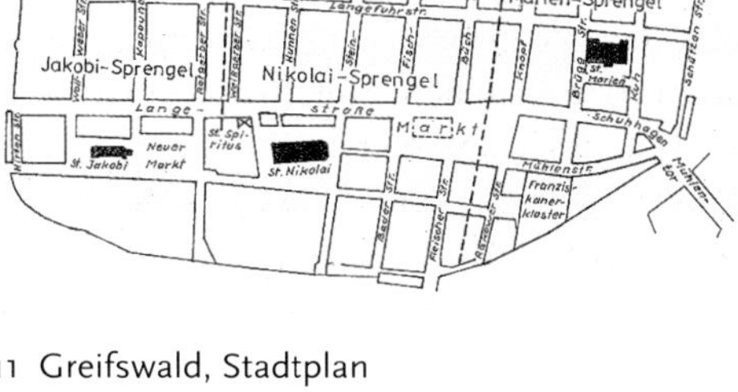

11 Greifswald, Stadtplan

– zweischiffig wie diverse Kirchen auf Gotland, die mit westfälischer Sakralarchitektur in Zusammenhang stehen[427] – und um 1280 fertiggestellt, im frühen 15. Jahrhundert aber zu einer dreischiffigen Halle mit polygonalem Chor erweitert. Das Patronat über die neue Pfarrkirche St. Jakobi hatte das Zisterzienserkloster Eldena, wie auch über die beiden älteren Pfarrkirchen, St. Marien und St. Nikolai bzw. über deren Vorgängerbauten. Stadtherr war Herzog Wartislav III. von Pommern, der 1248 vom Kloster Eldena die Stadt Greifswald zu Lehen empfangen hatte.[428] Bauherr aber war – obwohl das im Falle der Jakobikirche erst für 1451 nachgewiesen werden kann – der Rat der Stadt Greifswald. Ihm waren die Vorsteher der Pfarrkirchen verantwortlich. »In Greifswald legten die Vorsteher aller Pfarrkirchen vor dem Rat Rechnung ab (1451). An St. Marien waren die drei Bürgermeister für die Abhör zuständig, an St. Jakobi einige Ratsherren, die wie in Rostock Beigeordnete der Vorsteher waren.«[429] 1250 verlieh Herzog Wartislav III. seinen lieben Bürgern zu Greifswald das lübische Recht.[430] 1264 vereinigte er die Neustadt mit den älteren Stadtteilen und gewährte der Stadt »das Recht auf eigene Verteidigung und auf Stadtmauern«.[431] Zu dieser Zeit bereits gelangt Greifswald mehr und mehr in die Gemeinschaft der hansischen Städte, was sich in verschiedenen der Stadt übereigneten Privilegien manifestiert. So bewilligten zum Beispiel 1262 die Könige von Norwegen den Greifswalder Bürgern Handelsfreiheit in Norwegen, und König Erich V. (Klipping) von Dänemark »gewährte 1279 neben Lübeck, Wismar, Rostock, Stralsund und Stettin auch Greifswald Zollfreiheit für einen neu eingerichteten Markt auf Seeland«.[432]

Der Bau von St. Jakobi stand somit im Zusammenhang einer erstaunlich raschen Stadtentwicklung, die mit einem wirtschaftlichen Aufschwung und einer politischen und rechtlichen Stärkung der Greifswalder Kaufleute einherging. Der hl. Jakob war en vogue, er erfreute sich, als Schutzpatron nicht nur der Pilger, sondern auch der Wege,[433] bei Handel, insbesondere Fernhandel treibenden Bürgern einer nicht geringen Beliebtheit. Allerdings war er bei den hansischen Kaufleuten in dieser Hinsicht dem hl. Nikolaus von Myra, dem Patron der Reisenden, der Kaufleute und der Schiffer,[434] nachgestellt. Das Jakobspatrozinium wurde im Fall der Pfarrkirche der Greifswalder Neustadt und anderer Kirchen im Norden zu einem Zeitpunkt gewählt, als es am Ort bereits eine Nikolaikirche gab.[435] Kirchen, die im Zusammenwirken mit oder gar auf Betreiben deutscher Kaufleute und für ihre Kaufmannsgemeinde erbaut und eingerichtet wurden,[436] haben nicht immer den hl. Jakob als ihren Patron, vielmehr oft ein anderes Patrozinium, etwa das des hl. Petrus[437], der hl. Maria[438], des hl. Nikolaus[439], des hl. Johannes Baptista[440], sofern sie nicht lediglich als *ecclesia mercatorum* bezeichnet werden[441].

Etwa gleichzeitig mit der Vollendung der Jakobikirche um 1280 mussten die Zisterzienser von Eldena ihr Patronatsrecht verteidigen. Als Herzog Barnim I. von Pommern 1275 dem Greifswalder Heiliggeist-Spital das Patronat über die Jakobikirche verlieh, kam es zu einem Konflikt mit dem Kloster, das 1280, auch mit Unterstützung der Bürger, seine Ansprüche durchsetzte. Bald pilgerten, erstmals bezeugt im Jahr 1311, Greifswalder nach Santiago, nicht ohne vor Antritt der Wallfahrt ihre Jakobikirche mit Stiftungen zu bedenken.[442]

Die Gründung oder der Ausbau einer Neustadt oder einer Niederlassung und die Förderung durch die Handel treibenden Bürger spielen auch bei dem Bau und der

12 Stralsund, Jakobikirche, Chor von außen

Patroziniumswahl anderer Jakobikirchen im Norden eine Rolle. Daneben stoßen wir auch noch im 13. und 14. Jahrhundert auf die Initiativen einzelner Stifter, die, wie einst Beringer in Stettin, Jakobikirchen realisieren. In einer Urkunde des Jahres 1295 wird die Kirche zu Bederkesa (Kreis Cuxhaven) als den Aposteln Jacobus Maior und Johannes Evangelista geweiht genannt, wobei, wie üblich, Christus und Maria diesen Patronen vorangestellt werden: *Quod ob reverentiam, Dni nostri Iesu Christi & honorem gloriose virginis Marie matris ejus nec non & beatorum patronorum nostrorum scilicet beati Iacobi Majoris & sancti Iohannis Evangelistae Apostolorum contulit ecclesie nostre in Bederkesa [...].*[443] Die Patronatsherren waren zwei Brüder, Jakob und Johannes zu Bederkesa, womit sich die Patroziniumswahl, Jacobus Maior und Johannes Evangelista, zwanglos erklärt. Eine besondere Wertschätzung des hl. Jakob als *miles Christi* durch den Adel muss dabei nicht unbedingt eine Rolle gespielt haben.

Stralsund hatte schon 1234 lübisches Recht erhalten.[444] Die im ältesten Stralsunder Stadtbuch für die Zeit um 1272 erwähnte St. Peter- und Paulskirche war vermutlich die Kirche der Wenden.[445] Zum letzten Mal taucht sie 1321 in einer Urkunde auf.[446] Ihre Lokalisierung ist ebenso unsicher wie die These, sie sei durch St. Jakobi abgelöst worden.[447] Im Jahre 1278 dürfte zumindest der hohe Chor von St. Nikolai vollendet gewesen sein. Inmitten der Neustadt steht St. Marien, 1298 erstmals erwähnt. Noch im 13. Jahrhundert, 1296, gründete Leo Falke in der Nikolaikirche eine Vikarie zu Ehren des hl. Jakobus.[448] St. Jakobi (Abb. 12), die vierte Pfarrkirche der Stadt bzw. die dritte von denen, die erhalten geblieben sind, seit 1303 in schriftlichen Quellen bezeugt[449], »wurde hart am Rande der Altstadt gegründet«[450]. Ihre Architektur, ursprünglich eine Halle mit geradem Abschluss und nicht abgesetztem Chor,[451] orientiert sich an der von St. Nikolai.[452] Der Umbau zu einer dreischiffigen Basilika zwischen 1340 und 1350[453] »wurde durch einen Ablaß unterstützt«[454]. Der Bischof von Cammin weihte 1351 in der Jakobikirche einen Altar. Westlich des im Unterbau beibehaltenen alten Turms und unter Verwendung seiner westlichen Pfeiler wurde Anfang des 15. Jahrhunderts ein neuer Westturm errichtet.[455] Für diesen Turmbau gingen noch in den Jahren 1415 und 1416 Spenden ein.[456]

Die drei Stralsunder Pfarrkirchen waren bis ins 18. Jahrhundert Filialkirchen der Kirche in Voigdehagen (heute ein Ortsteil von Stralsund), deren Vorgängerbau ins 13. Jahrhundert zurückgeht.[457] Dadurch hatte der Landesherr, der Patron der Voigdehagener Kirche war, Einfluss auch auf die Besetzung

13 Rostock, Jakobikirche, Blick ins Innere

der Stralsunder Pfarrstellen.[458] Dennoch unterstanden die Kirchenpfleger oder -vorsteher, die den Bau der Pfarrkirchen organisierten und die Finanzen kontrollierten, wie in Lübeck, Rostock und Wismar dem Rat der Stadt; oft waren auch Ratsherren unter den Vorstehern.[459] Im Falle der Stralsunder Jakobikirche sind erst in einer Urkunde vom 7.3.1339 die beiden Vorsteher namentlich überliefert: Thidemann Frisonus und Johannes Tonaghel.[460] Der Stralsunder Geistliche Arnold von Haren bestimmte am 1.2.1339 in seinem Testament zwei Mark für den Bau der Jakobikirche,[461] außerdem verlangte er von seinen Testamentsvollstreckern, einen Mann nach Obernkirchen, Gottsbüren, Aachen, Rocamadur und Santiago zu entsenden, um dort jeweils die Gelübde einzulösen, die er getan hatte.[462] Wie in Lübeck gab es auch in Stralsund eine Fronleichnams-Bruderschaft an St. Jakobi. Außerdem ist, allerdings erst im frühen 16. Jahrhundert, eine Jakobsbruderschaft bezeugt.[463]

Die Jakobikirche in Rostock, im Westen der Stadt, war die Pfarrkirche der jüngsten Rostocker Pfarrgründung, um 1280 begonnen, 1957–60 vollständig abgetragen. In den Dimensionen war die inmitten der Rostocker Neustadt gelegene Jakobikirche, eine basilikale Anlage mit hoch aufragenden Turm (Abb. 13), den älteren Pfarrkirchen St. Marien, St. Petri und St. Nikolai ebenbürtig.

Die Neustadt von Thorn erhielt am 13.8.1264 durch ein Privileg des Landmeisters des Deutschen Ordens Ludwig von Baldersheim gleiches Recht wie die ursprüngliche Stadt (Altstadt).[464] Der Bau der Jakobikirche, der Pfarrkirche der Neustadt, wurde jedoch, laut dem großen umlaufenden Inschriftfries auf glasierten Ziegeln, erst 1309 begonnen: »[...] anscheinend hat die Neustadt in den ersten vier Jahrzehnten ihres Bestehens als selbständiges Gemeinwesen keine Pfarrkirche besessen«[465]. Die Inschrift, soweit rekonstruierbar, lautet in deutscher Übersetzung:

»Im Jahr des Herrn 1309 wurde zu Ehren des heiligen Apostels Jakobus des Älteren das Werk begonnen, zu dem mit frommer Hand der ehrwürdige Herr Bischof Hermann den ersten Stein setzte, den Gott ins ewige Jerusalem führen möge. Amen.«[466]

Das Relativpronomen *quem* in dem Halbsatz *quem deus ad eternam iheruzalem perducat* (den Gott ins ewige Jerusalem führen möge) hat, wie in mittelalterlichen (Widmungs)inschriften nicht selten,[467] einen schillernden Doppelbezug. Den Bischof Hermann möge Gott ins ewige Jerusalem führen, in dessen Bau jedoch auch der Grundstein der Jakobikirche, den Bischof Hermann gesetzt hat, sich einfügen möge. Darum soll Gott auch diesen Grundstein ins ewige Jerusalem führen. Indem Bischof

Hermanns fromme Hand eine Kirche zur Ehre des hl. Jakob erbaut, sorgt sie zugleich für die himmlische Zukunft ihres Trägers. Der Bau, »unstreitig eins der bedeutendsten Bauwerke des gesammten Ordenslandes, vielleicht das bedeutendste überhaupt«,[468] ist eine basilikale Anlage von einem Turmjoch und drei Langhausjochen sowie einem langgestreckten, eingezogenen Chor; Gesamtlänge 53m, Breite des Langhauses einschließlich der Seitenkapellen 28,8m; Länge des Chores 18,45m, Breite 8,25m.[469]

Im Folgenden werden verschiedene Jakobikirchen in Dänemark, Schweden und Schleswig-Holstein erwähnt, wobei jeweils besonders die Frage nach dem Alter des Jakobspatroziniums in den Blick kommen soll, die Antwort darauf leider aber oft offen bleiben muss.

Lund, die alte Hauptstadt Schonens, wohl von König Knud dem Großen bei seinem Besuch in Dänemark 1019–1020 gegründet, war Sitz des Erzbistums der Königreiche Skandinaviens (seit etwa 1066 Bischofs-, seit 1102–03 Erzbischofssitz).[470] Unter den 20 Pfarrkirchen, die man zu Beginn des 13. Jahrhunderts in ihr zählte,[471] befand sich auch eine Jakobikirche.[472] Die Jakobspfarrei wird 1303 erwähnt.[473] Die inzwischen abgegangene Jakobikirche muss 1528 noch gestanden haben.[474] Über ihr Aussehen ist nichts bekannt. – Ebenfalls auf Schonen befindet sich die erstmals 1322 erwähnte Jakobikirche von Gladsax, deren Schiff auf das 13. Jahrhundert zurückgeht. Erzbischof Esger von Lund bestätigte am 27.10.1322 die Verfügungen, die Bischof Eskil im Hinblick auf die folgenden vier Kirchen getroffen hatte: die Johanniskirche in Järrestad, die Jakobskirche in Gladsax, die Nikolaikirche in Simrisham und die Lorenzkirche in Valby.[475]

Die S.Ibs Kirke in Ibsker auf Bornholm[476] erscheint erstmals am 29.3.1335 als *Ecclesia*

14 Schwabstedt, Jakobikirche

Beati Jacobi. Sie gehörte im Mittelalter den Erzbischöfen von Lund. König Waldemar IV. Atterdag (* um 1321, † 1375 auf Schloss Gurre östlich von Helsingør; König von Dänemark 1340–1375) stiftete am 31.12.1361 die Jakobskapelle von Gurre, von der heute nur noch die Grundmauern stehen.[477] – Urkundlich im Jahre 1284 bezeugt[478] ist die ebenfalls nicht erhalten gebliebene Jakobikirche in Viborg.[479] Sie lag im Norden der Stadt innerhalb der Stadtmauer in der Nähe der Ausfallstraße nach Aalborg.[480] Verschiedene andere Viborger Kirchen sind nachweislich älter, so der Dom zu St. Marien und die schon 1119 erwähnte Rundkirche St. Michaelis, aber auch die zentral gelegenen Kirchen St. Nicolai, St. Johannis und St. Magni. – Die 1291 erstmals als dem hl. Jakob geweiht erwähnte Sankt Ibs Kirke in Roskilde bzw., genauer, in Vindebode[481] war ursprünglich, im 12. Jahrhundert, nicht gewölbt, einschiffig und hatte einen rechteckigen Chor. Im weiteren Verlauf des Mittelalters wurde diese schlichte Kirche vergrößert und dadurch, wie viele andere, auf ein höheres Anspruchsniveau gehoben: Im 13. Jahrhundert fügte man einen Turm sowie eine Vorhalle hinzu und wölbte, um 1300, das Innere ein. Bald nach 1815 aber wurden Chor, Turm und Vorhalle wieder abgetragen, die Gewölbe herausgebrochen und das Gebäude verkauft.[482]

Von verschiedenen kleineren Kirchen des späten 12. und des 13. Jahrhunderts konnte nicht genau ermittelt werden, wann sie erstmals als Jakobikirchen genannt sind. Wann Maaløv Kirke[483], heute in einem Vorort Kopenhagens gelegen, dem hl. Jakob geweiht wurde, ist ungewiss.[484] Der Bau ist berühmt durch seine 1938 / 39 freigelegten Wandmalereien von der Hand des Jørlunde-Malers (ca. 1225).[485] – Die nahe gelegene Ballerup Kirke[486] ist durch eine Inschrift (Kalkmalerei) für das 13. Jahrhundert als dem hl. Jakob geweiht bezeugt. – Die Kirche von Süderbrarup (Kreis Schleswig) datiert noch aus dem späten 12. Jahrhundert,[487] etwas später, um 1200, die in Schwabstedt an der Treene (Kreis Husum; Abb. 14)[488]. Beide sind Jakobskirchen, beide Feldsteinbauten, einschiffig, mit eingezogenem Kastenchor. Ihr Weihedatum ist ungewiss. – Die S.Jacobi Kirke in Varde (nördlich von Esbjerg)[489] ist in die Mitte des 13. Jahrhunderts zu datieren; doch erst durch ein aus dem 14. Jahrhundert erhalten gebliebenes Siegel mit der Inschrift *warwyth beati jacobi* (Jakobskirche von Varde)[490] ist sie eindeutig als Jakobskirche belegt. Varde besaß zwei mittelalterliche Pfarrkirchen, außer der Jakobskirche auch eine Nikolaikirche, die 1809 abgerissen wurde. Welche der beiden Kirchen die ältere war, lässt sich archäologisch schwer ermitteln. Vor der Errichtung der Nikolaikirche diente das Gelände als christlicher Begräbnisplatz, was die Vermutung erlaubt, dass sie einen wohl hölzernen Vorgängerbau hatte.[491] – Die einzige Jakobikirche auf der Insel Fünen steht in Allerup, etwa vier Kilometer südöstlich von Odense. Sie ist in den Jahren 1307 und 1308 als Jakobskirche bezeugt.[492]

15 Neuenkirchen, Jakobikirche

Die kleine Kirche Sankt Ibb (Jakob) auf einer Landspitze der heute zu Schweden gehörigen Insel Hven (Ven), die durch Tycho Brahes Aufenthalt berühmt wurde, geht ins frühe 12. Jahrhundert zurück.[493] Ob sie von Anfang an dem hl. Jakob geweiht war, muss bezweifelt werden. – Einem mehrfachen Patroziniumswechsel war die heutige *Vor Frelsers Kirke* (Erlöserkirche; seit 1794) in Horsens ausgesetzt. Bis zur Reformation hieß sie *Vor Frue* (Unserer Lieben Frau) und erst seitdem, also erst in nachmittelalterlicher Zeit, *St. Ibs Kirke* (Jakobskirche).[494] Gegründet worden war sie wahrscheinlich im frühen 13. Jahrhundert von Valdemar Sejr.[495]

In Dithmarschen liegen Brunsbüttel (die ursprüngliche Kirche vom Ende des 13. Jhs.)[496] und Neuenkirchen (Kirche aus dem frühen 14. Jh.; Abb. 15)[497], beide ehemals St. Jakobus. Neuenkirchen war eine Tochterkirche von Wesselburen.[498] Die Pfarrei von Brunsbüttel wird 1286, die von Neuenkirchen 1323 genannt. Das Kirchspielsiegel von Brunsbüttel mit dem hl. Jakobus trägt die

16 Brunsbüttel, Stadtwappen mit dem hl. Jakob

Jahreszahl 1316 und die Umschrift SANCTE IACOBE IN BRVNSBVTELE.[499] Damit ist für die Kirche in Brunsbüttel das Jakobspatrozinium für das Jahr 1316 nachgewiesen. Das Gemeindesiegel vom Jahre 1609 ahmte das alte Siegel mitsamt der Umschrift in neueren Formen nach, und schließlich zeigt das Stadtwappen von Brunsbüttel bis heute den hl. Jakob in Silber mit blauer Pilgerkleidung, den Stab in der Rechten und eine goldene Pilgermuschel in der erhobenen Linken (Abb. 16). Die heutige Kirche von Brunsbüttel ist jedoch ein Neubau von 1677 / 78, nachdem der ganze Ort 1675 planmäßig verlegt werden musste, da die Elbe ihr Bett verlagert hatte. Der vielfach reparierte und nach Bränden 1704 und 1729 erneuerte einschiffige Backsteinbau von Neuenkirchen (frühes 14. Jahrhundert; Abb. 15) hingegen hat im Schiff teilweise noch die ursprüngliche Bausubstanz.[500] Der lange Chor auf Feldsteinunterlage mit polygonalem 5 / 10tel-Schluss ist wohl etwas jünger, Mitte 14. Jahrhundert. Das Kirchenbuch von Neuenkirchen, um 1500, besitzt Ecknägel mit Wappen sowie zwei Schlösser, das eine mit der Aufschrift *maria*, das andere mit *iacob(us)* (Abb. 17).

Ehemals St. Maria und Jakobus[501] in Sandnesneben wurde zwischen 1287 und 1314 als jüngste der Lauenburgischen Hallenkirchen errichtet, ein »recht großer, urspr(ünglich) gewölbter Backsteinbau über einigen Feldsteinschichten, mit eingezogenem Kastenchor«[502].

Weitere kleinere Jakobikirchen im Bereich der Ostseeküste werden erst im folgenden Kapitel erwähnt, da höchst unsicher ist, ob ihr Jakobspatrozinium auf die Zeit vor 1410 zurückgeht.

In Niedersachsen liegt die 1381 erstmals erwähnte Jakobikirche von Hanstedt bei Harburg.[503] Der jetzige neugotische Bau (1881–82) geht auf eine spätmittelalterliche Feldsteinkirche zurück.[504] Die Jakobikirche von Perleberg, Landkreis Prignitz (Brandenburg), 1294 urkundlich erstmalig erwähnt, besitzt vom Gründungsbau des 13. Jahrhunderts noch den Turmunterbau in Feldstein. Die bestehende Backsteinkirche wurde im Jahre 1361 mit dem Chor begonnen.[505]

17 Neuenkirchen, Kirchenbuch, Schloß mit der Aufschrift *iacob(us)* und Ecknagel, um 1500

Auch in Pommern ist, abgesehen von den bereits erwähnten Jakobikirchen in Stralsund, Greifswald und Stettin, das Jakobspatrozinium verschiedentlich nachweisbar. Kolberg (Woiwodschaft Westpommern, Polen) hatte eine 1303,[506] Anklam (Landkreis Ostvorpommern, Mecklenburg-Vorpommern) eine 1341 eingeweihte Jakobskapelle *extra muros*.[507] Die Kolberger Jakobskapelle lag unweit des Außentors des Steintors unweit des Frauenmarkts.[508]

Die Verehrung, die der hl. Jakob genoss, fand im 14. und 15. Jahrhundert oft nicht in Stiftungen von Kirchen, wie etwa der Beringers 1187 in Stettin, sondern in Vikarienstiftungen ihren Ausdruck. Am 8.7.1379 bestätigte Bischof Heinrich von Verden in seinem Amtssitz zu Lüneburg *(in aula nostra Episcopali)* die drei Vikarien, die der Lüneburger Bürger und Salinenbesitzer Thidericus Holle (Dietrich Hollo) am 1.9.1358[509] gestiftet hatte.[510] Darunter war eine für den Altar des hl. Jakob in der Johanniskirche in Lüneburg: *Alia Vicaria in Ecclesia S. Johannis in Luneborch ad altare S. Jacobi*.[511] Die Finanzierung dieser Vikarienstiftungen war genau festgelegt. Dietrich Hollo hatte dafür testamentarisch »eine Domäne in der Saline Lüneburg, die er auf dem Hof Ludolphing in der Salzsiedepfanne Wechpanne rechter Hand besaß«, sowie ein in der genannten Saline herzustellendes Kor (Wispel) Salz bestimmt. Jede der drei Vikarien sollte von dem genannten Kor Salz einen Lastwagen voll *(unum plaustrum salis)* und den dritten Teil der Domäne erhalten.[512]

Außer St. Jakob in Schleswig und Lübeck (Abb. 7) liegen alle Jakobikirchen Schleswig-Holsteins auf dem Lande.[513] Manche sind bzw. waren entweder unmittelbar an der Küste oder an einem der Binnen- bzw. der Fernschifffahrt zugänglichen Fluss gelegen: Schleswig und Moldenit an der Schlei, Schwabstedt an der Treene, Brunsbüttel an der Elbe. Dass der hl. Jakob zu einem Patron nicht nur der Pilger, sondern, in Konkurrenz zu den Heiligen Nikolaus, Petrus und Clemens, auch der Schiffer wurde, ist für das Spätmittelalter belegbar, dürfte aber ältere Wurzeln haben. Zu seiner Funktion als Schifferpatron mag dem hl. Jakobus die legendäre Überlieferung verholfen haben, dass sein Leichnam zu Schiff vom Heiligen Land nach Galicien überführt worden war[514], eine Rolle mag aber auch gespielt haben, dass viele Pilger, gerade auch aus dem Norden, sein Land und sein Grab nicht auf dem Land-, sondern auf dem Seeweg – oder auch kombiniert, zu Wasser und zu Land – ansteuerten.[515]

III. Von 1410 bis um 1520

a) Santiagopilger

Zahlreiche Schriftzeugnisse des 15. Jahrhunderts belegen die Santiagofahrten aus dem Norden. Obwohl schon seit dem 14. Jahrhundert Wallfahrten zu nahe gelegenen Pilgerzielen stark zunahmen, ist eine Abnahme der Fernwallfahrten erst etwa seit der Mitte des 15. Jahrhunderts erkennbar.[516] Unter den zahlreichen Pilgerfahrten nach mehr als 43 Orten, die Königin Margarete (1353–1412; Königin von Dänemark seit 1387, von Norwegen seit 1388, von Schweden seit 1389) durch eine Stiftung veranlasste,[517] waren nicht wenige Fernwallfahrten, aber auch viele zu Zielen in der näheren nordischen Region.[518] Im Jahr vor ihrem Tod, 1411, vermachte sie Abt Salomon von Esrom und Abt Niels von Sorø 2000 Mark lübisch. Nach ihrem Tod sollten die Äbte diesen Betrag für die Aussendung zahlreicher Pilger verwenden: unter anderem fünf Pilger zum Heiligen

Blut nach Wilsnack, je sieben zu den sieben Frauenkirchen in Dänemark, Schweden und Norwegen, wo sie sieben gesungene Messen feiern und sieben Prozessionen zu halten haben würden, fünf zum heiligen Kreuz in Solna bei Stockholm, einer zum Grab des heiligen Bischofs Eskil nach Eskilstuna (Schweden), einer zum hl. Magnus auf die Orkneyinseln[519]. Aber auch für ferne Ziele bestimmte sie nicht wenige Pilger: unter anderem sechs Pilger nach Jerusalem, Bethlehem und den anderen heiligen Stätten im Heiligen Land sowie zum Katharinenkloster auf dem Sinai, sieben nach Rom, um dort die Kirchen zu besuchen, in denen die Leiber der Apostel oder anderer Heiligen liegen, neun zu Unserer Lieben Frau nach Aachen, drei nach Compostela *(Item tre mænd til Skt. Jacob)*[520], drei nach St. Denis zum Grab des hl. Ludwig, drei zu dem des hl. Thomas von Canterbury, drei zu den Reliquien der Heiligen Drei Könige nach Köln und drei zum hl. Ubald von Gubbio[521] in St.Theobald im Thann (Elsaß).[522] Königin Margaretes Vermächtnis einer Fahrt zum hl. Jakob für drei Pilger macht trotz des hohen Aufwands, der mit einer Santiagofahrt verbunden war, im Verhältnis zu ihrer gesamten Stiftung allenfalls etwa drei Prozent aus.

Für das Jahr 1415 haben wir einen aus späterer, protestantischer Sicht verfassten heiltumskritischen Bericht, in dem die Wallfahrt zum Marienheiligtum auf dem Gollen bei Köslin (Westpommern) gegen die nach Santiago ausgespielt wird:

Alda suchten die Leute Trost und Ruhe für ihre Gewissen / aber sie funden nichts / wie dan noch bekandt ist die Geschicht / welche sich Anno 1415. mit einem von Adel Paul Bulgerin / der seinen Bruder Bertes erschlagen / begeben / und etwan eine Meilweges vom Gollenberg gewohnet hat. Denn als derselbe seine Sünde nach Papistischer weise Büssen muste / nimpt derselbe in höchster betrügnuß seines Gewissens / und der Erkentnuß seiner Sünden / die Reise auff S. Jacob in Spannien: Als er allda kompt / und jhn noch dauchte / er habe nicht gnug für seine Sünde gebüsset / fragt er den Münch des Orts / ob nicht noch ein heiliger Ort in der Welt uber dem? Und jhme die Antwort worden / ja es were noch ein viel heiliger auff dem Gollenberg / sol er mit grossem Unmuth gesprochen haben / Was zum Teuffel suche ich dann uber die 400. Meilen hie / weil ich den Orth hart an der Thür habe? Siehe das war der Trost für die arme Gewissen / die man aufftrieb / wie die jrrenden Schäfflein / siehe / hie ist Christus / da ist Christus / da ist er in der Kammer / da in der Wüsten.[523]

Weil er in jugendlichem Feuer seinen Onkel mit einer Lanze erstochen hatte, musste Erik Markvardsen im Jahre 1493 eine Strafwallfahrt auf sich nehmen. Der im Folgenden paraphrasierte, wegen der Härte der Strafe und wegen des in ihm zum Ausdruck kommenden Mitleids erstaunliche Geleitbrief[524], von Johannes (Hans) Teiste, dem Bischof von Bergen, ausgestellt, der das von Kjeld Iversen, dem Propst von Ribe, verhängte Strafmaß bestätigt, bietet dem büßenden Pilger Schutz vor Repressalien und sichert seine Existenz. Der Laie Erik Markvardsen aus der Diözese Ribe soll am Hals, an den Händen und an den Füßen mit einem Eisen eingeschlossen werden und so nach Rom, Santiago, ins Heilige Land und zu anderen heiligen und geistlichen Orten pilgern. Vor den Pforten aller Kathedralen Dänemarks, Norwegens und Schwedens soll er nackt stehen, den Ruten ausgesetzt. Er darf von niemandem ein Almosen für sich erbitten, jedoch in Emfang nehmen, was ihm von den Christgläubigen freiwillig und gütig dargereicht wird. Auch uns, so schreibt der Bischof von Bergen, jammert sein beklagenswerter Fehltritt und wir haben Mitleid mit seiner Jugend, da doch die Vergehen bestraft werden müssen. Wer ihm auf der Pilgerfahrt seine helfenden Hände reicht, dem gewähren und bewilligen wir im Vertrauen auf das Erbarmen des allmächtigen Gottes 40 Tage Ablass, inständig für ihn flehend. In Anbetracht der Vergeltung Gottes und des Beistands unserer Bitten sollen ihn alle, denen er zufällig oder absichtlich begegnen wird, gütig aufnehmen, da wir nicht dulden, dass er als Person oder in seinen Angelegenheiten von irgendjemandem, der sich über die Gerechtigkeit hinwegsetzt, verworfen werde. Den Lohn werden sie von dem erhalten, der alles Gute am Ende vergelten wird.

Mit einem vergleichbaren, am 8. April 1442 vom Domherrn Nicolaus van der Molen zu Lübeck ausgestellten Ausweis reisten die beiden Lübecker Pilger, die in einer Notsituation ein entsprechendes Gelübde getan hatten. Als sie auf einer Handelsreise von Räubern überfallen und gefangen genommen worden waren, gelobten sie, sich zu vier Gnadenorten aufzumachen, nämlich (a) *uppen Hottenbergch vor deme Vrienwolde beleghen in der Marke,*[525] (b) *to dem guden here sunte Enwalde,* (c) *to unser leven Vrowen to deme Ensedelinghe, und* (d) *to deme guden heren sunte Jacobe.*[526] Auch der Lübecker Begleitbrief empfiehlt, den beiden Pilgern Almosen zu geben, *wente de allemissen lescher* »denn Almosen lösen die Sünde wie Wasser das Feuer«.

Santiagopilger aus Lübeck sind auch für die Jahre nach 1410 in der bereits oben zitierten Sammlung aufgeführt, die Jakob von Melle, der »als Vater der lübeckischen Geschichtsschreibung bezeichnet werden« kann,[527] zusammengestellt hat. Die Beträge, die den einzelnen Pilgern zukommen sollen, werden jetzt genauer als im 14. Jahrhundert berechnet. Die testamentarischen Verfügungen sind wortreicher geworden. Wir zitieren im Folgenden manche ausführlich, die meisten nur mit knappen Hinweisen.[528]

1414. Klaus Wittenborch: *Item will ik / dat myne Vormundere uthsenden scholen / tohand na mynem Dode / III. arme bedderue Prestere / gudes Geruchtes / enen to dem hilghen Graue to Jherusalem / unde dem gheue ik CC. Mark Lub. den anderen to Rome / dem gheue ik XL. Mark Lub. unde den drudden to sunte Jacobe tho Cumstelle / dem gheue ik LXX. Mark Lub. vp dat islik syne Reyse myner Selen to Troste truwelken ga / unde Got vlitliken vor my bidde.*

1414. Herbordus van Ryntelen: ein Pilgrim nach Santiago.

1414. Johannes Schuttorp: ein Pilgrim nach Santiago.

1416. Cord van der Molen: *Item scholen myne Vormundere senden enen innighen* [frommen] *Man to sunte Jacobe to Kumpstelle / und scholen en van myneme redesten gude moghelik Lon geuen / und bestellent alzo / dat he de Reyse vullenkomeliken holde.*

1421. Wicboldus Rauensberch: *Item wil ic / dat myne Vormundere to hand na myneme Dode vtsenden scolen enen bederuen* [bedürftigen] *Man / Peregrimacien to thende to sunte Jacobe to Compestelle / unde enen to sunte Enwalde / de vort ga to unser leuen Vrowen to den Eynsedelingen / isliken syner Reyse redeliken belonende / umme Salicheit myner Selen.*[529]

1424. Johannes van Brylen: je ein Pilger nach Santiago und zum hl. Ewald [der Schrein der beiden Ewalde in St.Kunibert, Köln].

1426. Johannes Dykhoff: ein Pilgrim nach Santiago.

1426. Otto Keyser: ein Pilgrim zum Heiligen Blut nach Wilsnack und weiter nach Aachen und von dort nach Santiago.

1428. Hans Bruelingh: ein Pilger nach Santiago.

1430. Heinrich Arndes: *Vort scholen myne Vormundere utsenden enen ynneghen* [frommen] *Man to dem hilghen Graue* [zum heiligen Grab nach Jerusalem] */ to sunte Jacobe to Castelle / to sunte Enwalde / to unser leuen Vrowen to den Eynsedelinghen* [nach Maria Einsiedeln] */ und vort to Aken / to samende in ener Reyse to ghande.*[530]

1431. Tydeke Roleues: ein bedürftiger Mann nach Santiago.

1434. Heinrich Tors: *Vort schal men senden enen Pelegrymen ouer Meer / to deme hilghen Graue unses Heren / enen to sunte Jacobe in Gallißien / Ok schal men senden enen Pelgrimen to sunte Enwalde / unde to unser leuven Vrowen to den Ensedelinghen unde twe to sunte Olaue by Berghen / jewelkem syner Reyse redeliken to lonende / dat in den hilghen Steden se in Innicheid truweliken vor my bydden.*[531]

1435. Peter Brand: zwei Mann nach Santiago, einer für meinen Bruder Hartwig und einer für mich.

1436. Johannes Teterow: jedes Jahr zwei Pilger nach Santiago.

1436. Simon Vritze: ein Mann nach Santiago.

1438. Lubbert van Borstelt: ein Pilger nach Santiago.

1438. Heinrich Klokman: ein Pilger nach Santiago.

1440. Dietrich van den Houe: ein Pilgrim nach Rom, einer nach Santiago, einer zum hl. Jodokus [nach St-Josse-sur-mer].

1457: Johannes Boysenborch: ein Pilgrim nach Santiago.

1461. Dyderik Wedeghe de Wartberch: ein Pilgrim zum heiligen Grab nach Jerusalem übers Meer, ein anderer nach Santiago. Außerdem bestimmt er 150 Mark Lub. für die Jakobikirche, vor allem aber soll für den Hochaltar von St. Marien ein Bild St. Jakobs angefertigt werden: *Dat Bilde schal wesen myn Apostel / de grote sunte Jacob / ewich in der Tafelen to bliuende.*

1483. Heinrich von Stiten, Lübecker Konsul: *Myne Vormundere scholet ok / altohand na mynem Dode / so fern ik dat nicht sulue by mynem leuende bestellet hebbe / senden enen vromen Man to S. Jacobe in Gallicien / dat he God unsen Heren truweliken vor myne Sele bidde.*

1483. Auf einer Fahrt nach Riga in Seenot geraten, gelobte die Besatzung Wallfahrten zum heiligen Blut nach Wilsnack und nach Santiago. Als sie gerettet waren, entschied das Los darüber, wer die Gelübde einlösen sollte. *Hinrik Warmbeken is dat Lot geuallen / de scal na sunte Jacoppe.* Später wurde Hinrik Warmböke Senator zu Lübeck.[532]

Unerwähnt lässt Jakob von Melle den Fall des geschäftstüchtigen Lübecker Pilgers Peter Hope (Petrus Hop). »Als 1415 vier Mitglieder des sog. neuen Rats, der während der bürgerlichen Unruhen 1408–16 in Lübeck das Regiment führte, dem Kaiser gegenüber das Gerücht verbreitet hatten, König Erich von Dänemark wolle die Stadt vom Reiche loslösen, war dieser wegen der Verleumdung stark verbittert gegen Lübeck, und sie mußten nach Rückkehr des alten Rats 1416 sich u. a. zu einer Wallfahrt nach Einsiedeln als Sühne verstehen.«[533] Elert Stange starb jedoch, »ohne die Pilgerfahrt gemacht zu haben«, so dass sein Sohn Johannes das Gelübde einzulösen hatte. Dieser fand im Jahre 1424 in Peter Hope einen Vertreter, der zunächst bereit war, für 220 Mark lübisch die Wallfahrt anzutreten, bald aber davon Abstand nahm, im folgenden Jahr aber sich verpflichtete, für 350 Mark lübisch nach Santiago zu pilgern.

Von solchen fremdfinanzierten Pilgerfahrten nach Santiago erfahren wir vor allem durch hansestädtische Testamente des späten Mittelalters, in denen Geldmittel dafür festgesetzt werden, dass sich nach dem Tod des Testators ein Pilger oder mehrere zum Jakobsgrab auf die Reise machen, um dadurch für den Verstorbenen Ablass von den Sündenstrafen zu erwirken. Testamente solchen Inhalts waren »fast ausschließlich eine Angelegenheit des städtischen, laikalen Bürgertums, der in Handel und Schiffahrt tätigen besitzenden oberen Mittel- und der Oberschicht«[534].

Einem Eintrag ins Lübecker Niederstadtbuch verdanken wir die Nachricht, dass auch ein Rendsburger Bürger als Pilger in Santiago war: Marquard Hacke. Der Rechtsstreit, den er wegen einer Bude, die in Valsterbode auf Schonen auf der Fitte der Stadt Lübeck lag *(uppe der Lubeschen vitte belegen)*, gegen Luder Elrendorp aus Lübeck führte, musste am 2.2.1467 vom ehrsamen Rat zu Lübeck aufgeschoben *(gestundet)* werden, *so lange bet de erscreven Marquard van sunte Jacobe [...] wedder kommende wert.*[535]

Dass die Reise *na deme guden heren sunte Jacob*[536] auch mit ökonomischen Interessen verbunden sein konnte, ergibt sich aus dem ausschließlich Geschäftsnotizen enthaltenden Memorial des Lübecker Krämers Hinrich Dunkelgud, der an Mariae Lichtmess (2. Februar) 1479 von Lübeck nach Santiago aufgebrochen war.[537] Im Juli war er zurück und noch im Oktober desselben Jahrs heiratete er Kunneke (Kunigunde) Meyer, die Tochter des Kaufmanns Hans Meyer. Gleichzeitig wurde er Bürger sowie Mitglied der Krämer-Compagnie und trat mit seiner Frau in die Leichnams-Bruderschaft der Krämer ein. Letztere hatte, wie erwähnt, eine Kapelle in der Jakobikirche. Möglicherweise liegt die Erklärung für seine Santiagoreise in seinem geplanten Eintritt in die Leichnams-Bruderschaft.[538] Offenkundig ist jedenfalls, dass der Kaufmann Dunkelgud durch die weite Reise »Prestige durch Abwesenheit« erwarb.[539]

Stralsunder machten vor der Pilgerfahrt nach Santiago ihr Testament, in dem sie auch an die Kirche dachten, z.B.: »Bürger Hans Suhm, der 1488 zum Heiligen Jacob nach Compostella [...] pilgern will, bestimmt letztwillig [...]«[540]. – Am 26.2.1496 setzte das Hamburger Kapitel als Preis für die Fürbittmesse vor Abfahrt des Schiffs mit Santiago-Pilgern den Betrag von einem Gulden fest. Nicolaus Staphorst zitiert 1725 diese Quelle als Stück VII.1 seiner umfangreichen Zusammenstellung von *Urkunden und Nachrichten von S.Jacobi Kirche*[541] unter der Überschrift, die im Folgenden, wie auch der Beschluss selbst, auf deutsch wiedergegeben wird: »Über die auf St.Jacob bezogene Messe, die für die Seefahrer, die nach Compostela wollen, zu singen ist«:

> »Die auf St.Jacob bezogene, zur Fastenzeit zu singende Fürbittmesse soll auf Bitten der Seeleute, die mit Jacobspilgern zu Schiff nach Compostela wollen, in dieser Ordnung feierlich mit Sängern, Ministranten und Orgeln unter Beteiligung aller Priester dieser Kirche gesungen werden. Auch soll uns vom Schiffseigentümer ein Gulden gegeben werden, und auch ein öfters gegebener Gulden, entsprechend kirchlichem Brauch empfangen, ist wie folgt zu verteilen:
> Dem Priester der Pfarrei, der die Messe singt, 3 Schillinge
> Den Ministranten 1 Schilling und 3 Pfennig
> Dem Organisten 3 Schillinge
> Den Küstern ----- Schillinge 6 Pfennig
> Was übrig geblieben ist soll unter allen entsprechend aufgeteilt werden.«[542]

Graf Gerd der Mutige von Oldenburg kehrte von seiner in hohem Alter unternommenen Pilgerfahrt nach Santiago nicht zurück und verstarb am 22.2.1500 in Pont-Saint-Esprit an der unteren Rhône.[543] – Ein gewisser Erich von Schmalenfleth aus der Gemeinde Golzwarden (Unterweser) pilgerte im Jahre 1517 zum Grab des Apostels Jakobus, um Ablass seiner Sündenstrafen zu erlangen.[544] – Aus demselben Grund fuhr der Großbauer und Regent des Dithmarscher Freistaats Peter Swyn (* 1481 / 82 in Dithmarschen, ermordet am 14.8.1537 bei Lunden / Dithmarschen) im Jahre 1522 nach Compostela und war somit einer der letzten Santiago-Pilger, ehe dann die in Dithmarschen und allgemein im Norden einsetzende reformatorische Bewegung solchen Reisen die Legitimation entzog; »er war wohlhabend genug, sie im eigenen Schiff zu machen.«[545] Der Dithmarscher Chronist Hans Detleff aus Windbergen (um 1600–1656)[546] hielt dies, indem er Carsten Schröders Chronik benutzte, mit folgenden Worten fest:

Folgenden Jahrs toch Peter Schwin uth Lunden, mit einem Schepe Na S. Jacob in Hispanien, ane Zwifel aflath dar tho halen.[547]

Dass Peter Swyn mit dem eigenen Schiff fuhr, nicht nur, um Ablass seiner Sündenstrafen zu erlangen, sondern auch, um Handel zu treiben, kann nicht ausgeschlossen werden.

b) Jakobikirchen

Zwischen 1410 und 1520 wurden keine großen Jakobikirchen mehr neu gebaut, vielmehr lediglich bereits bestehende erweitert oder allenfalls kleinere neu errichtet.

Der spektakulärste Neubau zu Beginn dieser Zeitspanne ist der des Jakobshospitals der Danziger Schiffer.[548] Diese hatten sich spätestens in der 2. Hälfte des 14. Jahrhunderts zu einer Innung zusammengeschlossen und den Hochmeister des Deutschen Ordens mehrfach um die Zuweisung eines Baugrundes zum Bau eines Hospitals für ihre verwundeten und kranken Mitglieder gebeten.[549] Nachdem sie sich 1410 bei der Verteidigung der Marienburg ausgezeichnet hatten, gewährte ihnen der neue Hochmeister Heinrich von Plauen mit Rücksicht auf »die getreuen, fleißigen Dienste, Arbeiten und Mühen, die unsere lieben Schiffskinder zu Danzig uns und unserm Orden in unsers Ordens Notzeit erzeigt und getan haben«, einen Bauplatz auf dem Neuen Damm, dem Schüsseldamm.[550] Eine neuere Untersuchung[551] zeigt jedoch, dass bei der Spitalgründung mehre Instanzen zusammenwirken mussten. Die »Gründungsüberlieferung des Danziger Jakobshospitals lässt die Stiftung als komplexes Zusammenspiel der genossenschaftlich organisierten Schiffer, des obrigkeitlich agierenden Landesherrn und des vom Amt her zuständigen Bischofs im sozialen Handlungsraum der Stadt erscheinen.«[552] Die dem Spital zugehörige Kapelle wurde am 18.3.1415 von Bischof Ulrich, dem Generalvikar des Bischofs von Leslau, dem hl. Jakob geweiht.[553]

Der Chor und die vier östlichen Langhausjoche des Neubaus der Jakobikirche in Hamburg (Abb. 8–9) wurden ca. 1360 bis ca. 1380, die Westteile, nämlich das fünfte Langhausjoch, der Westturm und die Seitenkapellen ca. 1380 bis Anfang 15. Jh., die oberen Turmgeschosse einige Jahrzehnte später vollendet[554]. Der Fortgang des Baus lässt sich vor allem aufgrund der Zuwendungen, die *ad structuram*, zum Bau der Kirche testamentarisch verfügt wurden, verfolgen. »1417 bestimmte ein Testament 20 Mark ›to holpe des buwetes eres tornes‹. 1424–1439 lieferte der städtische Kalkhof besonders viel Kalk an die Kirchgeschworenen,

18 Moldenit, ehem. Jakobikirche, Messkelch, Fuß mit eingraviertem hl. Jakob, 1517

vermutlich für die letzten Wölbungen von St. Jakobi.«[555] Ein vorläufiges Ende der Bauarbeiten lässt sich für 1440 erschließen. Die Kirche, nach dem Vorbild des Doms und von St. Petri als dreischiffige Halle mit vier Jochen geplant, wurde nach einer Planänderung fünfjochig.[556] 1493–1508 wurde ein zweites südliches Seitenschiff angefügt.[557] Eine solche Vergrößerung von Stadtpfarrkirchen diente dazu, Platz für weitere Nebenaltäre und so die Möglichkeit für zusätzliche Votivmessen zu schaffen.[558] Die Beliebtheit des hl. Jakob in Hamburg erweist sich auch darin, dass dort im Spätmittelalter die Seeschiffer und die »aufwärts fahrenden Schiffer«, d.h. die Binnenschiffer, je eine Jakobsbruderschaft unterhielten.[559]

Von Süderbrarup ist im Nationalmuseum zu Kopenhagen ein Siegel aus dem späten 15. Jahrhundert[560] erhalten geblieben. Es zeigt im runden Feld senkrecht einen Pilgerstab, mit der Pilgermuschel belegt und im Rand die Inschrift *S(igillum) P(a)ROCHIAL(is) ECCL(es)IE SVD(e)BRAR(ii).*

Auf das Jakobspatrozinium der Feldsteinkirche des zu Schaalby gehörigen Ortes Moldenit, 4,5 km nördlich von Schleswig, um 1200 erbaut und nachträglich mehrfach mit Backstein ausgeflickt,[561] gibt es lediglich einen späten Hinweis aus dem Jahre 1517. In den sechsteiligen Fuß eines dort aufbewahrten silbernen Messkelchs aus jenem Jahr ist zur Linken eines plastischen Kruzifixus eine Muttergottes auf der Mondsichel, zur Rechten des Gekreuzigten aber der hl. Jakobus samt Pilgerstab, Buch und Pilgerhut mit -muschel eingraviert (Abb. 18). Der untere Rand des Fußes trägt die Inschrift in gotischer Minuskel: *anno + 1517 + / maria + to + kalebui + / + xxx + III + lot + I + quint.*[562] Die Inschrift und die eingravierten Figuren finden in dem Umstand eine Erklärung, dass die Kirche von Moldenit das Jakobuspatrozinium hatte und dass sie bereits, als der Kelch hergestellt wurde, eine Nebenkirche von Kahleby war. Spätestens seit dem 16. Jahrhundert wurde Moldenit stets von Kahleby aus bedient.[563] Der Kelch hätte dann immer schon auch dort zur Messe gedient, wo er bis heute aufbewahrt wird: in Moldenit.[564]

Die Jakobikirche von Hamm auf der Halbinsel Nordstrand ging in der großen Flut von 1634 unter. Ein im Landesarchiv Schleswig-Holstein aufbewahrtes Siegel aus dem Jahr 1570 bezeugt den hl. Jakobus als Patron dieser Kirche, doch ist ihr mittelalterlicher Ursprung nicht gesichert.[565]

Im lauenburgischen Teil Schleswig-Holsteins sind außer Sandnesneben zwei weitere Jakobuspatrozinien bezeugt, so in Lütau, nördlich von Lauenburg, ehemals St. Jakobus und St. Dionys,[566] und Hamwarde, nördlich von Geesthacht.[567] Die Kirchen von

Lütau und Hamwarde sind größtenteils Neubauten von 1845 / 46 bzw. 1847 / 48. Mittelalterlich ist in Lütau lediglich der untere Teil des Turms aus der 2. Hälfte des 13. Jahrhunderts. Die Kirche ist 1230 erstmalig erwähnt, das Jakobuspatrozinium jedoch erst 1581.[568]

Es ist im Rahmen unseres Überblicks nicht möglich, alle Jakobikirchen in den küstennahen Gebieten an der südlichen Ostseeküste von Nordosten bis Südwesten anzuführen, deren Jakobspatrozinium sich bis ins 15. oder doch wenigstens ins 16. Jahrhundert zurückverfolgen lässt. Die Streuung der Jakobikirchen reicht bis weit in den Norden, wie im Folgenden mit verschiedenen estnischen Beispielen belegt werden soll. In Pyha (Püha, Kopli) auf Ösel (Saarema), 16 km nordöstlich von Arensburg, steht eine Wehrkirche, Mitte des 14. Jahrhunderts erbaut und 1449 erstmals als Jakobikirche genannt.[569] – Eine weitere Jakobikirche, die Dorfkirche von Viru-Jaagupi in Nordestland (Wierland), ist eine von einem Revaler Meister im 15. Jahrhundert errichtete Steinkirche.[570] Sie wurde im 19. Jahrhundert nach Westen erweitert, war aber ursprünglich nur drei Joche lang und entsprach damit, als dreischiffige Halle mit großem quadratischem Altarhaus, einem in Estland im späten Mittelalter verbreiteten Raumschema.[571] – Im Rechnungsbuch der Kirche von Kegel (Kreis Harrien, Estland) ist zum 19.6. 1522 folgende Einnahme verzeichnet: *It(em) gefallen by suntte Jacobes kappellen an offer 3 m.*[572] Diese sonst nicht nachweisbare Jakobikapelle lag vielleicht beim Dorfe Laoküll (Laoküla, Laydis, Laidesby), 5 km südöstlich von Baltischport (Paldiski), wo beim Gesinde und ehemaligen Krug Kabeli noch Überreste einer Kapelle gezeigt werden.[573] – Die Jakobikirche in Dorpat und die Jakobskapelle am Wulfsund vor Reval wurden bereits erwähnt. – Ferner ist der St. Jakobi-Berg bei Sallajöggi (Salajôe) wohl eine alte Kapellenstelle.[574]

19 Mölln, ev. Kirche St.Nikolai, hl. Jakob, Holz, um 1460

Mit ihren Jakobikirchen hatten verschiedene Städte und Dörfer des Nordens ein über ihren Ort hinausweisendes spirituelles Element integriert, das sich in die Ferne, ins Fremde, nach Galicien richtete und das die eigene Kirche und die eigene Stadt in eine glanzvolle Entsprechung zu der Kirche und der Stadt des heiligen Apostels brachte.[575]

IV. Eine Auswahl bildlicher Darstellungen des hl. Jakob im Norden

Der hl. Jakob ist im Norden in vielfacher Weise in effigie gegenwärtig. In diesem letzten Abschnitt werden verschiedene ausgewählte Beispiele angeführt. Da unsere Auswahl wenigstens einen narrativen Bildzyklus zur Jakobsvita enthalten sollte, sich aber im Norden keiner finden ließ, gehen wir zu diesem Zweck etwas weiter nach Süden und beschließen unseren Beitrag mit dem Hochaltarretabel der Jakobikirche in Göttingen, das in geschlossenem Zustand einen Zyklus von acht Tafeln zum Leben des hl. Jakobus zeigt.

Meist erscheint Jakobus im Zusammenhang einer Reihe anderer Heiliger, gelegentlich auch der zwölf Apostel. Das Wandbild eines hl. Jakob, stehend, mit Pilgerhut und Mantel (nach 1365 / 66), in der 2010 sanierten und teilweise wiederhergestellten Pilgerherberge des Heiligen-Geist-Hospitals von 1365 in Lübeck ist einbezogen in die im Raum verteilten Darstellungen der Heiligen Petrus, Johannes der Täufer, Christophorus, Franziskus(?) und anderer Heiliger.[576] – Die Wandmalerei aus der 2. Hälfte des 15. Jahrhunderts in der Kirche zu Ringstedt, Kreis Cuxhaven, die ihn mit Pilgerstab und -tasche darstellt,[577] gehörte, wie sich aus den noch vorhandenen Resten eines weiteren Apostels erschließen lässt, wohl zu einer Apostelreihe. – Ebenso stand die Holzfigur eines hl. Jakob in der Nikolaikirche zu Mölln (Abb. 19), 67 cm hoch, ursprünglich in einem solchen Zusammenhang, dessen andere Teile jedoch verloren sind.[578] Diese Skulptur stammt aus dem 1458 geweihten, doch 1534 von den Soldaten Herzog Christians von Holstein zerstörten, nahe bei Mölln gelegenen Birgittenkloster Marienwohlde.[579] Da sie kaum vor der Weihe der Klosterkirche fertiggestellt worden sein dürfte, schlagen wir, abweichend von der üblichen (1. Viertel des 15. Jahrhunderts)[580], eine Datierung ›um 1460‹ vor.

Jakobus ist für den damaligen Betrachter und für den heutigen Kunsthistoriker leicht erkennbar: mittleren Alters, bärtig – schließlich ist Jakobus der ältere Bruder des oft mit jugendlichen Zügen dargestellten Johannes Evangelista und setzt sich in der Darstellung sowohl von diesem als auch von Jakobus dem Jüngeren als Jakobus Maior, Jakobus der Ältere, ab. Als Pilger eingekleidet, trägt er einen Pilgerhut mit der Jakobsmuschel und einen weiten Mantel, der gegen den Regen schützt. Oft ist er beschuht, kann aber auch, im Sinne apostolischer Demut, barfuß auftreten.[581] An seinem Gürtel hängen verschiedene Utensilien, vor allem die Pilgerflasche. In seiner Eigenschaft als Apostel hat er oft ein Buch bei sich. Da seine militärischen Eigenschaften im Norden weniger gefragt waren, erscheint er hier, wie bereits bemerkt, niemals als ›Matamoros‹ (Maurentöter) mit gezücktem Schwert und zu Pferde.[582] Auch trägt er im Norden, anders als in Spanien, Frankreich und Süddeutschland, niemals das Schwert als Zeichen seines Martyriums bei sich.

Mittelalterliche Darstellungen des hl. Jakob im Norden sind in aller Regel spätmittelalterlich, d.h., sie stammen aus dem 15. und aus dem frühen 16. Jahrhundert. Eine Ausnahme ist die Wandmalerei in der Nikolaikirche zu Mölln aus der Mitte des 13. Jahrhunderts.[583] Sie zeigt die Krönung der Pilger durch den hl. Jakob am Ende der Pilgerreise.[584] Räumlich sind die Jakobsbilder im Norden weit gestreut, bis nach Estland und Finnland. Für Finnland gibt es eine Kartenskizze, in der sämtliche Jakobskirchen sowie Altarretabel, Holzskulpturen und (Wand)malereien mit Darstellungen

20 National Museum of Denmark, Kopenhagen, Inv.No. D 1149: Gestühlwange mit einem hl. Jakobus aus der Kirche von Kirkjubør auf den Färöerinseln

des hl. Jakob eingezeichnet sind.[585] Selbst wenn hier in unserem Zusammenhang Abstriche zu machen sind, weil manche Kirchen erst auf das spätere 16. oder gar erst auf das 17. Jahrhundert zurückgehen und auch manche Skulpturen erst nach 1520 zu datieren sind, bleibt das Ergebnis eindrucksvoll. Jakobsfiguren in Holz aus der zweiten Hälfte des 15. Jahrhunderts bzw. aus der Zeit um 1500 finden sich in Altarretabeln in Nådendals kyrka,[586] in bzw. aus Rimito (drei verschiedene Jakobsfiguren)[587] und Janakkala kyrka.[588] Auch Norwegen ist, wie eine Holzfigur in Oslo, Universitets Oldsaksamling zeigt, nicht ohne Jakobsdarstellungen aus dem 15. Jahrhundert.[589]

Auf der Gestühlwange im Mittelschiff des Lübecker Doms, um 1460–70, ist, wie häufig, die Vorstellung von Jakobus als Apostel mit der von Jakobus als Pilger kombiniert. Den Pilgerstab mit der aufgehängten Jakobsmuschel trägt er in der Linken, das Buch in der Rechten.[590] – Die Gestühlwange mit einem hl. Jakobus aus der Kirche von Kirkjubør auf den Färöerinseln, im Südwesten der Insel Streymoy, ist ins 1. Drittel des 15. Jahrhunderts zu datieren. Sie wird im Dänischen Nationalmuseum in Kopenhagen in der Abteilung ›Dänisches Mittelalter und Renaissance‹ aufbewahrt (Abb. 20).[591] St. Jakob hat hier in der Rechten ein Spruchband und in der Linken einen Pilgerstab. Zugehörig zu beiden Gestühlwangen waren bzw. sind noch weitere Schnitzreliefs von Heiligen.

Nicht wenige Schnitzaltäre weisen eine Apostelreihe auf. In ihr hat der hl. Jakob, seinem Rang entsprechend, stets einen guten Platz, d.h. in der Nähe des mittleren Schreins, dessen Mitte nicht selten der gekreuzigte Christus einnimmt. Oft steht Jakob auf dem linken Flügel des Retabels und damit zur Rechten Christi oder Mariens, so

21 Løgumkloster, Altarretabel, Ende 15. Jh.

in dem Hochaltarschrein (Ende des 15. Jahrhunderts; Abb. 21), der aus der Kirche von Jerne nach Løgumkloster gelangt ist.[592] – Im Retabel der Kirche in Ülsby, Kreis Schleswig-Flensburg, ebenfalls vom Ende des 15. Jahrhunderts,[593] tritt St. Jakob zweimal auf, im Mittelschrein und im Seitenflügel (Abb. 22–23). – Holzfiguren des hl. Jakob aus älteren Apostelreihen sind die in den Kirchen von Mildstedt, Kreis Nordfriesland (Anfang des 15. Jahrhunderts; Abb. 24)[594] und Haddeby bei Schleswig (2. Viertel des 15. Jahrhunderts; Abb. 25).[595] Die Jakobsfigur in Mildstedt gehört zu einer Gruppe von zwölf Aposteln, stehend, mit einem Thronenden Christus in der Mitte.

Auf der Schreinrückwand des Retabels der Valentinsbruderschaft zum Rosenkranz aus der Jakobikirche in Lübeck, jetzt im St. Annen-Museum, Wilm Dedeke und seiner Werkstatt zugeschrieben, 1490–1500, erscheint er neben dem hl. Christophorus, der mit ihm am selben Tag, dem 25. Juli, ge-

22–23 Ülsby, ev. Kirche, Schnitzaltar, Detail: hl. Jakob im mittleren Schrein (links) und hl. Jakob im Seitenflügel (rechts), Holz, Ende 15. Jh.

24 Mildstedt, ev. Kirche, hl. Jakob aus einer Apostelreihe, Holz, Anfang 15.Jh.

25 Haddeby, ev. Kirche, Schnitzaltar, Detail: hl. Jakob, Holz, 2. Viertel 15. Jh.

feiert wird.[596] – Die auch im Norden verbreitete Annenverehrung war die Voraussetzung der vielen Darstellungen der hl. Sippe, in denen wir die Apostel als spielende Kleinkinder, Enkel der hl. Anna, wiederfinden. Auf dem Flügelretabel der Gertrudenbruderschaft der Träger aus der Burgkirche in Lübeck, ebenfalls im St. Annen-Museum, 1509, ist Maria Salome, die Tochter der hl. Anna aus ihrer Ehe mit Salomas, zu sehen, mit ihrem Gemahl Zebedäus und ihren gemeinsamen Kindern Johannes, von Zebedäus gehalten, sowie Jakobus Maior. Letzterer, mit Pilgerhut und -tasche, an der Hand seiner Mutter, spielt mit einem Hund, der vor ihm Männchen macht.[597]

Auf dem Annenschrein im St. Annen-Museum Lübeck, die Tafeln Wilm Dedeke-Umkreis, spätes 15.Jh., sind diese Personen links unten als Familie versammelt. Jakobus, der von seiner Mutter wohl ein Windrädchen in Empfang nimmt, hat Pilgerstab

26–27 Göttingen, Jakobikirche, Hochaltarretabel, geschlossener Zustand: Außenseite des linken und rechten Außenflügels, 1402

und -tasche bei sich.[598] – Eine gut erhaltene Tafel von den Predellenflügeln des Antwerpener Marienretabels von 1518, ursprünglich in der Sängerkapelle der Lübecker Marienkirche, zeigt den kleinen Johannes, der noch an der Brust seiner Mutter Maria Salome saugt, während sich sein älterer Bruder Jakob bereits als Pilger mit Stab und Flasche auf den Weg macht.[599] – In der St. Petrikirche Hamburg sind zwei Altarflügel mit Heiligen erhalten, aus der Zeit um 1490, unter anderem St. Jakob, mit Pilgerhut, -mantel, -stab und -tasche. Als Apostel trägt er ein langes Gewand, das ihn jedoch als Pilger beim Gehen behindert.[600]

Seltener als die Darstellungen des hl. Jakob innerhalb von Gruppen und als Einzelfigur sind narrative Bildszenen und -zyklen mit dem heiligen Apostel und Märtyrer. Ein umfangreiches Bildprogramm zum hl. Jakob weist der 1402 vollendete Hauptaltar der Göttinger Jakobikirche auf (Abb. 26–27).[601] Die Kirche diente als Pfarrkirche des Burgbezirks und als herzogliche Burgkirche, letzteres nur bis 1387, nämlich nur so lange wie die Herzöge von Braunschweig, Linie Oberwald, in Göttingen residierten.[602] Herzog Ernst gab 1350 die Erlaubnis zum Neubau der Kirche. Für die organisatorische und finanztechnische Abwicklung des Baus waren, wie auch an anderen Orten,[603] Kirchenvorsteher, hier als *alderlude* bezeichnet,[604] eingesetzt. Der Chor wurde ca. 1361–72, das Langhaus ca. 1372–83 errichtet, die Gewölbe von Chor und Langhaus konnten jedoch erst 1402, also zusammen mit dem Altarretabel fertiggestellt werden.[605] Eine Fehde zwischen den Göttingern und ihrem Landesherrn, Herzog Otto dem Quaden, führte 1387 zur Zerstörung der herzoglichen Burg und zum Abzug des Herzogs.[606]

Der Jakobialtar von 1402 ist eine Stiftung Göttinger Bürger. Der Göttinger Chronist Franciscus Lubecus schreibt dazu: *Im selbigen 1402 jare, als dye Kirche zu S. Jacobi und der chor gebauwet und gwolfet* [gewölbt], *haben auch die gemeine und Irer kirhen fursteher eine vorguldene taffelln In Irem chor [...] bereiten und machen lassen, dar viel gute Leute In die Ehre gottes und S. Jacob contribuiret und gegeben.*[607]

Die Sonntagsseite zeigt einen Leben-Jesu-Zyklus. Werden auch diese Flügel aufgeklappt, um die Schreinfiguren sichtbar zu machen, so kommen in der Mitte Maria und Christus auf ihrem gemeinsamen Thron zum Vorschein. Im Fach unmittelbar daneben, zur Rechten Christi und Mariens, steht der hl. Jakob neben seinem Bruder Johannes. Durch Pilgerhut und -stab einerseits, Buch und Barfüssigkeit andererseits ist er als Pilger und als Apostel ausgewiesen.

Welche Hoffnungen sich für die Bürger Göttingens mit der Anrufung des so prominent platzierten Jakobus verbanden, wird auf den Tafeln des ganz geschlossenen Altars (Abb. 26–27), die – im Unterschied zu dem Goldglanz des Schreininneren – in Braun- und Rottönen gehalten sind, deutlich signalisiert. Bürgerliches Selbstbewusstsein bekundet sich nicht nur im Aufwand eines solchen Großauftrags, sondern auch inhaltlich in dessen Programmgestaltung. In zwei Registern zu je vier Tafeln mit deutschen Bildunterschriften präsentiert sich die Jakobusvita werktags täglich dem Betrachter, beginnend mit der Bitte Maria Salomes für ihre Söhne Jakobus und Johannes und endend mit dem Stierwunder:[608] *hier bidd(et) die muͦd(er) s(anc)ti iacobi.* chr*(istu)*m. *yre soͤne zu sitzene. unum (et) c(eter)a* [d.h.: *unum zu deiner Rechten und unum zu deiner Linken in deinem Reich*; Mt 20,20].

Jakobus, gegenüber dem bartlosen Johannes deutlich älter, mit reich verziertem Nimbus, ist wohl für den Platz zur Rechten Christi vorgesehen.

hir p(re)diget s(anc)t(u)s iacob(us) wid-d(er). hermogine(m) den recht(en) glaube(n).

Hermogenes war ein heidnischer Zauberer. Die mit seiner Bekehrung endende Auseinanderstezung zwischen ihm und Jakobus wird ausführlich in der Legenda aurea des Jacobus de Voragine geschildert. Auf diesem Bild hört eine Gruppe Jakobus aufmerksam zu, während eine andere durch Zwischenrufe stört und sich von ihm abwendet.

hir ladet hermogines di geiste. dat sy oͤme iacobu(m) brechten.

Hermogenes gibt den Dämonen den Auftrag, ihm Jakobus zuzuführen. Hinter dem hellen Dämon stehen drei dunkle.

In der folgenden Bildszene tragen die Dämonen, entgegen diesem Auftrag, von Jakobus bzw., nach der Legenda aurea, auch von dem Engel des Herrn dazu veranlasst, den gefesselten Hermogenes zu Jakobus.

zjem sprich(et) s(anc)tus iacob(us). bre(n) get oͤn mir gebunden. et c(e)t(era).

Im unteren Register wird der Zyklus wie folgt fortgesetzt: *hir vuͦre(n) on di bischophe. vn(n) pristre vor herode(m) zuͦ gerichte.*

Dass es die Bischöfe und Priester gewesen seien, die Jakobus vor Gericht gebracht hätten, steht nicht in der Legenda aurea. Dort heißt es vielmehr: *Abiathar aber, der Hohepriester des Jahres, machte einen Aufstand unter dem Volk und ließ dem Jacobus ein Seil um seinen Hals legen und ihn vor Herodes Agrippa führen. Der gebot, dass man ihn enthaupten sollte.*[609]

Auf der Göttinger Tafel hält der Bischof, durch eine zeitgenössische Mitra als solcher charakterisiert, Jakob an der Schulter fest, führt ihn Herodes Agrippa vor und klagt ihn an, indem er auf ihn zeigt. Die Kopfbedeckung des Herodes Agrippa ist einem Herzogshut nicht unähnlich. Diese Bildtafel hat eine antiherzogliche und antibischöfliche Tendenz.

hier lezet herodes s(anc)te iacobe sin hovuet abe howen.

Nach dem Märtyrertod wird der Leichnam samt dem Haupt in ein Schiff gelegt.

[Anfang zerstört] *schip. vn vuͦrte(n) oͤn i(n) galicie(n) zu d(er) konigin(n)e lupa.*

Zwei wilde Stiere, die durch die Jünger des Jakobus gezähmt wurden, ziehen den Sarkophag mit seinem Leichnam in die Burg der Königin Lupa. Diese, die gedacht hatte, die Stiere würden den Wagen zerbrechen, wurde durch dieses Wunder bekehrt.

Dit zeiche(n) von(n) zwe(n) wilde(n) osse(n). bekarde di konigin(n)e vn(n) al oͤr lant.

Der Jakobuszyklus zeigt, dass dieser Apostel als Helfer nicht nur gegen die im Mittelalter allgegenwärtigen Dämonen, sondern auch gegen die königliche Macht, gegen Herzog und Bischof wirksam sein konnte. Somit tritt auch in diesem Bildprogramm das Hauptmotiv zutage, das Jahrhunderte lang sowohl die Pilger motivierte, das Grab des Apostels in Santiago aufzusuchen, wie auch Geistliche, Adel und Bürger, für die von ihnen gestifteten Kirchen und Kapellen das Jakobspatrozinium zu wählen. Es geschah dies in der Absicht, sich eines starken Helfers zu versichern, zeitlich und ewiglich.

Anmerkungen

1 Im Unterschied zu Jakobus Minor oder Jakobus dem Jüngeren. Dieser, der Sohn des Alphäus, zählt ebenfalls zu den zwölf Aposteln und Jüngern Jesu. In der lateinischen Kirche des Westens wird er mit dem Herrnbruder Jakobus und dem Verfasser des Jakobusbriefs gleichgesetzt; Böhm 1974a, Sp. 47. – Zu Jakobus Maior: Kimpel 1974, zum Herrnbruder Jakobus: Böhm 1974b. – Die angeblich »durch das ganze Mittelalter hindurchgehende Verwechslung und Vermischung von Jacobus maior und minor« (Hüffer †1985, S. 10) ist jeweils daraufhin zu prüfen, ob es sich wirklich um eine Verwechslung (so auch Moralejo 1993, S. 80–82) oder nicht vielmehr um eine bewusste Vertauschung handelt. Im Norden ist diese Verwechslung bzw. Vertauschung von Jakobus Maior und Minor bislang nicht belegt, auch Kilstrøm 1962 weiss nichts davon. Zum Patroziniumswechsel von Jakobus Minor zu Jakobus Maior im Fall von Saint-Jacques in Lüttich s. S. 199.

2 Der hl. Jakobus bedeutete »Vorbild und Maßstab, sowohl für die *militia saecularis* als auch für die *militia Dei*«; Herbers 1984, S. 164, s. auch ebd., S. 108–163 (Kap. 5: Der Jakobuskult im Liber Sancti Jacobi und sein Bezug zum Rittertum).

3 Vollmers 2005b, S. 54. Die Vorstellung, das Wetter lasse sich aufgrund der Witterung, die am Jakobitag (25.7.) herrschte, vorhersagen, ist auch im Norden verbreitet; dazu Nikula 1969. Vollmers 2005b, S. 54 Anm. 24 führt die beiden Sprichwörter an: »Ist's schön auf Sanct Jakobitag, viel Frucht man sich versprechen mag« und: »Ist Jakobi hell und warm, friert man Weihnacht bis in Darm«. In Süddeutschland »verehrte man den Apostel auch als Patron der Hirten und des Viehs«; Plötz 1984, S. 127.

4 Plötz 1984, S. 126; vgl. auch Heyne 1972, S. 71 (zu Stralsund) und Hüffer †1985, S. 30.

5 Kimpel 1974, Sp. 25. Nach Kohl 1873, S. 107 nannte man auch in Danzig »häufig eine Handels-Unternehmung oder eine Seereise nach Spanien einfach ›eine Fahrt nach Sanct Jacob in Galicien‹«.

6 Wenn vom Jakobsland die Rede ist, dürfte damit Spanien als der dem hl. Jakob zur Verkündigung des Evangeliums zugewiesene Teil der bewohnten Erde gemeint sein; s. dazu S. 196. Dies schließt nicht aus, dass ›Jakobsland‹ sich gelegentlich nur auf den christianisierten Teil der Iberischen Halbinsel oder

auf Galicien beziehen kann, so etwa, wenn ›Spanien‹ und ›Jakobsland‹ nebeneinander genannt, also unterschieden werden; ein Beispiel findet sich unten in Anm. 111. – Zum Begriff ›Jakobsland‹ in der skaldischen Dichtung: Ohne Angabe eines Belegs meint Häbler 1899, S. 12, diesen Begriff bereits im 10. Jahrhundert ausfindig machen zu können: »[...] das westliche Galicien erscheint seit jener Zeit [seit dem 10. Jahrhundert; U.K.] in ihren Gesängen [in den Gesängen der Normannen; U.K.] als Jakobsland [...].« Hüffer 1955, S. 126: »Santiagos Ruf drang [...] bis in die weitentfernten Skandinavischen Länder, deren Sagas Galizien kurzweg als ›Jakobsland‹ bezeichnen«, ebenso Hüffer [4]1985, S. 16; Schmugge 1979, S. 24: »[...] ist Galizien als ›Jakobsland‹ bereits in den nordischen Sagas des 10. Jahrhunderts erwähnt.« König Sigurd ›der Jerusalemfahrer‹ (König von Norwegen 1103–30) gelangte auf seiner Seefahrt ins Heilige Land auch nach Galicien, wo er den Winter 1108 / 09 verbrachte. Der Skalde Einarr Skúlason (12. Jh.; nachgewiesen bis 1159) beschreibt dies mit folgenden Worten: »Den andern Winter zu wohnen / wagte er im Lande Jakobs *[önd á Jakobslandi / annan vetr]*«. Das Gedicht ist in Snorri Sturlusons ›Heimskringla‹, Magnússona saga, 4. kap. (187) überliefert (Sturluson, ed. Aðalbjarnarson 3, 1951, S. 240, Sturluson, ed. Kristiánsdóttir u.a. 2, 1991, S. 720–721; deutsche Übersetzung bei Sturluson, hg. Hube 2006, S. 585). Einen älteren Beleg für ›Jakobsland‹ konnte ich nicht finden; s. jedoch, aus der Zeit zwischen 1155 und 1159 / 60, eine Stelle im Pilgertagebuch von Abt Nikulás aus Munkathvera unten bei Anm. 111. – Zum angeblichen Vorkommen des Begriffs ›Jakobsland‹ bei Adam von Bremen: Unrichtig behauptet Häbler 1899, S. 12–13, »in dem merkwürdigen Itinerar [...], welches Adam von Bremen für die Seefahrt von den norddeutschen Küsten nach dem gelobten Lande in seiner Chronik überliefert hat«, werde »das westliche Galicien [...] als Jakobsland« bezeichnet. Gemeint ist das den *Gesta Hammaburgensis ecclesiae Pontificum* Adams von Bremen zugefügte Scholion 99 (96). Dort ist von Ferrol bei Santiago *(Far iuxta Sanctum Iacobum*; die heutige Hafenstadt El Ferrol als von einer Station auf der Seereise von Ribe nach Akko die Rede, nicht aber vom westlichen Galicien als Jakobsland; s. Adam (Trillmich [übertr.]) 1961, S.436 / 437 mit Anm. D[a]. Scholion 99 (96) wird dort »um 1200 / 1230« datiert; s. jedoch Kretschmer (1909) 1962, S. 199, der darauf hinweist, dass dieses Scholion bereits in der Handschrift Kopenhagen, Königliche Bibliothek, Cod. n. 2296, die um die Wende des 12. zum 13. Jahrhundert entstanden ist, erscheint. Kretschmer hält sogar für möglich, dass Adam das Scholion selbst verfasste, nachdem ihm König Swein Estrithson die entsprechenden Informationen übermittelt hatte. Wattenbach 1948, S. 571 meint, die Masse der Zusätze stamme von Adam selbst. Zur Bedeutung von Scholion 99 und zu seiner Datierung in die Zeit um 1100 s. auch Knudsen 1913, bes. S. 10–11 und Tellenbach 1977, S. 54 Anm. 19. Schmugge 1984, S. 67 versieht seine Bemerkung, Scholion 99 halte »eine Reise von Ripen nach Akkon in der Zeit um 1100« fest, mit einem Fragezeichen.

7 Mieck 1978, S. 502 Anm. 23: »Unter peregrinatio maior verstand man ursprünglich eine über die Landesgrenzen hinausführende Pilgerfahrt. Aus französischer Sicht waren dies die Wallfahrten nach Rom, Santiago, Canterbury und Köln, früher auch Byzanz.« Der Dominikanerprior (in Limoges) und Inquisitor Bernard Gui verweist in seinen zwischen 1309 und 1323 / 25 verfassten *Practica (officii) inquisitionis heretice pravitatis,* Teil III,13 darauf, dass es, der Praxis der Inquisition in der Gegend von Carcassonne, Albi und Toulouse entsprechend, von alters her vier *peregrinationes maiores* gab, nämlich die vier über die Grenzen des Königreichs Frankreich hinausführenden Pilgerfahrten nach Santiago, Rom, Canterbury und Köln: *Notandum quod inquisitores heretice pravitatis in partibus Carcassonensibus, Albiensibus et Tholosanis, ex more et usu ab antiquo, dicunt seu nominant in litteris et libris suis peregrinationes majores que sunt extra fines regni Francie, quatuor videlicet Sancti Jacobi de Compostella, Sanctorum Apostolorum Petri et Pauli Rome, Sancti Thome in Cantuaria et Trium Regum de Colonia* (Gui 1886, S.

97; zitiert auch bei Tanon 1893, S. 505 Anm. 2). Diese vier größeren Pilgerfahrten werden von Bernard Gui verschiedentlich erwähnt, so, in der Reihenfolge Rom, Compostela, Canterbury, Köln, in Teil II,4 (Gui 1886, S. 39) und zu Beginn von Teil III,13 (ebd., S. 94). Die Verurteilung zu einer Pilgerfahrt nach Konstantinopel erscheint nur gelegentlich, etwa 1241 bei Pierre Cella (Tanon 1893, S. 505). Die Ziele der *peregrinationes minores* hingegen waren, Bernard Gui zufolge, in Frankreich *(infra regnum Francie*; Gui 1886, S. 97*)* gelegen, die meisten im Süden: *item peregrinationes Beate Marie de Rupe amatoris* [Rocamadour]*, et de Podio* [Notre-Dame du Puy]*, de Valle viridi* [Vauvert]*, et de Tabulis in Montepessulano* [Notre-Dame des Tables in Montpellier] *et de Serinhano* [Sérignan]*; item Sancti Guillermi de Deserto* [Saint-Guilhem du Désert] *[...]* und 16 weitere (Gui 1886, S. 94, ebenso S. 97; s. auch Vogel 1964, S. 135–136 und Tanon 1893, S. 505–506).

8 Schmugge 1979, S. 18, ders. 1984, S. 2.

9 Mieck 1978, S. 483.

10 Ebd., S. 493.

11 Zur Bedeutung der Patrozinienkunde für die Geschichtsforschung (mit Literaturübersicht): Dorn 1917 (zu Jakobuspatrozinien ebd., S. 234), Hennecke 1920, Deinhardt 1936b, Zimmermann 1961, Angenendt 2010; zu Patrozinien in Skandinavien im 11. und frühen 12. Jahrhundert: Cinthio 1969 (Jakobuspatrozinien kommen nicht vor); zu Jakobuspatrozinien im Norden: Kohl 1873, Haupt 1927, bes. S. 314 (im Sonderdruck S. 10), Weimar 1951, Gaasch 1952, 1953, 1954, Nikula 1969, Petersohn 1979, S. 55 Anm. 26 (Hamburger Dom), 88 Anm. 169 (Rostock 1252), 89 Anm. 171 (Stralsund 1303), 102 Anm. 17 (Jakobus als Altarheiliger im Lübecker Dom 1347), 116 (Altar in der Güstrower Corpus Christi-Kapelle 1333), 179 Anm. 83 (Süllberg bei [Hamburg-]Blankenese 1059), 321 Anm. 294 (Prenzlau 1250), Anm. 296 (Greifswald 1275), 323 Anm. 309 (Stettin 1191), 327 (Stettin), 457–464 (Stettin), 481 (Alt-Schlawe vor 1273), 488 (Stettin), 495–496 (zum südlichen Ostseeraum), 507 (Stettin), Almazán 1998, Bünz 2000.

12 Aus der umfangreichen Literatur über die Santiagopilger, die auch den Norden berücksichtigt, seien angeführt: Heyne 1972, Mieck 1978, Wittstock 1982, Köster 1983, 1984, Krötzl 1994, Herbers / Plötz 1996, Almazán 1998, Favreau-Lilie 1999, Bünz 2000 sowie der Sammelband Röckelein (Hg.) 2005. Die Unterscheidung zwischen Pilger- und Wallfahrt, auf die Dünninger 1961, Brückner 1970 und andere Wert legen, wird im Folgenden berücksichtigt. Brückner ebd. bietet einen Überblick über die damalige terminologische Diskussion, deren Ergebnis freilich, wie etwa die Bemerkung bei Schmugge 1984, S. 2 Anm. 2 zeigt, niemanden davon abhielt, weiterhin »die Ausdrücke Pilger und Wallfahrer, Pilgerfahrt und Wallfahrt ohne Unterschiede« zu gebrauchen. Im Hinblick auf den künftigen Gebrauch der Begriffe ist meines Erachtens zweierlei zu berücksichtigen: a) Einleuchtend ist Sven Ekdahls Vorschlag, ›Pilgerreise‹ als übergeordneten Begriff auch für Kreuz- und Heerfahrten zu verwenden: »Jeder Kreuzfahrer ist im Grunde ein Pilger, aber nicht jeder Pilger ist ein Kreuzfahrer«; Ekdahl 1989, S. 211 Anm. 42. b) Plötz 1981 / 82, S. 136 wies zu Recht darauf hin, dass die Pilgerfahrt »zu einem der großen Sakralzentren, wie Jerusalem, Rom oder Santiago de Compostela« nie Gemeinschaftskult war; daher sollte die Santiagofahrt nicht als Wallfahrt bezeichnet werden.

13 Zur Stadtentwicklung im Mittelalter s. Ennen 1953 (^{3}1981), Schlesinger 1953–1954 (1963), ders. 1958; zur Siedlungsgeschichte und Stadtentwicklung im Norden bzw. im Ostseeraum s. Johansen 1955, Zernack 1971.

14 Dazu Seegrün 1965, bes. S. 184–186 und ders. 1967, bes. S. 196–198. Nachdem im 11. Jahrhundert und in den ersten Jahrzehnten des 12. im Zuge der Kirchenreform und des Investiturstreits eine von Rom ausgehende und auf Rom hin orientierte Straffung der kirchlichen Hierarchie durchgesetzt worden war, konnte diese im Norden mit der Errichtung des Erzbistums Uppsala 1164 zu einem vorläufigen Abschluss gebracht werden.

15 Hellmann 1991.

16 Elm 1989b, S. 175.

17 Alttoa u.a. 1992, S. 378.

18 Feldmann (Bearb.) 2000, S. 176.

19 Ebd., S. 474. Die Jakobikirche in Rostock wurde 1957–60 abgetragen (ebd.).

20 Habich / Timm / Wilde (Bearb.) 1994, S. 470; vgl. Stoob (Hg., Bearb.) 1984, bei Anm. 40 (zu Lübeck): »Vor 1350 waren alle Großkirchen fertig, [...]«.

21 Heise (Bearb.) 1887–95, S. 297, 311, Bentchev u.a. ^{2}1990, S. 374, Herrmann 2007, S. 762–763.

22 Franziskanerkirche mit dem Titel *SS. Jacobi Apostoli et Nicolai Episcopi* (Heise [Bearb.] 1887–95, S. 62); Datierung nach Herrmann 2007, S. 526–528, vgl. auch Bentchev u.a. ^{2}1990, S. 366 und Heise [Bearb.] 1887–95, S. 70.

23 Feldmann (Bearb.) 2000, S. 597.

24 Rzempołuch 1996, S. 216. Der Wiederaufbau der 1347 durch die Litauer vebrannten Pfarrkirche von Wehlau wird Winrich von Kniprode (Hochmeister des Deutschen Ordens 1351–82) zugeschrieben (Boetticher [Bearb.] 1892, S. 185). Heute ist die Kirche eine Ruine (Rzempołuch 1996, S. 216).

25 Bentchev u.a. ^{2}1990, S. 286.

26 Herrmann 2007, S. 330, Antoni (Bearb.) 1993, S. 9, Rzempołuch 1996, S. 14: »Errichtet um die Wende des 14. zum 15.Jh. (erwähnt 1445, der erste Pfarrer 1452–58), sofort mit Turmerdgeschoß und Turmseitenkapellen. Das Netzgewölbe im Hauptschiff und Zellengewölbe in den Seitenschiffen entstanden in den vierziger oder fünfziger Jahren des 16. Jh.« Poschmann 1966, S. 2: »in der 2. H. 14.Jh. errichtet« ist dementsprechend zu korrigieren. Ungenaue Datierung der Gewölbe des Langhauses bei Boetticher (Bearb.) 1894, S. 11: »Das Langhaus schließt sich in sechs Jochen Netz- und Sterngewölben an, die nicht vor dem Ende des XV. Jh. hergestellt sind.«

27 Plagemann 1999, S. 100 (zur Hamburger Jakobikirche): »Ein Ende der Bauarbeiten lässt sich für 1440 erschließen«. Neubau der Sakristei (1434–38) und Bau des 2. südlichen Seitenschiffs (1493–1508) der Hamburger Jakobikirche; dazu Klée Gobert (Bearb.) 1968, S. 162–163, Vollmers 2005b, S. 58 Anm. 44.

28 Dieser Rückgang ist in einem weiteren Zusammenhang zu sehen, denn »das frühe 14. Jahrhundert« brachte der Bevölkerung Europas »neuartige Erfahrungen [...]. Langwierige Kriege, wiederkehrende Pestwellen, häufige Mißernten führten zu massenhaftem Sterben«; Borst 1980, S. 1090.

29 Ohler 1983, S. 92.

30 Ebd., S. 93.

31 Mieck 1978, S. 499, 516.

32 Herbers / Plötz 1996, Bünz 2000, S. 36–37.

33 Mieck 1978, S. 501.

34 Ebd., S. 503.

35 Ebd., S. 504.

36 Die Praxis, Pilgerfahrten durch Stellvertreter absolvieren zu lassen, ist vereinzelt bereits um 1200 belegt, nimmt aber im 15. Jh. deutlich zu; Mieck 1978, S. 505 mit Anm. 46. Über Pilgerfahrten durch Stellvertreter s. ebd., S. 505–508. Zum Fall des Peter Hope (Lübeck, 1425) s. S. 238.

37 Mieck 1978, S. 511.

38 Ebd.

39 Schimmelpfennig 1978, S. 292.

40 Zur Verbindung von *peregrinatio poenitentialis* (Bußpilgerfahrt) und Verbrechen s. Vogel 1964, S. 152: «par définition, les pèlerins pénitents sont des pécheurs repentis, peut-être, des criminels certainement (assassins de proches parents, délinquants sexuels)« und passim.

41 In verschiedenen Aufsätzen ist von einem ›Strukturwandel der Wallfahrt‹ (Schreiber 1934b, Mieck 1978) bzw. einem ›Strukturwandel der peregrinatio‹ (Plötz 1981 / 82) die Rede. Doch wird die Frage, was diesen Strukturwandel ausmacht, nicht einheitlich beantwortet. Mein vorläufiger Überblick über die Geschichte der Jakobsverehrung im Norden mit Zäsuren in den Jahren 1164 und 1410 orientiert sich nur an den von den genannten Forschern – und von Schmugge 1979 – beobachteten Wandlungen der *peregrinatio*, die für die Entwicklung im Norden von Bedeutung sind. Damit werden die Konzeptionen dieser Autoren nicht als solche übernommen, insbesondere nicht die von Georg Schreiber. Dieser spricht in seiner Strukturwandel-Abhandlung der *peregrinatio* Ewigkeitswert zu: »Nach wie vor wird die peregrinatio sich behaupten, weil sie fruchtba-

ren Quellgründen des Volksglaubens das Dasein verdankt, die in ewigen Grundwahrheiten beschlossen sind« (Schreiber 1934b, S. 157). Seine Darstellung der Geschichte der christlichen Wallfahrt in Deutschland hat das Anliegen, die – trotz mancher, wie er sagt, durch Zivilisation und Aufklärung bedingten Rückschläge – andauernde Lebendigkeit der Wallfahrtspraxis nachzuweisen und diese nach Kräften zu fördern. Der Aufklärung und ihrer »intellektualistischen [...] Literatenschicht [...], die sich zur Volksfrömmigkeit des gemeinen Mannes in Widerspruch stellt« (ebd., S. 70), wirft er vor, »Imponderabilien des Volksglaubens« zertrümmert und »ihn heimatlicher Werte und kosmischer Zusammenhänge« beraubt zu haben (ebd., S. 63). Die neueren politischen Entwicklungen – sein Aufsatz erschien im Jahre 1934 – lassen ihn hoffen, dass die im 19. Jahrhundert einsetzende Restauration, »die das Alte, im Grunde genommen das Jugendfrische des Wallertums und der Heiltumsfahrt trotz ihrer Niederhaltung erneuerte« (ebd., S. 68), zur Vollendung gebracht werden und »das Festliche, das immer wieder in Gefahr gerät, vom Zivilisatorischen eingeengt zu werden«, weiterhin erhalten bleibe (Schreiber 1934a, S. XIII). In diesem Sinne beobachtet er unter dem Aspekt ›Strukturwandel‹ mit besonderem Eifer solche Wandlungen, die aus seiner Sicht wieder rückgängig gemacht werden sollten oder die der »Volksglaube« im Jahre 1934 bereits wieder aufgehoben hat. Dazu gehören unter anderem die seit der Zeit um 1100 mit dem Pilgersegen, der Segnung des Pilgerstabes und der Pilgertasche verbundenen Pilgeroblationen, die im Rituale Romanum vom 17.6.1614 samt dem alten Pilgersegen aufgegeben wurden (Schreiber 1934b, S. 9), sich jedoch in der Gegenwart »in zahlreichen anderen Opfern« äußern (ebd., S. 8). Dass sich »gen Ausgang des Mittelalters« der »Brauch, Stellvertreter zu stellen, [...] verhältnismäßig häufig geltend« machte, bezeichnet er als »eine gewisse Entpersönlichung in Sachen der Fernwallfahrt« (ebd., S. 18). Mieck greift Schreibers Begriff der Entpersönlichung auf. Der seiner Meinung nach im 15. Jahrhundert eingetretene strukturelle Wandel der Santiago-Wallfahrt wird aus seiner subjektiv-willkürlich wertenden Sicht an den »Tendenzen zur Entpersönlichung und Veräußerlichung der Wallfahrtspraktiken« greifbar (Mieck 1978, S. 516). Plötz hat an Schreibers Aufsatz nichts auszusetzen, versucht vielmehr, ihn zu verteidigen, indem er versichert, Schreiber habe ihn bereits 1932 geschrieben, auch verdanke ihm »die Religiöse Volkskunde einen Teil ihrer Grundlagen« (Plötz 1981 / 82, S. 130 Anm. 9). Wäre es nicht besser, auf eine »Religiöse Volkskunde«, die auf solcherart »Grundlagen« aufbaut, zu verzichten?

42 Zur Einteilung des Mittelalters in Epochen s. Angenendt [2]2000; demnach Beginn des Frühmittelalters: 467 (Untergang des weströmischen Kaisertums); ebd., S. 31. »Die Zäsur zwischen Früh- und Hochmittelalter [...] liegt um die Mitte des 11. Jahrhunderts« (ebd., S. 45). »Für den Beginn des Spätmittelalters differieren die Vorschläge um hundert Jahre« (ebd., S. 68–69), nämlich: 2. Hälfte des 13. Jahrhunderts (Ende der Staufer), 1294–1303 (Pontifikat Bonifaz‹ VIII.), 1347 / 50 (Pest) oder 1378 (Beginn des abendländischen Schismas). Zum Ende des Mittelalters s. die Überlegungen bei Heimpel 1954 ([2]1957), S. 55–59.

43 Herbers 1994, S. 192. Plötz 1982, S. 20 (im Sonderdruck S. 2) fasst die zweite und die dritte dieser Überlieferungen zusammen; er unterscheidet: »1. Die Reise des Apostels nach Spanien, seine erfolglose Mission dort und die Rückkehr nach Jerusalem [...]. 2. Die ›translatio‹ seiner Reste nach Galicien und die Beisetzung in Compostela, wo das Apostelgrab seit dem 9. Jahrhundert verehrt wird«.

44 Engels 1980, S. 155.

45 Ebd., S. 156.

46 Ebd., S. 157. Beatus »berichtete als erster Spanier [...] über die angebliche Mission der Iberischen Halbinsel durch den Apostel Jakobus«; Herbers 1988, S. 49.

47 Engels 1980, S. 166.

48 Ebd., S. 169.

49 S. dazu ebd., S. 147–148. Zusammenstellung der bisherigen Hypothesen ebd., S. 146–147 samt

ihrer Kritik Anm. 9. Vgl. Plötz 1982, S. 36–50 (im Sonderdruck S. 18–32; II,2: Die Haupttheorien über den Ursprung des Jacobus-Kultes). Hüffer †1985, S. 10 lehnt die Theorie von Amerigo Castro zu Recht als »abstrus erscheinende Idee« ab.

50 Plötz 1982, S. 25 (im Sonderdruck S. 7) sowie ebd., Anm. 39; vgl. Hüffer †1985, S. 10. Klärende Bemerkungen zur Abhängigkeit der verschiedenen Martyrologien voneinander bei Herbers 1994, S. 195 Anm. 92 und bei dems. 1995, S. 12–13.

51 *Hujus beatissimi apostoli sacra ossa ad Hispanias translata et in ultimis earum finibus, videlicet contra mare Britannicum condita, celeberrima illarum gentium veneratione excoluntur* (MPL 123, Sp. 183CD; dort in Ado von Viennes *Libellus de festivitatibus SS. Apostolorum* zum 25.7., dem Tag des hl. Jakobus).

52 Der Ortsname ›Compostela‹ erscheint »erst in einer Konzilsakte von 1060« (Piel 1965, S. 122); er hat die Bedeutung ›die besonders Schöne‹ (ebd., S. 123).

53 Dasselbe gilt von dem Eintrag zum Fest des hl. Apostels Jakobus im Martyrolog des St. Galler Mönchs Notker Balbulus, um 896; deutsche Übersetzung und Quellennachweis bei Herbers 1995, S. 13.

54 Engels 1980, S. 148, Herbers 1994, S. 196.

55 Historia Compostellana I,II.1; Hist.Comp. (Falque Rey [ed.] 1988, S. 9).

56 Über die beiden Varianten Engels 1980, S. 148–149; vgl. auch Hüffer †1985, S. 9–10, ferner Häbler 1899, S. 7–8, Plötz 1982, S. 25 (im Sonderdruck S. 7) Anm. 38 und Herbers 1994, S. 196.

57 So auch Kirschbaum 1961, S. 240–243 und, Kirschbaum folgend, Engels 1980, S. 152. Die bisher durchgeführten Grabungen, 1878–79 durch A. López Ferreiro und 1956–58 durch Manuel Chamoso Lamas, waren beide von dem Interesse geleitet, einen Grabbau zu finden, der im frühen 9. Jahrhundert als Grab des Apostels betrachtet bzw. »entdeckt« werden konnte. Kritische Fragen dazu bei Hauschild 1992.

58 Hauschild 1992, bes. S. 96. Die auch nach der Grabung von 1956–58 vom Ausgräber Chamoso Lamas und seinem Team noch beibehaltene These vom römischen Mausoleum als möglichem Apostelgrab wird auch dadurch erschüttert, dass sich in den Schichten unter den in den Grabungsberichten von 1878/79 beschriebenen Resten »feinster Marmorinkrustationen« (die freilich »bis auf eine kleine Menge von losen Mosaiksteinchen« verschwunden sind; dazu Kirschbaum 1961, S. 240/243) unter anderem Münzen aus der Zeit vom 9. bis zum 16. Jahrhundert gefunden haben (Hauschild 1992, S. 92).

59 Kirschbaum 1961, S. 253–254 und Abb. 25, Engels 1980, S. 152.

60 Das ungefähre Jahr seines Todes nach Bibliotheca Hagiographica Latina 1, 1898–99, S. 420. Dort sind außerdem die den hl. Evermar betreffenden hagiographischen Quellen verzeichnet. Evermar lebte demnach zur Zeit Pippins des Mittleren (um 635–714), des Sohnes von Ansegisel und der hl. Begga *(tenente mediano a Pippino, ex S.Begga Ansigisi Ducis filio)*, und sein Leichnam wurde von einem Jäger Pippins gefunden *(a venatore Pippini Ducis Brabantiæ repertus)*; Acta Sanctorum Maii tomus primus 1866, S. 124B, 123F. Pippin der Mittlere war seit 680 Herzog von Austrasien, wird hier jedoch als Herzog von Brabant bezeichnet, was im Hinblick auf die Grenzen dieser Gebiete nicht abwegig ist. Zu Evermar s. ferner Bertocchi 1964 und Boberg 1974 (dort zwei gravierende Druckfehler: ›Tondern‹ statt richtig: Tongern, und ›1.3.‹ statt richtig: 1.5.); der Druckfehler ›Tondern‹ auch bei Plötz 1988, S. 13.

61 Hüffer †1985, S. 18 nennt »unter den Heiligen der Kirche«, die »zum Apostelgrabe wallfahrteten«, an erster Stelle »Evermarus von Friesland im 9. [...] Jh.«. Der hl. Evermar lebte jedoch nicht im 9., sondern im 7. Jahrhundert; dazu oben Anm. 60. Häbler 1899, S. 21–22: »die Frisia des Martinus Hamconius lässt den heiligen Evermarus nach Santiago wallfahrten, der schon unter den Pippinen gelebt, ja vor dem Jahre 700 geboren sein soll.« Zu Martinus Hamconius (Maarten Hamkema; um 1550 – vor 1620) und seinem Werk *Frisia, seu de viris rebusque Frisiae illustribus libri duo* (Münster 1609) s. van der Aa 1852. Eine kritische Stellungnahme zu der Überlieferung einer Santiagopilgerfahrt des hl. Ever-

marus von Tongern findet sich bereits im frühen 18. Jahrhundert bei Johann Baptist Sollerius und anderen Bollandisten (Acta Sanctorum Julii tomus sextus, 1868, S. 35AB): *Non intelligo, quomodo S. Evermarus [...] potuerit invisere seculo VII ignotas S. Jacobi reliquias. [...] Quomodo igitur S. Evermarus potuit adire Compostellanum S. Jacobi sepulcrum, quod initio seculi IX tantummodo inventum fuit?* Kritisch zur Santiagoreise des hl. Evermar auch Plötz 1981 / 82, S. 147 Anm. 130 und ders. 1988, S. 13, der jedoch fälschlich behauptet, Evermars Vita sei von Martin Hamconius im 12. Jahrhundert geschrieben worden.

62 Bertocchi 1964, Sp. 390.

63 *[...] succrescentibus cum ætate meritorum virtutibus ad sancta loca peregrinabatur* (Acta Sanctorum Maii Tomus I, 1866, S. 123E).

64 Ebd., S. 124C.

65 *[...] in silva Harsclopia* (ebd., S. 123E); nach anderer Version: *ad primos aditus silvæ, quæ Rutis nominatur. [...] ad proximam villam quæ Herstaplia dicebatur* (ebd., S. 124C). Es handelt sich selbstverständlich um dasselbe Waldgebiet.

66 *Cumque Trajectum iret ad S.Servatium, divertit in territorio Tungrensi apud Hacconem quemdam in silva Harsclopia cum septem suis comitibus. Qui ut erat tyrannus, beatum virum cum dictis comitibus interfecit* (ebd., S. 123E).

67 *Honoratur vero inter Dei Martyres a Ruthensi ecclesia, et a vicina Tungrensi, ad quam singulis annis corpus ejus defertur. Ossa elevavit circa annum nongentesimum sexagesimum octavum Heraclius, Episcopus Leodiensis: [...]* (ebd., S. 123C).

68 S. dazu Plötz 1981 / 82, S. 147 Anm. 130.

69 Plötz 1988, S. 6. Auf die große Bedeutung der Regierungszeit Alfons' III. für die Entwicklung des Jakobuskultes verweist auch Herbers 1995, S. 18.

70 Häbler 1899, S. 12, Plötz 1988, S. 10.

71 Nach Hüffer 1955, S. 126 sollen bereits 850 »Wallfahrer aus Friesland nach Compostela gepilgert sein« (ebenso ders. †1985, S. 16); einen Beleg für diese Behauptung gibt Hüffer nicht an.

72 Engels 2001, S. 87.

73 Engels 1980, S. 153; ähnlich ders. 2001, S. 87.

74 Engels 1980, S. 130.

75 Engels 2001, S. 88.

76 Ebd.

77 Dazu Vones 1980, bes. S. 273–289 und Herbers 1984.

78 Stiennon 1958, Schmugge 1984, S. 11, Hüffer †1985, S. 20, Plötz 1988, S. 11, Herbers / Plötz 1996, S. 27.

79 Überliefert ist dieser Bericht durch den Mönch Gilles d'Orval, der ihn in seine *Gesta episcoporum Leodinensium* (Geschichte der Lütticher Bischöfe; beendet 1251) integrierte. Diese *Gesta* wurden von Johannes Heller ediert in MGH SS 25, 1880 (1964), S. 1–129; die Santiagoreise der Lütticher ebd., S. 82–86 mit Gilles d'Orvals Einleitung ebd., S. 81–82. Grundlegend für das Verständnis des Berichts ist Stiennon 1958.

80 Stiennon 1958, S. 555: »d'après les relations de témoins oculaires«.

81 Ebd., S. 555.

82 Ebd., S. 577.

83 *Qualiter vero brachium beati Iacobi apostoli, fratris beati Iohannis euangeliste, de Galetia cum reliquiis sanctorum Bartholomei apostoli et Sebastiani martyris sanctique Pancratii martyris temporibus ipsius Theoduini in civitate Leodii translatum et in cenobio sancti Iacobi in insula prefate urbis honorifice sit reconditum, sicut in quodam libro prefate ecclesie legimus, ad honorem Dei et tocius patrie huic operi dignum duximus annectendum* (MGH SS 25, 1880 (1964), S. 81, Z. 64 – S. 82, Z. 4). So Gilles d'Orval einleitend zu dem Bericht über die Santiagoreise der Lütticher von 1056. Stiennon 1958, S. 574–575 unterstreicht die historische Wahrheit dieses Berichts, besonders, sofern er die Erlangung der Reliquien in Santiago betrifft.

84 MGH SS 25, 1880 (1964), S. 82, Z. 15.

85 Zu den Ereignissen s. Steindorff 1881, S. 278–283 und Stiennon 1958, S. 555–558. Letzterer bringt überzeugende Argumente zugunsten der Identität von Jean d'Oisy mit Jean d'Arras. Im Zuge der militärischen Aktionen war Jean d'Oisy auf Befehl des Kaisers und unter Zustimmung des Lütticher Bischofs Théoduin nach Lüttich gezogen, auf dass dieser Ort ihm und den Seinen Schutz vor Balduin

V. gewähre: *[...] iussu demum imperatoris, annuente Theoduino episcopo, commigraverat Leodii, ut ei suisque locus illic esset presidii* (MGH SS 25, 1880 (1964), S. 82, Z. 13–14).

86 Stiennon 1958, S. 575 spricht von »chasseurs de reliques«.

87 Ebd., S. 575–576.

88 Zur Unterscheidung zwischen Jakobus Maior und Jakobus Minor s. oben Anm. 1.

89 Todesdatum Eberhards von Nellenburg nach Hils 1967, S. 69.

90 Hüffer 1957, S. 59, Plötz 1988, S. 12, Herbers 1995, S. 22–26, Herbers / Plötz 1996, S. 27, Bünz 2000, S. 38. Graf Eberhards und Idas Santiagofahrt ist im ›Buch der Stifter des Klosters Allerheiligen‹ überliefert: Schib (Hg.) 1934, S. 10, Z. 6–31.

91 Hils 1967, S. 64–66.

92 Ebd., S. 36, 68.

93 Ebd., S. 14.

94 Ebd., S. 66–69. Herbers 1995, S. 25–26 sieht Eberhards und Idas Entscheidung für Santiago nicht zuletzt durch ihre Beziehungen zur Reichenau, auf der ältere Spuren von Jakobsverehrung gefunden werden können, motiviert. Will man jedoch die Motive dieses Ehepaars verstehen, aufgrund derer es sich zu seiner Santiagofahrt entschlossen hat, ist es notwendig, das politische Kräftespiel der Zeit gegen Ende der 60er Jahre des 11. Jahrhunderts bzw. um 1070 und die besondere Situation der Grafen von Nellenburg im Südwesten des Reichs zu berücksichtigen.

95 Die Nellenburger waren traditionell königs- bzw. kaisertreu. Erst im Zuge des Investiturstreits, in den 70er Jahren, somit nach der Santiagofahrt Eberhards und Idas, wurden sie zu Parteigängern der süddeutschen Adelsopposition gegen Kaiser Heinrich IV. bzw., mit Ekkehard von Nellenburg (1073–88 Abt der Reichenau), zu Anhängern der gregorianischen Partei; dazu Hils 1967 und Seibert 1993, Sp. 1087: »Das Eintreten der N(ellenburg)er für das sal(ische) K(öni)gt(u)m endete mit dem Investiturstreit«.

96 Häbler 1899, S. 20: »um das Jahr 1080«; Hüffer 1955, S. 130–131 und ders. [4]1985, S. 20: »1072«; Plötz 1988, S. 12 und Herbers / Plötz 1996, S. 27: »Im September des Jahres 1072«; Göhler 1995, S. 14 und ders. 1997, S. 39: »im Jahre 1072«. Göhler versäumt, darauf hinzuweisen, dass Erzbischof Siegfried nicht nach Santiago gelangt ist.

97 Häbler 1899, S. 20–21, Hüffer 1955, S. 131 und ders. 1957, S. 59, Plötz 1988, S. 12, Herbers / Plötz 1996, S. 27, Göhler 1995, S. 14 und ders. 1997, S. 39.

98 Herbers 1995 hat vor allem den Bodenseeraum als Einfallstor der spanischen Jakobstradition nach Deutschland im Blick.

99 Bünz 2000, S. 38. Ebd. sind weitere Santiagopilger aus Süd- und Mitteldeutschland vermerkt.

100 Vázquez de Parga / Lacarra / Uría Ríu 1, 1948, S. 66, Assmann (Hg.) 1979, S. 105 Anm. 196, Bünz 2000, S. 49 mit Anm. 64.

101 Dazu Schmugge 1984, S. 8, 12 und passim.

102 Ebd., S. 51; zur Anlage von »Salvidades (Extremdaten 1027 bis 1141)«, »Neusiedlungen zum Schutz für die Schutzlosen, für Pilger und Kaufleute« an demselben Camino de Santiago südlich der Pyrenäen s. ebd., S. 25.

103 Schimmelpfennig 1978, S. 291.

104 Schmugge 1984, S. 29.

105 Vogel 1912.

106 Ebd., S. 247.

107 Zum mitteleuropäischen Straßennetz s. Kellenbenz 1990 (mit Karte).

108 Der Text seines Pilgertagebuchs bei Werlauff 1821 (altisländisches Original und lateinische Übersetzung) und Kålund 1908 (Datierung seiner Reise ebd., S. 315); Erläuterungen, eine Teilübersetzung ins Englische und eine Karte, in der die von Nikulás genannten Stationen eingetragen sind, bei Magoun 1944; s. auch Schmugge 1984, S. 67–68 und Szabó 2003, S. 27, 31–32, 39.

109 Werlauff 1821, S. 15–16 [Satz 20–32], Kålund 1908, S. 13, Z. 3–17, Magoun 1944, S. 316–322 (Nrr. 2–15), 347, 348 (Karte).

110 Werlauff 1821, S. 18 [53–54], Kålund 1908, S. 15, Z. 1–4, Magoun 1944, S. 332 (Nr. 38), 349; s. auch Szabó 2003, S. 31.

111 *I Lunu koma leidir saman af Spani ok fra Jacobs [landi]* (In Luna kommen die Wege aus Spanien und aus dem Jakobsland zusammen); Werlauff 1821, S. 20 [76], Kålund 1908, S. 16, Z. 18–19, Magoun 1944, S. 340 (Nr. 68); dort wird vorgeschlagen, den Genitiv *Jacobs* durch *landi* zu ergänzen; der üblichen Wiedergabe von *Jacobs* mit ›Santiago de Compostela‹ (Magoun 1944, S. 350, Szabó 2003, S. 31) ist also die Übersetzung ›Jakobsland‹ vorzuziehen.

112 Zu den Invasionen der Wikinger in Spanien s. Dozy ^{3}1881 und Almazán 1986, S. 59–120; s. auch die Liste ebd., S. 84. Zu der Invasion unter dem Episkopat von Bischof Cresconius s. Christiansen 1980b, S. 263–264 Anm. 2.

113 Vgl. hingegen die verkürzte, beschönigende Darstellung bei Undset 1964, S. 27: »Danach zog er wieder mit den Wikingern hinaus. Sie fuhren an der Westküste Frankreichs und Spaniens vorbei und gelangten bis Gibraltar.«

114 Die den hl. Olaf betreffenden hagiographischen Quellen sind verzeichnet in Bibliotheca Hagiographica Latina 2, 1900–1901, S. 914–915. Rekonstruktion der Piraterie des jungen Olaf in Galicien bei Dozy ^{3}1881, S. 300–314 und Almazán 2002, S. 39, 167–170; vgl. bereits Almazán 1986, S. 112–115. La Farge 1993, Sp. 1385: Olaf »zog als Viking u.a. nach Dänemark, Schweden, Finnland, Friesland, England [...] und Frankreich, wo er sich einigen Q[uellen] zufolge in Rouen (Normandie) taufen ließ«. Die in Snorri Sturlusons ›Heimskringla‹ überlieferte ›Olafssaga‹ wird in der Olafsvita in Acta Sanctorum Julii tomus septimus 1868, S. 98–131 zitiert; zu seinen Aktivitäten als Pirat, die seiner Taufe vorausgingen, s. ebd., S. 102–105 *(§ III. Patria, tempus natale, educatio, expeditiones piratricae)*. Die 11., 12. und 13. seiner »Schlachten« oder »Fehden« *(conflictus)* – Zählung nach Snorri Sturluson – fanden im Nordwesten der Iberischen Halbinsel statt: *Undecimus in Grislupollis* [Grislupollar = Castropol]. *Inde Occidentem versus profectus, in sinu Fetlensi* [Fetlafjord = Flavium Brigantium = Betanzos] *duodecimum certamen gessit. Austrum versus inde movens, decimum tertium prælium in Seliupollis* [Seljupollar = Rivas de Sil] *ciebat, expugnatoque oppido Gunnvaldsburgo* [Gunnvaldsborg = Tui; nach Dozy ^{3}1881, S. 300–302, Almazán 1986, S. 115 und ders. 2002, S. 168–170], *Comitem Geirfinnum comprehendit* (Acta Sanctorum Julii tomus septimus 1868, S. 104F [Abschnitt 34]). Von Olafs 11., 12. und 13. Waffengang handelt Snorri Sturluson, Heimskringla, Ólafs saga helga, 17. kafli (Sturluson, ed. Kristiánsdóttir u.a. 1, 1991, S. 265–266; deutsche Übersetzung in Sturluson, hg. Hube 2006, S. 221–222), wobei die entscheidenden Passagen Zitate aus einer Dichtung Sighvatr Thórđarsons, des Hofdichters König Olafs des Heiligen, sind.

115 Zur Ikonographie des hl. Olaf s. Blindheim 1981.

116 Zu König Erik I. und Königin Bodil s. Jexlev 1986.

117 Dazu Christiansen 1980b, S. 263–264 Anm. 2.

118 *Ericus [...] cum coniuge Botilda, quæ Ulvoni Gallitiano ex filio Thrugoto neptis obvenerat, Suetiam petivit*; Saxo Grammaticus 1, 1931, S. 330 Zeile 10–12 (12. Buch, I.1).

119 So Daxelmüller / Thomsen 1978, S. 159 und bereits Fabricius 1.1, 1934, S. 212.

120 S. oben Anm. 6 (mit Nachweisen).

121 Krötzl 1994, S. 108. Obwohl der Pirat Olaf und der christliche Kreuzfahrer Sigurd klar voneinander geschieden sind, meint Krötzl 1993, S. 361–362, eine »Übergangszeit« »zwischen dem 10. und dem 11. Jahrhundert« (!) annehmen zu müssen, als deren »exemplarische Verkörperung« er Olaf berachtet. Für diese Übergangszeit werde man im Zweifel darüber gelassen, ob die Wikinger »eher als Plünderer denn als Pilger« kamen. Durch Olafs und seiner Horde Taten ist jedoch vollkommen ausgeschlossen, dass er »Galicien aus religiösen Gründen« besucht haben könnte.

122 Bünz 2000, S. 43: »Untrügliches Zeichen solcher Pilgerreisen [nach Santiago; U.K.] sind als dingliche Überreste aber die sogenannten Jacobusmuscheln und ihre Nachbildungen, welche seit dem 12. Jahrhundert ›zu dem Abzeichen des Santiagopilgers schlechthin‹ wurden«. Freilich kann die Jakobsmuschel als Indiz für Santiagopilgerschaft auch trügen,

da sie keineswegs nur an der galicischen Küste gefunden werden kann und da sie »rasch zum generellen Pilgerattribut« wurde; Köster 1981a, S. 454. Die im Norden gefundenen Pilgermuscheln gehören »durchweg der atlantischen Spezies mit runden Rippen an, die von Madeira bis Norwegen vorkommen«; Müller-Wille 1996, S. 57 Anm. 127. Über Funde von Pilgermuscheln s. Köster 1981b, Gruppe 1982, S. 18, Köster 1983, ders. 1984, Andersson 1989, Müller-Wille 1996, S. 36–39, Bünz 2000, S. 43–45, Nagel 2008, S. 80–82.

123 Diese »wahre« Jakobsmuschel ist nicht mit der von Linné so genannten *Pecten jacobaeus L.* zu verwechseln; dazu Köster 1983, S. 121. Leider kommt diese Verwechslung häufig vor, etwa auch bei Röckelein 2005, S. 178, die zudem allzu bedenkenlos von dem Fund einer solchen Muschel bzw. eines Fragments derselben auf »Santiagopilger« schließt.

124 Gruppe 1982, S. 18.

125 Nach Köster 1983, S. 119 spiegelt sich darin »die besondere Aktivität der jüngsten Jahrzehnte auf dem Felde der mittelalterlichen Archäologie, dazu die sehr unterschiedliche Aktivität der Ausgrabungstätigkeit in den verschiedenen Regionen Europas«. Zur Verbreitung der Fundorte s. Müller-Wille 1996, S. 38–39. In die Karte ›Verbreitung von Pilgermuscheln‹ ebd., S. 38 Abb. 30 wurden die Forschungsergebnisse von Köster 1983 und Andersson 1989 eingearbeitet.

126 Gefunden wurden diese Schleswiger Pilgermuscheln am »Schild«, in der Plessenstraße, in der Langen Straße und unter dem Rathausmarkt (Köster 1983, S. 11, 119).

127 Köster 1983, S. 122; s. auch Radtke 1985, S. 11, Müller-Wille 1996, S. 39, Almazán 1998, S. 67 (Nr. 6).

128 Museum für Kunst und Kulturgeschichte der Hansestadt Lübeck, Inv.-Nr. AL 89 9/3 (Ausstellung Holstentor); Nachzeichnung im Maßstab 1:1 bei Müller-Wille 1996, S. 37 Abb. 29; ebd., S. 39: »Sie [die Muschel aus der Kirche von Alt Lübeck; U.K.] gehört zu den ältesten Zeugnissen der Pilgerfahrt nach Santiago de Compostela im Norden Europas.«

129 Müller-Wille 1996, S. 39–44, Bünz 2000, S. 45.

130 Andersson 1989, S. 110 (Nr. 75, Mitte 11. Jh.; Nr. 73 und 74, Ende 11. Jh.), 114 mit Anm. 253 und 354, Müller-Wille 1996, S. 39.

131 Nach Haasis-Berner 2003, S. 51 sind 145 Exemplare der Jakobsmuschel »aus der Zeit zwischen ca. 1000 und 1350 bekannt«, davon stammen 108 Exemplare aus Gräbern. Woher er die Sicherheit nimmt, »daß es sich in jedem Fall um Andenken aus Santiago handelt« (ebd., S. 51 Anm. 197), bleibt unklar.

132 Köster 1984, S. 210. Die Angabe, dass die Pilger die Muscheln »an den Stränden Galiciens fanden« (Tripps 2005, S. 174), ist zu korrigieren.

133 LSJ 1998, S. 91: *[…] oratores a Iherosolimis redientes palmas deferunt et a sancti Iacobi liminibus revertentes crusillas gerunt.* Deutsche Übersetzung nach Herbers [+]1991, S. 66.

134 LSJ 1998, S. 252: *[…] paradisus […] in quo crusille piscium id est intersigna beati Iacobi venduntur peregrinis, et butti vinarii, sotulares, pere cervine, marsupia, corrigie, cingule et omne genus erbarum medicinalium, et cetera pigmenta, et alia multa ibi ab vendendum habentur.* Deutsche Übersetzung nach Herbers [+]1991, S. 143.

135 Abgesehen von der praktischen Schwierigkeit, ihn durchzusetzen, wurde der Monopolanspruch auch von den Bürgern der Stadt in Frage gestellt; s. dazu Cohen 1976, S. 195: »Initially, shrines claimed a monopoly over the manufacture and sale of pilgrim badges, but the lay population of the town objected. There were conflicts over this issue in Compostela and Le Puy during the thirteenth century«. Über unerlaubten Verkauf und Kauf von Muscheln außerhalb Santiagos (sogar in Paris!), Herstellung von Imitationen aus Metall, Konflikten zwischen den Erzbischöfen von Santiago und den Muschelhändlern s. auch Vázquez de Parga / Lacarra / Uría Ríu 1, 1948, S. 132–134 und Mieck 1978, S. 526 Anm. 35.

136 Köster 1981a, S. 454, ebenso ders. 1984, S. 210. Nach Plötz 1991, Sp. 254 wurde »die J(akobs)muschel schon im 12.Jh. zum allg(emeinen) Pilgerzeichen«.

137 Gottfried von Straßburg, Tristan, V. 2630–2635, zitiert nach Gottfried (hg. Weber) 1967, S. 74; Über-

setzung nach Gottfried (übers. Krohn) 1, 1980, S. 165: »Diese Pilger trugen Leinenkutten und solche Kleidung, die Wallfahrern angemessen ist, und außen an ihren Gewändern waren Meermuscheln angenäht und viele fremdartige Zeichen«; Hinweis auf diese Stelle bei Plötz 1981 / 82, S. 145 und Köster 1984, S. 204.

138 Gottfried von Straßburg, Tristan, V. 2647–2649, zitiert nach Gottfried (hg. Weber) 1967, S. 74; Übersetzung nach Gottfried (übers. Krohn) 1, 1980, S. 167: »Außerdem trugen sie auf dem Rücken, zum Zeichen der Buße, heilige Palmenzweige.«

139 Spencer 1971, S. 61.

140 Köster 1984, S. 210.

141 Forgeais 1863, S. 63 (mit Abbildung des Pilgerzeichens).

142 Köster 1963, S. 81: »Der Praxis vieler mittelalterlicher Glockengießer, auf ihren Werken Pilgerzeichen als figürlichen Schmuck, zugleich als apotropäische Amulette, anzubringen, danken wir bei weitem die meisten erhaltenen Wiedergaben dieser so reizvollen Zeugnisse mittelalterlicher Frömmigkeit.« Ders. 1984, S. 208: »Ausschlaggebend war der Gedanke an die apotropäische Wirkung, einmal zum Schutz der Glocke selbst, zum andern als Verstärkung der Unwetter und Dämonen bannenden Kräfte, die der Volksglaube von alters her dem Glockenklang zuschrieb. Bezeichnend dafür ist die häufige, in die vier Himmelsrichtungen weisende vierfache Anbringung eines oder verschiedener Pilgerzeichen auf dem Glockenkörper.«

143 Über den Lübecker Glockengießer Hinrich (Henrik, Heinrich) van (von) Kampen (Campen), † in Lübeck Ende 1521 oder Anfang 1522, s. Warncke 1923.

144 Zur Pfarrkirche St. Jakobus in Haddenberg bzw. auf dem Jakobsberg als Wallfahrtsort s. Bieling 1871, Beßelmann 1998, S. 107–109 und Kühne / Poettgen 2009, S. 145–149. Nach dens., S. 149 wurden bisher elf Pilgerzeichen vom Jakobsberg / Haddenberg gefunden; Abbildung eines dieser Pilgerzeichen bei Oefelein 2008, S. 119 Abb. 2. – Andere Beispiele des hl. Jakob als Pilgerzeichen auf Glocken sind bei Köster 1957, S. 95 (Nr. F 45) verzeichnet; s. etwa ebd., Taf. IV Abb. 23 den hl. Jakob auf der Glocke von Butzbach (zwischen Bad Nauheim und Gießen) 1453. Diese Glocken liegen zwischen 1452 und 1455. Die Pilgerzeichen vom Jakobsberg / Haddenberg hatte Köster noch nicht identifiziert.

145 Die Praxis, die Fahrt nach Jerusalem mit einem Abstecher nach Santiago zu verbinden, scheint auch in der folgenden Zeit Nachahmer gefunden zu haben. Nach Schmugge 1979, S. 26 »haben bekanntlich« seit dem 2. Kreuzzug 1147 / 48 »die auf dem Seewege von Nordeuropa nach Jerusalem segelnden Kreuzfahrer fast ausnahmslos auch Santiago besucht und dabei wohl auch Handelsbeziehungen angeknüpft«. Da Schmugge dies als bekannt voraussetzt, verzichtet er darauf, seine These zu belegen. Zu der Kreuzfahrerflotte, die 1189 im Zusammenhang des 3. Kreuzzugs einen Abstecher nach Santiago machte, s. S. 212.

146 Zum *Codex Calixtinus* und seinen Vorlagen s. Herbers 1984, S. 21–32.

147 LSJ 1998, S. 166 (Lib. 2, Cap. 7): *Gloriosissime magne Iacobe, [...] cuius olim ore meo indigno osculatus sum altare, [...] liberare me digneris.*

148 Ebd.

149 *Ad cuius venerabile corpus in vigilia penthecostes venientes, sanctam sollempnitatem cum magna hylaritate celebravimus*; Annales S. Disibodi 1861, S. 27, zum Jahr 1147. Über diesen Kreuzzug und den Abstecher nach Santiago s. auch Rüdebusch 1972, S. 16.

150 Helmold von Bosau [6]2002, S. 216–221, bes. S. 216 Zeile 25–26 und S. 220 Zeile 6–12 (Chronica Slavorum, cap. 60 / 61).

151 So Favreau-Lilie 1999, S. 105: «aus Köln, vielleicht auch aus Bremen und Lübeck«, ebenso Bünz 2000, S. 36. Bei Hüffer 1955, S. 131 und bei Rüdebusch 1972, S. 16 findet sich die Vermutung, auch Bremer und Lübecker hätten teilgenommen, noch nicht.

152 Stoob (Hg., Bearb.) 1984, bei Anm. 12.

153 Adam III, 7 (Trillmich [übertr.] 1961), S. 334 / 335: *[...] ecclesiastica, ut dicitur, necessitate Romam tractus est, comitem habens cum ceteris impe-*

rii magnatibus et nostrum archiepiscopum. Ubi [...] Adalbertus pontifex in papam eligi debuit, nisi quod pro se collegam posuit Clementem. A quo rex Heinricus coronatus die natalis Domini imperator et augustus vocatus est. ([...] da machte die bedrängte Lage der Kirche, wie es heißt, einen Romzug notwendig; in seinem [Heinrichs III.] Gefolge befand sich neben anderen Großen des Reiches auch unser Erzbischof. Dort [...] wäre Bischof Adalbert zum Papst gewählt worden, hätte er nicht an seiner Stelle seinen Amtsbruder Clemens vorgeschlagen. Der hat König Heinrich am Geburtsfest des Herrn zum Kaiser gekrönt und ihm den Titel Augustus beigelegt).

154 Adam III, 67; s. das Zitat u. Anm. 158.

155 Dandolo, hg. Pastorello 1938, S. 95 Z. 15–18 sowie S. 106 Zeile 19–22: *[...] cum devota plebe diocesis torcelane, presidente Deusdedit episcopo [...] ecclesiam kathedralem sancte Marie de novo construxerunt et in ea cum reverencia deposuerunt corpora sanctorum Helyodori altinensis episcopi, Liberalis confessoris et Trabe, Trabate et Theonisti martiribus, cum brachio sancti Iacobi apostoli.* Zur Datierung des Neubaus des Doms von Torcello s. ebd., S. 106 Anm. 2; vgl. auch Leyser 1975, S. 489.

156 Der Anonymus von Piacenza, ein Jerusalempilger vom Ende des 6. Jahrhunderts, machte auf dem Ölberg bzw. auf dessen nördlich gelegenem Gipfel, dem Ort der Himmelfahrt Christi, nicht nur die Zelle der hl. Pelagia, sondern auch viele Heiligengräber aus, darunter auch das des hl. Jakob: *[...] uidimus multitudinem inclausorum uirorum ac mulierum in monte Oliveti. Et sursum in monte in loco, unde ascendit Dominus, uidimus mirabilia multa et cellula, ubi fuit inclausa uel iacet sancta Pelagia in corpore. In ipso monte iacet Iacobus, Zebedaeus, Cleophas uel multa corpora sanctorum*; Antoninus Placentinus, hg. Geyer 1898, S. 170 Z. 7–12. Hinweis bei Engels 1980, S. 156 mit Anm. 51.

157 Über Reliquienteilungen s. Angenendt 1994a und ders. 1994b, S. 154: »Die in der Forschung allgemein vorfindliche Auffassung, die Gebeinteilung sei eigentlich von Anfang an üblich gewesen, muß revidiert werden; ja, bis ins 10. Jahrhundert dürften Teilungen sogar als frevelhaft gegolten haben und darum nur ausnahmsweise vorgekommen sein.«

158 Adam III, 67 (Trillmich [übertr.] 1961), S. 418 / 419: *Preter libros atque sanctorum reliquias et vestimenta sacra fere nihil inventum est in tesauris eiusdem viri. Quae tamen omnia rex accipiens una cum preceptis ecclesiae tulit etiam manum sancti Iacobi apostoli. Hanc manum, dum esset in Ytalia pontifex, accepit a quodam Veneciarum episcopo Vitale.* (Außer Büchern, Heiligenreliquien und Messgewändern fand sich in den Truhen dieses Mannes [Erzbischof Adalberts] fast nichts. Das alles aber nahm der König [Heinrich IV.] zusammen mit den Privilegien der Kirche und der Hand des hl. Apostels Jakobus an sich. Diese Hand hatte der Bischof während eines Aufenthalts in Italien von Bischof Vitalis von Venedig erhalten). Die Schenkung einer Handreliquie des Jakobus an Erzbischof Adalbert von Bremen und seine Übertragung an König Heinrich IV. von England ist unter anderem erwähnt bei Kohl 1873, S. 108, Hüffer 1957, S. 53, Mayer 1966, S. 271, Hüffer +1985, S. 26, Zender 1974, S. 11, Herbers / Plötz 2000, S. 10 (dort fälschlich als »Armreliquie« bezeichnet; Adam von Bremen [s.o.] weiß jedoch nichts von einem Arm, nur von einer Hand), Vollmers 2005b. Péricard-Méa 2000, S. 370 Anm. 4 verzeichnet die Hand des hl. Jakob irrtümlich als Zahn: »Une dent de saint Jacques«. Nach Heyne 1972, S. 59 soll aus der Hand »später ein Hut geworden« sein – wofür es jedoch keinen Beleg gibt.

159 Leyser 1975, S. 489.

160 Zu Mathilde s. Schnith 1974 und ders. 1993.

161 Peters 1991, S. 118.

162 Vázquez de Parga / Lacarra / Uría Ríu 1, 1948, S. 59–60, Hüffer 1955, S. 131, Peters 1991, S. 118 und Anm. 21.

163 *Mathildis regina in Anglia ad patrem suum proficitur, manum sancti Iacobi secum deferens; per quod irreparabile dampnum regno Francorum intulit* (Annales Sancti Disibodi 1861, S. 23, Z. 29–31); s. auch Peters 1991, S. 118.

164 Péricard-Méa 2000, S. 118. S. auch ebd., S. 369–377 eine beeindruckende Liste der Jakobsreliquien,

darunter der Unterkiefer (in Amiens), der Kopf (in Arras; ein Teilchen davon in Cappelle-Brouck), ein weiterer Kopf (in einer Kirche in der Nähe Jerusalems; ebd., S. 99) und ein Kopf (in Saumur), noch ein Kopf (in Toulouse), ein kleiner Teil des Kopfs (in Saint-Pol-sur-Mer), ein Zahn (in Moissac), ein Fragment des Leichnams (in Saint-Jacques de Provins), ein Armknochen (in Würzburg; s. dazu auch Plötz 1978), ein Stück des Arms (in Mehun-sur-Yèvre [Cher]), ein Reliquiar mit Reliquien (in Paris, Sainte-Chapelle), ein ganzer Leichnam (in Angers; Péricard-Méa 2000, S. 109–111), ein Barthaar (in Saint-Algis [Aisne]), eine Reliquie (in Corbie), Gebeine (in Saint-Fiacre) und viele andere mehr. In der Zusammenstellung von Jakobsreliquien bei Mayer 1966, S. 276 wird erwähnt, dass »der Aachener Reliquienhort Karls des Großen [...] den größten Teil des Körpers des Apostels Jakobus, allerdings ohne den Kopf« enthielt. Der Norden allerdings besaß, abgesehen von der erwähnten Hand, keine Jakobsreliquien.

165 Leyser 1975, S. 498.

166 Mayer 1966, S. 277.

167 Leyser 1975, bes. S. 481–484, zuvor schon Mayer 1966, S. 276–277. Ebd., S. 265 Anm. * vermerkt Mayer sinngemäß, dass Leyser bereits Jahre zuvor die Identität der dem Erzbischof Adalbert geschenkten Jakobshand mit derjenigen, deren Rückgabe an Friedrich Barbarossa Heinrich II. von England verweigerte, erkannt hatte.

168 Mayer 1966, S. 275.

169 Lotter 1977, S. 53: »Alle Hoffnungen fanden freilich mit dem Aufstand vom Jahre 1066 ein abruptes Ende, bei dem wiederum die Liutizen bzw. ihr Kernstamm, die Redarier, eine entscheidende Rolle spielten. Gottschalk wurde ermordet, die christliche Kirche ging in einem furchtbaren Blutbad unter. Erneut sank auch Hamburg in Schutt und Asche, [...]«.

170 Erzbischof Adalbert setzt fest, dass die der Frau Rikqvor und ihrem Sohne Heinrich zustehenden Zehnten im Falle ihres Ablebens an die Propstei auf dem Süllberg fallen sollen: *ad preposituram Sancti Jacobi Sanctique Secundi cunctorumque Theheorum martirum in sollenberh* (May [Bearb.] 1, 1937, S. 60–61, Nr. 256 mit weiteren Ausführungen, auch zur Datierung der Urkunde), ferner Petersohn 1979, S. 179 Anm. 83, vgl. ebd., S. 173, Vollmers 2005b, S. 50. Das Jakobspatrozinium der Propstei auf dem Süllberg wird auch erwähnt bei Hüffer 1955, S. 128, ders. +1985, S. 26 und Bünz 2000, S. 53.

171 Vollmers 2005b, S. 50; abweichend Plagemann 1999, S. 99: »1082 erschien der Apostel Jacobus der Ältere als Patron des Hamburger Doms neben Maria in einer Urkunde.«

172 Ähnlich urteilt Vollmers 2005b.

173 Ebd., S. 51.

174 Ebd.

175 S. dazu Heyden 1958, bes. S. 55–57.

176 Thümmler 1964 (1998), S. 893 (im Wiederabdruck 1998 S. 175). Moderhack 1985, S. 2–3 hält es für »nicht ausgeschlossen«, dass die Jakobskirche am Eiermarkt eine Kaufmannskirche war. Zur Baugeschichte und zur Grabung von 1954 s. Schultz / Stelzer 1955. Ein Kupferstich von Johann Georg Bäck (Beck) (1676–1722) bzw. aus seiner Werkstatt gibt die Jakobskirche am Eiermarkt von Südwesten im Jahre 1711 wieder; Schüpp 1985, Abb. 61.

177 Knauf 1974, S. 131.

178 Hermann Bothe, *Schichtbuch* (1514), zitiert nach Schultz / Stelzer 1955, S. 21: *Sunte Jacob de kappelle is gebuwet in de ere sunte Polycarpus. To der tiit do was dat de parkercke to Brunswick, unde was de erste kercke; dat bewiset de torne* [Turm] *noch uth. Unde dorna do sunte Marten wat gebuwet, do wart düsse kercke tobruken* [abgebrochen] *unde daruth gemaket eyne kappellen. Sunder de torne bestod, unde wart gewyget in de ere des groten sunte Jacobes.* Wenn zwischen dem Datum der Gründung bzw. des Baus einer Kirche und dem ihrer Weihe auf den Namen eines bestimmten Heiligen, etwa des hl. Jakob, nicht unterschieden wird, kommt es zu leicht widerlegbaren Thesen wie etwa der, die Braunschweiger sei »wohl die älteste bekannte Jakobuskirche [...] und dürfte 861 gegründet worden sein« (Lipp 2008, S. 98).

179 Göhler 1995, S. 39.

180 Abdruck der Urkunde von 1295 bei Pratje 1993, S. 155, Nr. I; s. auch das Zitat S. 230 (bei Anm. 443), wo wir nochmals auf die Stiftung der Jakobikirche von Bederkesa zurückkommen.

181 So »in einer alten Nachricht von den Einkünften der Kirche«; Pratje 1993, S. 203.

182 Göhler 1996, S. 10–11.

183 Pratje 1993, S. 203.

184 Über die frühen Steinkirchen Dänemarks handelt Krins 1968. Ebd., S. 127–131 ein Exkurs über die frühen dänischen Holzkirchen.

185 Zu dieser Kirche s. Danmarks kirker III / 1, 1944, S. 47–57, Olsen 1963 (über die Grabung), Johansen 1965, S. 115, Almazán 1998, S. 62–63. Nach Almazáns willkürlicher Einschätzung handelt es sich um die erste christliche Steinkirche Dänemarks; s. hingegen die Zusammenstellung der ältesten Steinkirchen Dänemarks bei Krins 1968, Tabelle II (hinter S. 106).

186 Zeitler (Hg.) 1978, S. 335.

187 Danmarks kirker III / 1, 1944, S. 47.

188 Johansen 1965, S. 115, Zeitler (Hg.) 1978, S. 335. Zur Lage der Roskilder Jakobikirche s. die Karte bei Johansen 1965, S. 114 Abb. 9 (dort Nr. 16).

189 S. oben S. 203.

190 Herbers 1984, S. 117.

191 Ders. 1988, S. 50.

192 LSJ 1998, S. 201 (Lib. 4, Cap. 1): *[...] quod tu cum magno exercitu ad expugnandam gentem paganorum perfidam, et liberandum iter meum et tellurem, et ad visitandam basilicam et sarcofagum meum [...] ad Galleciam iturus es, et post te omnes populi a mari usque ad mare peregrinantes, veniam delictorum suorum a Domino impetrantes, illuc ituri sunt, narrantes laudes Domini et virtutes eius, et mirabilia eius que fecit.* Deutsche Übersetzung nach Klein 1986, S. 39.

193 Herbers 1988, S. 52.

194 LSJ 1998, S. 201–202 (Lib. 4, Cap. 2).

195 Ebd., S. 204 (Lib. 4, Cap. 8); zitiert auch bei Herbers 1988, S. 51.

196 LSJ 1998, S. 210 (Lib. 4, Cap. 16); Herbers 1988, S. 51–52.

197 LSJ 1998, S. 225 (Lib. 4, Cap. 32). Bischof Turpin befragt einen der Dämonen, die vom Sterbebett Karls des Großen zurückkehren: »Was habt ihr gemacht?« Der Dämon antwortet: »Ein Galicier, ohne Haupt [der hl. Jakob wurde enthauptet; U.K.], legte so viele und so große Steine und unzählige Balken von den für ihn erbauten Kirchen auf die Waage, dass seine [Karls des Großen] gute Werke mehr wogen als seine Vergehen. Und darum hat er uns seine Seele entrissen und den Händen des höchsten Königs übergeben.«

198 Péricard-Méa 2005, S. 276 mit Anm. 2.

199 Moralejo 1993, S. 86.

200 So auf einem der Eckpfeiler des Kreuzgangs von Santo Domingo di Silos: Christus und die Emmausjünger, frühes 12. Jh.; Abbildung bei Moralejo 1993, S. 85. Christus trägt dort eine Pilgertasche mit einer Jakobsmuschel.

201 Beissel 1890 / 1892 (1976), S. 79: »Die Pilger, welche nach Compostella wallfahrteten, hatten eine bestimmte Tracht; man stellte darum den hl. Jacobus mit deren Mantel, Hut und Pilgermuschel dar.« Selbstverständlich mussten zuerst die Pilger diese Tracht tragen, ehe der hl. Jakob mit ihr dargestellt werden konnte. Nur kann die Erklärung dafür, dass er mit dieser Tracht dargestellt wurde, nicht ausschließlich darin liegen, dass diese Tracht die der Pilger war. Er hätte nicht mit ihr eingekleidet werden können, wenn man nicht geglaubt hätte, er sei ein Pilger gewesen.

202 Als älteste Darstellung des hl. Jakob als Pilger gilt die steinerne Ganzfigur in der Abtei Santa Maria de Tera, Provinz Zamora, links vom Südportal aufgestellt, Mitte 12. Jh.; Abbildung bei Plötz 1986, S. 345 Abb. 3 und Moralejo 1993, S. 88.

203 Moralejo 1993, S. 80; weitere Bildbeispiele bei Moralejo 1993.

204 Lotter 1977, S. 7.

205 *[...] uti Sclavorum trans fluvium Albiam commorantium nefarios ausus inhiberent*«; zitiert nach Lotter 1977, S. 8 Anm. 6.

206 *[...] quasdam gentes spurcitiis idolorum deditas [...]*; zitiert nach ebd., S. 8 Anm. 5.

207 Ebd., S. 59–60.

208 *Hierusalem nostra ab initio libera, gentilium crudelitate facta est ancilla*; Urkundenbuch des Erzstifts Magdeburg 1, 1937, S. 251 (Nr. 193); s. den Hinweis bei Lotter 1977, S. 60 mit Anm. 186.

209 Ekdahl 1989, S. 206 (Sven Ekdahl fasst mit dieser These Forschungsergebnisse Tore Nybergs zusammen).

210 Über Vizelin (um 1090–1154; 1149–1154 Bischof von Oldenburg) s. Hoffmann 1976, Hellmann 1989, S. 11–15, Bünz 1997.

211 Adalbero war 1123–1148 Erzbischof von Bremen-Hamburg; Hellmann 1989, S. 11.

212 Ebd., S. 12.

213 Hellmann 1985, S. 65 (Papst Innozenz III. unterstützt Bischof Albert von Riga): »Ihm [Albert] wurde gestattet, auch jenseits der Elbe und ›*in Slavia*‹, d.h. im alten Obodritenlande Mecklenburg, zu predigen. Das Gelöbnis zur Livlandfahrt wurde der Wallfahrt ins Heilige Land gleichgestellt, soweit es um Nachlaß der Sünden, päpstlichen Segen und Schutz ging. Zugleich freilich wurde der Kreuzzug nur als Verteidigung der in Livland neu getauften Christen zugelassen, keineswegs als Mittel, um die Taufe mit dem Schwert zu erzwingen. Daher sollte man endlich auf den Begriff ›Schwertmission‹ verzichten, da er den Zeitgenossen unbekannt war.« Demgegenüber betont Ekdahl 1989, S. 205 Anm. 10 zu Recht, dass die Heiden »in der Praxis häufig genug die Annahme des neuen Glaubens [...] als einzige Alternative zur Gewaltanwendung – eben durch das ›Schwert‹« von seiten der Kreuzfahrer und Ordensritter sahen: »Ob man dieses als ›Zwangsmission‹, ›Gewaltmission‹ oder ›Schwertmission‹ bezeichnet, scheint mir von nebensächlicher Bedeutung zu sein.«

214 Legenda aurea 1965, S. 421–430, Jacobus de Voragine 1, 1925, Sp. 635–649.

215 Schätzungen für das gesamte ostfränkische Reich, nach Kellenbenz 1990, S. 509: im 12. Jh.: 7–8 Millionen, an der Wende vom 13. zum 14. Jh.: 13–15 Millionen.

216 Plötz 1981/82, S. 135.

217 Köpf 1996, S. 76; die Jerusalemfahrt Heinrichs des Löwen würdigt bereits Jakob von Melle in seinem Werk über die Pilgerfahrten Lübecker Bürger: von Melle 1711, S. 5–9.

218 Ebd., S. 78.

219 *Anno 1182. circa festum sancti Iacobi dux in exilium abiit* (Im Jahre 1182 etwa am Fest des hl. Jakob ging der Herzog ins Exil); Annales Palidenses auctore Theodoro Monacho. In: MGH SS 16, 1859, S. 48–98; das Zitat auf S. 96, Zeile 11.

220 Schneidmüller 2000, S. 234.

221 *Heinricus quondam dux pertesus quandoque malorum, secundum edictum imperiale regno Teutonico cedens, apud generum suum regem Anglie exulat* (Als der ehemalige Herzog Heinrich einmal der Drangsale überdrüssig war, wich er dem kaiserlichen Edikt entsprechend aus dem Deutschen Reich und ging bei seinem Schwiegervater, dem englischen König, ins Exil); Cronica S. Petri Erfordensis moderna anno 1182. In: Holder-Egger (Hg.) 1899, S. 191, Zeile 22–24.

222 Köpf 1996, S. 87 Anm. 113. *Et ipse, accepta a domino rege licencia, peregre profectus est ad Beatum Iacobum. Uxor vero sua, filia regis, remansit in custodia patris sui apud Argentomum pregnans; et cum appropinquasset tempus pariendi, peperit filium* (Und er selbst, nachdem er vom Herrn König die Erlaubnis erhalten hatte, brach auf in die Fremde zum hl. Jakob. Seine Frau aber, des Königs Tochter, schwanger, blieb in der Obhut ihres Vaters bei Argentan [Orne]; und als die Zeit des Gebärens herannahte, gebar sie einen Sohn); Ex gestis Henrici II. et Ricardi I. In: MGH SS 27, 1885 (1964), S. 104, Zeile 14–16.

223 Hiller 1978, S. 248–249, Jordan 1979, S. 215.

224 Diese These vertritt Georgi 1999, S. 117 in Anlehnung an Odilo Engels.

225 Jordan 1979, S. 257, Köpf 1996, S. 87.

226 Weinfurter 1995 (über die Gegner Heinrichs des Löwen und seine Entmachtung).

227 Poole 1938, S. 133–143 über diese diplomatischen Anstrengungen, besonders auch die Heinrichs II. von England zugunsten seines Schwiegersohnes.

228 Ebd., S. 130–131.

229 So vermutet, nicht ohne einen gewissen Selbstwiderspruch, Barz 1980 (1977), S. 316–317. Wenn sich Heinrich der Löwe, kaum angekommen, gleich wieder auf Reisen begeben hat, war zwischen Ankunft und Aufbruch für den Ausbruch einer großen Langeweile keine Zeit.

230 Engels (1982) ^{2}1996, S. 119–120: «In das Urteil auf Verbannung dürfte die Verpflichtung zu einer Bußwallfahrt eingeschlossen gewesen sein, nicht in dem Sinne, daß Heinrich der Löwe gehalten gewesen wäre, das dreijährige Exil vollständig mit einer Pilgerfahrt auszufüllen (was ja auch nachweislich nicht geschehen ist), sondern aus der Anschauung heraus, daß die Verbannung als Bestandteil der Ächtung den Kirchenbann nach sich ziehe und der Kirchenbann zur Sühneleistung durch eine Fernwallfahrt verpflichte.« Georgi 1999, S. 117–120 schließt sich der Auffassung von Engels an.

231 Poole 1938, S. 131, Barz 1980 (1977), S. 318, Jordan 1979, S. 215.

232 Poole 1938, S. 134.

233 Zur Kirchenpolitik Heinrichs des Löwen: Engels 1989, Petersohn 1995; zu den Reliquien: Köpf 1996, S. 82–85.

234 So Assmann (Hg.) 1979, S. 13 über das nordöstlich von Neumünster gelegene Dorf Horchen (heute Groß- oder Kleinharrie), ähnlich Lammers 1982, S. 30 und Bünz 1995, S. 77, 103.

235 Beide Texte sind ediert und ins Deutsche übersetzt bei Assmann (Hg.) 1979; die Erzählung von Winido ebd., S. 93–103 (Godeschalcus, cap. 26), 177–179 (Visio Godeschalci, cap. 12). Über die *Visio Godeschalci* und den *Godeschalcus* s. Bünz 1995, ders. 1999, ders. 2000, S. 39–43.

236 Assmann (Hg.) 1979, S. 102 Zeile 22 / 104 Zeile 1; zitiert auch bei Bünz 2000, S. 41, Favreau-Lilie 2005, S. 28.

237 Assmann (Hg.) 1979, S. 103.

238 Ebd., S. 105 Anm. 196.

239 S. die Karte bei Bünz 1987, S. 98 und ebd., S. 94, 106, 120 (Nr. 27).

240 Vgl. die Argumentation bei Assmann (Hg.) 1979, S. 104–105 Anm. 196.

241 Weinfurter 1980 / 81, S. 384.

242 Generell zu diesen Aufgaben von Regularkanonikern ebd., S. 386–387.

243 Herbers 1984, S. 164; s. bereits oben Anm. 2.

244 Bünz 2000, S. 39. Zur historisch-geographischen Situation s. im ›Historischen Atlas Schleswig-Holstein‹ die Karte ›Siedlungsgebiete vom 9. bis 11. Jahrhundert‹; Ibs / Dege / Unverhau (Hg.) 2004, S. 24.

245 Unverhau 1990, S. 44.

246 S. die Karte ›Siedlungsbewegungen im 12. und 13. Jahrhundert‹ bei Ibs / Dege / Unverhau (Hg.) 2004, S. 25.

247 Hellmann 1989, S. 15.

248 Ebd., S. 12.

249 Lotter 1977, S. 63.

250 Hellmann 1989, S. 13, Habich / Timm / Wilde (Bearb.) 1994, S. 156.

251 Ebd.

252 Zu Meinhard, dem Bischof von Üxküll, s. Neitmann 1993.

253 Gnegel-Waitschies 1958, S. 40.

254 Bünz 1995, S. 88.

255 *Ibi relictis navibus per longam dietam regressi limina sancti Iacobi, que iam transsieramus, visitavimus*; MGH SSrG N.S. 5, 1928, S. 182 Zeile 1–3 (aus: *Narratio itineris navalis ad terram sanctam*; ebd., S. 179–196). Dazu Rüdebusch 1972, S. 24–25 und ders. 1985, S. 42.

256 Über Hrafn Sveinbjarnarson s. Weinwich 1829, S. 171, unter ›Svendbiørnsen (Rafn)‹ und Ólason 1949, S. 373. Seine Pilgerfahrt ist in *Hrafns saga Sveinbjarnarsonar*, 4 (Helgadóttir [Hg.] 1987, S. S. 3–4, engl. Übersetzung bei Tjomsland [Übers., Einl.] 1951, S. 4–6) überliefert; dem Bericht sind Verse des Skalden Gudmund Svertingsson (13. Jh.) integriert. Hinweise auf die Santiagofahrt Hrafn Sveinbjarnarsons bei Undset 1939, S. 366 und Kilstrøm 1962, Sp. 529.

257 Helgadóttir (Hg.) 1987, S. S. 3, Z. 39, engl. Übersetzung bei Tjomsland (Übers., Einl.) 1951, S. 5.

258 Bünz 2000, S. 49 mit Anm. 64.

259 Zum hl. Anders von Slagelse s. Rasmussen 1961,

Gad 1961, S. 180–185 und Daxelmüller / Thomsen 1978, S. 159–160.

260 Datierung nach Løffler 1889, S. 24 und Andersson 1989, S. 156. Köster 1983, S. 149 datiert diesen Grabstein mit ›Ende 12. Jh.‹ zu früh. Die Haartracht und die Gestaltung der Gewandfalten schließen eine Datierung noch ins 12. oder zu Beginn des 13. Jahrhunderts aus. S. auch Gad [2]1991, S. 66, wo von Königin Margaretes Stiftung von 1411 gesagt wird, sie sei 100 Jahre nach der Pilgerreise von Jonas und Peter geschehen, womit man für den Jonas-Grabstein und für den gleich zu erwähnenden Peter Kællærs auf das frühe 14. Jahrhundert käme.

261 Nielsen 1968, Sp. 303, Jensen 1988, S. 32–34, Andersson 1989, S. 154–155 (Gravsten A; dort auch eine korrekte Transkription der Umschrift), Gad [2]1991, S. 61–63, Bünz 2000, S. 56 Anm. 94. Die Zeichnung Abildgaards ist wiedergegeben bei Jensen 1988, S. 33, Andersson 1989, S. 155 und Gad [2]1991, S. 62.

262 Datierung nach Løffler 1889, S. VI, der zu Peters Grabstein im Vergleich zu dem von Bischof Jens Krag († 1300) bemerkt: »appartenant à la même époque, à-peu-près«, und Andersson 1989, S. 156: »till tiden omkring 1300 eller 1300-talets början«. Vgl. hingegen Nielsen 1968, Sp. 303: »ca. 1350«.

263 Abbildungen des Grabsteins bei Løffler 1889, Tav. XVIII,93, Liebgott (1981) 1982, S. 40, Andersson 1989, S. 155 und Gad [2]1991, S. 64.

264 Über diesen Grabstein s. Nielsen 1968, Sp. 303, Köster 1983, S. 149 Anm. 223, Andersson 1989, S. 155–156 (Gravsten B) und Gad [2]1991, S. 63–66.

265 Gad [2]1991, S. 63–65, Liebgott (1981) 1982, S. 39–40.

266 *Accepimus quod nonnulli viri catholici regnorum Norweye et Swecie et Gocie qui uotum de uisitandis apostolorum de Vrbe seu sancti Jacobi liminibus seu in terre sancte subsidium transfretando emisisse dicuntur propriorum corporum senectute confracti uel incurabili infirmitate detenti ea complere nequeunt sicut optant*; Diplomatarium Norvegicum 6, 1864, Nr. 116 (S. 126–127, hier S. 126).

267 Ein Hinweis auf die Santiagofahrt der hl. Birgitta findet sich auch bei Kilstrøm 1962, Sp. 529.

268 Kohl 1873, S. 112–114.

269 Ohler 1983, S. 84.

270 Von Melle 1711, S. 42–47. – Über Jakob von Melle und sein Werk s. auch den Beitrag von Heinrich Dormeier in diesem Band. – Es ist vollkommen unklar, auf welcher Grundlage Plötz 1988, S. 21 zu dem Urteil gelangte: »In den Jahren 1305 bis 1363 sind z.B. in Lübecker Testamenten 23 Fahrten zum hl. Jacobus belegt.« Weder bei von Melle 1711 noch bei Ohler 1983 findet sich irgendein Hinweis auf in Lübecker Testamenten belegte Santiagofahrten vor dem Jahr 1358.

271 Ohler 1983, S. 83: »seine ›Vormundere‹, die Testamentsvollstrecker, lateinisch provisores«.

272 von Melle 1711, S. 13.

273 Ebd., S. 42–47.

274 Ebd., S. 27, 44, 70. – Die seit 1263 bezeugte Marienkapelle auf dem Gollen, östlich von Köslin in Westpommern (Polen) war bis zur Reformation ein bedeutender Wallfahrtsort. Anlässlich der Santiagofahrt Paul Bulgerins im Jahre 1415 wird die Wallfahrt auf den nah gelegenen Gollen gegen die Fernwallfahrt nach Santiago ausgespielt; s. S. 236.

275 Von Melle 1711, S. 44, 70.

276 Von Melle 1711 macht, das Jahr betreffend, unterschiedliche Angaben: ebd., S. 13: 1367, S. 43: 1376.

277 Ebd., S. 13.

278 Von Holst 1981, S. 20; ähnlich bereits ders. 1980, S. 357.

279 Von Holst 1981, S. 140; vgl. bereits ders. 1980, S. 358 mit S. 360 Anm. 25.

280 Von Holst 1981, S. 138; über den hl. Jakob ebd., S. 140.

281 Ebd., S. 140; vgl. bereits ders. 1980, S. 358: »Etwa von der Mitte des 12. Jahrhunderts an wurden einzelne Heilige Schutzpatrone ganzer Kreuzzugsunternehmen, so in Spanien Jakobus, in Skandinavien Olaf und beim ›Livlandkreuzzug‹ des frühen 13. Jahrhunderts ebenfalls Jakobus.«

282 Von Holst 1981, S. 132.

283 Ebd., S. 141.

284 Von Holst 1980, S. 358; vgl. ders. 1981, S. 141: »Der ohne Blutvergießen durchgeführte kaiserli-

che Kreuzzug hatte nach dem Glauben der meisten Teilnehmer unter dem Schutz des heiligen Nikolaus seinen Verlauf genommen; die Schwertbrüder sahen infolgedessen davon ab, die Hauptpfarrkirche Revals dem ›Maurentöter‹ (span. ›Matamoros‹) Jakobus zu weihen; Nikolaus, der in Bari ruhende Schirmherr der Staufer, wurde Titelheiliger.«

285 Von Holst 1980, S. 360 Anm. 27.

286 Ebd., S. 358.

287 So Urban 1975 im Titel seines Buchs.

288 Borst 1970, S. 2.

289 Boockmann 1986, Sp. 768.

290 Paravicini 1981, S. 28; s. auch den Abschnitt ›Georgsbanner und Marienbanner‹ bei Paravicini 2, 1995, S. 139–152.

291 Zu diesem Thema s. Boockmann 1987 und die dort zitierten Arbeiten; vgl. auch Paravicini 1987.

292 S. dazu Nicholson 2005, S. 94 und S. 108 Anm. 19. Nicholson 2005 handelt von den Heiligen, die in den militärischen Orden verehrt werden. Den hl. Jakob rechnet sie nicht dazu. Abwegig wäre die Annahme, die Aufnahme der Feier des Jakobstages in die Statuten des Deutschen Ordens sei im (vermeintlich) militärischen Charakter des hl. Jakob begründet.

293 Dazu Blaschke 1967, S. 275 (mit Literaturhinweisen).

294 Blaschke 1970, S. 26.

295 Ebd., S. 23.

296 Ebd., S. 22–25. Blaschke setzt sich kritisch mit der älteren, von Pyl (Hg.) 1885, S. 251–255 vertretenen Auffassung auseinander, die für Greifswald »von der zeitlichen Abfolge Marien-Jakobi-Nikolai« ausgeht und zudem – irrig – annimmt, »die unter der Leitung des Kl(osters) Eldena errichtete Altstadt« habe »naturgemäß in der Marienkirche ein der Patronin des Cist(erzienser) Ordens geweihtes Gotteshaus« empfangen (Pyl, ebd., S. 251).

297 Blaschke 1970, S. 25.

298 Vollmers 2005b, S. 54.

299 Ebd.

300 Heyden 1958, S. 48 (Nr. XXII); Lipp 2008, S. 160 (aufgelistet).

301 Herrmann 2007, S. 330, Antoni (Bearb.) 1993, S. 9 und oben Anm. 26. Grundriss der Jakobikirche in Allenstein bei Boetticher (Bearb.) 1894, Abb. 19 (hinter S. 16), Ansichten ebd., S. 16 Abb. 18, S. 17 Abb. 20 (beide von außen), S. 18 Abb. 21 (Innenansicht). Zur Lage der Kirche im regelmäßig angelegten Stadtgrundriss von Allenstein s. die Karten ebd., S. 8 Abb. 6 und Reiseführer Polen 1971, S. 260 (dort Nr. 4). Lipp 2008, S. 160 (aufgelistet).

302 Jähnig 1987 und ders. 1989 gebraucht diesen Begriff, 1987 am Beispiel Elbings und 1989 an dem Rigas; zum Begriff s. unten Anm. 368.

303 Petersohn 1971, S. 73.

304 Ebd., S. 73–74.

305 Ebd., S. 80.

306 Vgl. ebd., S. 74: »Die Patrozinienwahl der kolonisationszeitlichen Gotteshäudser in Ostholstein, Mecklenburg und Pommern war mithin [...] weit stärker von allgemeinen Modeströmungen als von traditionell-heimatlichen Voraussetzungen abhängig.«

307 Ebd., S. 79–80.

308 Petersohn 1979, S. 458.

309 Ebd., S. 459; ebd., S. 458: Der »Weihetitel der Stettiner Jakobikirche spiegelt sehr wahrscheinlich Bamberger Kulteinfluß wider.«

310 Ebd., S. 459.

311 S. die Zusammenstellung für Bamberg und das Bamberger Umland ebd., S. 459–460.

312 Ebd.; Deinhardt 1936a, S. 4 (Nr. 2; Weihe des von König Heinrich II. zu Bamberg erbauten Domes; 6.5.1012): *Reliquie autem in eodem altari* [gemeint ist der Altar im Westchor] *posite sunt de catena s. Petri, de sanguine s. Pauli apostoli, sanctorumque apostolorum reliquie Johannis apostoli et euangeliste, Jacobi, Andree, Thome, Philippi et Jacobi, Bartolomei, Barnabe, de sudario Domini,* [...].

313 Petersohn 1979, S. 459.

314 Der hl. Otto (um 1065–1139), Bischof von Bamberg 1102–39, ist im Kloster Michelsberg zu Bamberg bestattet. Er wurde am 10.8.1189, also erst zwei Jahre nach der oben zitierten Urkunde, kanonisiert; Petersohn 1993.

315 Pommersches Urkundenbuch 1, 1970, S. 138–141 (Nr. 108); Übersetzung ins Deutsche von U.K.

316 Ebd., S. 158 (Nr. 119) über die Stettiner Jakobikirche: *Hanc ecclesiam idem episcopus consensu generali [...] liberam esse fecit nec alicui ecclesiam obnoxiam preter cenobio sancti Michahelis in Babenberc condonans liberam sepulturam et baptismum habere et ut ecclesia Teutonicorum appellaretur, beneficio videlicet supradicti Beringeri delegans per plenarium sanctum in manus custodis monasterii sancti Michaelis de Babenberc, qui tunc presens aderat, quatenus deferret donum Pomeranice gentis in ius perpetuum monasterii sancti Michahelis.*

317 Wehrmann 1887, S. 313–314.

318 Pommersches Urkundenbuch 1, 1970, S. 419–420 (Nr. 348). Die entscheidenden Passagen aus dieser Urkunde zitiert bereits Cramer 1628, S. 33.

319 Diese Schirmherr-These vertritt von Holst 1981, S. 20.

320 Johansen 1958, S. 504 hielt die Stettiner Jakobikirche für eine Kaufmannskirche. Demgegenüber bemerkt Petersohn 1979, S. 460 Anm. 23 zu Recht, dass die Definition, die Johansen selbst für die Kaufmannskirche gibt, auf St. Jakobi in Stettin nicht zutrifft.

321 Von Holst 1980, S. 360 Anm. 27.

322 Habich / Timm / Wilde (Bearb.) 1994, S. 437.

323 Beleg aus dem Jahr 1296, nach Brehmer 1892, S. 17.

324 Stoob (Hg., Bearb.) 1984, bei Anm. 9.

325 Jähnig 1989, S. 156–157; vgl. S. 224.

326 Dazu Benninghoven 1961, S. 59–60 mit weiterer Literatur zur Rigaer Nikolaikirche; zur Lage dieser Kirche s. ebd., Karte 8.

327 Von Holst 1980, S. 358; s. das ausführliche Zitat oben S. 216 bei Anm 286.

328 Otto 1910, S. 28. Zur Lage der Dorpater Jakobikirche s. Otto 1910, Taf. I und in ders. 1918 den Lageplan für die vorgeschichtliche Wallburg und Burg und Stadt Dorpat aus mittelalterlicher Zeit; dort Nr. 26: Pforte u(nd) Turm zu St. Jakob und Nr. 40: Quelle des Bächleins oder Jakobsbrunnen.

329 Das Testament ist abgedruckt bei von Bruiningk / Busch (Hg.) 1908, S. 169–171 (Nr. 147). S. auch die Angaben zur ehemaligen St. Jakobskirche in Dorpat bei Westermann (Bearb.) 1985, S. 55 (unter B. Ehemalige Kirchen und Klöster 5.)

330 Von Bruiningk / Busch (Hg.) 1908, S. 171: *Ok so gheve ik to unser Vrowen kerken to Darpte twe mark, item so suonte Johannes kerken twe mark, item to den bröderen, to den süsteren, tome hilghen Gheste, thome spitale unde to suonte Jacobe to Darpte, isliker kerken ene mark, item den husarmen to suonte Jacobe j mark.* – Ein weiterer (vermeintlicher) Quellenbeleg für die Dorpater Jakobikirche, im Testament des Otto von Ixkulle vom 13.7.1417 (ebd., S. 210–212 [Nr. 197], hier S. 211), ist fragwürdig, da er sich höchstwahrscheinlich auf die Rigaer Jakobikirche bezieht: *Item so gheve ik to unser leven Vrouwen, to sunte Johannes to den swarten monken, tome hilgen Geist tome spittael, unde to sunte Jacobes kerken in einer isliken kerken ene last roggen, de men betalen schal ut myme erfgude.* Nur die Johanniskirche zu Riga, nicht die zu Dorpat war eine Dominikanerkireche, so dass die Wendung *to sunte Johannes to den swarten monken* – und damit der ganze Satz – nur Sinn machen, wenn sie auf Riga bezogen werden; s. dazu ebd., S. 211 Anm. 3.

331 Datierung nach Otto 1910, S. 24.

332 Ebd., S. 21–22 plädiert Otto dafür, nach der Phase der Nutzung der Pfarrkirche St. Jakob durch den Zisterzienserinnenkonvent im 15. Jahrhundert einen Zusammenschluss von Kirche und Kloster anzunehmen. Dies könnte erklären, dass 1417 Chor und Kirche zu St. Jacob zum letzten Mal genannt werden, während 1477 schon von der Katharinenkirche und ihrem Kreuzgange die Rede ist. Eines seiner Argumente für diese Konstruktion des Hergangs ist die Analogie zu Riga, wo ein Zisterzienserinnenkonvent in die Nähe der dortigen Jakobskirche zog und in ihr das Nutzungsrecht hatte.

333 Dies hatte von Holst 1980, S. 358 behauptet.

334 Zu dieser Meinung bekennt sich Otto 1918, S. 8. Seine Argumentation beruht auf teilweise höchst fragwürdigen Analogieschlüssen. Zur Braunschweiger Jakobikirche s. oben S. 205–206.

335 Zu diesen Kirchen s. Westermann (Bearb.) 1985, S. 54–55.

336 Johansen 1951, S. 41.

337 Ebd., S. 41–42: »Bei der Stelle des prähistorischen Handelsplatzes am Alten Markt entstand im Sommer 1230 die erste städtische Niederlassung deutscher Kaufleute aus Gotland. Der Schwertbrüderorden hatte damals Reval den Dänen zeitweilig abgenommen und berief, um seine Herrschaft zu festigen, 200 Kaufleute aus Gotland nach Reval und belehnte 40 von ihnen mit je 20 Haken in der estnischen Landschaft Jerwen. Das waren vermutlich die *locatores*, die Stadtgründer, aus denen später der Stadtrat hervorging. [...] Im Hintergrunde entsteht die Nikolaikirche [...].«

338 Ebd., S. 35, 41.

339 Zu den Kirchen von Reval s. Westermann (Bearb.) 1985, S. 499.

340 Johansen 1951, S. 72.

341 Ebd., S. 196; ebd., S. 141 der Hinweis auf die Quellen im Revaler Stadtarchiv und im Zentralarchiv Dorpat. Zur Insel Wulf s. von Bienenstamm 1826, S. 54, 57.

342 So die These bei von Holst 1980, S. 358.

343 Hingegen von Holst 1981, S. 140: »[...] der erste getaufte Livenfürst erhielt in Riga den christlichen Namen Caupo (niederdt. ›Kopp‹ = Jakob) [...]«; s. oben S. 215 bei Anm. 279.

344 *Eodem tempore Lyvo quidam de Thoreida vulneratus petivit a fratre Theoderico curari, promittens se, si curatus fuerit, baptizari*; Heinrici chronicon Livoniae I,8 (Arbusow / Bauer [Hg.] 1959, S. 6 Z. 25–27). Zu Caupo s. Laakmann 1939, S. 236–237 mit Abb. 144 (Grundriß des Burgberges Thoreyda bei Treyden) und 145 (Stirnwall des Burgbergs Thoreyda), Hellmann 1980a, S. 42–45 und ders. 1983.

345 Anonymus i.e. von Tiesenhausen 1861, S. 293. Über diese Schrift s. Anonymus i.e. Hasselblatt 1890, S. XXIX–XXX.

346 Russow 1584 (1967), S. 12.

347 Theoderich war wohl Zisterzienser in Loccum und wurde 1186 von Bischof Meinrad von Üxküll für die Livenmission angeworben. Seit 1211 Bischof der Esten mit Sitz in Leal, wurde er als Parteigänger des Königs von Dänemark 1219 von den Esten erschlagen; Jähnig 1997. Zur Laufbahn Theoderichs (Dietrichs) s. auch Elm 1989a, S. 135.

348 Benninghoven 1995, Sp. 1645.

349 Riley-Smith 1991, Sp. 613.

350 Benninghoven 1995, Sp. 1645.

351 Siegel des Santiagoordens: Lomax 1965, Lám. 6 (Sellos en cera del Maestre D. Pelayo Pérez Correa y dibujo dieciochesco de uno de ellos) und Lám. 7 (Sellos en cera del Cabildo General y convento de la Orden y dibujo dieciochesco del primero). Siegel des Livländischen Ritterordens der Schwertbrüder: Neumann (Bearb.) 1892, S. 13 Fig. 20 und von Holst 1981, S. 122 Abb. 102 (um 1205), Christiansen 1980a, Taf. IIa (um 1225).

352 Lomax 1965, Lám. 6.

353 Ebd., Lám. 7.

354 Von Holst 1981, S. 132; er ist der Meinung, dass der Schwertbrüderorden das Schwert vom Santiagoorden übernommen hat. Die Frage muss im Zusammenhang unserer Skizze offen bleiben. Vor einer möglichen Antwort müsste geklärt werden, ob der Santiago- oder der Schwertbrüderorden zuerst das Siegel mit dem Schwert führte. Auch ist zwischen dem Schwertkreuz, das die Brüder des Santiagoordens auf der linken Seite der Cappa trugen, weshalb man sie spätestens seit 1191 *spatarii* nannte (Schwenk 1991, Sp. 263), und dem Schwert unter dem Tatzenkreuz der Schwertbüder zu unterscheiden. »Die Kleidung der Ritter [des Santiagoordens; U.K.] bis 1397 war ein weißer Waffenrock mit weißem Skapulier und schwarzer Kapuze und Kragen. Jetzt tragen sie einen weißen Mantel, links mit dem roten Ordenskreuz« (Gritzner 1893, S. 538). Dieses Ordenskreuz ist ein rotes, auf dem horizontalen Balken in Lilien, oben in einer Blattform auslaufendes Schwertkreuz; Abbildungen bei Gritzner 1893, S. 538 Fig. 601 (Brustkreuz) und Fig. 601a (Halskreuz).

355 Weiß (Bearb.) 1992, S. 904, Nolte 1932, S. 59; vgl. Krumwiede 1960, S. 250: »K(a)p(elle) Jacobus [...] (1157 geweiht, zu einer Einsiedelei eines Benediktiners von S. Michael in Lüneburg, aus der sich das Kloster entwickelte [...]«.

356 MGH SS 23, 1874 (1963), S. 398 Zeile 32–35, 40–43: *Anno incarnationis dominice 1157, indictione 6, Idus Decembris consecrata est capella iuxta capitolium in Luneborch a venerabili Hermanno Verdensis ecclesie episcopo in honorem sancte et individue Trinitatis et sancte Marie Dei genitricis et sancti Petri apostoli et sancti Blasii episcopi et martiris et sancti Nicolai episcopi et confessoris. [...] Hec capella, que vocatur sancti Iacobi, dedicata est in honore sancte et individue Trinitatis et victoriosissime crucis et in honore sancte Marie semper virginis sanctique Michahelis archangeli. Speciali autem devotione in honore sancti Benedicti abbatis nec non sanctorum Iacobi apostoli atque Christofori martiris, Materniani quoque confessoris.* Die Notiz ist den von ihrem Herausgeber Ludwig Weiland so genannten *Tituli Luneburgenses (*MGH SS 23, 1874 [1963], S. 397–399) entnommen.

357 Ebd., S. 398, Zeile 35–39, 43–50: *de capillis sancte Marie matris Domini, Iohannis Baptiste, apostolorum Petri, Pauli, Andree, martirum quoque Marcelli pape et martiris, Laurencii, Blasii, Sebastiani; confessorum vero Martini, [...], Valerii, Odelrici, Wicberti, Godehardi, Suicberti, Willerici, virginum etiam Cecilie, Margarete, Felicitatis martirum. [...] de corpore Domini, de ligno Domini, de sepulchro Domini, de vestimento sancte Marie et apostolorum Petri et Pauli, Bartholomei, et de cruce sancti Andree, martirum quoque Stephani protomartiris [...], Ypoliti, Christofori, Bonifacii, Georgii, Pancracii, Cosme, Fabiani, Tiburtii, Magni, Victoris, Sixti, Vitalis, Viti, Alexandri pape, Stephani pape, et confessorum Silvestri pape, Gregorii pape, Nicolai episcopi, Benedicti abbatis, Hibaldi abbatis, atque virginum [...], Walburgis [...], Gertrudis, Marie Magdalene.*

358 Nolte 1932, S. 67–68.

359 S. in der Auflistung oben Anm. 357: *de vestimento [...] Bartholomei.*

360 Nolte 1932, S. 68.

361 Heyne 1972, S. 68–69.

362 Diese Vermutung wird bei Philippsen 1924, S. 42, Philippsen 1927 und bei Philippsen / Petersen 1935, S. 7 ausgesprochen.

363 Darius 1985, S. 211–212.

364 Ebd.; vgl. Stoob (Hg., Bearb.) 1973, Taf. 2: H. Stoob, Wachstumsphasen der Stadt Schleswig 1:5000 (dort bei der Kirche des Zisterzienserinnenklosters St. Johannis die Beischrift: *St. Jacob? 1196*).

365 Radtke 1985, S. 11. Die These eines Patrozinienwechsels geht auf Philippsen 1927 zurück.

366 So Radtke 1985, S. 11; vgl. auch Almazán 1998, S. 67 (Nr. 6). Zur kritischen Diskussion der Thesen von Philippsen und Radtke s. Darius 1985, S. 211–212 und Ellger 1985, S. 66–67 sowie von Rumohr 1967, S. 39, dessen Argument, dem ehrwürdigen Jakobus, einem »der ältesten Heiligen der christlichen Kirche«, müsse eine innerhalb des Stadtgebietes gelegene Kirche gewidmet gewesen sein, jedoch nicht überzeugt, da, gerade auch im Norden, weitaus die meisten Jakobikirchen außerhalb der alten Stadtmauern und in Stadterweiterungsgebieten liegen. – Nach Almazán 1998, S. 67 bestätigt Knud der Große in der genannten Urkunde vom 31.3.1196 die Überführung des Dominikanerkonvents St. Michael von Schleswig nach Flensburg. Hier ist etliches durcheinander geraten. Im Jahre 1196 gab es noch keine Dominikaner. Dominikus und sechs seiner Gefährten wurden erst 1215 durch Bischof Fulko von Toulouse als Predigergemeinschaft approbiert.

367 Ellger 1985, S. 67.

368 Im Unterschied zu dem unter anderem von Georg Schreiber mit antiaufklärerischer und antizivilisatorischer Intention propagierten Begriff der ›Sakrallandschaft‹ ist der Begriff ›Sakraltopographie‹ von solchen Implikationen frei; vgl. Schreiber 1936, S. 85: »Allmählich bildet sich in der historischen und volkskundlichen Forschung der Begriff der Sakrallandschaft heraus. Sie zeigt das Weihevolle und Ehrfürchtige in den Bereichen des Oertlichen und Heimatlichen, des Volkslebendigen und Volksgemässen, soweit es in einem engeren und zugleich in sich eng verbundenen Raum hervortritt.« Zu Schreiber s. auch oben Anm. 41.

369 Der entscheidende Passus der Urkunde von 1196 ist zitiert bei Radtke 1985, S. 6.

370 Diese Annahme findet sich bei von Holst 1980, S. 357. Vorbereitet wurde von Holsts These durch

Schlesinger 1966, S. 10, der meinte, die Vielzahl der Kirchen in Schleswig lasse sich wohl nicht anders erklären als durch die Annahme, es handle sich dabei wenigstens zum Teil um Kaufmannskirchen auswärtiger Kaufleute.

371 Bischof Albert von Riga, aus dem Geschlecht derer von Buxthoeven oder Bekeshovede, wurde 1199 von seinem Stiefonkel, dem Erzbischof Hartwig II. von Bremen, zum Bischof von Livland ernannt; Gnegel-Waitschies 1958, Hellmann 1980b. Zur intellektuellen und geistlichen Prägung der für die Anfänge der Missionierung Livlands entscheidenden Bischöfe Meinhart und Albert s. Elm 1989a, S. 149: »Gewiß spielten Lübeck, Hamburg und Bremen für sie und ihre Missionskonzeption eine bedeutende Rolle. Ihre eigentliche Prägung empfingen sie jedoch nicht in diesen geistlichen und weltlichen Metropolen, sondern in dem noch nicht lange in die christliche Welt eingegliederten Grenzraum zwischen Holstein und Wagrien, genauer im Stift Neumünster und seiner Filiale Segeberg.«

372 Hellmann 1980b, Sp. 285.

373 Jähnig 1989, S. 124.

374 Hellmann 1954, S. 121.

375 Zur – umstrittenen – Lage des ersten und zu der des zweiten Rigaer Doms s. die Karten 6–8 bei Benninghoven 1961.

376 Neumann (Bearb.) 1912, S. 1; von Holst 1981, S. 140; s. S. 215 bei Anm. 279. Erbaut wurde der Dom um 1215; Alttoa u.a. 1992, S. 376.

377 Jähnig 1989, S. 141.

378 Alttoa u.a. 1992, S. 378.

379 Jähnig 1989, S. 133.

380 Liv-, Est- und Kurländisches Urkundenbuch 1,1, 1967, S. 22 (Nr. 93; 1226 April 5): »Der Ordensmeister macht Anspruch auf den dritten Theil des Patronatsrechts über die St. Jacobikirche in der Vorstadt Riga's [*ecclesia St. Iacobi, sita in suburbio civitatis Rigensis*], weil ihm vom Bischof ein Drittheil von ganz Liv- und Lettland abgetreten worden. Da der Bischof sich dessen weigert, weil diese Kirche, vermöge päbstlicher Vorschrift, ihm, dem Bischof, allein gehöre, so vergleicht Bischof Wilhelm von Modena den Streit dahin, dass die St. Jacobikirche vom Patronatsrechte des Meisters und der Ordensbrüder für immer befreit, die Kirche zu St. Georg dagegen von jedem Patronat- und Parochialrechte eximirt wird.« Wortlaut der Urkunde ebd., Sp. 97–99 (No. LXXXII).

381 S. auch Benninghoven 1961, Karte 7: Riga um 1220 (dort bei der Jakobikirche die Angabe: 1225 erbaut). Zur Nikolaikirche s.o. S. 219–220.

382 Die Urkunde ist abgedruckt bei von Bruinigk 1898, S. 157–158; dort heißt es: *[...] dilectis in Christo abbatisse et conventui Cysterciensis ordinis ad sanctum Jacobum in civitate Rigensi [...].*

383 Gnegel-Waitschies 1958; zur Jakobikirche in Visby: ebd., S. 59 Anm. 295. – Nach Johansen 1965, S. 102 war St. Jacobi zu Visby »sicherlich [...] eine Kaufmannskirche«. Aufgrund neuerer Forschungen, insbesondere Gallén 1972, ist diese These hinfällig.

384 S. das Itinerar Bischof Alberts bei Gnegel-Waitschies 1958, S. 168–174.

385 Abgedruckt bei Gallén 1972, S. 33–34; s. auch Bohrn / Svahnström 1981, S. 54.

386 Gnegel-Waitschies 1958, S. 59 Anm. 295.

387 S. die Wiedergabe von Braun-Hogenbergs Ansicht von Visby im Vorder- und im Rückdeckel von Svahnström 1984 und den Ausschnitt bei Gallén 1972, S. 25 und bei Bohrn / Svahnström 1981, S. 54 Fig. 70.

388 Dazu ausführlich Gallén 1972, ferner Bohrn / Svanström 1981, S. 54, 95, Lagerlöf / Svahnström 1991, S. 76; s. auch die Abbildungen von Helgeands kyrkan bei Svahnström 1984, S. 135 (Rekonstruktion), Bohrn / Svahnström 1981, S. 49 (Fig. 65: Grundrisse des ersten, zweiten und dritten Geschosses), 50 (Fig. 66: Ansicht von Nordosten). Zur Verbindung des Deutschen Ordens mit der Heiliggeistkirhe s. Yrwing 1986, S. 382, 388. Galléns These, die Jakobi- sei mit der Heiliggeistkirche identisch, wird von Yrwing 1986 nicht akzeptiert. Doch scheitert m.E. Yrwings Auffassung (ebd., S. 382), der Deutsche Orden habe erst 1237 »das Heiliggeistspital und die Heiliggeistkirche« erbaut, an der architektonischen Gestalt

dieses Zentralbaus, die nicht der einer Spitalkirche entspricht. Auch unter architekturgeschichtlichem Aspekt dürfte die Heiliggeistkirche älter sein als 1237.

389 Gallén 1972, S. 28, 34, Lagerlöf / Svahnström 1991, S. 77.

390 Abbildung des Siegels bei Bohrn / Svahnström 1981, S. 89 Fig. 192.

391 Gallén 1972, S. 34.

392 Yrwing 1986, S. 382.

393 Stoob 1979, S. 21, Fehring 1988, S. 84. Es handelt sich um die beiden folgenden, bereits von Brehmer 1884, S. 224 erfassten Eintragungen zum Jahr 1227 im ältesten Oberstadtbuch: *Thedwardus juxta S. Jacobum et uxor ejus emerunt partes unius pueri et dimidii pueri, in hereditate eorum.* (Thedward bei Sankt Jakobi und seine Gemahlin kauften Anteile an einem Unfreien und an einem halben Unfreien, zu ihrem vererbbaren Eigentum.) und: *Lentfridus emit domum Margarete, juxta cimiterium S. Jacobi, a Menardo, genere Margarete.* (Lentfried kaufte Margareths beim Friedhof von Sankt Jakobi gelegenes Haus von Menard, dem Schwiegersohn Margreths.) Diese beiden Eintragungen sind Weimar 1951, S. 123 Anm. 9, 156 Anm. 5, 167 Anm. 2 entgangen. Er geht zu Unrecht davon aus, die Lübecker Jakobikirche sei erst 1263 erstmalig genannt worden.

394 Stoob (Hg., Bearb.) 1984, bei Anm. 19.

395 Schlesinger 1966, S. 20.

396 Bärmann 1961, S. 5.

397 Schlesinger 1966, S. 20–21. Schlesinger selbst bezeichnete diese »Interpretation des Lübecker Stadtgrundrisses« als »einen Vorschlag, der zur Diskussion gestellt wird und sicherlich weiterer Erörterung und Begründung bedarf« (ebd., S. 21). Er fand, soweit ich sehe, keine Zustimmung. Schlesingers Schüler Bernhard Am Ende setzte sich in seiner Doktorarbeit mit jenem Vorschlag seines Lehrers kritisch auseinander (Am Ende 1975, S. 99–102) und kommt, die Jakobikirche betreffend, zu dem Schluss: »Die Frage, ob die Jakobikirche 1170 schon bestanden habe, lässt sich [...] meines Erachtens nur verneinen« (ebd., S. 100). Lange 1976, S. 102 stimmt Am Ende unter anderem darin zu, dass »die Höhen- und Bodenverhältnisse die ideale Lage für eine schauenburgische [...] Marktsiedung mit einem Hafen klar erkennen« lassen: »das Plateau der späteren Marienkirche«; vgl. Stoob 1979, S. 20.

398 Schlesinger 1966, S. 21.

399 Helmold von Bosau [6]2002, S. 224, Zeile 4–5 (*Chronica Slavorum*, cap. 63).

400 Dies betont zu Recht Stoob 1979, S. 20 mit Anm. 37 gegen Schlesinger 1966 und Am Ende 1975.

401 Helmold von Bosau [6]2002, S. 304, Zeile 13–15 (*Chronica Slavorum*, cap. 86). Am Ende 1975, S. 108 stellt fest, dass der Begriff ›Gründung‹ nicht geeignet ist, »die Vorgänge von 1159 angemessen zu bezeichnen«, da »die alte Siedlung im wörtlichen Sinne wieder aufgebaut wurde«.

402 Am Ende 1975, S. 100 meint zwar, der Plural *ecclesias* könne »in Parallele zu ›menia‹ gesetzt und insofern rhetorisch sein«. Für das schauenburgische Lübeck möchte er »mit nur einer Kirche – der Marienkirche« rechnen. Stoob 1979, S. 20 hingegen will »an dem bei Helmold eindeutig belegten ›ecclesias‹ als einer Mehrzahl« nicht deuteln.

403 Dazu Fehring / Hammel 1985, S. 167 und passim, zusammenfassend auch Fehring 1983 (zu den Kirchen ebd., S. 14) und ders. 1985.

404 Dazu ebd., S. 183: Karte 3: Hansestadt Lübeck. Höhenschichtenplan aufgrund der gegenwärtigen Höhenverhältnisse mit Eintragung aller dendrochronologischen und bauhistorischen Daten zur Topographie von 1143 bis Mitte 13. Jh. Diesem Ergebnis entsprechend bezeichnet Höppner 1985, S. 11 in seiner Dissertation über die ›Baugeschichte der Jakobikirche zu Lübeck‹ die »erste St. Jakobi-Kirche« als »eine dreischiffige Hallenkirche aus den Jahren nach 1220«.

405 Fehring 1997, S. 39.

406 Lüdecke / Stephan 2002, S. 18 / 20: »Die aus den Baugruben des Gebäudes geborgene Keramik läßt trotz der relativ kleinen Scherbenmenge eine erste Rahmendatierung in das 13. Jahrhundert zu. [...] Eine nähere Präzisierung ergab sich schließlich bei der bauhistorischen Untersuchung mit Hilfe des Formats der verwendeten Backsteine, das nach Parallelbefunden der Zeit um 1260 zugeordnet werden konnte.« Holst 2002, S. 129: »Das aus jeweils 20 Maßen ermittelte Durchschnittsformat der Steine der Periode I: 8,8 bis 9,3 cm, 13,3 bis 13,8 cm und 27,9 bis 28,6 cm, erinnert vor allem an Bauten der 1260er Jahre, wenngleich es ähnlich auch noch einmal um 1320 / 30 auftritt.«

407 Stoob (Hg., Bearb.) 1984, bei Anm. 9.

408 S. dazu auch o. S. 219 bei Anm. 322.

409 Die Antwort auf die Frage, ob die 1163 genannte *forensis ecclesia* die Vorgängerkirche von St. Petri oder von St. Marien ist, hängt davon ab, wo genau man den Markt lokalisiert, der an der über den Lübecker Stadthügel führenden Straße liegt. Für Schlesinger 1966, der einen ersten kleineren Markt auf dem Koberg bei St. Jakobi und einen späteren großen Markt an der Stelle annahm, an der er sich bis heute befindet, war die Marienkirche fraglos die *forensis ecclesia*.

410 Stoob (Hg., Bearb.) 1984, bei Anm. 11, 14; in manchen Punkten abweichende Einschätzung bei Habich / Timm / Wilde (Bearb.) 1994, S. 451, 466.

411 Stoob (Hg., Bearb.) 1984, bei Anm. 16.

412 Petersohn 1979, S. 194; zum Abbruch ebd., Anm. 32.

413 Ebd., S. 193–200, vgl. ebd., S. 452: »[...] wo frühe Clemenskirchen in Rostock und Lübeck auf dänische Kaufmannsniederlassungen des 12. Jahrhunderts schließen lassen.«

414 Stoob 1979, S. 21 stellt dies gegen Walter Schlesinger fest, der in der Jakobikirche das erste Gotteshaus des Fernhandelsplatzes Lübeck vermutet hatte.

415 Mantels 1866, S. 5 (= ders. 1881, S. 343): »[...] am frühern Koberg, jetzigen Kauf- oder Kuhberg [...]«.

416 Brehmer 1884, S. 224, s. oben Anm. 393.

417 Mantels 1866, S. 22 [F 2] (im Wiederabdruck 1881 auf S. 368). Zu Hinrich Dunkelgud und seinem Memorialbuch s. auch den Beitrag von Heinrich Dormeier in diesem Band.

418 Vollmers 2005a, S. 35.

419 Vollmers 2005a, S. 51 zieht eine Gründung von St. Jakobi »anlässlich der Neukonstitution des Domkapitels um 1140« in Betracht, hält dann aber doch »eine Gründung erst im zweiten Viertel des 13. Jahrhunderts für wahrscheinlicher«.

420 Vollmers 2005b, S. 53–54 und ders. 2005a, S. 51. Zu den Gründungsdaten der Hamburger Kirchen s. auch Plagemann 1999.

421 Vollmers 2005b, S. 55.

422 Ebd., S. 52.

423 Ebd., S. 52–53; s. dazu auch die Karte ebd., Abb. 1: Die Hamburger Pfarreien im Spätmittelalter.

424 Vollmers 2005b, S. 54–55 zieht aufgrund der Beobachtung, dass »der Grund, auf dem man später die St.-Jakobi-Kirche errichtete«, möglicherweise von den Schaumburger Grafen zur Verfügung gestellt wurde, die ihrerseits an Kreuzzügen beteiligt waren, die Möglichkeit in Betracht, dass »der Ritterpatron Jakobus als *miles Christi* durch das Grafenhaus besondere Wertschätzung erfahren haben« mag, hält diese Überlegung aber dann doch für »pure Spekulation«.

425 Ebd., S. 58.

426 Mohr / Biederstedt / Schroeder 1985, S. 46; Buske 2002, S. 4.

427 S. dazu Thümmler 1969 (1998), der ebd., S. 195–199 (im Wiederabdruck 1998 auf S. 415–416) besonders auf »die gegen 1200 errichtete Nikolaikapelle von Soest« hinweist. Zweischiffig waren auch verschiedene Bettelordenskirchen in Polen, so die Franziskanerkirche in Krakau (seit 1237), wohl abhängig von der zweischiffigen Franziskuskirche im Prager Agneskloster, die Dominikanerkirche in Posen (Poznań) (1244–53), die Dominikaner- (1264–1343) sowie die Franziskanerkirche (letztes Drittel 13. Jh.) in Thorn (Torun), ursprünglich auch die Marienkirche der Dominikaner in Elbing (Elbląg) (vor 1300); dazu Schenkluhn 2000, S. 142–143.

428 Bahr / Conrad 1996, S. 195.

429 Grewolls 1996, S. 44.

430 Ebd. und Fait ^{3}1989, S. 2.

431 Bahr / Conrad 1996, S. 195.

432 Ebd., S. 196; s. auch Erdmann / Biederstedt 1968, S. 70.

433 Plötz 1991, Sp. 254.

434 Petzoldt 1976, Sp. 46.

435 S. dazu oben S. 217.

436 Zu Begriff und Funktion der Kaufmannskirche s. Johansen 1955, bes. S. 37–40, ders. 1958 und ders. 1965.

437 Zur Petrikirche in Novgorod als Kaufmannskirche s. Johansen 1953.

438 Visby; dazu Johansen 1965, S. 102–106.

439 Herford; dazu ebd., S. 126 Anm. 5.

440 Die Marktkirche St. Johannis Baptistae in Minden 1075, die Kapelle St. Johannis Baptistae vor dem Doventor in Bremen 1229–1424; dazu ebd., S. 126 Anm. 5.

441 Heyden 1958, S. 56 macht darauf aufmerksam, dass »manche Gotteshäuser erst spät zu ihrem Weihetitel gekommen« sind. Dies gilt auch für so manche Jakobikirche. Zur St. Ibs Kirke in Roskilde s. oben S. 206 bei Anm. 185–188.

442 Buske 2002, S. 2.

443 Zitiert nach dem Abdruck der Urkunde von 1295 bei Pratje 1993, S. 155, Nr. I. Zu Bederkesa s. bereits oben S. 206 bei Anm. 179–180.

444 Ewe 1994, S. 9.

445 Heyden 1961, S. 13–14, zustimmend Ewe 1994, S. 42.

446 Heyden 1961, S. 15.

447 Hingegen meint Zaske 1964, S. 204: St. Jakobi wurde »gegründet, nachdem die unweit davon gelegene neustädtische Kirche St. Peter eingegangen war und es sich gezeigt hatte, dass St. Marien nicht ausreichte zur pfarrlichen Betreuung der Neustadt.« St. Petri wird noch 1321 erwähnt, St. Jakobi aber bereits 1303, folglich kann St. Petri zum Zeitpunkt der Gründung von St. Jakobi noch nicht eingegangen gewesen sein.

448 Heyden 1961, S. 20, Zaske 1964, S. 207.

449 Ewe 1994, S. 44; ebenso Heyden 1961, S. 28.

450 Zaske 1964, S. 204.

451 Heyden 1961, S. 29, Feldmann (Bearb.) 2000, S. 597.

452 Zaske 1964, S. 208–209.

453 Heyden 1961, S. 29, Wurlitzer 1992, S. 252.

454 Grewolls 1996, S. 37.

455 Feldmann (Bearb.) 2000, S. 598; s. auch den Grundriss ebd.

456 Heyden 1961, S. 29.

457 Die heutige Kirche in Voigdehagen stammt aus der 1. Hälfte des 15. Jahrhunderts; Feldmann (Bearb.) 2000, S. 629.

458 Heyden 1961, S. 30.

459 Grewolls 1996, S. 40, 67 und passim.

460 Johann Dotenberg verkauft den Vorstehern des Heiliggeist-Hauses, der Marien-, Nikolai- und Jakobikirche Tidemann Frisonus und Johannes Tonaghel ([…] *ecclesie sancti Jacobi Thidemanno Frisoni et Johanni Tonaghel)* und ihren Nachfolgern einen Torfstich von acht Morgen im Lypesser-Moor; Pommersches Urkundenbuch 10, 1984, S. 367 (Nr. 5728).

461 *Item lego ecclesie beati Jacobi II marcas ad structuram*; Pommersches Urkundenbuch 10, 1984, S. 355 (Nr. 5719).

462 *Item provisores mei testamenti debent convenire unum, qui solvat vota mea ad hec loca videlicet in Overkerken* [Obernkirchen nordnordöstlich von Bückeburg], *in Godesburen* [Gottsbüren über Hofgeismar] *et ibi offerat calicem de una marca argenti et in Aquis* [Aachen], *Ridzemedum* [Rocamadour im Departement Lot, Südfrankreich] *et ad sanctum Jacobum ultra montes* [Santiago de Compostela]; Pommersches Urkundenbuch 10, 1984, S. 356 (Nr. 5719).

463 Zaske 1964, S. 207.

464 Heise (Bearb.) 1887–95, S. 204.

465 Ebd., S. 291 Anm. 586.

466 *Anno domini millesimo tricentesimo nono inchoatum est opus in hon(orem sanc)ti iacobi apostoli maioris, ad quod cum pia manu ad(iutri)ce (u)ener(a)bilis d(ominus hermannus episcopu)s posuit primum lapidem, quem deus ad eternam iheruzalem perducat ame(n)*; Heise (Bearb.) 1887–95, S. 297.

467 Weitere Beispiele bei Kuder 2004, S. 10–12.

468 Heise (Bearb.) 1887–95, S. 294, vgl. Herrmann 2007, S. 763.

469 Heise (Bearb.) 1887–95, S. 294.

470 Johansen 1958, S. 517–519, Blomqvist 1965, S. 54, 64 und passim, ders., 1978, S. 3, Riis 1993, Sp. 6.

471 Johansen 1958, S. 518.

472 S. die Karten bei Johansen 1958, S. 519, Abb. 6 (die Jakobikirche ist dort Nr. 21) und bei Blomqvist 1978, S. 10: Lund um 1300, mit Kirchen und Klöstern, ferner ders. 1951, S. 228–230; Almazán 1998, S. 72–73 (Nr. 13).

473 Blomqvist 1951, S. 229, Almazán 1998, S. 72.

474 Almazán 1998, S. 72.

475 Ebd., S. 73 (Nr. 14).

476 Danmarks kirker VII, 1954, S. 489–509, Zeitler (Hg.) 1978, S. 64, Almazán 1998, S. 74–75 (Nr. 17).

477 Danmarks kirker II / 2, 1967, S. 721–723, Almazán 1998, S. 74 (Nr. 16).

478 Almazán 1998, S. 72 Anm. 119 mit Verweis auf *Diplomatarium Danicum* 2,III (Nr. 12), S. 108.

479 Zu Viborgs Kirchen im Mittelalter s. Johansen 1965, S. 109–113 und Karte 8; zur St. Ibs Kirke s. Almazán 1998, S. 71–72 (Nr. 12); Lipp 2008, S. 160 (aufgelistet).

480 S. die Karte bei Johansen 1965, S. 111, Abb. 8: Viborg im Mittelalter; St. Jacobi (Nr. 8) ist dort die nördlichste der eingezeichneten Kirchen.

481 Danmarks kirker III / 1, 1944, S. 47–57, Olsen 1963, Johansen 1965, S. 132 Anm. 85, Rudolf Zeitler in: Zeitler (Hg.) 1978, S. 335–336, Almazán 1998, S. 62–63 (Nr. 1; mit Farbabb.) sowie oben S. 206 bei Anm. 185–188.

482 Rudolf Zeitler in: Zeitler (Hg.) 1978, S. 335–336.

483 Danmarks Kirker III / 1, 1944, S. 620–631 (Außenansicht von Süden: ebd., S. 620 Fig. 1; das Innere nach Osten: ebd., S. 623 Fig. 3), Zeitler (Hg.) 1978, S. 253–254, Almazán 1998, S. 67 (Nr. 5; Außenansicht von Südosten: ebd.).

484 Almazán 1998, S. 67 verweist auf einen Brief Papst Coelestins III. an Bischof Absalon von Roskilde aus dem Jahr 1193, in dem diese Kirche erstmals genannt sein soll. Das Schreiben, vom 20.3.1193, abgedruckt bei Thorkelin (Hg.) 1786, S. 65–67, bestätigt eine Schenkung König Waldemars samt einer von Kardinal Centius an die Burg von Hafn, enthält jedoch weder eine Nennung der Kirche von Maaløv noch einen Hinweis auf deren Jakobspatrozinium.

485 Zeitler (Hg.) 1978, S. 253; Abbildungen der Wandmalereien in Danmarks kirker III / 1, 1944, S. 625 Fig. 4, 627 Fig. 5, 7.

486 Danmarks kirker III / 1, 1944, S. 603–619 (Außenansicht von Südost: S. 603 Fig. 1; Innenraum nach Osten: ebd., S. 607 Fig. 4), Almazán 1998, S. 69 (Nr. 9; Außenansicht von Südosten: ebd.).

487 Maße: Chor 5,80 × 4,50; Schiff 15,90 × 7,00 bzw. 7,70 m. Ellger / Teuchert (Bearb.) 1957, S. 481–487 (Grundriß ebd., S. 483 Abb. 164), Beseler (Hg.) 1969, S. 732–733, Habich / Timm / Wilde (Bearb.) 1994, S. 852, Almazán 1998, S. 68 (Nr. 7).

488 Maße: Länge 28 m, Breite 9,50 m; Brauer / Scheffler / Weber (Bearb.) 1939, S. 236–245, Beseler (Hg.) 1969, S. 443–445, Habich / Timm / Wilde (Bearb.) 1994, S. 831–832, Almazán 1998, S. 70 (Nr. 10), Lipp 2008, S. 160 (aufgelistet).

489 Danmarks kirker XIX / 2, 1984, S. 869–942, Almazán 1998, S. 65–66; Lipp 2008, S. 160 (aufgelistet).

490 Almazán 1998, S. 65.

491 Danmarks kirker XIX / 2, 1984, S. 969.

492 Almazán 1998, S. 73–74 (Nr. 15).

493 Nikula 1969, Abb. auf S. 18, Almazán 1998, S. 63–64 (Nr. 2).

494 Zeitler (Hg.) 1978, S. 131–132, Almazán 1998, S. 66.

495 Zeitler (Hg.) 1978, S. 131.

496 Haupt 1927, S. 314 (S. 10), dessen Angabe ›karol. Zeit?‹ bei ›Brunsbüttel‹ zu Recht mit einem Fragezeichen versehen ist; dazu Bünz 2000, S. 52 Anm. 73: »Die Vermutung [...], das Patrozinium in Brunsbüttel sei karolingerzeitlich, ist abwegig.« Ferner Beseler (Hg.) 1969, S. 866–868 (mit Abb.), Habich / Timm / Wilde (Bearb.) 1994, S. 193–194.

497 Beseler (Hg.) 1969, S. 471–473 (mit Abb.), Habich / Timm / Wilde (Bearb.) 1994, S. 643–644, Bünz 2000, S. 51–52.

498 Stoob 1953, S. 115.

499 Gaasch 1952, S. 74 mit Anm. 74, 76, Bünz 2000, S. 52 Anm. 73.

500 Beseler (Hg.) 1969, S. 471 Abb. 1257: Neuenkirchen. Kirche, Grundriss; s. dort die schwarz markierten Teile.

501 Haupt 1927, S. 314 (S. 10): »Sandnesneben neben Andreas 13. J.«, Prange 1960, S. 70 Anm. 113: »Der Altar wurde der Jungfrau Maria und dem Apo-

stel Jakobus geweiht«, Beseler (Hg.) 1969, S. 387–388 (mit Abb. 984: Außenansicht), Habich / Timm / Wilde (Bearb.) 1994, S. 759–760, Bünz 2000, S. 52.

502 Habich / Timm / Wilde (Bearb.) 1994, S. 759.

503 Schlöpke 1704, S. 499,

504 Krumwiede 1960, S. 248, Weiß (Bearb.) 1992, S. 646.

505 Bergau (Bearb.) 1885, S. 560–562, hier S. 560, Vinken u.a. (Bearb.) 2000, S. 757–759; o. S. 203.

506 Heyden 1958, S. 48 (Nr. XXII).

507 Ebd.

508 Riemann 1924, S. 58; zur Stadtentwicklung Kolbergs und zur Umwidmung der Nikolai- in eine Marienkirche s. Blaschke 1970, S. 28–29.

509 S. dazu sein bei Reinhardt (Bearb.) 1996, S. 22–26 (Nr. 20) abgedrucktes Testament.

510 Schlöpke 1704, S. 300–303.

511 Ebd., S. 300.

512 Ebd.

513 Dass die Jakobsverehrung nicht ausschließlich ein städtisches Phänomen war, betont auch Bünz 2000, S. 51.

514 Ebd., S. 52–53.

515 Favreau-Lilie 1999, S. 104.

516 Aufschlussreich dafür sind besonders die von Bettin / Volksdorf 2003 statistisch ausgewerteten Stralsunder Bürgertestamente.

517 S. die Analyse des Schenkungsbriefs bei Daxelmüller / Thomsen 1978, S. 164–166, die 43 Nummern zählt. Doch sind unter manchen Nummern zwei oder drei Pilgerziele verzeichnet.

518 S. die Karte bei Liebgott (1981) 1982, S. 37, auf der die von Königin Margarete vorgesehenen Pilgerziele eingezeichnet sind.

519 Über Sankt Magnus, den Orkney-Jarl s. Undset 1964, S. 80–103.

520 Liebgott (1981) 1982, S. 36.

521 Beide Namensformen, Theobald und Ewald, bezeichnen den hl. Ubald von Gubbio; s. dazu Wittstock 1984, S. 15 Anm. 2.

522 Nielsen 1968, Sp. 302–303; vgl. auch Gad ^{2}1991, S. 66.

523 Cramer 1628, 3, S. 5.

524 Diplomatarium Norvegicum 18,1, 1907, S. 119–120 (Nr. 127; Bergen, 24 Juli 1493): *Vniuersis et singulis christifidelibus presentes literas visuris uel audituris Johannes dei gracia Episcopus Bergensis Salutem in domino sempiternam Notum facimus per presentes nos vidisse et perlegisse. quasdam literas testimoniales. in wlgari Danico. Venerabilis viri domini Catilli Jwarj prepositi ecclesie Ripensis super penitencia iniuncta presenciumlatori Erico Marquardi layco eiusdem dyocesis. quam idem prepositus vice et auctoritate Episcopi ordinarij pro homicidio. iniunxit quod presenciumlator. juuenilj calore commotus et inimico suggerente. lancea. proprium transfodiendo. patrvum commisit in hunc modum vt ad collum. manus. et pedes ferro cingatur Deinde peregrinetur Romam ad sanctum Jacobum et ad terram sanctam et ad alia loca sancta et religiosa. Jtem quod ante fores omnium ecclesiarum cathedralium. Dacie Norwegie et Swecie stet nudus. virgis cedendus. Demum quod a nullo petat elemosinam pro se uel propria persona. sed quod a christifidelibus sponte et liberaliter offertur suscipere possit Vnde et nos miserantes lamentabilem eius lapsum et sue adolescencie compacientes cum vicia persequenda sint. et homines diligendi xl dierum indulgencias qui in peregrinando eidem manus porrexerint adiutrices. De omnipotentis dei misericordia confisi misericorditer concedimus et indulgemus Jnstanter supplicantes pro eodem quatinus diuine retribucionis intuitu. nostrarumque precum interuentu. omnes ad quos declinare casu. uel proposito. contigerit benigne recolligant. Non sinentes eum in persona. aut in rebus. a quibuslibet. iusticie transgressoribus pergrauari Premia ab omnium bonorum retributore finaliter recepturi. Datum Bergis Anno domini Mcdxciii^{o} xx quarta Die Mensis Julij nostro sub Sigillo presentibus appensi.* Diese Quelle ist angeführt bei Gad ^{2}1991, S. 147–148.

525 Gemeint ist wohl eine »Marienkapelle (?) bei Bad Freienwalde, über die wir sonst keine Nachrichten besitzen«, so Kühne / Brumme 2007, S. 408.

526 Deus 1962, S. 16; s. auch Kühne / Brumme 2007, S. 408.

527 Spies 1982, S. 183, zitiert auch bei Ohler 1983, S. 83.

528 Die folgenden testamentarischen Verfügungen sind zitiert nach von Melle 1711, S. 44–47.
529 Ebd., S. 45, 51, 61.
530 Ebd., S. 32, 45, 79.
531 Ebd., S. 46, 54, 63, 79, 90.
532 Ebd., S. 15–16, 47.
533 Warncke 1930 / 31, S. 165; zum Folgenden samt Belegen s. ebd.; Häbler 1899, S. 31–32 stellt den Fall etwas anders dar, ohne Nennung von Elert und Johannes Stange. Außerdem möchte er, wenig plausibel, den Wechsel von Einsiedeln zu Santiago als Pilgerziel damit erklären, es sei »dem Rathe nachträglich leid geworden, eine so beschwerliche Pilgerreise in das Binnenland hinein gelobt zu haben«.
534 Favreau-Lilie 2005, S. 18.
535 Urkundenbuch der Stadt Lübeck 11, 1905, S. 221 (Nr. 217), Guerra Campos 1964, S. 148 / 316 (Nr. 18).
536 Mantels 1866 (1881), S. 11 (im Wiederabdruck 1881 auf S. 353).
537 Halm (Bearb.) ^{2}2001, S. 188, 546 (Nr. 80); Dunkelguds Aufzeichnungen zu seiner Santiagoreise sind teilweise publiziert bei Mantels 1866 (1881), S. 11–14 (im Wiederabdruck 1881 auf S. 353–357).
538 Vermutung von Mantels 1866 (1881), S. 8 (im Wiederabdruck 1881 auf S. 348).
539 Formulierung nach Paravicini 1993, S. 92.
540 Ewe 1994, S. 45.
541 Staphorst, 1.2, 1725, S. 799–917.
542 Staphorst, 1.2, 1725, S. 830: *Rever[endissimi] Capituli Ordinatio, Anno 1496. d[ie] 26 Februar.*
De Missa pro Navigatoribus ad Compostellam tendentibus de S.Jacobo decantanda. […]
Missa Deprecatoria tempore quadragesimali decantanda de Sancto Jacobo, ob rogatum Navigiatorum tendentium navigio cum Jacobitis ad Compostellam, hoc ordine cum solemnitate decantabitur cum Cantoribus ministrantibus & organis inter omnes hujus Ecclesiæ Sacerdotes. Dabitur etiam nobis à nauta, & sæpius datus unus florenus, recepto Ecclesiæ more, ut sequitur, distribuendus:
Plebano 3 ß.cantanti missam,
Ministrantibus 1 ß. cum 3 pf.
Organistæ 3 ß.
Custodibus – --- – ß. 6 pf.
Reliquum inter omnes æqualiter distribuetur.
Diese Quelle liegt wohl der folgenden Aussage von Reincke 1966, S. 54 zugrunde: »Wegen der Gefährlichkeit der Fahrt durch die Biskaya waren für die Wallfahrer nach St. Jago eigene Bittmessen in der Jakobikirche eingerichtet worden.« Ausführlicher dazu Favreau-Lilie 1999, S. 113–114.
543 Rüdebusch 1985, S. 51.
544 Ebd.
545 Lohmeier 1979b, S. 267. Über Peter Swyn s. auch Stoob 1987, über seinen Sühnestein auf dem Geschlechterfriedhof von Lunden s. Jonkanski 2009a und ders. 2009b.
546 Über Hans Detleff s. Lohmeier 1979a.
547 Zitiert nach der Handschrift Universitätsbibliothek Kiel, HS SH 193 fol. 145r; s. auch Neocorus 1978 (1827) S. 548. Über weitere Santiagopilger aus dem Norden, etwa die Gruppe unter Führung des Stralsunder Bürgers Franz Wessel (1508) s. den Beitrag von Enno Bünz in diesem Band.
548 Methner 1932, Keyser 1932.
549 Keyser 1972, S. 252–253.
550 Ebd., S. 254.
551 Szarszewski 1999.
552 Heckmann 2007, S. 12.
553 Keyser 1972, S. 254.
554 Klée Gobert (Bearb.) 1968, S. 162 (mit Kritik an den Datierungen bei Reincke 1955, S. 30–52); vgl. auch Habich / Timm / Wilde (Bearb.) 1994, S. 16–17, Kleineschulte o.J. (1999), S. 152.
555 Plagemann 1999, S. 100.
556 Ebd., S. 106.
557 Klée Gobert (Bearb.) 1968, S. 162–163.
558 Vollmers 2005b, S. 58. Zusammenstellung der zahlreichen Altäre der Hamburger Jakobikirche bei Plagemann 1999, S. 102–104.
559 Hüffer 1957, S. 53.
560 Abbildung bei Almazán 1998, S. 68; Datierung nach Ellger / Teuchert (Bearb.) 1957, S. 481 (Almazán 1998, S. 68 datiert das Siegel ins 13. Jahrhundert).
561 Maße: Chor: 5,20 × 25,00; Schiff 13,00 × 6,90 / 6,70 m. Ellger / Teuchert (Bearb.) 1957, S. 399–407

(Grundriß ebd., S. 400 Abb. 127), Beseler (Hg.) 1969, S. 683–684 (mit Abb.), Habich / Timm / Wilde (Bearb.) 1994, S. 761, Almazán 1998, S. 68 (Nr. 8).

562 Beschreibung des Kelchs samt Wiedergabe der Inschrift bei Ellger / Teuchert (Bearb.) 1957, S. 406. Zur Kirche von Kahleby ebd., S. 318–328, Beseler (Hg.) 1969, S. 677–678 (mit Abb.), Habich / Timm / Wilde (Bearb.) 1994, S. 760–761.

563 S. dazu Ellger / Teuchert (Bearb.) 1957, S. 318.

564 Die ausschließlich von der Inschrift ausgehende Annahme von Ellger / Teuchert (Bearb.) 1957, S. 326, der Kelch sei für die Marienkirche von Kahleby, den Nachbarort Moldenits, geschaffen, lässt die Frage nach den Gründen, die zur Darstellung des hl. Jakobus auf dem Kelchfuß führten, unbeantwortet. Die Glocke (14. Jh.) von Kahleby, mit der Inschrift + AUE MARIA GRACIA PLENA DOMINUS TECUM, weist auf dem Mantel vier Reliefs auf: Petrus, Christus in der Mandorla, Martin, Paulus; Ellger / Teuchert (Bearb.) 1957, S. 327. Wäre Jakobus ein Kahlebyer Nebenpatron, so wäre auch sein Relief auf der Glocke angebracht gewesen.

565 Almazán 1998, S. 76 (Nr. 20).

566 Haupt 1927, S. 314 (S. 10): »Lütau vor 1158«, Beseler (Hg.) 1969, S. 355–356, Habich / Timm / Wilde (Bearb.) 1994, S. 612–613 (mit Abb. des Turms [Abb. 903] und des Inneren [Abb. 904]), Bünz 2000, S. 52.

567 Haupt 1927, S. 314 (S. 10): »Hamwarde 12. J.?«, Prange 1960, S. 72: »Die Jakobikirche in Hamwarde ist zwar erst 1581 bezeugt; es kann jedoch nicht zweifelhaft sein, dass sie schon im Mittelalter von Worth gelöst worden war, das 1581 als Kapelle mit ihr kombiniert war.« Ferner Beseler (Hg.) 1969, S. 341, Bünz 2000, S. 52.

568 Prange 1960, S. 63 mit Anm. 45.

569 Johansen 1951, S. 141, Westermann (Bearb.) 1985, S. 475, Karin 1995, S. 318.

570 Westermann (Bearb.) 1985, S. 138. – Die Jakobikirche von Pärnu-Jaagupi, 25 km nördlich von Pernau, wurde erst 1531–34 erbaut (ebd., S. 137).

571 Thümmler 1962 (1998), S. 286 (im Wiederabdruck 1998 auf S. 435).

572 Johansen (Hg.) 1926, S. 40.

573 Ebd., S. 48 zu ›s. Jacobes kappelle, 50d‹; Johansen 1951, S. 141, Westermann (Bearb.) 1985, S. 289.

574 Johansen 1951, S. 141, 256, Westermann (Bearb.) 1985, S. 529.

575 »Berg der Freuden«; s. Jacobus de Voragine 1, 1925, Sp. 642.

576 Möhlenkamp 2010.

577 Weiß (Bearb.) 1992, S. 1132, Göhler 1997, S. 40.

578 Zu dieser Figur s. Ude 1957 mit einer Abbildung ebd., S. 33, sowie Beseler (Hg.) 1969, S. 359. Diese Holzfigur wird auch von Hans-Walter Stork in seinem Beitrag zu diesem Band besprochen.

579 Über Kloster Marienwohlde s. Beranek 1997.

580 So die Datierung bei Beseler (Hg.) 1969, S. 359, Habich / Timm / Wilde (Bearb.) 1994, S. 631 und Beranek 1997, S. 44.

581 Zur Barfüßigkeit als Ausdruck von Demut s. Kuder 2011.

582 Zum ›Matamoros‹-Typ des hl. Jakob s. z.B. die Darstellung über dem Portal von Santiago in Logroño (17. Jh.); Droste / Martin 2004, S. 88 Abb. 45.

583 Mit dieser Wandmalerei befasst sich Hans-Walter Stork in seinem Beitrag zu diesem Band.

584 Dazu Hans-Walter Stork in diesem Band.

585 Nikula 1969, Abb. S. 13.

586 Ebd., Abb. S. 6.

587 Ebd., Abb. S. 7, 9, 21.

588 Ebd., Abb. S. 15.

589 Ebd., Abb. S. 17.

590 Braun 1943, S. 351 Abb. 184, Beseler (Hg.) 1969, S. 51: »Zwei doppelseitige Zierwangen, eine mit Katharina und Maria Magdalena außen, Blasius und Johannes Ev. innen, die andere mit Madonna und Barbara außen, Jakobus d.Ä. und Bischofsfigur innen.« S. auch Habich / Timm / Wilde (Bearb.) 1994, S. 445.

591 Nationalmuseet 1920, Nr. 666B: Darstellungen auf den Wangen dieses Gestühls: Heimsuchung, elf Apostel, Maria mit Kind, Johannes der Täufer. Almazán 1986, S. 144 Abb. 25.

592 Zeitler (Hg.) 1978, S. 265.

593 Beseler (Hg.) 1969, S. 739, Habich / Timm / Wilde (Bearb.) 1994, S. 873.
594 Beseler (Hg.) 1969, S. 428, Habich / Timm / Wilde (Bearb.) 1994, S. 626.
595 Beseler (Hg.) 1969, S. 673 (dort Abb. 1830: Abbildung des gesamten Retabels), Habich / Timm / Wilde (Bearb.) 1994, S. 202–203.
596 Albrecht (Hg.) 2005, S. 299–305 (Nr. 92), Abbildung der Schreinrückwand ebd., S. 301 Abb. 92.2.
597 Ebd., S. 397–405 (Nr. 157) mit Abb. 157.2 auf S. 398. S. dazu den Beitrag von Uwe Albrecht in diesem Band.
598 Ebd., S. 234–237 (Nr. 81) mit Abb. 81.1 auf S. 235.
599 Ebd., S. 503–505 (Nr. 173) mit Abb. 173.5 auf S. 505.
600 Hamburg 1999, S. 186–189 (Kat.Nr. 22; Sebastian Giesen) mit Abb. ebd., S. 189. Dass der Heilige neben Jakobus Matthäus sei, wie im Katalog der Hamburger Ausstellung ›Goldgrund und Himmelslicht‹ 1999 vermutet wurde, kann allein schon wegen der Tonsur des hier dargestellten Heiligen ausgeschlossen werden. Es dürfte sich hier eher um den heiligen Hieron von Schottland handeln, der in Friesland als Missionar wirkte und 856 in Noordwijk aan Zee als Märtyrer starb. Er wird im Messgewand und mit einem Schwert in der Hand dargestellt. Angerufen wird er zum Wiederauffinden verlorener Sachen.
601 Umfangreiche Bilddokumentation des Göttinger Altarretabels bei Carqué / Röckelein (Hg.) 2005 (Falttafeln I–III in der Umschlaginnenklappe).
602 Kirchner 1979, S. 12.
603 Belege bei Grewolls 1996.
604 Kirchner 1982, S. 12.
605 Ebd.
606 Ebd., S. 11–12.
607 Zitiert nach Röckelein 2002, S. 7.
608 Die Transkription der Tituli nach Wulf 2002, S. 63–67 und Röckelein 2005, S. 183–184.
609 Jacobus de Voragine 1, 1925, Sp. 639.

Danksagung

Für seine Mitarbeit bei der Recherche und für die großzügige Ausleihe von Bildvorlagen danke ich Herrn Dr. Dirk Jonkanski (Landesamt für Denkmalpflege Schleswig-Holstein, Kiel) sehr herzlich, ebenso Frau Dr. Christiane Zimmermann (Nordisches Institut der Christian-Albrechts-Universität [CAU] zu Kiel) und meinem Kollegen Lars Olof Larsson (Kunsthistorisches Institut der CAU) für die Unterstützung bei der Lektüre altgermanischer, -nordischer und skandinavischer Texte. Frau Carina Brumme M.A. (Humboldt-Universität zu Berlin) gab mir Hinweise auf Literatur zur Pilgerzeichenforschung. Aufrichtigen Dank schulde ich auch Herrn Kollegen Thomas Riis (Historisches Seminar der CAU) und Herrn Dr. Hans-Walter Stork (Staats- und Universitätsbibliothek Hamburg), die mir vorab die Manuskripte ihrer Beiträge zum vorliegenden Tagungsband zur Verfügung gestellt haben.

Bibliographie

van der Aa: A. J. van der Aa, Hamconius (Martinus). In: Ders., Biographisch Woordenboek der Nederlanden bevattende Levensbeschrijvingen van zoodanige personen, die zich op eenigerlei wijze in ons vaderland hebben vermaard gemaakt, 3, Haarlem 1852, S. 41–42.

Acta Sanctorum 1863–1869: Acta Sanctorum ex latinis et græcis, aliarumque gentium antiquis monumentis collecta, digesta, illustrata [...], tertia editio, apud Victorem Palmé, a tomo I Ianuarii (1863) ad tomum x Octobris (1869), Paris – Rom 1863–1869.

Adam (Trillmich [übertr.]) 1961: Adami Bremensis Gesta Hammaburgensis ecclesiae pontificum / Adam von Bremen: Bischofsgeschichte der Hamburger Kirche. Neu übertragen von Werner

Trillmich. In: Quellen des 9. Jahrhunderts zur Geschichte der Hamburgischen Kirche und des Reiches (Rudolf Buchner [Hg.], Ausgewählte Quellen zur deutschen Geschichte des Mittelalters. Freiherr vom Stein-Gedächtnisausgabe, 11), Darmstadt 1961.

ALBRECHT (HG.) 2005: Uwe Albrecht (Hg.), Corpus der mittelalterlichen Holzskulptur und Tafelmalerei in Schleswig-Holstein, 1: Hansestadt Lübeck, St. Annen-Museum, Kiel 2005.

ALMAZÁN 1986: Vicente Almazán, Gallaecia scandinavica. Introducción ó estudio das relacións galaico-escandinavas durante a Idade Media, Vigo 1986.

ALMAZÁN 1998: Vicente Almazán, Dinamarca Jacobea. Historia, Arte y Literatura, o.O. [Santiago de Compostela] 1998.

ALMAZÁN 2002: Vicente Almazán, San Olav. Rey perpetuo de Noruega, o.O. [Santiago de Compostela] 2002.

ALTTOA U.A. 1992: Kaur Alttoa / Jurijs Vasiljevs / Jonas Minkevičius (Einleitungen, Erläuterungen und Bildauswahl), Kunstdenkmäler Baltische Staaten. Ein Bildhandbuch. Estland, Lettland, Litauen. Hg. von Reinhardt Hootz. Historischer Prolog von Hans-Joachim Kuhles, Leipzig 1992.

AM ENDE 1975: Bernhard Am Ende, Studien zur Verfassungsgeschichte Lübecks im 12. und 13. Jahrhundert (Veröffentlichungen zur Geschichte der Hansestadt Lübeck, Reihe B, Bd 2), Lübeck 1975.

ANDERSSON 1989: Lars Andersson, Pilgrimsmärken och vallfart. Medeltida pilgrimskultur i Skandinavien (Lund Studies in Medieval Archeology, 7), Kumla 1989.

ANGENENDT 1994A: Arnold Angenendt, Zur Ehre der Altäre erhoben. Zugleich ein Beitrag zur Reliquienteilung. In: Römische Quartalschrift 89, 1994, S. 221–244.

ANGENENDT 1994B: Arnold Angenendt, Heilige und Reliquien. Die Geschichte ihres Kultes vom frühen Christentum bis zur Gegenwart, München 1994.

ANGENENDT ^{2}2000: Arnold Angenendt, Geschichte der Religiosität im Mittelalter, 2., überarbeitete Aufl. Darmstadt 2000.

ANGENENDT 2010: Arnold Angenendt, In honore salvatoris. Vom Sinn und Unsinn der Patrozinienkunde. In: Ders., Die Gegenwart von Heiligen und Reliquien. Eingeleitet und hg. von Hubertus Lutterbach unter Mitarbeit von Sebastian Eck, Münster 2010, S. 209–260.

ANNALES SANCTI DISIBODI 1861: Annales Sancti Disibodi, ed. V. Cl. Georgio Waitz. In: MGH SS 17, 1861, S. 4–30.

ANONYMUS I.E. HASSELBLATT 1890: (Richard Hasselblatt), Heinrich von Tiesenhausens Leben. In: Des Bannerherrn Heinrich von Tiesenhausen des Aelteren von Berson Ausgewählte Schriften und Aufzeichnungen. Hg. im Auftrage der Gräfin Marie von Przezdiecka geborene Gräfin Tysenhaus, Leipzig 1890, S. I–XXXVI.

ANONYMUS I.E. VON TIESENHAUSEN 1861: (Heinrich von Tiesenhausen), Begangene irrthümbe und Fehler dess liefländischen Chronickenschreibers Balthasaris Russouwens. In: Archiv für die Geschichte Liv-, Est- und Curlands 8, 1861, S. 287–313.

ANTONI (BEARB.) 1993: Michael Antoni (Bearb.), Dehio-Handbuch der Kunstdenkmäler West- und Ostpreußen. Die ehemaligen Provinzen West- und Ostpreußen (Deutschordensland Preußen) mit Bütower und Lauenburger Land, München / Berlin 1993.

ANTONINUS PLACENTINUS, HG. GEYER 1898: Antonini Placentini itinerarium. In: Itinera Hierosolymitana saeculi IIII–VIII recensuit et commentario critico instruxit Paulus Geyer (Corpus scriptorum ecclesiasticorum latinorum, 39), Prag – Wien – Leipzig 1898, S. 157–218.

ARBUSOW / BAUER (HG.) 1959: Heinrici chronicon Livoniae. Editionis quam paraverant L(eonid) Arbusow et A(lbertus) Bauer textum denuo imprimendum curavit Albertus Bauer (Ausgewählte Quellen zur deutschen Geschichte des Mittelalters. Freiherr vom Stein-Gedächtnisausgabe, 24), Darmstadt 1959.

Assmann (Hg.) 1979: Erwin Assmann (Hg.), Godeschalcus und Visio Godeschalci. Mit deutscher Übersetzung (Quellen und Forschungen zur Geschichte Schleswig-Holsteins, 74), Neumünster 1979.

Babel / Paravicini (Hg.) 2005: Rainer Babel / Werner Paravicini (Hg.), Grand Tour. Adeliges Reisen und europäische Kultur vom 14. bis zum 18. Jahrhundert. Akten der internationalen Kolloquien in der Villa Vigoni 1999 und im Deutschen Historischen Institut Paris 2000 (Beihefte der Francia, 60), Ostfildern 2005.

Bärmann 1961: Johannes Bärmann, Die Städtegründungen Heinrichs des Löwen und die Stadtverfassung des 12. Jahrhunderts. Rechtsgeschichtliche Untersuchung (Forschungen zur deutschen Rechtsgeschichte, 1), Köln 1961.

Bahr / Conrad 1996: Ernst Bahr / Klaus Conrad, Greifswald. In: Helge bei der Wieden / Roderich Schmidt (Hg.), Mecklenburg-Pommern (Handbuch der historischen Stätten Deutschlands, 12), Stuttgart 1996, S. 194–200.

Barz 1980 (1977): Paul Barz, Heinrich der Löwe. Ein Welfe bewegt die Geschichte. Biographie, München 1980 (Ungekürzte Taschenbuch-Ausgabe der Ausgabe Bonn 1977).

Beissel 1890 / 1892 (1976): Stephan Beissel, Die Verehrung der Heiligen und ihrer Reliquien in Deutschland im Mittelalter (Stimmen aus Maria Laach. Ergänzungs-Heft 47 und 54), Freiburg / Br. 1890, 1892 (Nachdruck Darmstadt 1976).

Benninghoven 1961: Friedrich Benninghoven, Rigas Entstehung und der frühhansische Kaufmann, Hamburg 1961.

Benninghoven 1995: F(riedrich) Benninghoven, Schwertbrüderorden. In: LexMA 7, 1995, Sp. 1645–1646.

Bentchev u.a. ²1990: Ivan Bentchev / Dorota Leszczyńska / Michaela Marek / Reinhold Vetter, Polen. Geschichte, Kunst und Landschaft einer alten europäischen Kulturnation. Mit einer historischen Einleitung von Manfred Alexander, Köln ²1990.

Beranek 1997: Reinhold Beranek, Das Birgittenkloster Marienwohlde im Norden von Mölln. In: Lauenburgische Heimat, N.F. 146, März 1997, S. 3–52.

Bergau (Bearb.) 1885: R(udolf) Bergau (Bearb.), Inventar der Bau- und Kunst-Denkmäler in der Provinz Brandenburg im Auftrage des Brandenburgischen Provinzial-Landtages, Berlin 1885.

Bertocchi 1964: Pietro Bertocchi, Evermaro. In: Bibliotheca Sanctorum, 5, Rom 1964, Sp. 390–391.

Beseler (Hg.) 1969: Hartwig Beseler (Hg.), Die Kunstdenkmäler des Landes Schleswig-Holstein. Kunst-Topographie Schleswig-Holstein, Neumünster 1969.

Besselmann 1998: Karl-Ferdinand Beßelmann, Stätten des Heils. Westfälische Wallfahrtsorte des Mittelalters (Schriftenreihe zur religiösen Kultur, 6), Münster 1998.

Bettin / Volksdorf 2003: Hartmut Bettin / Dietmar Volksdorf, Pilgerfahrten in den Stralsunder Bürgertestamenten als Spiegel bürgerlicher Religiosität. In: Herbers / Bauer (Hg.) 2003, S. 231–257.

Bibliotheca Hagiographica Latina 1, 1898–1899; 2, 1900–1901: Bibliotheca Hagiographica Latina antiquae et mediae aetatis ediderunt Socii Bollandiani, Brüssel 1898–1899 ([1:] A–I), 1900–1901 ([2:] K–Z).

Bieling 1871: A(nton) Bieling, Jacobsberg. In: Zeitschrift für vaterländische Geschichte und Alterthumskunde, 29 (= 3. Folge, 9), 1871, S. 121–138.

von Bienenstamm 1826: H(erbert) von Bienenstamm, Geographischer Abriß der drei deutschen Ostsee-Provinzen Russlands, oder des Gouvernemens Ehst-, Liv- und Kurland, Riga 1826.

Blaschke 1967: Karlheinz Blaschke, Nikolaipatrozinium und städtische Frühgeschichte. In: Zeitschrift der Savigny-Stiftung für Rechtsgeschichte 84, Kanonistische Abteilung 53, 1967, S. 273–337.

Blaschke 1970: Karlheinz Blaschke, Nikolaikirchen und Stadtentstehung im pommerschen

Raum. In: Greifswald-Stralsunder Jahrbuch 9, 1970 / 1971, Weimar 1970, S. 21–40.

Blindheim 1981: Martin Blindheim, St. Olav – ein skandinavischer Oberheiliger. Einige Beispiele der Literatur und der Bildkunst. In: St. Olav, seine Zeit und sein Kult (Acta Visbyensia VI. Visbysymposiet för historiska vetenskaper 1979), Visby 1981, S. 53–68.

Blomqvist 1951: Ragnar Blomqvist, Lunds Historia, 1: Medeltiden, Lund 1951.

Blomqvist 1965: Ragnar Blomqvist, Die Anfänge der Stadt Lund. In: Die Zeit der Stadtgründung im Ostseeraum (Acta Visbyensia I. Visby-symposiet för historiska vetenskaper 1963), Uppsala 1965, S. 54–69.

Blomqvist 1978: Ragnar Blomqvist, Lunds Historia. Medeltiden. Supplement, Lund 1978.

Boberg 1974: J(ochen) Boberg, Evermar von Tondern. In: LCI 6, 1974, Sp. 208.

Böhm 1974a: B(arbara) Böhm, Jakobus Minor (der Jüngere). In: LCI 7, 1974, Sp. 47–51.

Böhm 1974b: B(arbara) Böhm, Jakobus Bruder des Herrn (Adelphotheos), der Gerechte. In: LCI 7, 1974, Sp. 39–41.

Boetticher (Bearb.) 1892: Adolf Boetticher, Die Bau- und Kunstdenkmäler in Natangen (Die Bau- und Kunstdenkmäler der Provinz Ostpreußen, Heft II), Königsberg 1892.

Boetticher (Bearb.) 1894: Adolf Boetticher, Die Bau- und Kunstdenkmäler in Ermland (Die Bau- und Kunstdenkmäler der Provinz Ostpreußen, Heft IV), Königsberg 1894.

Bohrn / Svahnström 1981: Erik Bohrn / Gunnar Svahnström, Helge Ands ruin och Hospitalet. Visby (Sveriges Kyrkor, Konsthistoriskt Inventarium, 184), Stockholm 1981.

Boockmann 1986: H(artmut) Boockmann, Deutscher Orden. In: LexMA 3, 1986, Sp. 768–777.

Boockmann 1987: Hartmut Boockmann, Beiträge zu einer Ikonographie des Deutschen Ordens (III). In: Zenon Hubert Nowak (Hg.), Werkstatt des Historikers der mittelalterlichen Ritterorden. Quellenkundliche Probleme und Forschungsmethoden (Colloquia Torunensia Historica. Ordines militares, 4), Thorn 1987, S. 65–75.

Borst 1970: Arno Borst, Schutzheilige mittelalterlicher Gemeinwesen. In: Konstanzer Arbeitskreis für mittelalterliche Geschichte e.V. Protokoll über die Arbeitssitzung vom 24. Januar 1970 im Ratssaal Konstanz Nr. 157, S. 1–13.

Borst 1980: Arno Borst, Zwei mittelalterliche Sterbefälle. In: Merkur. Deutsche Zeitschrift für europäisches Denken 34, Heft 11, 1980, S. 1081–1098.

Brauer / Scheffler / Weber (Bearb.) 1929: Heinrich Brauer / Wolfgang Scheffler / Hans Weber (Bearb.), Die Kunstdenkmäler des Kreises Husum (Ernst Sauermann [Hg.], Die Kunstdenkmäler der Provinz Schleswig-Holstein, 1), Berlin 1939.

Braun 1943: Joseph Braun, Tracht und Attribute der Heiligen in der deutschen Kunst, Stuttgart 1943.

Brehmer 1884: W(ilhelm) Brehmer, Zusammenstellung der erhaltenen Eintragungen in das älteste Oberstadtbuch. In: Zeitschrift des Vereins für Lübeckische Geschichte und Alterthumskunde 4, 1884, S. 222–260.

Brehmer 1892: W(ilhelm) Brehmer, Die Straßennamen in der Stadt Lübeck und deren Vorstädten. In: Zeitschrift des Vereins für Lübeckische Geschichte und Alterthumskunde 6, 1892, S. 1–48.

Brückner 1970: Wolfgang Brückner, Zur Phänomenologie und Nomenklatur des Wallfahrtswesens und seiner Erforschung. Wörter und Sachen in systematisch-semantischem Zusammenhang. In: Dieter Harmening u.a. (Hg.), Volkskultur und Geschichte. Festgabe für Josef Dünninger zum 65. Geburtstag, Berlin 1970, S. 384–424.

von Bruiningk 1898: H(ermann) Baron (von) Bruiningk, Ueber zwei bisher unbekannte Urkunden des Erzbischofs Albert vom Jahre 1258 und des rigaschen Dompropstes Dietrich Nagel vom Jahre 1463. In: Sitzungsberichte der Gesellschaft für Geschichte und Alterthumskunde der

Ostseeprovinzen Russlands aus dem Jahre 1897, Riga 1898, S. 156–165.

von Bruiningk / Busch (Hg.) 1908: Hermann von Bruiningk / Nicolaus Busch (Hg.), Livländische Güterurkunden (aus den Jahren 1207 bis 1500), Riga 1908.

Bünz 1987: Enno Bünz, Das älteste Güterverzeichnis des Augustiner-Chorherrenstiftes Neumünster. Untersuchungen zur Grundherrschaft am Ende des 12. Jahrhunderts. In: Zeitschrift der Gesellschaft für Schleswig-Holsteinische Geschichte 112, 1987, S. 27–122.

Bünz 1995: Enno Bünz, Neue Forschungen zur Vision des Bauern Gottschalk (1189). In: Zeitschrift der Gesellschaft für Schleswig-Holsteinische Geschichte 120, 1995, S. 77–111.

Bünz 1997: E(nno) Bünz, Vicelin. In: LexMA 8, 1997, Sp. 1622–1623.

Bünz 1999: Enno Bünz, ›Visio Godeschalci‹ / ›Godeschalcus‹. In: Die deutsche Literatur des Mittelalters. Verfasserlexikon 10, Berlin / New York 1999, Sp. 404–408.

Bünz 2000: Enno Bünz, Santiagopilger und Jakobusverehrung zwischen Nord- und Ostsee im 12. Jahrhundert. In: Hansische Geschichtsblätter 118, 2000, S. 35–56.

Buske 2002: Norbert Buske, Die Jacobikirche in Greifswald, Schwerin 2002.

Carqué / Röckelein (Hg.) 2005: Bernd Carqué / Hedwig Röckelein (Hg.), Das Hochaltarretabel der St. Jacobi-Kirche in Göttingen (Veröffentlichungen des Max-Planck-Instituts für Geschichte, 213 = Studien zur Germania Sacra, 27), Göttingen 2005.

Caucci von Saucken (Hg.) 1993: Paolo Caucci von Saucken (Hg.), Santiago de Compostela. Pilgerwege, Augsburg 1993.

Christiansen 1980a: Eric Christiansen, The Northern Crusades. The Baltic and the Catholic Frontier, 1100–1525, Minneapolis 1980.

Christiansen 1980b: Eric Christiansen, Saxo Grammaticus. *Danorum Regum Heroumque Historia*, Books X–XVI. The text of the first edition with translation and commentary in three volumes, Vol. I: Books X, XI, XII and XIII (BAR [British Archeological Reports] International Series, 84), Oxford 1980.

Cinthio 1969: Erik Cinthio, Heiligenpatrone und Kirchenbauten während des frühen Mittelalters. In: Kirche und Gesellschaft im Ostseeraum und im Norden vor der Mitte des 13. Jahrhunderts (Acta Visbyensia III. Visby-symposiet för historiska vetenskaper 1967), Visby 1969, S. 161–169.

Cohen 1976: Esther Cohen, *In haec signa:* Pilgrim-badge trade in southern France. In: Journal of Medieval History 2, 1976, S. 193–214.

Cramer 1628: Das Grosse Pomrische Kirchen Chronicon D. DANIELIS CRAMERI Das ist Beschreibung Und Außführlicher Bericht / was sich fürnemblich in Religions Sachen / von Enderung der Heydenschafft her / im Land zu Pomren / und zugehörigem Fürstenthumb Rügen / [...] biß auff kegenwertige Zeit / begeben und zugetragen hat, Alt-Stettin 1628.

Dandolo, hg. Pastorello 1938: Andreae Danduli ducis Venetiarum Chronica per extensum descripta aa. 46–1280 d. C. a cura di Ester Pastorello (Rerum italicarum scriptores. Raccolta degli storici italiani dal cinquecento al millecinquecento ordinata da L. A. Muratori t. XX p. I), Bologna 1938.

Danmarks kirker I–XXIII, 1936–2008: Danmarks kirker. Udgivet af Nationalmuseet

II / 2, 1967: Erik Moltke / Elna Møller under medvirken af Ulla Haastrup / Marie-Louise Jørgensen, II: Frederiksborg Amt, 2. Bind, Kopenhagen 1967.

III / 1, 1944: E(rik) Moltke / Elna Møller / C(arl) G(eorg) Schultz, III: Københavns Amt, 1. Bind, Kopenhagen 1944.

VII, 1954: O(tto) Norn / C(arl) G(eorg) Schultz / Erik Skov, VII: Bornholm, Kopenhagen 1954.

XIX / 2, 1984: Elna Møller / Ebbe Nyborg / Niels Jørgen Poulsen, XIX: Ribe Amt, 2. Bind, Kopenhagen 1984.

Darius 1985: Veronika Darius, Adeliges St. Johanniskloster auf dem Holm (ev. Damenstift), ehem.

Benediktinerinnenkloster. In: Lafrenz (Bearb.) 1985, S. 211–298.

DAXELMÜLLER / THOMSEN 1978: Christoph Daxelmüller / Marie-Luise Thomsen, Mittelalterliches Wallfahrtswesen in Dänemark. Mit einem Kultstätten-Katalog. In: Jahrbuch für Volkskunde, N.F.1, 1978, S. 155–204.

DEINHARDT 1936A: W(ilhelm) Deinhardt, Dedicationes Bambergenses. Weihenotizen und –urkunden aus dem mittelalterlichen Bistum Bamberg (Beiträge zur Kirchengeschichte Deutschlands, 1), Freiburg / Br. 1936.

DEINHARDT 1936B: Wilhelm Deinhardt, Patrozinienkunde. In: Historisches Jahrbuch 56, 1936, S. 174–207.

DEUS 1962: Wolf-Herbert Deus, Ein Reisepaß für Wallfahrer 1442 April 8. In: Soester Zeitschrift 76, 1962, S. 16–17.

DIPLOMATARIUM NORVEGICUM: Diplomatarium Norvegicum. Oldbreve til kundskab om Norges indre og ydre forhold, sprog, slægter, sæder, lovgivning og rettergang i middelalderen

6, 1864: 6. samling. Samlede og udgivne af C(arl) R(ichard) Unger og H(enrik) J(örgen) Huitfeldt, Christiania 1864.

18, 1907–1919: 18. samling. Samlet og udgiven af H(enrik) J(örgen) Huitfeldt-Kaas, Chr(istopher) Brinchmann og Alexander Bugge, Oslo 1907–1919.

DORN 1917: Johann Dorn, Beiträge zur Patrozinienforschung. In: Archiv für Kulturgeschichte 13, 1917, S. 9–49, 220–255.

DOZY ³1881: R(einhart) Dozy, Recherches sur l'histoire et la littérature de l'Espagne, troisième édition revue et augmentée, 2, Leiden 1881 [auch als Reprint vorhanden: Amsterdam 1965].

DROSTE / MARTIN 2004: Thorsten Droste / Joseph S. Martin, Der Jakobsweg. Geschichte und Kunst der mittelalterlichen Pilgerroute durch Spanien, München 2004.

DÜNNINGER 1961: Hans Dünninger, Progressio peregrinationis. Volkskundliche Untersuchungen zu einer Geschichte des Wallfahrtswesens im Gebiet der heutigen Diözese Würzburg. In: Würzburger Diözesan-Geschichtsblätter 23, 1961, S. 53–188.

EKDAHL 1989: Sven Ekdahl, Die Rolle der Ritterorden bei der Christianisierung der Liven und Letten. In: Inizi del cristianesimo in Livonia-Lettonia 1989, S. 203–243.

ELLGER 1985: Dietrich Ellger, *Jacobikirche. In: Lafrenz (Bearb.) 1985, S. 66–67.

ELLGER / TEUCHERT (BEARB.) 1957: Dietrich Ellger / Wolfgang Teuchert (Bearb.), Die Kunstdenkmäler des Landkreieses Schleswig ohne die Stadt Schleswig (Peter Hirschfeld [Hg.], Die Kunstdenkmäler des Landes Schleswig-Holstein, 8), München / Berlin 1957.

ELM 1989a: Kaspar Elm, Christi cultores et novelle ecclesie plantatores. Der Anteil der Mönche, Kanoniker und Mendikanten an der Christianisierung der Liven und dem Aufbau der Kirche von Livland. In: Inizi del cristianesimo in Livonia-Lettonia 1989, S. 127–170.

ELM 1989b: Kaspar Elm, Der Anteil der christlichen Orden an der Christianisierung Litauens. In: La Cristianizzazione della Lituania. Atti del Colloquio Internazionale di Storia Ecclesiastica in Occasione del VI Centenario della Lituania Cristiana (1387–1987). Roma, 24–26 Giugno 1987 (Pontificio Comitato di Scienze Storiche. Atti e Documenti 2), Città del Vaticano 1989, S.175–203.

ENGELS 1980: Odilo Engels, Die Anfänge des spanischen Jakobusgrabes in kirchenpolitischer Sicht. In: Römische Quartalschrift 75, 1980, S. 146–170.

ENGELS (1982) ²1996: Odilo Engels, Zur Entmachtung Heinrichs des Löwen. In: Ders., Stauferstudien. Beiträge zur Geschichte der Staufer im 12. Jahrhundert. Hg. von Erich Meuthen und Stefan Weinfurter, Sigmaringen ²1996, S. 116–130 (Erstdruck in: Festschrift für Andreas Kraus zum 60. Geburtstag. Hg. von Pankraz Fried und Walter Ziegler [Münchener Historische Studien, Abt. Bayerische Geschichte, 10], Kallmünz 1982, S. 45–59).

ENGELS 1989: O(dilo) Engels, H(einrich) d(er) Löwe. In: LexMA 4, 1989, Sp. 2076–2078.

Engels 2001: Odilo Engels, Der Südwesten Europas um 1100. In: Herbers (Hg.) 2001, S. 79–89.

Ennen 1953 (³1981): Edith Ennen, Frühgeschichte der europäischen Stadt, Bonn 1953 (3., um einen Nachtrag [Bemerkungen zum gegenwärtigen Forschungsstand] erweiterte Auflage, Bonn 1981).

Erdmann / Biederstedt 1968: Gustav Erdmann / Rudolf Biederstedt, Greifswald, Rostock 1968.

Ewe 1994: Herbert Ewe, Das alte Stralsund. Kulturgeschichte einer Ostseestadt, Weimar 1994.

Fabricius 1.1, 1934: L(orentz) P(eter) Fabricius, Danmarks kirkehistorie I: Middelalderen, I binds I halvbind, Kopenhagen 1934.

Fait ³1989: Joachim Fait, Die Marienkirche zu Greifswald (Das christliche Denkmal, Heft 35), 3. Aufl. Berlin 1989.

Favreau-Lilie 1999: Marie-Luise Favreau-Lilie, Von Nord- und Ostsee ans ›Ende der Welt‹. Jakobspilger aus dem Hanseraum. In: Hansische Geschichtsblätter 117, 1999, S. 93–130.

Favreau-Lilie 2005: Marie-Luise Favreau-Lilie, Die Pilgerfahrt nach Santiago de Compostela: Perspektiven hanseatischer Testamente. In: Röckelein (Hg.) 2005, S. 27–48.

Fehring 1983: Günter P(aul) Fehring, Alt Lübeck und Lübeck; zur Topographie und Besiedlung zweier Seehandelszentren im Wandel vom 12. zum 13. Jahrhundert. In: Lübecker Schriften zur Archäologie und Kulturgeschichte 7, 1983, S. 11–18, Abb. 1–5.

Fehring 1985: Günter (Paul) Fehring, The Archaeology of Early Lübeck: the Relation between the Slavic and German Settlement Sites. In: H(oward) B(rian) Clarke / Anngret Simms (Hg.), The Comparative History of Urban Origins in Non-Roman Europe: Ireland, Wales, Denmark, Germany, Poland and Russia from the Ninth to the Thirteenth Century, 1 (BAR International Series 255[i]), Oxford 1985, S. 267–287.

Fehring 1988: Günter P(aul) Fehring, Frühe Besiedlung und Bebauung um den Koberg zu Lübeck. In: 25 Jahre Archäologie in Lübeck. Erkenntnisse von Archäologie und Bauforschung zur Geschichte und Vorgeschichte der Hansestadt. In: Lübecker Schriften zur Archäologie und Kulturgeschichte 17, 1988, S. 84–87.

Fehring 1997: Günter P(aul) Fehring, Besiedlung und Bebauung vor Errichtung des Heiligen-Geist-Hospitals. In: Karl Bernhard Kruse, Die Baugeschichte des Heiligen-Geist-Hospitals zu Lübeck mit einem archäologischen Beitrag von Günter P(aul) Fehring (Lübecker Schriften zur Archäologie und Kulturgeschichte, 25), 1997, S. 31–40 (= Kap. 2).

Fehring / Hammel 1985: Günter P(aul) Fehring / Rolf Hammel, Die Topographie der Stadt Lübeck bis zum 14. Jahrhundert. In: Cord Meckseper (Hg.), Stadt im Wandel. Kunst und Kultur des Bürgertums in Norddeutschland 1150–1650. Ausstellungskatalog Landesausstellung Niedersachsen 1985, Bd. 3, Stuttgart-Bad Cannstatt 1985, S. 167–190.

Feldmann (Bearb.) 2000: Hans-Christian Feldmann (Bearb.) mit Beiträgen von Gerd Baier, Dietlinde Brugmann, Antje Heling und Barbara Rimpel, Mecklenburg-Vorpommern (Georg Dehio, Handbuch der Deutschen Kunstdenkmäler. Neubearbeitung besorgt durch die Dehio-Vereinigung), München – Berlin 2000.

Forgeais 1863: Arthur Forgeais, Collection de plombs historiés trouvés dans la Seine, deuxième série: Enseignes de pèlerinages, Paris 1863.

Gaasch 1952, 1953, 1954: Karl Heinz Gaasch, Die mittelalterliche Pfarrorganisation in Dithmarschen, Holstein und Stormarn. In: Zeitschrift für Schleswig-Holsteinische Geschichte 76, 1952, S. 39–81 (Teil I), 77, 1953, S. 1–96 (Teil II), 78, 1954, S. 22–49 (Teil III).

Gad 1961: Tue Gad, Legenden i Dansk middelalder, Kopenhagen 1961.

Gad ²1991: Tue Gad / Bodil Gad, Rejsen til Jakobsland, [1. Aufl. 1975] 2. Aufl. Kopenhagen 1991.

Gallén 1972: Jarl Gallén, Helgeands i Visby – St Jakob? In: Fornvännen. Tidskrift för Svensk Antikvarisk Forskning 67, 1972, S. 19–34.

GEORGI 1999: Wolfgang Georgi, Lebensstationen eines Herzogs: Die Pilgerfahrten Heinrichs des Löwen nach Jerusalem und Santiago. In: Reisen und Wallfahren im Hohen Mittelalter. Hg. von der Gesellschaft für staufische Geschichte e.V. (Schriften zur staufischen Geschichte und Kunst 18), Göppingen 1999, S. 94–127.

GNEGEL-WAITSCHIES 1958: Gisela Gnegel-Waitschies, Bischof Albert von Riga. Ein Bremer Domherr als Kirchenfürst im Osten (1199–1229), Hamburg 1958.

GÖHLER 1995: Johannes Göhler, Jakobus kam auch nach Bederkesa. Von den Bederkesaer Rittern, Pfarrherren und der St. Jakobikirche 1295–1355 n.Chr., Ringstedt 1995.

GÖHLER 1996: Johannes Göhler, Einblicke in Holßels Vergangenheit, Holßel 1996.

GÖHLER 1997: Johannes Göhler, Die Verbreitung der Heiligenverehrung zur Zeit der Christianisierung der Sachsen und ihre Schutzherrschaft über die mittelalterlichen Kirchen im Erzbistum Bremen. In: Jahrbuch der Gesellschaft für niedersächsische Kirchengeschichte 95, 1997, S. 9–77.

GOTTFRIED (ÜBERS. KROHN) 1, 1980: Gottfried von Straßburg, Tristan. Nach dem Text von Friedrich Ranke neu hg., ins Neuhochdeutsche übersetzt, mit einem Stellenkommentar und einem Nachwort von Rüdiger Krohn, 1: Verse 1–9982, Stuttgart 1980.

GOTTFRIED (HG. WEBER) 1967: Gottfried von Straßburg, Tristan. Text. Nacherzählung, Wort- und Begriffserklärungen von Gottfried Weber in Verbindung mit Gertrud Utzmnan und Werner Hoffmann, Darmstadt 1967.

GREWOLLS 1996: Antje Grewolls, Die Organisation des mittelalterlichen Pfarrkirchenbaues in den Städten Wismar, Rostock, Stralsund und Lübeck. In: Mecklenburgische Jahrbücher 111, 1996, S. 33–67.

GRITZNER 1893: Maximilian Gritzner, Handbuch der Ritter- und Verdienstorden aller Kulturstaaten der Welt innerhalb des XIX. Jahrhunderts, Leipzig 1893.

GRUPPE 1982: Heidemarie Gruppe, Pilgerzeichen-Inventarisation. Zu Begriff und Sache im DFG-Projekt ›Pilgerzeichenkatalog‹. In: Wolfgang Brückner (Hg.), Wallfahrt, Pilgerzeichen, Andachtsbild. Aus der Arbeit am Corpuswerk der Wallfahrtsstätten Deutschlands. Probleme, Erfahrungen, Anregungen. Mit Katalog und Abbildungen der baden-württembergischen Wallfahrtsbildchen in der Sammlung Hofmann, Würzburg (Veröffentlichungen zur Volkskunde und Kulturgeschichte, 14), Würzburg 1982, S. 9–46.

GUERRA CAMPOS 1964: José Guerra Campos, Noticias sobre peregrinos. In: Composellanum. Sección de Estudios Jacobeos, 9, 1964, S. 141–160 / 309–328.

GUI 1886: Bernardus Gui, Practica inquisitionis heretice pravitatis. Document publié pour la première fois par le chanoine C(harles) Douais, Paris 1886.

HAASIS-BERNER 2003: Andreas Haasis-Berner, Pilgerzeichen des Hochmittelalters (Veröffentlichungen zur Volkskunde und Kulturgeschichte, 94), Würzburg 2003.

HABICH / TIMM / WILDE (BEARB.) 1994: Johannes Habich / Christoph Timm / Lutz Wilde (Bearb.), Hamburg. Schleswig-Holstein (Georg Dehio, Handbuch der Deutschen Kunstdenkmäler), München / Berlin 1994.

HÄBLER 1899: Konrad Häbler, Das Wallfahrtsbuch des Hermannus Künig von Vach und die Pilgerreisen der Deutschen nach Santiago de Compostela (Drucke und Handschriften des XV. und XVI. Jahrhunderts in getreuer Nachbildung, I), Strassburg 1899.

HALM (BEARB.) ²2001: Christian Halm (Bearb.), Deutsche Reiseberichte (Werner Paravicini [Hg.], Europäische Reiseberichte des späten Mittelalters. Eine analytische Bibliographie 1 = Kieler Werkstücke, Reihe D: Beiträge zur europäischen Geschichte des späten Mittelalters, 5), 2. Aufl. Frankfurt am Main u.a. 2001.

HAMBURG 1999: Goldgrund und Himmelslicht. Die Kunst des Mittelalters in Hamburg. Katalog zur Ausstellug der Hamburger Kunsthalle 19.11.1999–5.3.2000, Hamburg 1999.

HAUPT 1927: Richard Haupt, Beitrag aus der Nordmark zur Patrozinienforschung. In: Schriften des Vereins für Schleswig-Holsteinische Kirchengeschichte, 2. Reihe (Beiträge und Mitteilungen), 8. Bd., 3. Heft, 1927, S. 305–343 (im Sonderdruck S. 1–39).

HAUSCHILD 1992: Theodor Hauschild, Archeology and the Tomb of St. James. In: Williams / Stones (Hg.) 1992, S. 89–103.

HECKMANN 2007: Marie-Luise Heckmann, Herrschaft im Spätmittelalter – am Beispiel des Deutschen Ordens. In: Roman Czaja / Jürgen Sarnowsky (Hg.), Die Ritterorden als Träger der Herrschaft: Territorien, Grundbesitz und Kirche (Universitas Nicolai Copernici. Ordines militares. Colloquia Torunensia Historica XIV: Die Ritterorden als Träger der Herrschaft), Thorn 2007, S. 9–26.

HEIMPEL 1954 (²1957): Hermann Heimpel, Über die Epochen der mittelalterlichen Geschichte. In: Ders., Der Mensch in seiner Gegenwart. Sieben historische Essays, Göttingen 1954, S. 42–66 (Ders., Der Mensch in seiner Gegenwart. Acht historische Essays, 2., erweiterte Aufl., Göttingen 1957, S. 42–66).

HEISE (BEARB.) 1887–95: Joh(annes) Heise, Die Bau- und Kunstdenkmäler des Kulmerlandes und der Löbau (Die Bau- und Kunstdenkmäler der Provinz Westpreussen bearb. im Auftrage des westpreussischen Provinzial-Landtages, 2), Danzig 1887–95.

HELGADÓTTIR (HG.) 1987: Hrafns saga Sveinbjarnarsonar. Ed. by Guðrún P. Helgadóttir, Oxford 1987.

HELL ⁴1985: Vera und Hellmut Hell, Die große Wallfahrt des Mittelalters. Kunst an den romanischen Pilgerstraßen durch Frankreich und Spanien nach Santiago di Compostela. Mit einer Einführung von Hermann J. Hüffer, Tübingen (1964) ⁴1985.

HELLMANN 1954: Manfred Hellmann, Das Lettenland im Mittelalter. Studien zur ostbaltischen Frühzeit und lettischen Stammesgeschichte, insbesondere Lettgallens (Beiträge zur Geschichte Osteuropas, 1), Münster / Köln 1954.

HELLMANN 1980a: Manfred Hellmann, Burgen und Adelsherrschft bei den Völkern des Ostbaltikums. In: Klaus-Detlev Grothusen / Klaus Zernack (Hg.), Europa slavica – Europa orientalis. Festschrift für Herbert Ludat zum 70. Geburtstag, Berlin 1980, S. 30–50.

HELLMANN 1980b: M(anfred) Hellmann, A(lbert) I., B(ischo)f v(on) Riga. In: LexMA 1, 1980, Sp. 285–286.

HELLMANN 1983: M(anfred) Hellmann, Caupo. In: LexMA 2, 1983, Sp. 1582–1583.

HELLMANN 1985: Manfred Hellmann, Altlivland und das Reich. In: Inge Auerbach / Andreas Hillgruber / Gottfried Schramm (Hg.), Felder und Vorfelder russischer Geschichte. Studien zu Ehren von Peter Scheibert, Freiburg / Br. 1985, S. 61–75.

HELLMANN 1989: Manfred Hellmann, Bischof Meinhard und die Eigenart der kirchlichen Organisation in den baltischen Ländern. In: Inizi del cristianesimo in Livonia-Lettonia 1989, S. 9–30.

HELLMANN 1991: M(anfred) Hellmann, Krewo (litau[isch] Kriava). In: LexMA 5, 1991, Sp. 1525.

HELLMANN (HG.) 1989: Manfred Hellmann (Hg.), Studien über die Anfänge der Mission in Livland (Vorträge und Forschungen, Sonderbd 37), Sigmaringen 1989.

HELMOLD VON BOSAU ⁶2002: Helmold von Bosau, Chronica Slavorum (Slawenchronik). Neu übertragen und erläutert von Heinz Stoob (Ausgewählte Quellen zur deutschen Geschichte des Mittelalters, 19), 6. Aufl. Darmstadt 2002.

HENNECKE 1920: Edgar Hennecke, Patrozinienforschung. In: Zeitschrift für Kirchengeschichte 38, N.F. 1, 1920, S. 337–355.

HERBERS 1984: Klaus Herbers, Der Jakobuskult des 12. Jahrhunderts und der ›Liber Sancti Jacobi‹. Studien über das Verhältnis zwischen Religion und Gesellschaft im hohen Mittelalter (Historische Forschungen, 7), Wiesbaden 1984.

HERBERS 1988: Klaus Herbers, Karl der Große und Spanien – Realität und Fiktion. In: Hans Müllejans (Hg.), Karl der Große und sein Schrein in Aachen. Eine Festschrift, Mönchengladbach 1988, S. 47–55.

HERBERS [4]1991: Der Jakobsweg. Mit einem mittelalterlichen Pilgerführer unterwegs nach Santiago de Compostela. Ausgewählt, eingeleitet, übersetzt und kommentiert von Klaus Herbers, Tübingen [4]1991.

HERBERS 1994: Klaus Herbers, Politik und Heiligenverehrung auf der Iberischen Halbinsel. Die Entwicklung des ›politischen Jakobus‹. In: Jürgen Petersohn (Hg.), Politik und Heiligenverehrung im Hochmittelalter (Vorträge und Forschungen, 42), Sigmaringen 1994, S. 177–275.

HERBERS 1995: Klaus Herbers, Frühe Spuren des Jakobuskultes im alemannischen Raum (9.–11. Jahrhundert). Von Nordspanien zum Bodensee. In: Herbers / Bauer (Hg.) 1995, S. 3–27.

HERBERS (HG.) 1988: Klaus Herbers (Hg.), Deutsche Jakobspilger und ihre Berichte (Jakobus-Studien, 1), Tübingen 1988.

HERBERS (HG.) 2001: Klaus Herbers (Hg.), Europa an der Wende vom 11. zum 12. Jahrhundert. Beiträge zu Ehren von Werner Goez, Stuttgart 2001.

HERBERS / BAUER (HG.) 1995: Klaus Herbers / Dieter R. Bauer (Hg.), Der Jakobuskult in Süddeutschland. Kultgeschichte in regionaler und europäischer Perspektive (Jakobus-Studien, 7), Tübingen 1995.

HERBERS / BAUER (HG.) 2003: Klaus Herbers / Dieter R. Bauer (Hg.), Der Jakobuskult in Ostmitteleuropa. Austausch – Einflüsse – Wirkungen (Jakobus-Studien, 12), Tübingen 2003.

HERBERS / PLÖTZ 1996: Klaus Herbers / Robert Plötz, Nach Santiago zogen sie. Berichte von Pilgerfahrten ans »Ende der Welt«, München 1996.

HERBERS / PLÖTZ 2000: Klaus Herbers / Robert Plötz, Jakobus in Deutschland, Straßburg 2000.

HERRMANN 2007: Christofer Herrmann: Mittelalterliche Architektur im Preußenland. Untersuchungen zur Frage der Kunstlandschaft und -geographie (Studien zur internationalen Architektur- und Kulturgeschichte, 56), Petersberg 2007.

HEYDEN 1958: Hellmuth Heyden, Kirchen Pommerns und ihre Weihetitel. In: Baltische Studien N.F. 45, 1958, S. 43–70.

HEYDEN 1961: Hellmuth Heyden, Die Kirchen Stralsunds und ihre Geschichte, Berlin 1961.

HEYNE 1972: Bodo Heyne, Von den Hansestädten nach Santiago: Die große Wallfahrt des Mittelalters. In: Bremisches Jahrbuch 52, 1972, S. 65–84.

HILLER 1978: Helmut Hiller, Heinrich der Löwe. Herzog und Rebell. Eine Chronik, München 1978.

HILS 1967: Kurt Hils, Die Grafen von Nellenburg im 11. Jahrhundert. Ihre Stellung zum Adel, zum Reich und zur Kirche (Forschungen zur oberrheinischen Landesgeschichte, 19), Freiburg / Br. 1967.

HIST.COMP. (FALQUE REY [ED.] 1988): Historia Compostellana. Cura et studio Emma Falque Rey (Corpus Christianorum. Continuatio Mediaeualis, 70), Turnhout 1988.

HÖPPNER 1985: Henning Höppner, Die Baugeschichte der Jakobikirche zu Lübeck, Kiel 1985.

HOFFMANN 1976: Erich Hoffmann, Vicelin und die Neubegründung des Bistums Oldenburg / Lübeck. In: O. Ahlers u.a. (Hg.), Lübeck 1226. Reichsfreiheit und frühe Stadt, Lübeck 1976, S. 115–142.

HOLDER-EGGER (HG.) 1899: Oswaldus Holder-Egger (Hg.), Monumenta Erphesfurtensia saec. XII.XIII.XIV. (Scriptores rerum Germanicarum in usum scholarum ex monumentis Germaniae historicis separatim editi, 42), Hannover / Leipzig 1899.

HOLST 2002: Jens Christian Holst, Mittelalterliche Bauphasen der Lübecker Ratslateinschule Jakobikirchhof 2–4. Ein Vorbericht. In: Archäologische Untersuchungen auf dem Lübecker Stadthügel: Befunde und Funde (Lübecker Schriften zu Archäologie und Kulturgeschichte, 26), Bonn 2002, S. 127–137.

VON HOLST 1980: Niels von Holst, Zu den Jakobs- und Nikolauspatrozinien im Italien der Stauferzeit. In: Mitteilungen des Kunsthistorischen Institutes in Florenz 24, 1980, S. 357–361.

VON HOLST 1981: Niels von Holst, Der Deutsche Ritterorden und seine Bauten von Jerusalem bis Sevilla, von Thorn bis Narwa, Berlin 1981.

HÜFFER 1955: Herrmann [sic!] J(oseph) Hüffer, Die spanische Jacobusverehrung in ihren Ausstrahlungen auf Deutschland. In: Historisches Jahrbuch 74, 1955, S. 124–138.

HÜFFER 1957: Hermann J(oseph) Hüffer, Sant'Jago. Entwicklung und Bedeutung des Jacobuskultes in Spanien und dem Römisch-Deutschen Reich, München 1957.

HÜFFER [4]1985: Hermann J(oseph) Hüffer, Von Jacobus-Kult und Pilgerfahrt im Abendland. In: Hell [4]1985, S. 7–43.

IBS / DEGE / UNVERHAU (HG.) 2004: Jürgen H. Ibs / Eckart Dege / Henning Unverhau (Hg.), Historischer Atlas Schleswig-Holstein. Vom Mittelalter bis 1867. Redaktionelle Mitarbeit: Ulrich Lange, Ingwer E. Mommsen (Sonderveröffentlichung der Gesellschaft für Schleswig-Holsteinische Geschichte), Neumünster 2004.

INIZI DEL CRISTIANESIMO IN LIVONIA-LETTONIA 1989: Gli inizi del cristianesimo in Livonia-Lettonia. Atti del colloquio internazionale di storia ecclesiastica in occasione dell'VIII centenario della chiesa in Livonia (1186–1986). Roma, 24–25 Giugno 1986 (Pontificio Comitato di Scienze Storiche. Atti e Documenti, 1), Città del Vaticano 1989.

JACOBUS DE VORAGINE 1925: Jacobus de Voragine, Legenda aurea. Deutsch von Richard Benz, 2 Bde, Jena 1925.

JÄHNIG 1987: Bernhart Jähnig, Das Entstehen der mittelalterlichen Sakraltopographie von Elbing. In: Beiträge zur Geschichte Westpreußens. Zeitschrift der Copernicus-Vereinigung zur Pflege der Heimatkunde und Geschichte Westpreußens e.V., 10, 1987, S. 21–48.

JÄHNIG 1989: Bernhart Jähnig, Die Anfänge der Sakraltopographie von Riga. In: Hellmann (Hg.) 1989, S. 123–158.

JÄHNIG 1997: B(ernhart) Jähnig, Theoderich 5. Th(eoderich) (Dietrich), B(ischo)f v(on) Leal. In: LexMA 8, 1997, Sp. 624.

JENSEN 1988: Bente Jensen, De tog taske og stav – danske pilgrimsrejser i middelalderen. In: Ud-Ude-Hjem. Rejsen i historien (Den jyske historiker Nr. 46), Aarhus 1988, S. 23–36.

JEXLEV 1986: Th(elma) Jexlev, Erich 1. E(rich) I. (Erik Ejegod). In: LexMA 3, 1986, Sp. 2139–2140.

JOHANSEN (HG.) 1926: Paul Johansen (Hg.), Das Rechnungsbuch der Kegelschen Kirchenvormünder. 1472–1553, Reval 1926.

JOHANSEN 1951: Paul Johansen, Nordische Mission. Revals Gründung und die Schwedensiedlung in Estland (Kungl. Vitterhets Historie och Antikvitets Akademiens Handlingar, 74), Stockholm 1951.

JOHANSEN 1953: Paul Johansen, Novgorod und die Hanse. In: A(hasver) von Brandt / W(ilhelm) Koppe (Hg.), Städtewesen und Bürgertum als geschichtliche Kräfte. Gedächtnisschrift für Fritz Rörig, Lübeck 1953, S. 95–148 und Abb. 2–7.

JOHANSEN 1955: Paul Johansen, Umrisse und Aufgaben der hansischen Siedlungsgeschichte und Kartographie. In: Hansische Geschichtsblätter 73, 1955, S. 1–105.

JOHANSEN 1958: Paul Johansen, Die Kaufmannskirche im Ostseegebiet. In: Studien zu den Anfängen des europäischen Städtewesens. Reichenau-Vorträge 1955–1956 (Vorträge und Forschungen, IV), Lindau – Konstanz 1958, S. 499–525.

JOHANSEN 1965: Paul Johansen, Die Kaufmannskirche. In: Die Zeit der Stadtgründung im Ostseeraum. Visby-symposiet för historiska vetenskaper 1963 (Acta Visbyensia, I), Uppsala 1965, S. 85–134.

JONKANSKI 2009a: Dirk Jonkanski, Lunden: Der Geschlechterfriedhof als Zeugnis Dithmarscher Geschichte. In: DenkMal! Zeitschrift für Denkmalpflege in Schleswig-Holstein 16, 2009, S. 17–35.

JONKANSKI 2009b: Dirk Jonkanski Der Geschlechterfriedhof von Lunden als Zeugnis Dithmarscher Geschichte. In: Gesellschaft für Schleswig-

Holsteinische Geschichte. Mitteilungen 77, Oktober 2009, S. 3–15.

Jordan 1979: Karl Jordan, Heinrich der Löwe. Eine Biographie, München 1979.

Karin 1995: Thea Karin, Estland. Kulturelle und landschaftliche Vielfalt in einem historischen Grenzland zwischen Ost und West, Köln 1995.

Kellenbenz 1990: Hermann Kellenbenz, Das Straßensystem in Mitteleuropa, besonders während des Mittelalters und der frühen Neuzeit. In: Plötz (Hg.) 1990, S. 1–25.

Keyser 1932: (Erich) Keyser, Die Begründung des Jakobs-Hospitals zu Danzig. In: Mitteilungen des Westpreußischen Geschichtsvereins 31, 1932, S. 67–70.

Keyser 1972: Erich Keyser, Die Baugeschichte der Stadt Danzig. Hg. von Ernst Bahr (Ostmitteleuropa in Vergangenheit und Gegenwart, 14), Köln – Wien 1972.

Kilstrøm 1962: Bengt Ingmar Kilstrøm, Jakob. In: Kulturhistorisk leksikon for nordisk middelalder fra vikingetid til reformationstid 7, Kopenhagen 1962, Sp. 529–531.

Kimpel 1974: S(abine) Kimpel, Jakobus der Ältere (Major). In: LCI 7, 1974, Sp. 23–39.

Kirchner 1979: Reinhard Kirchner, Der Jakobialtar in Göttingen. Eine Studie zur Form im Schönen Stil (Diss. phil. Marburg 1979), Göttingen 1982.

Kirschbaum 1961: Engelbert Kirschbaum SJ, Die Grabungen unter der Kathedrale von Santiago de Compostela. In: Römische Quartalschrift 56, 1961, S. 234–254, Taf. 14–20.

Klée Gobert (Bearb.) 1968: Die Bau- und Kunstdenkmale der Freien und Hansestadt Hamburg, Bd. III: Innenstadt. Die Hauptkirchen St. Petri, St. Katharinen, St. Jacobi. Bearb. von Renata Klée Gobert in Verbindung mit Peter Wiek, Hamburg 1968.

Klein 1986: Die Chronik von Karl dem Grossen und Roland. Der lateinische *Pseudo-Turpin* in den Handschriften aus Aachen und Andernach ediert, kommentiert und übersetzt von Hans-Wilhelm Klein (Beiträge zur romanischen Philologie des Mittelalters, XIII), München 1986.

Kleineschulte o.J. (1999): Stefan Kleineschulte, Die St. Jacobikirche. In: Volker Plagemann (Hg.), Die Kunst des Mittelalters in Hamburg. Aufsätze zur Kulturgeschichte, Hamburg o.J. (1999), S. 152–155.

Knauf 1974: Tassilo Knauf, Die Architektur der Braunschweiger Stadtpfarrkirchen in der ersten Hälfte des 13. Jahrhunderts (Quellen und Forschungen zur Braunschweigischen Geschichte, 21), Braunschweig 1974.

Knudsen 1913: Johannes Knudsen, Lodsbøger i Oldtiden og Middelalderen. In: Tidsskrift for søvaesen 84, 1913, S. 1–16.

Köpf 1996: Ulrich Köpf, Heinrich der Löwe – Herrscherliches Selbstbewusstsein und Frömmigkeit im 12. Jahrhundert. In: Gerhard Müller (Hg.), Kirche, Frömmigkeit und Theologie im 12. Jahrhundert. Beiträge zu Heinrich dem Löwen und seiner Zeit (Quellen und Beiträge zur Geschichte der Evangelisch-lutherischen Landeskirche in Braunschweig 4), Wolfenbüttel 1996, S. 63–88.

Köster 1957: Kurt Köster, Meister Tilman von Hachenburg. Studien zum Werk eines mittelrheinischen Glockengießers des fünfzehnten Jahrhunderts. In: Jahrbuch der hessischen kirchengeschichtlichen Vereinigung 8, 1957, S. 1–206, Taf. I–XVI.

Köster 1963: Kurt Köster, Pilgerzeichen-Studien. Neue Beiträge zur Kenntnis eines mittelalterlichen Massenartikles und seiner Überlieferungsformen. In: Siegfried Joost (Hg.), Bibliotheca docet. Festgabe für Carl Wehmer, Amsterdam 1963, S. 77–100.

Köster 1981a: K(urt) Köster, Pilgerzeichen und Pilgermuscheln. In: Sankt Elisabeth 1981, S. 452–455.

Köster 1981b: K(urt) Köster, Zwei Pilgermuscheln (Kat.-Nr. 95), ders., Pilgermuschel (Kat.-Nr. 96). In: Sankt Elisabeth 1981, S. 455.

Köster 1983: Kurt Köster, Pilgerzeichen und Pilgermuscheln von mittelalterlichen Santiagostraßen. Saint-Léonard, Rocamadour, Saint-Gilles, Santiago de Compostela. Schleswiger Funde und Gesamtüberlieferung (Volker Vogel [Hg.], Ausgrabungen in Schleswig. Berichte und Studien, 2), Neumünster 1983.

Köster 1984: Kurt Köster, Mittelalterliche Pilgerzeichen. In: Lenz Kriss-Rettenbeck / Gerda Möhler (Hg.), Wallfahrt kennt keine Grenzen. Themen zu einer Ausstellung des Bayerischen Nationalmuseums und des Adalbert Stifter Vereins, München. Sonderdruck, München / Zürich 1984, S. 203–223.

Kohl 1873: J(ohann) G(eorg) Kohl, Ueber die Verehrung des heil(igen) Jacobus in den norddeutschen Städten und namentlich in Bremen. In: Zeitschrift für deutsche Kulturgeschichte N.F. 2, 1873, S. 103–118.

Kretschmer (1909) 1962: Konrad Kretschmer, Die italienischen Portolane des Mittelalters. Ein Beitrag zur Geschichte der Kartographie und Nautik (Veröffentlichungen des Instituts für Meereskunde und des Geographischen Instituts an der Universität Berlin 13), Hildesheim 1962 (Nachdruck der Ausgabe Berlin 1909).

Krins 1968: Hubert Krins, Die frühen Steinkirchen Dänemarks. Diss. phil. Hamburg 1968.

Krötzl 1993: Christian Krötzl, Von der Ostsee bis nach Santiago de Compostela. Pilgerfahrten und kulturelle Einflüsse. In: Caucci von Saucken (Hg.) 1993, S. 361–367.

Krötzl 1994: Christian Krötzl, Pilger, Mirakel und Alltag. Formen des Verhaltens im skandinavischen Alltag (12.–15. Jahrhundert) (Studia Historica, 46), Helsinki 1994.

Krumwiede 1960: Hans-Walter Krumwiede (Hg.), Die mittelalterlichen Kirchen- und Altarpatrozinien Niedersachsens. Begonnen von Edgar Hennecke (Studien zur Kirchengeschichte Niedersachsens, 11), Göttingen 1960.

Kuder 2004: Ulrich Kuder, Das Buch in der mittelalterlichen Buchmalerei. In: Tomasz Ratajczak (ed. in co-operation with Jacek Kowalski), Book – Learning – Faith in Mediaeval Europe (The Poznan Society for the advancement of the arts and sciences), Posen 2004, S. 9–21.

Kuder 2011: Ulrich Kuder, Mittelalterliche Selbstminderungsriten im Bild. In: Tobias Frese / Annette Hoffmann (Hg.), »Habitus« – Festschrift für Lieselotte E. Saurma-Jeltsch, Berlin [erscheint 2011].

Kühne / Brumme 2007: Hartmut Kühne / Carina Brumme, Der Pilgerzeichenfund am Kloster Seehausen und sein historischer Kontext. Mit einem Katalog des Seehausener Fundes. In: Dirk Schumann (Hg.), Sachkultur und religiöse Praxis (Studien zur Geschichte, Kunst und Kultur der Zisterzienser, 8), Berlin 2007, S. 406–457.

Kühne / Lambacher / Vanja (Hg.) 2008: Hartmut Kühne / Lothar Lambacher / Konrad Vanja (Hg.), Das Zeichen am Hut im Mittelalter. Europäische Reisemarkierungen. Symposion in memoriam Kurt Köster (1912–1986) und Katalog der Pilgerzeichen im Kunstgewerbemuseum und im Museum für Bytzantinische Kunst der Staatlichen Museen zu Berlin (Europäische Wallfahrtsstudien, 4, zugleich Schriftenreihe Museum Europäischer Kulturen, 5), Frankfurt / Main – Berlin – Bern – Brüssel – New York – Oxford – Wien 2008.

Kühne / Poettgen 2009: Hartmut Kühne / Jörg Poettgen, Mittelalterliche Pilgerzeichen aus der Diözese Trier: Kurzkatalog und Befunde. In: Thomas Frank / Michael Matheus / Sabine Reichert (Hg.), Wege zum Heil. Pilger und heilige Orte an Mosel und Rhein (Geschichtliche Landeskunde. Veröffentlichungen des Instituts für geschichtliche Landeskunde an der Universität Mainz, 67), Stuttgart 2009, S. 135–180.

Kålund 1908: Kr(istian) Kålund, Alfræði íslenzk. Islandsk encyklopædisk litteratur. I. Cod. mbr. am. 194, 8vo (Samfund til udgivelse af gammel nordisk litteratur, 27), Kopenhagen 1908.

Laakmann 1939: Heinrich Laakmann, Estland und Livland in frühgeschichtlicher Zeit. In: Carl Engel (Hg.), Ostbaltische Frühzeit (Albert Brackmann / Carl Engel [Hg.], Baltische Lande, 1), Leipzig 1939, S. 204–262.

LAGERLÖF / SVAHNSTRÖM 1991: Erland Lagerlöf / Gunnar Svahnström, Die Kirchen Gotlands. Hg. von Robert Bohn, Kiel 1991.

LA FARGE 1993: B(eatrice) La Farge, O[laf] Haraldsson d. Hl. In: LexMA 6, 1993, Sp. 1385–1386.

LAFRENZ (BEARB.) 1985: Deert Lafrenz (Bearb.), Die Kunstdenkmäler der Stadt Schleswig 3: Kirchen, Klöster und Hospitäler (Hartwig Beseler [Hg.], Die Kunstdenkmäler des Landes Schleswig-Holstein, 3), München / Berlin 1985.

LAMMERS 1982: Walther Lammers, Gottschalks Wanderung im Jenseits. Zur Volksfrömmigkeit im 12. Jahrhundert nördlich der Elbe (Sitzungsberichte der Wissenschaftlichen Gesellschaft an der Johann Wolfgang Goethe-Universität Frankfurt am Main, XIX / 2), Wiesbaden 1982.

LANGE 1976: Ulrich Lange, Lübecks Anfänge in neuer Sicht. In: Zeitschrift des Vereins für Lübeckische Geschichte und Altertumskunde 56, 1976, S. 99–106.

LCI 1–8, 1968–1976: Lexikon der christlichen Ikonographie, Bde 1–4, hg. von Engelbert Kirschbaum, Bde 5–8, hg. von Wolfgang Braunfels, Rom – Freiburg – Basel – Wien 1968–1976.

LEGENDA AUREA 1965: Th(eodor) Graesse (Hg.), Jacobus a Voragine, Legenda Aurea vulgo Historia Lombardica dicta. Reproductio phototypica editionis tertiae 1890, Osnabrück 1965.

LEXMA 1980–1999: Lexikon des Mittelalters 1–9 und Registerband, München – Zürich 1980–1993 (Bde 1–6), München 1995–1998 (Bde 7–9), Stuttgart – Weimar (Registerband) 1999.

LEYSER 1975: K[arl] Leyser, Frederick Barbarossa, Henry II and the hand of St James. In: The English Historical Review 90, No. 356, July 1975, S. 481–506.

LIEBGOTT (1981) 1982: Niels-Knud Liebgott, Hellige mænd og kvinder, Højbjerg (1981) 1982.

LIPP 2008: Wolfgang Lipp, Das Erbe des Jakobus. Zur Vorgeschichte und Geschichte, zur theologischen und religiösen Bedeutung der Jakobuswallfahrt. Mit einem Anhang über die deutschen Pilgerwege, Laupheim 2008.

LIV-, EST- UND KURLÄNDISCHES URKUNDENBUCH 1,1, 1967: Liv-, est- und kurländisches Urkundenbuch nebst Regesten. Hg. von Friedrich Georg von Bunge, ab Bd 7 fortgesetzt von Hermann Hildebrand u.a.; Abt. 2 hg. von Leonid Arbusow sen. Neudruckausgabe. Abt. 1 Bd 1: 1093–1300, Aalen 1967.

LOHMEIER 1979A: Dieter Lohmeier, Hans Detleff. In: Schleswig-Holsteinisches Biographisches Lexikon, 5, Neumünster 1979, S. 106–107.

LOHMEIER 1979B: Dieter Lohmeier, Swyn (Swin), Peter. In: Schleswig-Holsteinisches Biographisches Lexikon, 5, Neumünster 1979, S. 266–268.

LOMAX 1965: Derek W(illiam) Lomax, La Orden de Santiago (1170–1275) (Consejo superior de investigaciones cientificas. Escuela de estudios medievales. Estudios, 38), Madrid 1965.

LOTTER 1977: Friedrich Lotter, Die Konzeption des Wendenkreuzzugs. Ideengeschichtliche, kirchenrechtliche und historisch-politische Voraussetzungen der Missionierung von Elb- und Ostseeslawen um die Mitte des 12. Jahrhunderts (Vorträge und Forschungen, Sonderbd 23), Sigmaringen 1977.

LSJ 1998: Liber Sancti Jacobi. Codex Calixtinus, ed. Xunta de Galicia, Transcripción a partir del Códice original por Klaus Herbers y Manuel Santos Noia, Santiago 1998.

LUCKHARDT / NIEHOFF (HG.), 2, 1995: Jochen Luckhardt / Franz Niehoff (Hg.), Heinrich der Löwe und seine Zeit. Herrschaft und Repräsentation der Welfen 1125–1235. Katalog der Ausstellung Braunschweig 1995, Bd. 2: Essays, München 1995.

LÜDECKE / STEPHAN 2002: Thorsten Lüdecke unter Mitarbeit von Hans Stephan, Die mittelalterliche Lateinschule und die Predigerhäuser bei St. Jakobi in Lübeck. Archäologische und bauhistorische Untersuchungen in den Häusern Jakobikirchhof 2–4. In: Archäologische Untersuchungen auf dem Lübecker Stadthügel: Befunde und Funde (Lübecker Schriften zu Archäologie und Kulturgeschichte, 26), 2002, S. 9–31.

LØFFLER 1889: J(ulius)-B(entley) Løffler, Pierres tumulaires danoises du moyen âge. Danske Gravstene fra middelalderen, Kopenhagen 1889.

MAGOUN 1944: Francis P. Magoun, jr., The Pilgrim-Diary of Nikulas of Munkathvera: The Road to Rome. In: Mediaeval Studies 6, 1944, S. 314–354.

MANTELS 1866 (1881): Wilh(elm) Mantels, Aus dem Memorial oder Geheim-Buche des Lübecker Krämers Hinrich Dunkelgud von 1479 bis 1517, Lübeck 1866 (Wiederabdruck in: Ders., Beiträge zur Lübisch-Hansischen Geschichte. Ausgewählte historische Arbeiten, Jena 1881, S. 341–369).

MAY (BEARB.) 1, 1937: Otto Heinrich May (Bearb.), Regesten der Erzbischöfe von Bremen, Bd 1: 787–1306 (Veröffentlichungen der Historischen Kommission für Niedersachsen, Bremen und die ehemaligen Länder Hannover, Oldenburg, Braunschweig und Schaumburg-Lippe, 11,1), Hannover 1937.

MAYER 1966: Hans Eberhard Mayer, Staufische Weltherrschaft? Zum Brief Heinrichs II. von England an Friedrich Barbarossa von 1157. In: Anton Haidacher / Hans Eberhard Mayer (Hg.), Festschrift Karl Pivec. Zum 60. Geburtstag gewidmet von Kollegen, Freunden und Schülern (Innsbrucker Beiträge zur Kulturwissenschaft 12), Innsbruck 1966, S. 265–278.

VON MELLE 1711: Jacobus a Melle, De itineribvs Lvbecensivm sacris, Seu de Religiosis & votivis eorum Peregrinationibus, Vulgo Wallfarthen / Qvas olim devotionis ergo ad loca Sacra susceperunt, commentatio, Lübeck 1711.

METHNER 1932: Arthur Methner, Zur Entstehung des St. Jakobshospitals. In: Mitteilungen des Ostpreußischen Geschichtsvereins 31, 1932, S. 21–23.

MGH SSRG: Monumenta Germaniae Historica. Scriptores rerum Germanicarum

N.S. 5, 1928: Nova Series Tom. 5, hg. von A(nton) Chroust: Quellen zur Geschichte des Kreuzzuges Kaiser Friedrichs II., Berlin 1928.

MGH SS: Monumenta Germaniae Historica. Scriptores

16, 1859: Tom. 16, ed. Georgius Heinricus Pertz, Hannover 1859.

17, 1861: Tom. 17, ed. Georgius Heinricus Pertz, Hannover 1861.

23, 1874 (1963): Tom. 23, ed. Georgius Heinricus Pertz, Hannover 1874 (Unveränderter Nachruck Stuttgart – New York 1963).

25, 1880 (1964): Tom. 25, ed. Societas aperiendis fontibus rerum Germanicarum medii aevi, Hannover 1880 (Unveränderter Nachdruck Stuttgart – New York 1964).

27, 1885 (1964): Tom. 27, ed. Societas aperiendis fontibus rerum Germanicarum medii aevi, Hannover 1885 (Unveränderter Nachruck Stuttgart – New York 1964).

MIECK 1978: Ilja Mieck, Zur Wallfahrt nach Santiago de Compostela zwischen 1400 und 1650. Resonanz, Strukturwandel und Krise. In: Gesammelte Aufsätze zur Kulturgeschichte Spaniens, 29. Bd. In Verbindung mit Quintin Aldea u.a. hg. von Odilo Engels (Spanische Forschungen der Görresgesellschaft, 1,29), Münster 1978, S. 483–534.

MODERHACK 1985: Richard Moderhack, Braunschweigs Stadtgeschichte (Gerd Spies [Hg.], Braunschweig. Das Bild der Stadt in 900 Jahren. Geschichte und Ansichten, Bd I), Braunschweig ^{2}1985.

MÖHLENKAMP 2010: Annegret Möhlenkamp, Text in: Bereich Archäologie und Denkmalpflege für die Stiftung Heiligen-Geist-Hospital (Hg.), Die Pilgerherberge des Heiligen-Geist-Hospitals von 1365 in Lübeck, Lübeck 2010 [Flyer].

MOHR / BIEDERSTEDT / SCHROEDER 1985: Frank Mohr / Rudolf Biederstedt / Horst-Diether Schroeder, Greifswald. Menschen und Bauwerke im Stadtzentrum (Neue Greifswalder Museumshefte, 12), Greifswald 1985.

MORALEJO 1993: Serafín Moralejo (Álvarez), Der heilige Jakobus und die Wege seiner Ikonographie. In: Caucci von Saucken (Hg.) 1993, S. 75–90.

MPL 123: Usuardi Martyrologium [...] præmittuntur Sancti Adonis opera [...], accurante J.-P. Migne, Tom. 1 (Patrologia. Series Latina 123), Paris 1852.

MÜLLER-WILLE 1996: Michael Müller-Wille, Mittelalterliche Grabfunde aus der Kirche des slawischen Burgwalles von Alt Lübeck. Zu dynastischen Grablegen in polnischen und abodritischen Herrschaftsgebieten (Akademie der Wissenschaften und der Literatur. Abhandlungen der Geistes- und Sozialwissenschaftlichen Klasse, Jg. 1996, Nr. 6), Mainz / Stuttgart 1996.

NAGEL 2008: Katrin Nagel, Pilgerzeichenfunde in Mecklenburg-Vorpommern. In: Kühne / Lambacher / Vanja (Hg.) 2008, S. 71–82.

NATIONALMUSSET 1920: Nationalmuseet. Den Danske Samling: Middelalder og Renæssance. Vejledning for besøgende, Kopenhagen 1920.

NEITMANN 1993: K(laus) Neitmann, Meinhard 3. M(einhard), B(ischo)f v(on) Üxküll. In: LexMA 6, 1993, Sp. 474.

NEOCORUS 1978 (1827): Johann Adolfi's genannt Neocorus, Chronik des Landes Dithmarschen. Aus der Urschrift hg. von F(riedrich) C(hristoph) Dahlmann, 2 Bde., Leer 1978 (Unveränderter Nachdruck der Ausgabe Kiel 1827).

NEUMANN (BEARB.) 1892: W(ilhelm) Neumann (Bearb.), Das mittelalterliche Riga. Ein Beitrag zur Geschichte der norddeutschen Baukunst. Hg. von der Gesellschaft für Geschichte und Alterthumskunde der Ostseeprovinzen Russlands, Berlin 1892.

NEUMANN (BEARB.) 1912: Wilhelm Neumann, Der Dom zu St. Marien in Riga. Baugeschichte und Baubeschreibung. Hg. von der Gesellschaft für Geschichte und Altertumskunde der Ostseeprovinzen Russlands, Riga 1912.

NICHOLSON 2005: Helen J. Nicholson, Saints venerated in the Military orders. In: Roman Czaja / Jürgen Sarnowsky (Hg.), Selbstbild und Selbstverständnis der geistlichen Ritterorden (Universitas Nicolai Copernici. Ordines militares. Colloquia Torunensia Historica, 13), Thorn 2005, S. 91–113.

NIELSEN 1968: Herluf Nielsen, Pilegrim. Danmark. In: Kulturhistorisk leksikon for nordisk middelalder fra vikingetid til reformationstid, XIII, Kopenhagen 1968, Sp. 301–305.

NIKULA 1969: Oscar Nikula, Sankt Jakob (Acta Academiae Aboensis, Ser. A Humaniora 37,2), Åbo 1969.

NOLTE 1932: Ernst Nolte, Quellen und Studien zur Geschichte des Nonnenklosters Lüne bei Lüneburg, 1: Die Quellen. Die Geschichte Lünes von den Anfängen bis zur Klostererneuerung im Jahre 1481 (Studien zur Kirchengeschichte Niedersachsens, 1), Göttingen 1932.

OEFELEIN 2008: Cornelia Oefelein, Pilgerzeichen – Neue Funde auf Glocken in Brandenburg. In: Kühne / Lambacher / Vanja (Hg.) 2008, S. 115–126.

OHLER 1983: Norbert Ohler, Zur Seligkeit und zum Troste meiner Seele. Lübecker unterwegs zu mittelalterlichen Wallfahrtsstätten. In: Zeitschrift des Vereins für Lübeckische Geschichte und Altertumskunde 63, 1983, S. 83–103.

ÓLASON 1949: Páll Eggert Ólason, Íslenskar Ævisskrár frá Landnámstímum til ársloka 1940, II. Bindi, Reykjavík 1949.

OLSEN 1963: Olaf Olsen, Sankt Ibs kirke i Vindebode. Et bidrag til Roskildes ældste historie. In: Fra Københavns Amt 1962, Roskilde 1963, S. 61–87.

OTTO 1910: Richard Otto, Ueber die Dorpater Klöster und ihre Kirchen (Verhandlungen der Gelehrten Estnischen Gesellschaft, XXII. Band. II. Heft), Dorpat 1910.

OTTO 1918: Richard Otto, Zur Ortsbeschreibung und Entstehungsgeschichte von Burg und Stadt Dorpat. In: Aus Dorpats Vergangenheit, Dorpat 1918.

PARAVICINI 1981: Werner Paravicini, Die Preußenreisen des europäischen Adels. In: Historische Zeitschrift 232, 1981, S. 25–38.

PARAVICINI 1987: Werner Paravicini, Heraldische Quellen zur Geschichte der Preußenreisen im 14. Jahrhundert. In: Zenon Hubert Nowak (Hg.), Werkstatt des Historikers der mittelalterlichen Ritterorden. Quellenkundliche Probleme und Forschungsmethoden (Universitas Nicolai Copernici. Ordines militares. Colloquia Torunensia Historica, 4), Thorn 1987, S. 111–134.

PARAVICINI 1993: Werner Paravicini, Von der Heidenfahrt zur Kavalierstour. Über Motive und Formen adligen Reisens im späten Mittelalter. In: Horst Brunner / Norbert Richard Wolf (Hg.), Wissensliteratur im Mittelalter und in der Frühen Neuzeit. Bedingungen, Typen, Publikum, Sprache (Wissensliteratur im Mittelalter, 13), Wiesbaden 1993, S. 91–130.

PARAVICINI 2, 1995: Werner Paravicini, Die Preussenreisen des europäischen Adels, Teil 2 (Beihefte der Francia 17 / 2), Sigmaringen 1995.

PÉRICARD-MÉA 2000: Denise Péricard-Méa, Compostelle et cultes de saint Jacques au Moyen Âge (Le nœud gordien), Paris 2000.

PÉRICARD-MÉA 2005: Denise Péricard-Méa, La noblesse en pèlerinage à Compostelle (XIVe – XVe siècle). In: Babel / Paravicini (Hg.) 2005, S. 275–289.

PETERS 1991: Wolfgang Peters, Zur Reise des Kanonikers Richard von Santiago de Compostela nach Lüttich und Mainz im Jahre 1114. In: Revue Bénédictine 101 (107e année), 1991, S. 114–121.

PETERSOHN 1971: Jürgen Petersohn, Mittelalterliche Patrozinien als Quellen von Ostsiedlung und Mission in Mecklenburg und Pommern. In: Deutsche Ostsiedlung in Mittelalter und Neuzeit (Studien zum Deutschtum im Osten, 8), Köln – Wien 1971, S. 65–85.

PETERSOHN 1979: Jürgen Petersohn, Der südliche Ostseeraum im kirchlich-politischen Kräftespiel des Reichs, Polens und Dänemarks vom 10. bis 13. Jahrhundert. Mission – Kirchenorganisation – Kultpolitik (Ostmitteleuropa in Vergangenheit und Gegenwart, 17), Köln – Wien 1979.

PETERSOHN 1993: J(ürgen) Petersohn, O(tto) I., hl. In: LexMA 6, 1993, Sp. 1580–1581.

PETERSOHN 1995: Jürgen Petersohn, Die Kirchenpolitik Heinrichs des Löwen in der sächsischen Slawenmark. In: Luckhardt / Niehoff (Hg.), 2, 1995, S. 144–148.

PETZOLDT 1976: Leander Petzoldt, Nikolaus von Myra (von Bari). In: LCI 8, 1976, Sp. 45–58.

PHILIPPSEN 1924: H(einrich) Philippsen, Alt-Schleswig. Beiträge zur Geschichte der Stadt Schleswig, Schleswig 1924.

PHILIPPSEN 1927: Heinrich Philippsen, Die Entwicklungs-Geschichte der Stadt Schleswig vom Jahre 1870 bis auf die Gegenwart, nach vorwiegend amtlichem Material bearbeitet, Schleswig 1927.

PHILIPPSEN / PETERSEN 1935: Heinrich Philippsen / Ernst Petersen, Der Holm und die Holmer. Ein Beitrag zur Geschichte der Stadt Schleswig, Schleswig 1935.

PIEL 1965: Joseph M. Piel, Compostela. In: Romanische Forschungen 77, 1965, S. 121–125.

PLAGEMANN 1999: Volker Plagemann, Versunkene Kunstgeschichte. Die Kirchen und Künstler des Mittelalters in Hamburg, Hamburg 1999.

PLÖTZ 1977: Robert Plötz, Ad limina Beati Jacobi. Entstehung eines Kultes, seine Ausbreitung und seine Ausstrahlung auf Franken. Phil. Diss. Würzburg 1977 (= Plötz 1982 und Plötz 1984).

PLÖTZ 1978: Robert Plötz, »1 Roer de corpore S.Jacobi Apostoli«. In: Würzburger Diözesangeschichtsblätter 40, 1978, S. 95–102.

PLÖTZ 1981 / 82: Robert Plötz, Strukturwandel der peregrinatio im Hochmittelalter. Begriff und Komponenten. In: Rheinisch-westfälische Zeitschrift für Volkskunde XXVI / XXVII, 1981 / 82, S. 129–151.

PLÖTZ 1982: Robert Plötz, Der Apostel Jacobus in Spanien bis zum 9. Jahrhundert. In: Gesammelte Aufsätze zur Kulturgeschichte Spaniens 30, Münster 1982, S. 19–145 [im Sonderdruck: S. 1–127] (= Plötz 1977, Teil I).

PLÖTZ 1984: Robert Plötz, Santiago-peregrinatio und Jacobus-Kult mit besonderer Berücksichtigung des deutschen Frankenlandes. In: Gesammelte Aufsätze zur Kulturgeschichte Spaniens 31, Münster 1984, S. 24–135 (= Plötz 1977, Teil II).

PLÖTZ 1986: Robert Plötz, ›Benedictio perarum et baculorum‹ und ›coronatio peregrinorum‹. Beiträge zur Ikonographie des Hl. Jacobus im deutschsprachigen Raum. In: Dieter Harmening / Erich Wimmer (Hg.), Volkskultur und Heimat. Festschrift für Josef Dünninger zum 80. Geburtstag (8. Juli 1985) (Quellen und Forschungen zur europäischen Ethnologie, 3), Würzburg 1986, S. 339–376.

PLÖTZ 1988: Robert Plötz, Deutsche Pilger nach Santiago de Compostela bis zur Neuzeit. In: Herbers (Hg.) 1988, S. 1–27.

PLÖTZ 1991: Robert Plötz, Jacobus d. Ä. In: LexMA 5, 1991, Sp. 253–254.

PLÖTZ (HG.) 1990: Robert Plötz (Hg.), Europäische Wege der Santiago-Pilgerfahrt (Jakobus-Studien 2), Tübingen 1990.

POMMERSCHES URKUNDENBUCH 1, 1970: Pommersches Urkundenbuch, I. Band: 786–1253, 2. Aufl. Neu bearb. von Klaus Conrad. 1. Teil: Urkunden, Köln – Wien 1970.

POMMERSCHES URKUNDENBUCH 10, 1984: Pommersches Urkundenbuch 10: 1336–1340. Bearb. von Klaus Conrad (Veröffentlichungen der Historischen Kommission für Pommern, Reihe II, 10), Köln – Wien 1984.

POOLE 1938: Austin Lane Poole, Die Welfen in der Verbannung. In: Deutsches Archiv für Geschichte des Mittelalters 2, 1938, S. 129–148.

POSCHMANN 1966: Adolf Poschmann, Allenstein. In: Erich Weise (Hg.), Ost- und Westpreussen (Handbuch der historischen Stätten), Stuttgart 1966, S. 2–3.

PRANGE 1960: Wolfgang Prange, Siedlungsgeschichte des Landes Lauenburg im Mittelalter (Quellen und Forschungen zur Geschichte Schleswig-Holsteins, 41), Neumünster 1960.

PRATJE 1993: Johann Hinrich Pratje (1710–1791), Altes und Neues. Auszüge aus seinen Zeitschriften. Die wichtigsten Geschichtsquellen des Stader Generalsuperintendenten aus dem 18. Jahrhundert für die Region an Elb- und Wesermündung. Hg. von den Männern vom Morgenstern. Heimatbund an Elb- und Wesermündung, Bremerhaven 1993.

PYL (HG.) 1885: Theodor Pyl (Hg.), Geschichte der Greifswalder Kirchen und Klöster, sowie ihrer Denkmäler, nebst einer Einleitung vom Ursprunge der Stadt Greifswald, 1, Greifswald 1885.

RADTKE 1985: Christian Radtke, Kirchengeschichtlicher Überblick. Mittelalter. In: Lafrenz (Bearb.) 1985, S. 1–21.

RASMUSSEN 1961: Nybo Rasmussen, Andrea da Slagelse. In: Bibliotheca Sanctorum, 1, Rom 1961, Sp. 1151.

REINCKE 1955: Heinrich Reincke, Aus der Geschichte der Hauptkirche St. Jacobi zu Hamburg und ihres Kirchspiels. In: 700 Jahre St. Jacobi zu Hamburg 1255–1955. Festschrift, Hamburg 1955, S. 23–52.

REINCKE 1966: Heinrich Reincke, Hamburg am Vorabend der Reformation. Aus dem Nachlaß hg., eingeleitet und ergänzt von Erich von Lehe (Arbeiten zur Kirchengeschichte Hamburgs, 8), Hamburg 1966.

REINHARDT (BEARB.) 1996: Uta Reinhardt (Bearb.), Lüneburger Testamente des Mittelalters 1323–1500 (Veröffentlichungen der Historischen Kommission für Niedersachsen und Bremen, XXXVII: Quellen und Untersuchungen zur Geschichte Niedersachsens im Mittelalter, 22), Hannover 1996.

REISEFÜHRER POLEN 1971: Reiseführer Polen. Planskizzen, Bearbeitung und Ausführung: Henryka Calka, Redaktion: Anna Jankowska, Aleksandra Kásprzak, Warschau 1971.

RIEMANN 1924: H(einrich) Riemann, Geschichte der Stadt Kolberg. Aus den Quelen dargestellt, Kolberg 1924.

RIIS 1993: Th(omas) Riis, Lund I. Stadt. In: LexMA 6, 1993, Sp. 6–7.

RILEY-SMITH 1991: J(onathan) Riley-Smith, Johanniter I. Geschichte. In: LexMA 5, 1991, Sp. 613–615.

RÖCKELEIN 2002: Hedwig Röckelein, Vorwort. In: Tiedemann (Hg.) 2002, S. 7–8.

RÖCKELEIN 2005: Hedwig Röckelein, Die Jacobusseite des Göttinger Retabels. Kult und Ikonographie Jacobus d.Ä. und die Entstehungsgeschichte des Altaraufsatzes. In: Carqué / Röckelein (Hg.) 2005, S. 177–205.

RÖCKELEIN (HG.) 2005: Hedwig Röckelein (Hg.), Der Kult des Apostels Jakobus d.Ä. in norddeutschen Hansestädten (Jakobus-Studien, 15), Tübingen 2005.

RÜDEBUSCH 1972: Dieter Rüdebusch, Der Anteil Niedersachsens an den Kreuzzügen und Heidenfahrten (Quellen und Darstellungen zur Geschichte Niedersachsens, 80), Hildesheim 1971.

RÜDEBUSCH 1985: Dieter Rüdebusch, Beteiligung von Oldenburgern an Pilgerreisen des Mittelalters. In: Oldenburger Jahrbuch 85, 1985, S. 35–51.

VON RUMOHR 1967: Klosterpropst Dr. Henning von Rumohr-Drült nimmt zu den Ausführungen von Dr. Helmuth Stellung. In: Beiträge zur Schleswiger Stadtgeschichte 12, 1967, S. 39–40.

RUSSOW 1584 (1967): Balthasar Russow, Chronica der Provintz Lyfflandt, darinne vermeldet werdt, Wo dath süluige Landt ersten gefunden, unde thom Christendome gebracht ys: Wol de ersten Regenten des Landes gewesen sind: van dem ersten Meyster Düdesches Ordens in Lyfflandt beth vp den lesten, vnde van eines ydtliken Daden, Bart 1584 (Fotomechanischer Nachdruck Hannover-Döhren 1967).

RZEMPOŁUCH 1996: Andrzej Rzempołuch, Ehemaliges Ostpreußen. Kunstreiseführer, Olsztyn 1996.

SANKT ELISABETH 1981: Sankt Elisabeth. Fürstin, Dienerin, Heilige. Aufsätze, Dokumentation, Katalog. Ausstellung zum 750. Todestag der hl. Elisabeth. Marburg, Landgrafenschloß und Elisabethkirche, 19.11.1981–6.1.1982, Sigmaringen 1981.

SAXO GRAMMATICUS 1, 1931: Saxonis Gesta Danorum recognoverunt et ediderunt J(ørgen) Olrik & H(ans) Ræder, Tom. 1, Kopenhagen 1931.

SCHENKLUHN 2000: Wolfgang Schenkluhn, Architektur der Bettelorden. Die Baukunst der Dominikaner und Franziskaner in Europa, Darmstadt 2000.

SCHIB (HG.) 1934: Karl Schib (Hg.), Das Buch der Stifter des Klosters Allerheiligen, Aarau 1934.

SCHIMMELPFENNIG 1978: Bernhard Schimmelpfennig, Die Anfänge des Heiligen Jahres von Santiago de Compostela im Mittelalter. In: Journal of Medieval Studies 4, 1978, S. 285–305.

SCHLESINGER 1953–1954 (1963): W(alter) Schlesinger, Zur Frühgeschichte der europäischen Stadt. Bemerkungen zu: Edith Ennen: Frühgeschichte der europäischen Stadt. Verlag Ludwig Röhrscheid, Bonn 1953, 324 S., 3 Kartenskizzen. In: Westfälische Forschungen. Mitteilungen des Provinzialinstituts für westfälische Landes- und Volkskunde 7, 1953–1954, S. 229–239 (wiederabgedruckt in: Ders., Beiträge zur deutschen Verfassungsgeschichte des Mittelalters, 2, Göttingen 1963, S. 68–91).

SCHLESINGER 1958: Walter Schlesinger, Städtische Frühformen zwischen Rhein und Elbe. In: Studien zu den Anfängen des europäischen Städtewesens. Reichenau-Vorträge 1955–1956 (Vorträge und Forschungen, IV), Lindau – Konstanz 1958, S. 297–362.

SCHLESINGER 1966: Walter Schlesinger, Zur Frühgeschichte des norddeutschen Städtewesens. In: Lüneburger Blätter 17, 1966, S. 5–22.

SCHLÖPKE 1704: Christian Schlöpke, Chronicon oder Beschreibung der Stadt und des Stiffts Bardewick / Vor und nach der Zerstörung: Darinn zugleich unterschiedliches von dem Zustand des alten Sachsen-Landes / so wohl im Heydenthum / als nach eingeführter Christlichen Religion / enthalten / Wobey auch der umliegenden Stiffter / Clöster und Pfarr-Kirchen / und derer Geistlichen hin und wieder Meldung geschicht; Aus untrüglichen Archiven / alten und neuen bewehrten Scribenten / nebst andern glaubwürdigen Uhrkunden / und eigener Erfahrung zusammen getragen, Lübeck 1704.

SCHMUGGE 1979: Ludwig Schmugge, »Pilgerfahrt macht frei« – Eine These zur Bedeutung des mittelalterlichen Pilgerwesens. In: Römische Quartalschrift für christliche Altertumskunde und Kirchengeschichte 74, 1979, S. 16–31.

SCHMUGGE 1984: Ludwig Schmugge, Die Anfänge des organisierten Pilgerverkehrs im Mittelalter. In: Quellen und Forschungen aus italienischen Archiven und Bibliotheken 64, 1984, S. 1–83.

SCHNEIDMÜLLER 2000: Bernd Schneidmüller, Die Welfen. Herrschaft und Erinnerung (819–1252) (Urban-Taschenbücher 465), Stuttgart / Berlin / Köln 2000.

SCHNITH 1974: Karl Schnith, »Kaiserin« Mathilde. In: Ortwin Kuhn (Hg.), Großbritannien und Deutschland. Europäische Aspekte der politisch-kulturellen Beziehungen beider Länder in Geschichte und Gegenwart. Festschrift für John W. P. Bourke, München 1974, S. 166–182.

SCHNITH 1993: K(arl) Schnith, Mathilde 4. M(athilde), dt. Kgn., Ksn. In: LexMA 6, 1993, Sp. 392.

SCHREIBER 1934a: Georg Schreiber, Vorwort. In: Schreiber (Hg.) 1934, S. IX-XV.

SCHREIBER 1934b: Georg Schreiber, Strukturwandel der Wallfahrt. In: Schreiber (Hg.) 1934, S. 1–183.

SCHREIBER 1936: Georg Schreiber, Katalanische Motive in der deutschen Volksfrömmigkeit. In: Analecta sacra Tarraconensia. Anuari de la Biblioteca Balmes, 12 (Homenatge a Antoni Rubió i Lluch), 1936, S. 85–112.

SCHREIBER (HG.) 1934: Georg Schreiber (Hg.), Wallfahrt und Volkstum in Geschichte und Leben (Forschungen zur Volkskunde, Heft 16 / 17), Düsseldorf 1934.

SCHÜPP 1985: Heinrich W. Schüpp, Die herzogliche Stadt bis zur beginnenden Industrialisierung. In: Franz-Josef Christiani u.a. (Bearb.), Braunschweigs Stadtbild (Gerd Spies [Hg.], Braunschweig. Das Bild der Stadt in 900 Jahren. Geschichte und Ansichten, Bd II) Braunschweig ^{2}1985, S. 59–211.

SCHULTZ / STELZER 1955: Hans-Adolf Schultz / Otto Stelzer, St. Jacob, die Pfarrkirche einer Kaufmannssiedlung des 9. / 10. Jahrhunderts in Braunschweig. Ergebnisse der Ausgrabung von 1954. In: Braunschweigisches Jahrbuch 36, 1955, S. 5–23.

SCHWENK 1991: B(ernd) Schwenk, Jacobusorden. In: LexMA 5, 1991, Sp. 262–263.

SEEGRÜN 1965: Wolfgang Seegrün, Das Papsttum und Skandinavien bis zur Vollendung der nordischen Kirchenorganisation (1164). Phil. Diss. (masch.), Kiel 1965.

SEEGRÜN 1967: Wolfgang Seegrün, Das Papsttum und Skandinavien bis zur Vollendung der nordischen Kirchenorganisation (1164) (Quellen und Forschungen zur Geschichte Schleswig-Holsteins, 51), Neumünster 1967.

SEIBERT 1993: H(ubert) Seibert, Nellenburg. In: LexMA 6, 1993, Sp. 1087–1088.

SPENCER 1971: B(rian) W. Spencer, A Scallop-Shell Ampulla from Caistor and Comparable Pilgrim Souvenirs. In: Lincolnshire history and archaeology 6, 1971, S. 59–66, Figs. XXI–XXII.

SPIES 1982: Hans-Bernd Spies, Melle, Jacob von. In: Biographisches Lexikon für Schleswig-Holstein und Lübeck. Hg. im Auftrag der Gesellschaft für schleswig-holsteinische Geschichte und des Vereins für Lübeckische Geschichte und Altertumskunde 6, Neumünster 1982, S. 183–184.

STAPHORST 1.2, 1725: Nicolaus Staphorst, Historia ecclesiæ Hamburgensis diplomatica, das ist: Hamburgische Kirchen-Geschichte, aus Glaubwürdigen und mehrentheils noch ungedruckten Urkunden [...] Gesammlet, beschrieben und in Ordnung gebracht. Des Ersten Theils Zweiter Band, darinnen die Geschichte aus dem dreizehenden und vierzehenden Jahrhundert beigebracht und beleuchtet werden, Hamburg 1725.

STEINDORFF 1881: Ernst Steindorff, Jahrbücher des Deutschen Reichs unter Heinrich III. 2 (Jahrbücher der Deutschen Geschichte 12), Leipzig 1881.

STIENNON 1958: Jacques Stiennon, Le voyage des Liégeois à Saint-Jacques de Compostelle en 1056.

In: Etudes sur l'histoire du pays mosan au moyen âge. Mélanges Félix Rousseau, Brüssel 1958, S. 553–581.

STOOB 1953: Heinz Stoob, Dithmarschens Kirchspiele im Mittelalter. In: Zeitschrift der Gesellschaft für Schleswig-Holsteinische Geschichte 87, 1953, S. 97–140.

STOOB 1979: Heinz Stoob, Schleswig – Lübeck – Wisby. In: Zeitschrift des Vereins für Lübeckische Geschichte und Altertumskunde 59, 1979, S. 7–27.

STOOB 1987: Heinz Stoob, Dithmarschen und Peter Swyn. Probleme landesgemeindlicher Staatsbildung. In: Peter Swyn 1481 / 82–1537. Ansprachen bei der Feier aus Anlaß seines 450. Todestages am 15. August 1987 in der St. Laurentiuskirche zu Lunden, Kiel 1987, S. 13–23.

STOOB (HG., BEARB.) 1984: Heinz Stoob (Hg., Bearb.), Deutscher Städteatlas, Lieferung III Nr. 6 1984: Lübeck, Altenbeken 1984.

STURLUSON, ED. AÐALBJARNARSON 3, 1951: Snorri Sturluson, Heimskringla III, Bjarni Aðalbjarnarson gaf út (Íslenzk Fornrit 28), Reykjavík 1951.

STURLUSON, HG. HUBE 2006: Snorri Sturluson, »Heimskringla«. Sagen der nordischen Könige. Hg., übers. und kommentiert von Hans-Jürgen Hube, Wiesbaden 2006.

STURLUSON, ED. KRISTIÁNSDÓTTIR U.A. 1–3, 1991: Snorri Sturluson, Heimskringla, Fyrra bindi. Ritstjórn Bergljót S. Kristiánsdóttir u.a. 1–3, Reykjavik 1991.

SVAHNSTRÖM 1984: Gunnar Svahnström, Visby under tusen år. Med ett förord av Bo Grandien, Stockholm 1984.

SZABÓ 2003: Thomas Szabó, Das Straßennetz zwischen Mittel- und Osteuropa. Der Weg nach Santiago. In: Herbers / Bauer (Hg.) 2003, S. 27–40.

SZARSZEWSKI 1999: Adam Szarszewski, Szpital i kościół św. Jakuba w Gdańsku. Zarys historyczny, Thorn 1999.

TANON 1893: L(ouis) Tanon, Histoire des Tribunaux de l'Inquisition en France, Paris 1893.

TELLENBACH 1977: Gerd Tellenbach, Zur Frühgeschichte abendländischer Reisebeschreibungen. In: Hans Fenske / Wolfgang Reinhard / Ernst Schulin (Hg.), Historia integra. Festschrift für Erich Hassinger zum 70. Geburtstag, Berlin 1977, S. 51–80.

THORKELIN (HG.) 1786: Grimur Jónsson Thorkelin (Hg.), Diplomatarium Arna-Magnænum, exhibens Monumenta Diplomatica, quae collegit et Universitati Havniensi testamento reliquit Arnas Magnæus, 1, Kopenhagen – Leipzig 1786.

THÜMMLER 1962 (1998): Hans Thümmler, Rezension von Voldemar Vaga, Das Problem der Raumform in der mittelalterlichen Baukunst Lettlands und Estlands, Tartu 1960. In: Zeitschrift für Kunstgeschichte 25, 1962, S. 281–294 (Wiederabdruck in: Thümmler 1998, S. 429–442).

THÜMMLER 1964 (1998): Hans Thümmler, Karolingische und ottonische Baukunst in Sachsen. In: Das erste Jahrtausend. Kultur und Kunst im werdenden Abendland an Rein und Ruhr 2, Düsseldorf 1964, S. 867–897 (Wiederabdruck in: Thümmler 1998, S. 147–205).

THÜMMLER 1969 (1998): Hans Thümmler, Vorstufen der zweischiffigen Hallenkirchen Gotlands. In: Kirche und Gesellschaft im Ostseeraum und im Norden vor der Mitte des 13. Jahrhunderts (Acta Visbyensia III. Visby-symposiet för historiska vetenskaper 1967), Göteborg 1969, S. 189–220 (Wiederabdruck in: Thümmler 1998, S. 411–428).

THÜMMLER 1998: Hans Thümmler, Zur Architektur und Skulptur des Mittelalters. Gesammelte Aufsätze (Beiträge zur Kunstgeschichte des Mittelalters und der Renaissance, 7), Münster 1998.

TIEDEMANN (HG.) 2002: Dirk Tiedemann (Hg.), Im Inneren das Gold des Himmels. Der Flügelaltar der Göttinger St. Jacobi-Kirche, Göttingen 2002.

TJOMSLAND (ÜBERS., EINL.) 1951: The Saga of Hrafn Sveinbjarnarson. The Life of an Icelandic Physician of the Thirteenth Century. Translated with an Introduction and Notes by Anne Tjomsland (Islandica, 35), Ithaca, New York 1951.

TRIPPS 2005: Johannes Tripps, Pilgerfahrten als kreative Impulse für die Goldschmiedekunst der Spätgotik. Stiftungen von Pilger- und Reiseandenken durch Adel und Stadtpatriziat in Kirchenschätze. In: Babel / Paravicini (Hg.) 2005, S. 173–190.

UDE 1957: R(udolf) Ude, Die spätgotische Figur St. Jacobi d(es) Ae(lteren) in der St. Nikolai-Kirche zu Mölln. In: Lauenburgische Heimat, N.F. 15, Februar 1957, S. 32–34.

UNDSET 1939: Sigrid Undset, På pilegrimsferd. In: Norsk Kulturhistorie. Billeder av folkets dadligliv gjennem årtusener 2, Oslo 1939, S. 353–384.

UNDSET 1964: Sigrid Undset, Nordische Heilige, Köln 1964.

UNVERHAU 1990: Henning Unverhau, Untersuchungen zur historischen Entwicklung des Landes zwischen Schlei und Eider im Mittelalter (Offa-Bücher N.F. 69), Neumünster 1990.

URBAN 1975: William Urban, The Baltic Crusade, Dekalb 1975.

URKUNDENBUCH DES ERZSTIFTS MAGDEBURG, 1, 1937: Urkundenbuch des Erzstifts Magdeburg, Teil 1 (937–1192). Bearb. von Friedrich Israël unter Mitwirkung von Walter Möllenberg (Geschichtsquellen der Provinz Sachsen und des Freistaates Anhalt, Neue Reihe, 18), Magdeburg 1937.

URKUNDENBUCH DER STADT LÜBECK, 11, 1905: Urkundenbuch der Stadt Lübeck. Hg. von dem Vereine für Lübeckische Geschichte und Alterthumskunde, 11. Theil: 1466–1470, Lübeck 1905.

VÁZQUEZ DE PARGA / LACARRA / URÍA RÍU 1–3, 1948–1949: Luis Vázquez de Parga / José M(ari) a Lacarra / Juan Uría Ríu, Las Peregrinaciones a Santiago de Compostela, 3 Bde, Madrid 1948–1949.

VINKEN U.A. (BEARB.) 2000: Gerhard Vinken und andere (Bearb.), Brandenburg, München – Berlin 2000.

VOGEL 1912: Walther Vogel, Ein seefahrender Kaufmann um 1100. In: Hansische Geschichtsblätter 18, 1912, S. 239–248.

VOGEL 1964: Cyrille Vogel, Le pèlerinage pénitentiel. In: Revue des sciences religieuses 38, 1964, S. 113–152.

VOLLMERS 2005a: Peter Vollmers, Die Hamburger Pfarreien im Mittelalter. Die Parochialorganisation der Hansestadt bis zur Reformation (Arbeiten zur Kirchengeschichte Hamburgs, 24), Hamburg 2005.

VOLLMERS 2005b: Peter Vollmers, *Pro divini cultus augmento* ... Seelsorge und Benefizialwesen an der Hamburger St.-Jakobi-Kirche im Mittelalter. In: Röckelein (Hg.) 2005, S. 49–68.

VONES 1980: Ludwig Vones, Die ›Historia Compostellana‹ und die Kirchenpolitik des nordwestspanischen Raumes 1070–1130. Ein Beitrag zur Geschichte der Beziehungen zwischen Spanien und dem Papsttum zu Beginn des 12. Jahrhunderts (Kölner historische Abhandlungen, 29), Köln / Wien 1980.

WARNCKE 1923: (Johannes) Warncke, Hinrich van Kampen. In: Allgemeines Lexikon der Bildenden Künstler von der Antike bis zur Gegenwart. Begründet von Ulrich Thieme und Felix Becker. Hg. von Hans Vollmer, 16, Leipzig 1923, S. 303–304.

WARNCKE 1930 / 31: J(ohannes) Warncke, Mittelalterliche Pilgerzeichen aus Lübeck und Lauenburg. In: Nordelbingen 8, 1930 / 31, S. 158–183.

WATTENBACH 1948: Wilhelm Wattenbach, Deutschlands Geschichtsquellen im Mittelalter. Deutsche Kaiserzeit. Hg. von Robert Holtzmann, I,3, Tübingen 1948.

WEHRMANN 1887: Martin Wehrmann, Geschichte der St. Jakobikirche in Stettin bis zur Reformation. In: Baltische Studien 37, 1887, S. 289–475.

WEIMAR 1951: Wolfgang Weimar, Der Aufbau der Pfarrorganisation im Bistum Lübeck während des Mittelalters. Ein Beitrag zur Kirchengeschichte des Koloniallandes. In: Zeitschrift der Gesellschaft für Schleswig-Holsteinische Geschichte 74 / 75, 1951, S. 95–243.

WEINFURTER 1980 / 81: Stefan Weinfurter, Bemerkungen und Corrigenda zu Karl Bosls ›Regularkanoniker und Seelsorge‹. In: Archiv für Kulturgeschichte 62 / 63, 1980 / 81, S. 381–395.

WEINFURTER 1995: Stefan Weinfurter, Die Entmachtung Heinrichs des Löwen. In: Luckhardt / Niehoff (Hg.), 2, 1995, S. 180–189.

WEINWICH 1829: N(iels) H(einrich) Weinwich, Dansk, Norsk, og Svensk Kunstner-Lexikon, Kopenhagen 1829.

WEISS (BEARB.) 1992: Gerd Weiß (Bearb.), Bremen, Niedersachsen (Georg Dehio, Handbuch der Deutschen Kunstdenkmäler), Neubearb. München – Berlin 1992.

WERLAUFF 1821: Ericus Christianus Werlauff, Symbolae ad geographiam medii ævi ex monumentis islandicis, Kopenhagen 1821.

WESTERMANN (BEARB.) 1985: Gertrud Westermann (Bearb.), Estland (einschliesslich Nordlivlands) (Baltisches historisches Ortslexikon. Beg. von Hans Feldmann. Hg. von Heinz von zur Mühlen = Quellen und Studien zur Baltischen Geschichte, 8 / 1), Köln – Wien 1985.

WILLIAMS / STONES (HG.) 1992: John Williams / Alison Stones (Hg.), The *Codex Calixtinus* and the Shrine of St. James (Jakobus-Studien, 3), Tübingen 1992.

WITTSTOCK 1982: Jürgen Wittstock, Pilgerzeichen und andere Wallfahrtsdevotionalien in Norddeutschland. In: Aus dem Alltag der mittelalterlichen Stadt. Handbuch zur Sonderausstellung vom 5.12.1982 bis 24.4.1983 im Bremer Landesmuseum für Kunst- und Kulturgeschichte (Focke-Museum) (Hefte des Focke-Museums, 62), Bremen 1982, S. 174–180.

WITTSTOCK 1984: Jürgen Wittstock, Pilgerzeichen in Lübeck – alte und neue Funde. In: Vorgeschichte – Mittelalter – Neuzeit (Lübecker Schriften zur Archäologie und Kulturgeschichte, 8), Bonn 1984, S. 15–21, Taf. 1–2.

WULF 2002: Christine Wulf, Die Inschriften auf dem Altar. In: Tiedemann (Hg.) 2002, S. 63–67.

WURLITZER 1992: Bernd Wurlitzer, Mecklenburg-Vorpommern, Köln 1992.

YRWING 1986: Hugo Yrwing, Visby – Hansestad på Gotland, Stockholm – Södertalje 1986.

ZASKE 1964: Nikolaus Zaske, Die gotischen Kirchen Stralsunds und ihre Kunstwerke. Kirchliche Kunstgeschichte von 1250 bis zur Gegenwart, Berlin 1964.

ZEITLER (HG.) 1978: Rudolf Zeitler (Hg.), Dänemark. Kunstdenkmäler und Museen (Reclams Kunstführer), Stuttgart 1978.

ZENDER 1974: Matthias Zender, Heiligenverehrung im Hanseraum. In: Hansische Geschichtsblätter 92, 1974, S. 1–15.

ZERNACK 1971: Klaus Zernack, Der europäische Norden als Städtelandschaft der Frühzeit. In: Ders. (Hg.), Beiträge zur Stadt- und Regionalgeschichte Ost- und Nordeuropas. Herbert Ludat zum 60. Geburtstag (Osteuropastudien der Hochschulen des Landes Hessen. Reihe I: Giessener Abhandlungen zur Agrar- und Wirtschaftsforschung des europäischen Ostens, 55), Wiesbaden 1971, S. 13–47.

ZIMMERMANN 1961: G(erd) Zimmermann, Patrozinienkunde. In: Die Religion in Geschichte und Gegenwart, 3. Aufl., Tübingen 1961, Sp. 159–161.

Bildnachweis

Archiv des Landesamts für Denkmalpflege, Kiel: 1, 7, 14–19, 21–25; National Museum of Denmark, Kopenhagen: 20.

Editorische Notiz

Alle Übersetzungen wurden im Rahmen der Übersetzerwerkstatt des Romanischen Seminars der Christian-Albrechts-Universität zu Kiel angefertigt.
Wiebke Best übersetzte die Beiträge von Arturo Franco Taboada (aus dem Spanischen) und von Dolores Vilavedra (aus dem Galicischen); Frank Nagel übertrug mit Beteiligung von Verena Albrecht und Julia Braun den Vortrag von Carmen Becerra (aus dem Spanischen).

Falls nicht anders angegeben, stammen die Abbildungen aus dem Archiv des Kunsthistorischen Instituts der CAU zu Kiel bzw. der Datenbank des Verlags Ludwig oder wurden von den Verfassern zur Verfügung gestellt.

Redaktionelle Betreuung des Bandes und Übersetzungslektorat:
Karina Gómez-Montero

Finis

CHILONI, ANNO DOMINI MMX

In der Reihe TOPOGRAPHICA erscheinen Texte und kulturwissenschaftlich relevante Studien, die kulturelle Vernetzungsmuster im europäischen Raum abbilden und untersuchen. Die Reihe wird herausgegeben von Javier Gómez-Montero und Rudolf Jaworski.

Band 2

Javier Gómez-Montero / Christina Johanna Bischoff (Hrsg.)

URBES EUROPAEAE

Modelos e imaginarios urbanos para el siglo XXI
Paradigmes et imaginaires de la ville pour le XXIème siècle

208 Seiten, Broschur, 14,8 × 21cm, ISBN: 978-3-86935-007-3

Band 3

Javier Gómez-Montero / Christina Johanna Bischoff (Hrsg.)

URBES EUROPAEAE II

Ciudades europeas: Imaginarios culturales ante la globalización
Europäische Städte im Zeichen der Globalisierung

Erscheint im Frühsommer 2011

Band 4

Javier Gómez-Montero (Hrsg.)

ENTRE EUROPA E AMÉRICA. A PROXECCIÓN XACOBEA

Akten des Internationalen Symposiums »Jakobsmythen in zwei Welten« (Ibero-Amerikanisches Institut Berlin, 7.–8. September 2009). In Vorbereitung

EBENFALLS IM VERLAG LUDWIG ERSCHIENEN:

Gonzalo Torrente Ballester

SANTIAGO DE COMPOSTELA

Ein Pilgerlesebuch

Herausgegeben von Javier Gómez-Montero

208 Seiten, Broschur, 13,5 × 21cm, ISBN: 978-3-937719-54-2